»I am not convinced«

Joschka Fischer

»I am not convinced«

Der Irak-Krieg und die rot-grünen Jahre

Kiepenheuer & Witsch

Wissenschaftliche Mitarbeit: Lars Nebelung

MIX
Papier aus verantwortungsvollen Quellen
FSC® C014496
Verlag Kiepenheuer & Witsch, FSC-N001512

1. Auflage 2011

Übersetzungen: Ingo Herzke
Umschlaggestaltung: Rudolf Linn, Köln
Umschlagmotiv: © picture-alliance/dpa
Gesetzt aus der Stempel Garamond
Satz: Pinkuin Satz und Datentechnik, Berlin
Druck und Bindung: GGP Media GmbH, Pößneck
ISBN 978-3-462-04081-4

Inhalt

VON NEW YORK
NACH AFGHANISTAN

Der Terroranschlag vom 11. September 2001 veränderte binnen weniger Minuten die Politik in den Hauptstädten der Welt. Dieser weltweit live im Fernsehen übertragene Angriff auf die politischen und wirtschaftlichen Zentren der Vereinigten Staaten von Amerika war zu schockierend und dessen absehbare Konsequenzen waren zu gravierend, als dass man mit dem üblichen Tagesgeschäft hätte einfach fortfahren können. Selbstverständlich galt dies auch für Berlin.

Die innen- und außenpolitischen Tagespläne von Regierung und Parlament wurden binnen Minuten vom Tisch gefegt, bereits feststehende Termine und Reiseplanungen wurden zu Makulatur, und die gesamte politische Agenda der Bundeshauptstadt richtete sich auf die neue terroristische Bedrohung aus.

Innerhalb der Bundesregierung lief nach dem ersten Schock der Krisenreaktionsmechanismus in den Ministerien an. An erster Stelle war der für die innere Sicherheit zuständige Innenminister gefordert, aber auch im Auswärtigen Amt galt es, Maßnahmen zum verstärkten Schutz der deutschen Auslandsvertretungen und anderer deutscher Einrichtungen außerhalb unserer Grenzen einzuleiten sowie unverzüglich telefonisch mit der internationalen Abstimmung im Rahmen von EU und NATO und mit unseren wichtigsten Partnern außerhalb von Europa zu beginnen.

Meinen amerikanischen Kollegen Colin Powell konnte ich an diesem schicksalhaften Tag allerdings telefonisch nicht erreichen, da er sich zu einem Besuch in Lima, der Hauptstadt von Peru, aufhielt und sofort nach Erhalt der schrecklichen Nachricht zurück nach Washington aufgebrochen war. Erst am nächsten Abend war es mir möglich, mit ihm zu sprechen und ihm meine Erschütterung und tiefe Anteilnahme angesichts des schrecklichen Verbrechens und der großen Zahl unschuldiger Opfer zu übermitteln. Colin Powell sprach dabei von sich aus den Nahostkonflikt an, da er an diesem Tag kurz vor unserem Gespräch mit Arafat telefoniert hatte. Die Konfrontation zwischen den Palästinensern und Israel verschärfte sich seit einiger Zeit erneut und forderte immer mehr Opfer auf beiden Seiten. Der amerikanische Außenminister versicherte mir, dass die USA weiterhin im Nahen Osten engagiert bleiben würden, und teilte mir mit, dass er Arafat gesagt habe, dass jetzt der Moment gekommen wäre, an dem sich die Palästinenser bewegen müssten. Ich konnte ihm nur zustimmen.

Während dieses Telefonats erläuterte mir Colin Powell auch zum ersten Mal und in wenigen Worten die ersten Konsequenzen, welche die US-Regierung aus dem Terroranschlag vom 11. September zu ziehen gedächte: Die Vereinigten Staaten würden keineswegs nur gegen die Attentäter dieses Anschlags, sondern gezielt gegen den Terrorismus insgesamt vorgehen. An jenem Abend waren mir die Folgen dieser neuen amerikanischen Strategie noch nicht völlig klar, aber dies sollte sich wenige Tage danach während meines Besuches in Washington und nach einem Gespräch mit Paul Wolfowitz, dem stellvertretenden US-Verteidigungsminister, im Pentagon sehr schnell ändern.

Der Bundeskanzler hatte für den späten Nachmittag des 11. September eine Krisensitzung des Bundessicherheitsrates (der BSR ist ein Kabinettsausschuss der Bundesregierung, in dem alle sicherheitsrelevanten Fragen erörtert und die deutschen Rüstungsexporte beschlossen werden) ins Kanzleramt einberufen, in der die ersten Maßnahmen und auch die weitergehenden Schritte beraten und beschlossen werden sollten.

In der Sitzung des BSR wurden von allen betroffenen Ressorts die Sofortmaßnahmen vorgetragen und auch formell gebilligt. Diese bezogen sich vor allem auf die Flugsicherheit und den Schutz der Flughäfen in Deutschland. Zudem wurde aufgrund des Berichts des Innenministers und der Dienste die Gefährdungslage für Deutschland erörtert – es konnte nur eine allgemeine oder »abstrakte« Gefährdung festgestellt werden – und die nächsten politischen Schritte beraten und beschlossen.

Eigentlich sollte an diesem Abend auch das seit Längerem geplante Sommerfest der Grünen stattfinden, bei dem ich vorbeischauen wollte. Aber diese Festivität war nach dem Eintreffen der Schreckensnachrichten aus den USA sofort abgesagt worden. Es war an diesem Tag niemandem mehr zum Feiern zumute. Stattdessen hatte der Bundeskanzler für den Abend die Partei- und Fraktionsvorsitzenden des Deutschen Bundestages zur Unterrichtung und Abstimmung ins Bundeskanzleramt eingeladen, denn angesichts der Tatsache, dass Deutschlands wichtigster Bündnispartner außerhalb Europas faktisch durch eine kriegsähnliche Handlung in seinen Entscheidungszentren angegriffen worden war und sehr viele Opfer zu befürchten waren, bedurfte es einer gemeinsamen Haltung der demokratischen Parteien im Deutschen Bundestag.

Zudem war bereits zu diesem frühen Zeitpunkt abzusehen, dass mit hoher Wahrscheinlichkeit auch auf Deutschland schwere Entscheidungen bis hin zur militärischen Solidarität mit den USA zukommen würden, selbst wenn in diesem Moment noch völlig unklar war, ob es sich bei den Terrorattacken in New York und Washington um einen Angriff von außen gehandelt hatte und, wenn ja, von wem.

Das gesamte Muster dieser Terroranschläge sprach mit hoher Wahrscheinlichkeit für die Urheberschaft Osama bin Ladens und seiner islamistischen Terrorgruppe al-Qaida, aber es sollte noch einige Zeit dauern, bis die Täter und ihr Hintergrund zweifelsfrei festgestellt werden konnten. Auch unter diesem Gesichtspunkt war daher eine im Parlament möglichst breit getragene Antwort der Bundesregierung auf diese neue terroristische Bedrohung von erheblicher Bedeutung.

Das Treffen mit dem Bundestagspräsidenten und den Spitzen der im Bundestag vertretenen Fraktionen und Parteien fand um 20.00 Uhr im Kanzleramt statt. Zuvor war um 19.00 Uhr noch die grüne Bundestagsfraktion im Reichstagsgebäude zu einer Sondersitzung zusammengetreten.

Allen Teilnehmern der interfraktionellen Runde, wie auch zuvor den Mitgliedern der grünen Bundestagsfraktion, standen der Schock und die Erschütterung über die Terroranschläge in den USA ins Gesicht geschrieben. Jedem und jeder war bewusst, dass etwas Ungeheuerliches geschehen war und dass dieser Tag den Gang der Geschichte verändern würde. Die Live-Bilder im Fernsehen vom Einschlag der Flugzeuge, von den Menschen, die in den Tod sprangen, um nicht ein Opfer der sich ausbreitenden Flammenhölle in den Hochhäusern des World Trade Centers zu werden, und schließlich vom Einsturz der Zwillingstürme und dem brennenden Gebäude des Pentagons hatten allen eine unmittelbare Nähe zu den Ereignissen vermittelt, die emotional tief berührte.

Hier saßen nicht nur gewählte Funktionsträger, die politischen Spitzen der Republik, zusammen, um erste politische Konsequenzen dieses Angriffs auf unseren Verbündeten zu beraten, sondern es waren alles Menschen aus Fleisch und Blut, die das Grauen dieses Tages auch emotional und jeder für sich zu verarbeiten hatten. Entsprechend gedrückt war die Stimmung im Saal.

Vor Beginn des Treffens im Kanzleramt zeigte mir Gerhard Schröder seinen Sprechzettel. Darin stand die Formulierung von der »uneingeschränkten Solidarität« mit den Vereinigten Staaten, und ich verstand sofort, was der Kanzler damit auszudrücken beabsichtigte: Es war ein Ja Deutschlands zu einer möglichen militärischen Beteiligung an einem Krieg in Afghanistan, wenn dieser absehbare Fall nach der Feststellung der Fakten tatsächlich eintreten würde.

Ich unterstützte die Haltung des Bundeskanzlers vorbehaltlos, denn sollten die USA tatsächlich von außen angegriffen worden sein (was bereits zu diesem frühen Zeitpunkt mit hoher Wahrscheinlichkeit zu vermuten war), dann würde zumindest politisch der Bündnisfall in der NATO eintreten, und darauf war durch die Bundesregierung nur mit »uneingeschränkter Solidarität« zu antworten, wenn man unsere Beziehungen zu den USA nicht ernsthaft gefährden wollte. Jedes Zaudern, jedes Wackeln, ja auch nur eine Undeutlichkeit bei der Beantwortung der sich stellenden Bündnisfrage hätte für Deutschland fatale Folgen haben können. Gerade für uns Deutsche zählte aber auch noch ein sich aus unserer jüngeren Geschichte ergebender emotionaler Faktor, nämlich Dankbarkeit gegenüber den USA, auch wenn es sich dabei nicht gerade um einen politischen Begriff handelt. In diesem Fall und an diesem Tag verband sich aber zu Recht ein vitales außenpolitisches Interesse unseres Landes mit dem Begriff der historischen Dankbarkeit.

Die Vereinigten Staaten hatten, gemeinsam mit der Sowjetunion und Großbritannien, den Nationalsozialismus niedergekämpft und dadurch Europa und auch Deutschland von dem Grauen der Nazidiktatur befreit. Sie hatten im Kalten Krieg Stalin Einhalt geboten und über vier Jahrzehnte lang die Freiheit Westberlins und Westdeutschlands garantiert und verteidigt. Sie hatten auch ganz wesentlich zum Aufbau der deutschen Nachkriegsdemokratie beigetragen. Und sie hatten die deutsche Einheit, anders als etwa Frankreich und Großbritannien, sofort und nachdrücklich unterstützt, als sich im Jahr 1989 diese nicht für möglich gehaltene Chance völlig unverhofft auftat.

Nach dem 11. September ging es für uns also nicht nur allein um realpolitische Bündnisfragen und deren Konsequenzen, sondern gerade wir Deutsche hatten gegenüber den angegriffenen Vereinigten Staaten eine historische Dankesschuld abzutragen. Der Augenblick dafür war jetzt gekommen.

Gerhard Schröder benutzte diese in den folgenden Monaten noch sehr oft von ihm wiederholte Formulierung von der »uneingeschränkten Solidarität« öffentlich zum ersten Mal während des Treffens im Kanzleramt mit den Spitzen von Parlament, Parteien und Fraktionen. Auch die Tagesordnung des Plenums für den nächsten Tag wurde dort umgeworfen, und man vereinbarte in dieser Sitzung, am nächsten Tag die Plenarsitzung des Parlaments mit einer Regierungserklärung des Bundeskanzlers und einer sich daran anschließenden kurzen Aussprache des Hauses zu den Terrorattacken vom 11. September zu beginnen.

Spätnachts telefonierte ich noch mit dem israelischen Außenminister Schimon Peres und mit dem palästinensischen Präsidenten Jassir Arafat, denn dieser Tag würde ohne jeden Zweifel auch massive Auswirkungen auf die gesamte Region des Nahen Ostens haben, sollten die Terroranschläge auf die USA tatsächlich von al-Qaida oder einer anderen islamistischen Terrororganisation ausgeführt worden sein.

Für mich bestand vom ersten Augenblick an ein enger politischer Zusammenhang zwischen dem Nahostkonflikt und den absehbaren Auswirkungen des 11. September. Ich unterstellte in meiner Analyse zwar keinen direkten Zusammenhang in der Sache oder durch die möglichen Akteure, da uns keinerlei Informationen darüber vorlagen, dass der palästinensische Terror (israelische Sicht) oder der legitime bewaffnete Widerstand gegen die Okkupation durch Israel (palästinensische Sicht) über Kontakte zu Bin Laden verfügte. Umgekehrt hatte sich dieser bis dato auch nicht sonderlich für die Palästinenser interessiert. Die politischen Auswirkungen auf den israelisch-palästinensischen Konflikt würden dennoch ganz erheblich sein, denn jegliche Form von Terrorismus würde fortan von der mit weitem Abstand größten und mächtigsten Militärmacht der Gegenwart als eine existenzielle Bedrohung ihrer eigenen Sicherheit begriffen werden. Und dieser durch den 11. September völlig veränderte Blick der USA auf den Terrorismus würde die Grundparameter des Nahostkonflikts, in dem die Vereinigten Staaten einer der ganz entscheidenden Spieler waren und sind, radikal verändern.

Die Palästinenser hatten in ihrem Krieg gegen Israel und die anhaltende israelische Besetzung des Westjordanlands und des Gazastreifens vor allem auf die Waffe des Terrors gegen die israelische Zivilbevölkerung gesetzt, da sie militärisch gegen die israelische Armee nicht die geringste Chance hatten. Was immer auch die Ursachenforschung der nächsten Stunden und Tage an Tätern und Verantwortlichkeiten für den 11. September zutage fördern würde, so war zumindest völlig klar, dass der Einsatz von Terror gegen die Zivilbevölkerung von den USA und ihren internationalen Partnern fortan politisch und moralisch geächtet und mit allen Mitteln bekämpft werden würde.

Und »alle Mittel« würde im Fall der USA tatsächlich alle militärischen Mittel meinen. Allerdings konnte ich mir zum damaligen Zeitpunkt Folter und andere Menschenrechtsverletzungen – Guantanamo, Abu Ghraib – nicht vorstellen, auch nicht das Ausmaß der Bürgerrechtseinschränkungen in den USA und jene »Politik der Angst« der Regierung Bush, die das Land über Jahre hinweg im Griff halten sollte. Dazu reichte meine Fantasie an jenem 11. September 2001 schlicht nicht aus.

Für die Palästinenser hieß die Botschaft jenes Tages, dass sie sich würden entscheiden müssen, auf welcher Seite sie in der sich abzeichnenden globalen Konfrontation stehen wollten. Schon einmal hatte Jassir Arafat in einer vergleichbaren historischen Situation eine fatal falsche Entscheidung für sein Volk getroffen – als er sich nach dem Überfall des Irak auf Kuwait für Saddam Hussein entschied. Eine solche historische Fehlentscheidung durfte sich aber jetzt nicht wiederholen, wenn der bereits vor dem 11. September stark gefährdete Friedensprozess zwischen Israelis und Palästinensern nicht endgültig kollabieren sollte. Und wer weiß, so waren an jenem Abend dieses historischen Tages meine Überlegungen, vielleicht könnte die Tragödie von New York und Washington – die Einsicht beider Konfliktparteien und vor allem Jassir Arafats vorausgesetzt – sogar die Chance für einen Ausgleich im Nahostkonflikt eröffnen. Es wäre ja nicht das erste Mal, dass im Nahen Osten aus einer großen Tragödie ein neuer Schritt nach vorn in Richtung Ausgleich und Frieden unternommen worden wäre.

Die Formel von der »uneingeschränkten Solidarität« wiederholte der Bundeskanzler auch am nächsten Morgen in seiner Regierungserklärung vor dem Deutschen Bundestag. Die entscheidenden Sätze des Kanzlers lauteten:

»Meine Damen und Herren, ich habe dem amerikanischen Präsidenten das tief empfundene Beileid des gesamten deutschen Volkes ausgesprochen. Ich habe ihm auch die uneingeschränkte – ich betone: die uneingeschränkte – Solidarität Deutschlands zugesichert. Ich bin sicher, unser aller Gedanken sind bei den Opfern und ihren Angehörigen. Ihnen gilt unser Mitgefühl, unsere ganze Anteilnahme. Ich möchte hier in Anwesenheit des neuen amerikanischen Botschafters Dan Coats noch einmal ausdrücklich versichern: Die Menschen in Deutschland stehen in dieser schweren Stunde fest an der Seite der Vereinigten Staaten von Amerika. (Beifall im ganzen Hause).«

Mit diesen Worten hatte der Bundeskanzler die Bundesregierung und die Koalition für den wahrscheinlichen Fall der Fälle politisch definitiv festgelegt, wenn es zu einem Militäreinsatz der USA und ihrer Verbündeten als Antwort auf die Terrorattacke vom 11. September kommen sollte: Deutschland würde mit dabei sein. Und alle Abgeordneten des Deutschen Bundestages verstanden diese Festlegung nur zu gut.

Am Mittag machte ich mich dann auf den Weg nach Brüssel, um an der von der belgischen EU-Präsidentschaft einberufenen Sondersitzung der Außenminister der Europäischen Union teilzunehmen. Auch der Generalsekretär der NATO, George Robertson, war eingeladen worden und nahm an der Sitzung teil. George Robertson war ein knorriger Schotte, ein ehemaliger Gewerkschaftsführer, zudem ein überzeugter Transatlantiker, der im ersten Kabinett von Tony Blair Verteidigungsminister gewesen war. Bei seinem Ausscheiden aus der britischen Regierung war er von der Königin zum Lord Robertson of Port Ellen geadelt worden. Robin Cook, der britische Außenminister, pflegte in feinsinniger Ironie George Robertson als »Eure Lordschaft« (your lordship) anzusprechen, was angesichts dessen harten schottischen Akzents und seiner eher handfesten Erscheinung stets zu einiger Heiterkeit im NATO-Rat führte. Ich übernahm die Anrede »your lordship« nur allzu gerne, was der NATO-Generalsekretär, wissend um meine linksradikale Vergangenheit, mit einem »comrade Fischer« (Genosse Fischer) zu kontern pflegte. George Robertson war selten um einen Scherz oder um ein heiteres Wort verlegen, wir beide hatten im Laufe der Zeit ein politisch enges Verhältnis zueinander aufgebaut. Aber an diesem 12. September 2001 war kein Platz für Ironie oder gar heitere Worte.

Während der Sitzung erreichte mich ein Anruf meines Büroleiters Martin Kobler, der mir mitteilte, dass die Gebäude des Auswärtigen Amtes im Augenblick wegen einer anonymen Bombendrohung vollständig geräumt würden. Falls ich jemanden erreichen wolle, müsse ich mich in der nächsten Stunde über ihn und sein Mobiltelefon vermitteln lassen. Im Hintergrund hörte ich die Alarmsirene heulen. In anderen Zeiten hätte ich ein solches Ereignis als einen mutmaßlichen Fehlalarm abgetan, aber jetzt, einen Tag nach dem 11. September 2001, beschlich mich doch ein sorgenvolles Gefühl. Gott sei Dank erwies sich diese Bombendrohung als falscher Alarm.

Zurück in der Sitzung unterrichtete der NATO-Generalsekretär die versammelte EU-Ministerrunde, dass er daran dächte, am Abend dem NATO-Rat vorzuschlagen, förmlich den Bündnisfall nach Artikel 5 des NATO-Vertrags zu erklären. Dadurch sollte die Solidarität des Bündnisses mit den angegriffenen Vereinigten Staaten zum Ausdruck gebracht und die uneingeschränkte Solidarität der Europäer mit den USA demonstriert werden. Robertson bat die anwesenden EU-Außenminister um Unterstützung, und dies galt ganz besonders für jene Staaten, die zugleich auch Mitglied der NATO waren.

Robertsons Vorschlag war zwar grundsätzlich richtig, allein zur Stunde stand noch nicht einmal fest, von wo dieser Terroranschlag gekommen war und wer für ihn die Verantwortung trug. Ich sagte mir, dass es vielleicht besser wäre, die Klärung dieser beiden Fragen abzuwarten, aber andererseits musste der Vorschlag, nachdem ihn der NATO-Generalsekretär jetzt gemacht hatte, voll unterstützt und im NATO-Rat angenommen werden. Alles andere wäre als eine Verweigerung der Solidarität mit den USA angesehen worden.

Allerdings konnte ich unmöglich allein über den Eintritt des Bündnisfalles entscheiden – zum ersten Mal überhaupt in der Geschichte der NATO! –, ohne nicht zumindest versucht zu haben, den Bundeskanzler zu unterrichten und mich mit ihm abzustimmen. Zwar hatten die EU-Außenminister in dieser Frage formal nichts zu sagen, aber wenn ich hier und jetzt für die Bundesregierung unsere Zustimmung signalisierte, dann wäre die Sache entschieden.

Und ausgerechnet jetzt, angesichts einer solch herausragend wichtigen Entscheidung, war das Amt in Berlin geräumt worden und nur eingeschränkt handlungsfähig! Ich nutzte daher die noch anhaltende Debatte im Rat, um Martin Kobler zurückzurufen, der dann sehr schnell eine Verbindung mit dem Bundeskanzler herstellte. Der Kanzler war mit der Sache bereits vertraut, denn er war zuvor schon von Präsident Bush angerufen worden. Nachdem ich ihn über die Lage im Rat unterrichtet hatte, waren wir uns einig, dass es nur ein klares Ja der Bundesregierung zu dem Vorschlag des NATO-Generalsekretärs geben konnte.

Der Vorschlag von George Robertson, formell den Eintritt des NATO-Bündnisfalles zu erklären, wurde von den Außenministern, die in Brüssel versammelt waren, einhellig unterstützt, und am Abend beschloss dann der NATO-Rat, in dem die Mitgliedsstaaten durch ihre Botschafter vertreten sind, auf einer außerordentlichen Sitzung einstimmig die Erklärung des Bündnisfalles nach Artikel 5 des NATO-Vertrags für den Fall eines Angriffs von außen:

»Der Rat stimmte überein, dass – falls festgestellt wird, dass dieser Angriff aus dem Ausland gegen die Vereinigten Staaten gerichtet wurde – er als eine Aktion angesehen wird, die unter Artikel 5 des Washingtoner Vertrages fällt, welcher festlegt, dass ein bewaffneter Angriff gegen einen oder mehrere der Bündnispartner in Europa oder Nordamerika als ein Angriff gegen alle angesehen wird [...] Artikel 5 des Washingtoner Vertrags legt fest, dass im Falle eines solchen Angriffs jeder Bündnispartner der Partei Beistand leistet, die angegriffen wurde, indem er die Maßnahmen ergreift, die für erforderlich erachtet werden. Dementsprechend stehen die NATO-Verbündeten der Vereinigten Staaten bereit, die Unterstützung zur Verfügung zu stellen, die als Konsequenz dieser barbarischen Akte erforderlich sein wird.«

Am nächsten Tag fand nachmittags im Reichstagsgebäude eine Fraktionssitzung der Grünen statt, in der ich über diesen Beschluss der NATO berichtete und seine möglichen Konsequenzen erläuterte. Die Fraktion stimmte der Erklärung des Bündnisfalles bei drei Gegenstimmen zu, unsere Vizepräsidentin Antje Vollmer enthielt sich der Stimme. Sie argumentierte vehement und massiv gegen eine militärische Teilnahme Deutschlands an einem möglichen Gegenschlag der USA in Afghanistan.

Der grün-protestantische Nationalpazifismus erhob also auch diesmal wieder sein Haupt, und damit wurde zu einem recht frühen Zeitpunkt in diesem sich abzeichnenden Konflikt um Afghanistan erneut jene Bruchlinie in Fraktion und Partei sichtbar, die bereits in der Kosovo-Krise nur mit allergrößten Anstrengungen überbrückt werden konnte. Mir war allerdings seit dem 11. September bewusst, dass jetzt ein weltpolitischer Orkan zu toben begonnen hatte und wir dadurch in Entscheidungszwänge hineingeraten würden, gegenüber denen der Kosovo-Krieg lediglich eine kleinere Herausforderung gewesen war.

Sofort nach dem ersten Schock hatte in den USA die fieberhafte Suche nach den Tätern und deren Auftraggebern begonnen, und anhand der Passagierlisten der entführten Flugzeuge wurden die amerikanischen Ermittlungsbehörden auch sehr schnell fündig. Binnen weniger Tage gelang es, den Hintergrund der Täter festzustellen, die Erkenntnisse führten eindeutig zu Osama bin Laden. Einen vernünftigen Zweifel, dass die Terrorattacke des 11. September von al-Qaida verübt worden war, konnte es danach nicht mehr geben.

Bei den Attentätern handelte es sich um junge Männer, die fast alle aus Saudi-Arabien, Ägypten und den Golf-Staaten stammten. Als ihr Anführer kristallisierte sich ein ägyptischer Staatsangehöriger namens Mohammed Atta heraus. Im Zuge der Ermittlungen stießen die amerikanischen Sicherheitsbehörden ebenfalls sehr schnell darauf, dass sich Atta und einige der anderen Terroristen des 11. September zuvor jahrelang in Deutschland aufgehalten hatten. Schlimmer noch, ganz offensichtlich hatten wesentliche Teile der Planung der Terroroffensive gegen die USA in Hamburg-Harburg stattgefunden, ohne dass die deutschen Sicherheitsbehörden davon irgendetwas mitbekommen hatten.

Es drängten sich für die Bundesregierung hochnotpeinliche Fragen auf, deren Beantwortung unsere Beziehungen zu den USA tief gehend erschüttern konnten. Hätte Deutschland die Terroranschläge vom 11. September verhindern können, ja verhindern müssen? Traf am Ende gar die deutschen Sicherheitsbehörden die Schuld oder wenigstens Mitschuld daran, dass der Angriff auf die Vereinigten Staaten nicht rechtzeitig unterbunden werden konnte? Diese Fragen stellten sich leider und zu Recht ganz unmittelbar an die Adresse der Bundesregierung. Und auch die US-Regierung, die angesichts der schrecklichen Ereignisse und des Versagens der amerikanischen Sicherheitsnetze unter einem erheblichen öffentlichen Druck stand, stellte diese Fragen in unsere Richtung sehr aggressiv.

Der Bundesregierung war die außenpolitische Dimension der Enttarnung der sogenannten »Hamburger Zelle« sofort bewusst, und auch gerade angesichts dieser schockierenden Erkenntnisse erwies sich die Position der »uneingeschränkten Solidarität« mit den USA, wie sie Gerhard Schröder für die Bundesregierung festgelegt hatte, bereits zu diesem sehr frühen Zeitpunkt als überaus weitsichtig.

Denn die Stimmung in der amerikanischen Öffentlichkeit, in Parlament und Regierung war nach dem Schock und dem Grauen des 11. September nicht gerade auf eine differenzierte Analyse der Ereignisse ausgerichtet, sondern die Reaktionen würden dominiert von Entsetzen, Schmerz und Wut. Wenn Deutschland in den USA als Schuldiger oder auch nur Mitschuldiger für den 11. September angesehen werden würde, dann würden wir ein sehr großes außenpolitisches Problem bekommen. Eine tiefe Krise bis hin zu einem emotionalen Bruch in den deutsch-amerikanischen Beziehungen mit kaum absehbaren Folgen wäre dann nicht mehr auszuschließen.

Colin Powell hatte mir gegenüber zwar niemals irgendwelche Vorhaltungen gemacht, aber Innenminister Otto Schily hatte einige sehr unangenehme Gespräche hinter sich zu bringen. Allein die Tatsache, dass die Terroristen ihre Flugausbildung in den USA erhalten hatten, die für die Durchführung der Terrorattacke von entscheidender Bedeutung gewesen war, nahm etwas den Druck von Deutschland weg. Dennoch sollte der mehr oder weniger offen formulierte Vorwurf der amerikanischen Seite, dass Deutschland den 11. September hätte verhindern können, noch für lange Zeit in zahlreichen internen Gesprächen zwischen den Regierungen und auf den verschiedensten Ebenen eine Rolle spielen. Umso wichtiger war es daher, dass es an der »uneingeschränkten Solidarität« Deutschlands mit den USA nicht den geringsten Zweifel geben durfte.

Aber auch für die Bundesregierung und die deutschen Sicherheitsbehörden waren die Erkenntnisse über die »Hamburger Zelle« ein gewaltiger Schock. Wie hatte es passieren können, dass eine Gruppe der gefährlichsten internationalen Terrororganisation über längere Zeit hinweg Deutschland als Rückzugsraum nutzen konnte, ohne dass die deutschen Sicherheitsapparate davon etwas mitbekamen? Und noch wichtiger war damals die Antwort auf die Frage: Gab es am Ende noch weitere al-Qaida-Zellen in Deutschland, die hier als sogenannte »Schläfer« auf ihre Aktivierung warteten? Man wird die spätere Haltung der rot-grünen Bundesregierung und der deutschen

Sicherheitsbehörden in zahlreichen Fragen der Terrorbekämpfung nicht verstehen können, wenn man diese überaus kritische Ausgangslage in der Zeit unmittelbar nach dem 11. September vergisst.

Die Krise des 11. September erforderte ein schnelles und abgestimmtes Handeln innerhalb der Bundesregierung, nicht nur auf der Ebene der hohen Beamten. Es galt täglich, ja bisweilen sogar stündlich, auf neue Erkenntnisse und Lagen politisch auf der höchsten Ebene zu reagieren. Das bis dahin in der Organisation der Bundesregierung vorgesehene Instrument des Bundessicherheitsrates erwies sich dabei als zu groß, zu unflexibel und zu durchlässig. Aus diesem Grund entschied der Bundeskanzler, informell ein sogenanntes »Sicherheitskabinett« einzurichten, das sich aus dem Bundeskanzler, dem Außen-, Innen- und Verteidigungsminister und dem Chef des Bundeskanzleramtes zusammensetzte. Hinzu kamen noch – je nach Bedarf – weitere Ressorts (etwa Finanzen) und die Präsidenten der Dienste, des BKA und die Spitze der Bundeswehr. Das Sicherheitskabinett hat sich in dieser Krise als entscheidendes politisches und operatives Steuerungsinstrument bewährt.

Am Nachmittag des 14. September fanden sich ca. 200 000 Menschen vor dem Brandenburger Tor zu einer riesigen Solidaritätskundgebung mit den Vereinigten Staaten von Amerika ein. Sie standen schweigend dicht gedrängt auf dem Platz auf der Westseite des Brandenburger Tores und bis weit in die Straße des 17. Juni hinein. Ich befand mich mit den Spitzen von Parlament, Regierung und Parteien auf der Rednertribüne, ebenso war der neue amerikanische Botschafter Daniel Coats anwesend. Er war erst vor Kurzem in Berlin angekommen.

Bundespräsident Johannes Rau sprach auf dieser Solidaritätskundgebung für die Bundesrepublik Deutschland und drückte den USA und den betroffenen Familien die tief empfundene Anteilnahme und Solidarität aller Deutschen aus. An diesem Tag, so war mein Eindruck, trafen diese Sätze des Bundespräsidenten die wirkliche Stimmungslage in unserem Land und waren alles andere als leere Formeln. Allerdings schien der Bundespräsident in seiner Definition der Solidarität mit den USA weniger klar zu sein, als dies zuvor für den Bundeskanzler mit seiner Formel von der »uneingeschränkten Solidarität« gegolten hatte, denn der Bundespräsident äußerte sich verhalten kritisch zu einer sehr wahrscheinlichen militärischen Reaktion der USA.

Dies führte bei Gerhard Schröder zu einigem Stirnrunzeln und zu der öffentlichen Klarstellung in einem Interview, dass die Richtlinien der Politik vom Bundeskanzler bestimmt würden. Der Bundeskanzler befürchtete, dass in Washington der Eindruck entstehen könnte, so ernst wäre die »uneingeschränkte Solidarität« durch Deutschland nicht gemeint, und dass sich daraus möglicherweise negative außenpolitische Konsequenzen für unsere Allianz mit den USA ergeben würden. Zugleich wäre aber in diesen Tagen ein offensichtlicher Dissens zwischen Kanzler und Bundespräsident so ziemlich das Letzte gewesen, was sich Deutschland hätte erlauben dürfen, und insofern war ich erleichtert, dass sich dieser kurz aufflackernde Gegensatz in der Folgezeit als belanglos erweisen sollte.

Eine der zentralen Fragen auf dieser Seite des Atlantiks lautete: Wie würde Europa auf diesen Angriff auf seinen wichtigsten Partner reagieren? Es sollte sich sehr schnell erweisen, dass die EU auf eine solche Herausforderung weder politisch noch institutionell vorbereitet war. Vor allem die Führer der beiden »glorious nations« in der EU, Jacques Chirac und Tony Blair, reagierten sofort auf der nationalen Ebene. Die Instinkte dieser beiden europäischen Großmächte funktionierten in dieser fast schon existenziellen Krise der transatlantischen Beziehungen ausschließlich national.

Bundeskanzler Gerhard Schröder versuchte über den belgischen Ratspräsidenten Guy Verhofstadt, eine sofortige Sondersitzung des Europäischen Rates zustande zu bringen, aber diese dringende und richtige Initiative von Gerhard Schröder scheiterte zunächst am Unwillen Frankreichs und Großbritanniens – für Blair und Chirac war die Reaktion auf den 11. September zuerst und vor allem eine nationale und keine EU-Angelegenheit. Es kam am 14. September lediglich zu einer gemeinsamen Erklärung der Staats- und Regierungschefs der Europäischen Union, der Präsidentin des Europäischen Parlaments und des Präsidenten der Kommission sowie des Hohen Vertreters für die gemeinsame Außen- und Sicherheitspolitik der EU.

Wenn man im Rückblick nach den Gründen der späteren Spaltung Europas in der Irak-Krise sucht, so sehe ich eine der wichtigsten Ursachen im damaligen Unvermögen des Europäischen Rates, auf die historische Herausforderung des 11. September 2001 eine gemeinsame europäische Antwort zu finden. Denn eine solche gemeinsame Antwort der Staats- und Regierungschefs der EU hätte die Union in der Folgezeit zu einer strategischen Diskussion und mit hoher Wahrscheinlichkeit dann auch zu gemeinsamen Beschlüssen und einem gemeinsamen Vorgehen gezwungen. Genau dazu sollte es aber in den folgenden Monaten und Jahren nicht mehr kommen, stattdessen kam es in der heißen Vorbereitungsphase des Irak-Krieges zu einer von der Bush-Regierung betriebenen Spaltung Europas.

Ob eine einheitliche europäische Position im Jahr 2002 angesichts der sich verschärfenden Krise um den Irak überhaupt möglich gewesen wäre (etwa mehr Zeit für die VN-Inspektoren im Irak und die Bindung der Entscheidung über ein militärisches Vorgehen an die Ergebnisse dieser Inspektionen) und ob eine solche EU-Position die Politik der Regierung Bush gegenüber dem Irak positiv verändert hätte, werden wir niemals erfahren. Was wir allerdings heute wissen, ist, dass der Einfluss eines gespaltenen Europas in Washington gegen null ging.

Es bedarf dazu jedoch einer Präzisierung, um einem nahe liegenden Missverständnis vorzubeugen: Wären Schröder und Chirac in der Irak-Krise der Haltung Blairs, Aznars, Berlusconis und Barrosos gefolgt, nämlich den Weg der USA in diesen mutwillig vom Zaun gebrochenen Krieg politisch und militärisch zu unterstützen, so wäre der europäische Einfluss in Washington ebenfalls fast gleich null geblieben, wie die spätere Tragödie von Tony Blair demonstriert. Nur wenn Blair und die anderen europäischen Kriegsbefürworter sich Richtung Schröder und Chirac bewegt hätten, hätte sich vielleicht eine Möglichkeit jenseits des Krieges eröffnet. Realistischerweise muss man allerdings davon ausgehen, dass auch eine solche Entwicklung die Regierung Bush von ihrer Entschlossenheit zum Krieg gegen Saddam Hussein nicht abgebracht hätte, da sie auf Europa militärisch definitiv nicht und politisch fast nicht angewiesen war.

Nachdem die Initiative des Kanzleramts zu einem europäischen Sonderrat vorerst kein Ergebnis gebracht hatte, entschied der Bundeskanzler, dass ich für die Bundesregierung nach Washington und New York reisen und so unsere Verbundenheit mit den Vereinigten Staaten zeigen sollte. Der Kanzler selbst beabsichtigte, erst etwas später zu reisen. Und so flog ich am 18. September abends mit einer Regierungsmaschine von Berlin nach Washington, nachdem ich zuvor noch an einer Sitzung des Sicherheitskabinetts teilgenommen hatte. Im Reisegepäck hatte ich einen Brief des Kanzlers an den amerikanischen Präsidenten, den ich ihm bei einem Treffen im Weißen Haus persönlich überreichen würde.

Den ganzen Tag über hatte ich neben den Terminen in Berlin immer wieder Telefonate zu führen, um sowohl die innenpolitischen Entwicklungen zu beeinflussen als auch die internationale Abstimmung in dieser Krise voranzutreiben. Die Liste meiner Telefonate vom 18. September wird hier aufgeführt, weil sie beispielhaft ist für die Anspannung und Hektik der damaligen Tage und Wochen:

11.45 Uhr – Kardinalstaatssekretär Sodano (der »Regierungschef« des Vatikan)
12.20 Uhr – Javier Solana (außenpolitischer Beauftragter der EU)
12.30 Uhr – Hubert Védrine (französischer Außenminister)
12.40 Uhr – Jossi Sarid (Vorsitzender der israelischen Meretz-Partei)
12.55 Uhr – Bundeskanzler
13.00 Uhr – Michael Steiner (Leiter der außenpolitischen Abteilung im Kanzleramt)
13.15 Uhr – Nabil Schaath (palästinensischer Minister für internationale Zusammenarbeit)
13.25 Uhr – Jossi Beilin (ehemaliger israelischer Chefunterhändler für die Regierung Rabin in Oslo)
14.00 Uhr – Rudolf Scharping (Verteidigungsminister)
14.05 Uhr – Kerstin Müller (Fraktionsvorsitzende der Grünen im Deutschen Bundestag)
14.10 Uhr – Louis Michel (belgischer Außenminister)
14.15 Uhr – Achmed Maher (ägyptischer Außenminister)

14.17 Uhr – Ariel Scharon (israelischer Premierminister)
14.40 Uhr – Saeb Erekat (palästinensischer Chefunterhändler für den Friedensprozess und Vertrauter Arafats)
14.45 Uhr – Miguel Moratinos (Nahostbeauftragter der EU)
15.00 Uhr – Terje Rød-Larsen (Sondergesandter der VN für die palästinensischen Autonomiegebiete)
15.05 Uhr – Javier Solana (außenpolitischer Beauftragter der EU)
15.15 Uhr – Colin Powell (amerikanischer Außenminister)
16.20 Uhr – Jassir Arafat (Präsident der Palästinensischen Autonomiebehörde)
18.50 Uhr – Colin Powell (amerikanischer Außenminister)

Gegen 22.00 Uhr Ostküstenzeit landete ich auf dem militärischen Teil des Dulles International Airport in der Nähe der amerikanischen Hauptstadt, den die deutsche Luftwaffe regelmäßig benutzt.

Am Mittwoch, den 19. September 2001, begann für mich der Tag mit einem Zusammentreffen mit meinem Kollegen Colin Powell im State Department. Mittlerweile wusste man ja, dass der Terrorangriff von Osama bin Laden und seiner Gruppe ausgeführt worden war und dass der amerikanische Gegenschlag demnach in Afghanistan erfolgen würde. Im Zentrum des Delegationsgesprächs standen keineswegs die sich abzeichnenden militärischen Konsequenzen des 11. September, sondern vielmehr dessen politische Auswirkungen auf den Nahen und Mittleren Osten.

Daher konzentrierte sich das Gespräch erstens darauf, wie man Palästinenser und Israelis zu einem wirklichen Waffenstillstand bewegen könnte. Beide Delegationen waren der Meinung, dass die tragischen Ereignisse des 11. September neue Gestaltungschancen im Nahen Osten eröffnet hätten, die es unbedingt zu nutzen galt. Ob man dabei erfolgreich sein würde oder nicht, würde die Zukunft zeigen. Wichtig wäre es jetzt, so bald wie möglich ein Treffen zwischen Jassir Arafat und Außenminister Schimon Peres zustande zu bringen. Dazu bedurfte es aber der Zustimmung von Premierminister Scharon, die ohne Verbesserung der Sicherheitslage Israels nicht zu erreichen war.

Die Gespräche am Telefon mit Arafat und Scharon waren sehr zäh verlaufen, und es tat sich nichts wirklich Entscheidendes vor Ort, was die Lage verbessert und zu Optimismus Anlass gegeben hätte. Vor allem Arafat war mit freundlichen Versprechungen gegenüber den westlichen Mächten schnell bei der Hand, tatsächlich aber verringerte sich die militärische Konfrontation zwischen Palästinensern und Israelis kaum. Zudem zeigte sich Premierminister Scharon auch weiterhin völlig unbeweglich in seiner Grundposition, mit den Palästinensern unter Terror nicht zu verhandeln. In jener Zeit fiel mir immer wieder Heinrich Heine ein, der dazu Passendes gereimt hatte: »Worte, Worte, keine Taten …«.

Zweitens ging es um weitere regionale Akteure, wie den Iran, der mit den Taliban und al-Qaida verfeindet war und mit beiden noch mehr als eine Rechnung offen hatte. Wir waren der Auffassung, dass alles versucht werden sollte, um den Iran als direkten Nachbarn Afghanistans in die kommenden Ereignisse konstruktiv einzubinden und dafür alle bestehenden Kontakte zu nutzen. Die amerikanische Seite hatte dagegen keine Bedenken, verwies jedoch darauf, dass damit die anderen Konfliktpunkte zwischen dem Iran und den USA mitnichten erledigt wären.

Drittens behandelte das Gespräch die strategischen Konsequenzen des 11. September. Ich erläuterte meinem amerikanischen Kollegen die Haltung Deutschlands – dass Bundeskanzler Gerhard Schröder es mit seiner Formel von der »uneingeschränkten Solidarität« ernst meine und ausdrücklich auch die militärische Option für Deutschland in unsere Solidarität mit den USA einbezöge. Dieser Angriff habe zwar die USA getroffen, zugleich aber uns allen gegolten.

Colin Powell dankte für die deutsche Haltung und erläuterte, dass die USA die Notwendigkeit sähen, eine langfristige Strategie gegen den internationalen Terrorismus zu entwickeln. Man habe es nicht mit einem einfach zu erkennenden und zu treffenden Gegner zu tun. Die wichtigsten Elemente dieser Strategie müssten deshalb eine breite internationale Koalition sowie die Zusammenarbeit der Nachrichtendienste, von Polizei und Justiz sein. Selbstverständlich werde auch der Einsatz militärischer

Mittel notwendig sein (und das hieß konkret, dass die USA den Krieg gegen die Taliban in Afghanistan angehen würden). Darüber hinaus solle man sich nicht noch neue große Probleme schaffen. Deshalb wäre der Umgang mit Pakistan äußerst delikat, denn niemandem wäre damit gedient, wenn am Ende die Anforderungen an Pakistan das Land selbst destabilisieren würden.

Das Treffen mit Colin Powell endete mit einer kurzen Pressekonferenz vor dem State Department. Am frühen Nachmittag war ich im Pentagon mit dem stellvertretenden Verteidigungsminister der USA, Paul Wolfowitz, zu einem Gespräch verabredet. Das riesige fünfeckige Gebäude des amerikanischen Verteidigungsministeriums war an einer Seite von einem der Flugzeuge am 11. September schwer beschädigt worden. Dabei waren viele Mitarbeiter des Ministeriums ums Leben gekommen, und insofern hatte gerade im US-Verteidigungsministerium die Frage der Reaktion auf die Terroranschläge vom 11. September auch eine sehr persönliche Dimension.

Diese persönliche Betroffenheit fand man aus verständlichen Gründen überall in Washington und New York, sie wurde in Europa nur allzu leicht vergessen. Die Reaktion auf den Terrorangriff vom 11. September war bei den amerikanischen Entscheidungsträgern, ihren Mitarbeitern und in der Bevölkerung nicht nur eine politische Frage. Die Bush-Regierung sollte später dann diese Stimmung in der Bevölkerung, die nach Bestrafung der Täter und Rache für die Toten von New York und Washington rief, für ihre innen- wie außenpolitischen Zwecke ausnutzen, um einen permanenten psychologischen Belagerungszustand im Innern und eine Legitimation für den Krieg gegen den Irak zu schaffen. Das alles war aber bei meinem damaligen Besuch in Washington nicht wirklich abzusehen.

Die Begegnung mit Paul Wolfowitz fand in Gestalt eines Delegationstreffens statt. Der stellvertretende US-Verteidigungsminister erläuterte uns dabei die strategischen Konsequenzen, welche die USA aus dem 11. September zu ziehen gedächten. Es gäbe weltweit über sechzig Staaten, die Terrorismus entweder direkt einsetzten, Terroristen Unterschlupf gewährten oder zu ihrer Finanzierung beitrügen. Die USA würden dies zukünftig alles als Terrorismus betrachten, gegen den man plane, entschlossen vorzugehen. Es werde dabei keine Rücksichtnahme und keine falschen Differenzierungen mehr in diesem weltweiten Kampf geben. Die USA würden sich alle diese Staaten vornehmen, einen nach dem anderen.

Dabei werde die Frage der einzusetzenden Mittel ausschließlich entlang ihrer Zweckmäßigkeit entschieden. Es müsste dabei keineswegs immer um militärische Mittel gehen. Der Zerstörung der finanziellen Netze des internationalen Terrorismus käme dabei eine große Bedeutung zu.

Ich erläuterte unsere Haltung, vor allem unsere Solidarität mit den USA. Der 11. September sei aus unserer Sicht ein historischer Wendepunkt, der eine langfristige Strategie notwendig machen würde. Dazu gehöre auch, eine Lösung existierender Regionalkonflikte energisch anzugehen, vorneweg den Nahostkonflikt. Dort müsse man jetzt unbedingt den Friedensprozess voranbringen. Zudem hielten wir es für geboten, mit den gemäßigten Kräften im Iran zusammenzuarbeiten und diese einzubinden.

Auf die Frage nach dem Irak und welche Rolle er in der amerikanischen Anti-Terror-Strategie spiele, reagierte Wolfowitz abwehrend. In den Medien hatte es Spekulationen darüber gegeben, ob Osama bin Laden vom Irak unterstützt worden sei, aber ich nahm diese nicht allzu ernst. Ich wusste aber um die ganz besondere Bedeutung des Irak (»unfinished business«) für die Regierung in Washington, und daher stellte ich diese Frage. Wolfowitz' Antwort gab keinen direkten Anlass zur Sorge.

Unter der direkten Nennung von Iran und Syrien wies Paul Wolfowitz allerdings darauf hin, dass man viel zu lange hingenommen habe, dass diese Staaten diversen Terrorgruppen das Agieren erleichtert hätten. Es sei auch ein Fehler gewesen, den palästinensischen Terrorismus zu dulden. Hier müsse in Zukunft härter vorgegangen werden. Zur allgemeinen Strategie gegenüber dem Terrorismus merkte Wolfowitz noch an, dass es bei der Frage der Täterschaft nicht um eine juristische Beweislage gehen werde, sondern dazu Hinweise, Informationen und Indizien ausreichen würden.

Im Anschluss an dieses Treffen begleitete uns der stellvertretende Verteidigungsminister noch zu dem zerstörten Teil des Gebäudes. Die Aufräumarbeiten waren in vollem Gange, und dennoch war der Eindruck für den Betrachter entsetzlich. Dort begegnete ich auch dem ehemaligen und späteren Vorsitzenden des Streitkräfteausschusses des US-Senats, dem Republikaner John Warner (Virginia), den ich von einer früheren Begegnung her kannte, und der New Yorker Senatorin Hillary Clinton. Hier, an diesem Ort, wo so viele unschuldige Menschen am 11. September durch Terroristen ihr Leben verloren hatten, verstand ich noch sehr viel besser die tiefe Verletzung, den Schmerz, die Wut und auch die grimmige Entschlossenheit unserer amerikanischen Partner und Freunde. Der 11. September hatte für sie alle auch eine sehr persönliche Dimension. Wäre Vergleichbares in Deutschland passiert, so wäre es mir wohl ebenso ergangen.

Nach dem Gespräch mit Paul Wolfowitz versuchte ich, auf der Fahrt zurück nach Washington meine Gedanken und Eindrücke aus dem letzten Gespräch zu ordnen. Irgendwie hatte es mich innerlich aufgewühlt und in Unruhe versetzt. Wenn die von Wolfowitz dargelegte Strategie von den USA tatsächlich umgesetzt würde, dann würden die Welt und auch die USA innerhalb weniger Jahre sehr anders aussehen als zuvor. Mir war nach diesem Gespräch klar geworden, dass sich meine schlimmsten Befürchtungen durchaus bewahrheiten könnten. Was da an amerikanischer Reaktion auf die Welt – und damit auch auf Deutschland als einem engen Alliierten der USA – zukommen würde, bedeutete nach den Erläuterungen des stellvertretenden Verteidigungsministers der USA nichts Geringeres, als dass die Reaktion auf den 11. September mitnichten mit Afghanistan, der Entmachtung der Taliban und der Zerstörung von al-Qaida beendet sein würde. Vielmehr hatte er soeben uns gegenüber die Konturen eines Weltkriegs neuen Typs gegen den internationalen Terror und seine staatlichen und nichtstaatlichen Helfershelfer und Unterstützer skizziert. Denn was sonst konnte es heißen, wenn die USA weltweit gegen mehr als sechzig Staaten vorzugehen beabsichtigten? All dies war zwar schon bei meinen Gesprächen und Telefonaten mit Colin Powell angeklungen, aber Paul Wolfowitz hatte Klartext gesprochen. Seine Strategie war sehr viel radikaler und weitgehender und wohl auch mit dem gängigen Völkerrecht schwer in Übereinstimmung zu bringen.

Ein solch globaler Anti-Terror-Krieg würde zudem keine Sache von einigen Monaten oder wenigen Jahren sein, sondern würde sehr viel mehr Zeit verlangen. Nach dem absehbaren Krieg gegen die Terrorbasis Afghanistan würden aber der Schock und auch die Wut in den USA und in der Weltöffentlichkeit über die Anschläge mit Sicherheit abnehmen. Um eine solche globale und langfristige Strategie durchzusetzen, würde die US-Regierung daher aus politischen Mobilisierungsgründen gegenüber der einheimischen und internationalen Öffentlichkeit eine allseits bekannte und zwingende Bedrohung nebst personifizierter Feindbilder brauchen. Ein flüchtiger oder gar toter Osama bin Laden und eine kaum zu greifende, medial nicht darzustellende Terrororganisation würden dazu niemals ausreichen. Wer also dann?

Die Antwort war nicht besonders schwer zu finden, sondern lag auf der Hand. Es konnte meiner Meinung nach nur einen ernsthaften Kandidaten für diese Rolle des Schurken geben, und der hieß Saddam Hussein. Wenn die USA allerdings ohne zwingende Beweise für dessen Verstrickung in den 11. September militärisch angreifen würden, so würde die gesamte Anti-Terror-Strategie eine völlig andere Dimension bekommen, nämlich zu einer Strategie des militärisch erzwungenen Regimewechsels (»Regime Change«) im Nahen Osten und weltweit werden. Und der Feind würde dann binnen Kurzem nicht mehr der religiös fundierte Terrorismus im Nahen und Mittleren Osten sein, sondern eine gefährliche Verbindung von religiösem Fundamentalismus und revolutionärem Nationalismus.

»Nein«, versuchte ich mich auf der Fahrt zurück nach Washington in meinem inneren Monolog zu beruhigen, »so dumm kann die US-Regierung nicht sein.« Gewiss, Saddam Hussein war ein übler Diktator, um den es nicht schade wäre, wenn er schon gestern verschwunden wäre. Aber er und seine irakische Baath-Partei waren überzeugte Laizisten und arabische Nationalisten und deshalb Todfeinde der religiösen Fundamentalisten. Die Priorität musste jetzt al-Qaida und Osama bin Laden heißen und nichts anderes! Dass Saddam Hussein Terroristen unterstützt hatte, war seit Langem bekannt. Aber das waren die nach dem 11. September altmodisch wirkenden palästinensischen Terrorgruppen eines Abu Nidal und ähnliche aus den siebziger und achtziger Jahren. Mir war aus der Vergangenheit nicht der geringste Hinweis unserer Dienste bekannt, dass es auch nur einen Kooperationsversuch zwischen dem Irak und Bin Laden gegeben oder die USA dies behauptet hätten.

Welchen anderen Schurken könnte Wolfowitz aber ansonsten aus der Tasche ziehen, um seine Strategie durchsetzen zu können? Es gab keinen anderen, und das erfüllte mich mit großer Unruhe. Und hatte nicht Colin Powell von Anfang an davon gesprochen, dass er in der Sache Irak dringend etwas vorweisen müsse und er deshalb mit Hochdruck an verbesserten und intelligenteren Sanktionen arbeiten würde? Ich konnte mir selbst meine Sorgen nicht ausreden.

Der nächste Termin war die Begegnung mit Präsident Bush im Weißen Haus. Der Präsident befand sich dabei in Begleitung seiner Sicherheitsberaterin Condoleezza (Condi) Rice und einiger anderer Mitarbeiter. George Bush machte einen angegriffenen Eindruck, was angesichts der Ereignisse und der persönlichen Belastung der letzten Tage nicht erstaunen konnte. Und auch im Weißen Haus wog die persönliche Dimension des 11. September sehr schwer. War das in Pennsylvania von mutigen Passagieren vorzeitig zum Absturz gebrachte Flugzeug UA 93 für einen Angriff auf das Weiße Haus bestimmt gewesen? Wenn ja, so der Präsident, dann würden seine Frau Laura Bush, Condi Rice und die meisten der hier versammelten Mitarbeiter wohl nicht mehr am Leben sein.

Ich übergab dem amerikanischen Präsidenten den Brief des Bundeskanzlers. Ich erläuterte ihm unsere Haltung der »uneingeschränkten Solidarität« unter Hinweis auf die Erklärung des Bundeskanzlers und den Beschluss des Deutschen Bundestages. Dies hieße für uns, dass keine Option ausgeschlossen wäre, auch nicht die militärische. Ich wies auch hier auf die Notwendigkeit hin, jetzt im Nahen und Mittleren Osten die vorhandenen Konflikte einer Lösung zuzuführen und zu versuchen, den Iran einzubinden, um so einer weiteren Radikalisierung und Unterstützung des Terrorismus die Grundlage zu entziehen. Zudem machte ich deutlich, wie wichtig es sei, die Menschen in Europa, die heute so voller Sympathie für die USA wären, bei den vor uns liegenden schwierigen Entscheidungen mitzunehmen. Eine baldige Reise des Präsidenten nach Europa, etwa zu einem NATO-Gipfel oder zu einem Treffen mit den Staats- und Regierungschefs der EU, und eine Rede an die Europäer wären dafür sicherlich sehr hilfreich.

Der Präsident bedankte sich für den Brief und die deutsche Solidarität. Diesen Dank an Deutschland werde er auch in einer Rede vor dem Kongress am folgenden Tag wiederholen. Anschließend erläuterte der Präsident die strategischen Konsequenzen, welche die USA aus dem Terrorangriff vom 11. September zu ziehen gedächten. Dabei kam er auf eine neue Doktrin zu sprechen, die er auch als eine solche bezeichnete: Wer Terroristen beherberge, werde zukünftig wie ein Terrorist behandelt. Ansonsten bewegten sich seine strategischen Erläuterungen entlang derselben Linien, die wir bereits zuvor im State Department von Colin Powell und im Pentagon von Paul Wolfowitz gehört hatten, ohne aber die Deutlichkeit und Radikalität des Letzteren zu erreichen.

Am nächsten Morgen, Donnerstag, 20. September 2001, flogen wir dann von Washington nach New York. Regenwolken hingen tief über der Stadt. Das Wetter passte sehr gut zu meiner Stimmungslage. Die Stadt wirkte verändert, verletzt, verstört. Ich spürte, dass der Terroranschlag vom 11. September mein Bild von dieser großartigen Stadt, die ich so sehr liebe, grundsätzlich verändert hatte.

Es hatte für mich immer zwei New York gegeben: Einerseits das reale New York, zwar in den USA gelegen, aber alles andere als eine typische nordamerikanische Metropole. New York City ist vielmehr die einzige wirkliche Weltstadt, die ich kenne. Zuwanderer aus allen Nationen leben in dieser Stadt, leben in einem faszinierenden Schmelztiegel der Kulturen zusammen – und es funktioniert. Für den Sitz der Vereinten Nationen könnte es gerade aus diesem Grund weltweit keinen besseren Standort geben.

Und andererseits gab es mein geträumtes New York, das Tor zur Freiheit, zur Neuen Welt. Millionen europäischer Auswanderer haben hier zum ersten Mal den amerikanischen Kontinent betreten. In dieser Stadt begann für sie der Traum von Freiheit und Wohlstand, von einem neuen Leben jenseits von Krieg, Diktatur, Unterdrückung und Elend in jener Alten Welt namens Europa. Die Freiheitsstatue am Hafeneingang von New York symbolisiert bis heute diesen Traum.

Jahre später, als ich mit meiner Familie in den USA lebte, machten wir einen touristischen Ausflug nach Liberty Island und Ellis Island im Hafen von New York. Und als wir dort in der langen Schlange vor den Ausflugsschiffen warteten, gemeinsam mit Menschen aus aller Herren Länder, da bekamen wir eine leise Ahnung davon, wie sich wohl die Einwanderer in früheren Zeiten in den Schlangen auf Ellis Island gefühlt haben mochten, als sie dort auf die Abfertigung durch die US-Einwanderungsbehörde warteten. Die damals allerdings alles entscheidende Frage, ob man von den Beamten akzeptiert oder aber nach Europa zurückgeschickt werden würde, stellte sich für uns nicht. Und genauso wenig machten wir die Erfahrung von Furcht und Elend, welche die meisten Einwanderer damals über den Atlantik getrieben hatte.

Bei der Fahrt vom Flughafen nach Manhattan fiel mir die veränderte Kulisse Manhattans gar nicht sofort auf. Die Stadt sah wie immer aus – fast. Aber das Empire State Building in Midtown Manhattan stand plötzlich so alleine da und wirkte viel größer als sonst. Und erst dann bemerkte ich, dass etwas fehlte – die hoch aufragenden Zwillingstürme des World Trade Centers weiter unten, fast an der Spitze Manhattans. New York war jetzt also, wie all die großen europäischen Städte in der Vergangenheit, auch zu einer Stadt »unter Feuer« geworden. Der 11. September hatte nicht nur mehrere Tausend Menschenleben in den beiden Hochhäusern zerstört, er schien der Stadt auch etwas von ihrem Traum genommen zu haben.

In New York, am Sitz der Vereinten Nationen, warteten Gespräche mit dem VN-Generalsekretär Kofi Annan und mit dem russischen Außenminister Igor Iwanow auf mich. Zudem würde ich noch ein Betreuungszentrum für Angehörige der Opfer und der zahlreichen Vermissten sowie eine Wache der New Yorker Feuerwehr besuchen, die am 11. September in den einstürzenden Türmen die Mitglieder einer ganzen Schicht verloren hatte, und dort eine Geldspende der Bundesregierung für die Hinterbliebenen überreichen.

Die beiden Treffen mit dem russischen Außenminister und mit Generalsekretär Kofi Annan fanden im VN-Gebäude an der First Avenue statt. In beiden Gesprächen ging es vor allem um die Konsequenzen, die aus dem 11. September zu ziehen waren. Ich war mir mit beiden Gesprächspartnern einig, dass alles getan werden musste, um jetzt nicht in den USA das Gefühl entstehen zu lassen, dass die Menschen in ihrem Schmerz und in ihrem Zorn alleine wären. Die Konsequenzen aus dem Terrorangriff vom 11. September mussten deshalb unbedingt durch die internationale Gemeinschaft gemeinsam gezogen werden. Und dabei würden auch auf die Vereinten Nationen weitreichende Beschlüsse zukommen, die es im Kampf gegen den Terrorismus im Sicherheitsrat zu treffen galt.

So gab es noch immer keine völkerrechtlich verbindliche Terrorismusdefinition oder gar eine Konvention gegen den Terrorismus. Denn was für den einen Staat Terror war, galt in dem anderen Staat als legitimer Freiheitskampf. So lag zwar eine Initiative des von Terroranschlägen geplagten Indien für ein Übereinkommen gegen den internationalen Terrorismus vor, aber genau an diesem Beispiel wurde zugleich die große Schwierigkeit sichtbar, eine Einigung zu erzielen. Denn was für Indien in der seit der Gründung der beiden Staaten in mehreren Kriegen mit Pakistan umkämpften und geteilten Region Kaschmir nichts als brutaler Terrorismus ist, der rücksichtslos und auch unter Inkaufnahme schwerster Menschenrechtsverletzungen bekämpft werden muss, ist für Pakistan der legitime Widerstand der Bevölkerung Kaschmirs, die mehrheitlich dem muslimischen Glauben angehört, gegen die indische Besatzung, der jede Unterstützung Pakistans verdiene.

Kofi Annan hielt jetzt allerdings den Moment für gekommen, um eine solche Anti-Terrorismus-Konvention zu erarbeiten. Die USA würden zukünftig auf einer generellen Ächtung des Terrorismus bestehen, und darauf müssten die Vereinten Nationen reagieren, wenn diese Definition nicht unilateral und den jeweiligen nationalen Interessen und Konfliktlagen folgend ausfallen sollte. Die Aufgabe der Weltgemeinschaft müsse es jetzt sein, einen völkerrechtlichen Rahmen für den Kampf gegen den internationalen Terrorismus zu schaffen, um so ein einseitiges Vorgehen mit möglicherweise gefährlichen Folgen für die regionale und internationale Stabilität unnötig zu machen.

Insgesamt wurde in den Gesprächen das bisherige Vorgehen der amerikanischen Regierung als überlegt und besonnen bewertet, auch wenn ich mir nicht wirklich klar darüber war, wieweit hier, auch bei mir selbst, der Wunsch der Vater des Gedankens war. Ansonsten ging es in dem Treffen mit dem Generalsekretär noch um die Bewertung der aktuellen Lage im Nahen Osten und auf dem Balkan.

Bei dem kurzen Treffen mit dem russischen Außenminister wurde nahezu die identische Agenda erörtert. Russland war offensichtlich entschlossen, die USA in ihrem Kampf gegen den Terrorismus vorbehaltlos zu unterstützen und dabei auch ein neues Kapitel in den amerikanisch-russischen Beziehungen aufzuschlagen, das endgültig die Jahrzehnte der Rivalität der beiden Supermächte hinter sich lassen sollte. Der Kalte Krieg wäre jetzt tatsächlich zu Ende, erklärte mein russischer Kollege. Auch für Russland war es von entscheidender Bedeutung, das Vorgehen gegen den internationalen Terrorismus in einem multilateralen Rahmen zu halten.

Für Moskau war klar, dass die USA militärisch in Afghanistan zuschlagen würden, und auch in der russischen Regierung schien man sich große Sorgen um einen möglichen Alleingang der USA und dessen Folgen für die regionalen Gleichgewichte und die international gültigen Regeln zu machen. Zudem war mit den Händen zu greifen, dass sich der russische Präsident Putin, der einen schmutzigen Anti-Terror-Krieg in Tschetschenien führte, für den er im Westen heftig kritisiert wurde, durch eine internationale Koalition gegen den Terror zumindest ein Nachlassen des internationalen Drucks und mehr Verständnis des Westens für seine Lage im Kaukasus erhoffte.

Nach diesen Gesprächen fuhren wir auf die andere Seite Manhattans hinüber, an das Ufer des Hudson, und besuchten dort ein von der Stadt New York eingerichtetes Betreuungszentrum für die Angehörigen der Opfer. Dies war auch die Anlaufstelle für viele Menschen, die nach ihren vermissten Angehörigen suchten. Die Wände waren über und über bedeckt mit Vermisstenanzeigen und verzweifelten Bitten um Nachrichten und Informationen zum Verbleib der geliebten Person. Die Welt der Diplomatie mit ihren Gesprächen und Abwägungen lag plötzlich weit hinter mir, und stattdessen wurden der ganze Schmerz, das Entsetzen und die fassungslose Trauer der Angehörigen und die menschlichen Tragödien, die sich am 11. September in den beiden Türmen abgespielt haben mussten, plötzlich konkrete Wirklichkeit. Auf der Etage in dem großen Gebäude der New Yorker Hafenverwaltung, auf der wir uns aufhielten, sammelte sich spontan eine Gruppe von Menschen und fing an, die amerikanische Nationalhymne zu singen, als wenn sie sagen wollten, wir lassen uns nicht unterkriegen, nicht durch den Terror und nicht durch all den Schmerz und das Leid, das uns zugefügt wurde. Ich hörte schweigend zu und war tief gerührt.

Anschließend besuchten wir eine Feuerwache, die am 11. September im einstürzenden Südturm fünfzehn Feuerwehrmänner verloren hatte. Nur einen von ihnen hatte man bisher tot bergen können. Die anderen blieben unauffindbar unter den Trümmerbergen begraben. Als an jenem schrecklichen Dienstag der Alarm in der Feuerwache ausgelöst wurde, waren sie auf ihren Löschfahrzeugen losgerast, um zu helfen, und hatten alle nicht überlebt. Der Bürgersteig vor der Wache war über und über mit Blumen, Kerzen, selbst gemalten Bildern von Kindern und Briefen der Anteilnahme von Bürgern übersät.

Es war für mich ein weiterer sehr ergreifender Augenblick, der mir die Tränen in die Augen trieb, und als ich dem Captain der Feuerwache unsere Spende für den Solidaritätsfonds für die Familien der umgekommenen Feuerwehrmänner überreichte, drückten wir uns stumm und bewegt die Hand. Beiden standen uns die Tränen in den Augen.

Mein Besuch in dem grauen, verregneten und schwer verwundeten New York, die unmittelbare Begegnung mit dem Leid, der Trauer, aber auch der Wut und Entschlossenheit der betroffenen Menschen hatte mich tief berührt und auch emotional nachvollziehen lassen, wie viele einzelne Tragödien sich am 11. September in dieser Stadt ereignet hatten. Tragödien, die einen konkreten Menschen mit einem Namen, einem Gesicht, einer Familie aus dem Leben gerissen hatten. Wut kam dabei in mir auf über die Terroristen und ihre Hintermänner, die dieses barbarische Verbrechen zu verantworten hatten. Amerika würde zurückschlagen, dessen war ich mir nach diesem Tag in New York mehr denn je gewiss. Und wir Deutsche würden dabei sein müssen. Das Wort des Kanzlers von der »uneingeschränkten Solidarität« hatte für mich an diesem Nachmittag in Manhattan eine nicht nur politische, sondern auch sehr menschliche Bedeutung erhalten.

Am Abend flogen wir dann von New York aus zurück nach Berlin. Die beiden letzten Tage hatten mich innerlich aufgewühlt. Was würde die Zukunft bringen? 1948 geboren, war ich ein Kind des Kalten Krieges, aufgewachsen im Schatten der Ruinen des Zweiten Weltkriegs. Kriegsangst war für mich als Kind durchaus noch eine reale Erfahrung gewesen. Die sich immer wiederholenden Erzählungen der Erwachsenen, die Ruinen, die Bilder der gefallenen oder vermissten jungen Soldaten in den Wohnzimmern, Kriegsgräber an den Straßen, alte Waffen und Munition – all das gehörte zu meiner Kindheit. Und auch die großen Krisen im Europa der fünfziger und sechziger Jahre machten uns Angst: der Aufstand in Ungarn, der Bau der Mauer in Berlin und schließlich die Kuba-Krise. Bis zu den Balkankriegen in den neunziger Jahren war meiner Generation jedoch die Erfahrung eines heißen Krieges in Europa erspart geblieben.

Sollte sich das jetzt ändern? Würde der Terrorismus auch in Europa, in Deutschland zuschlagen? Hatte der Kalte Krieg lediglich über fünf Jahrzehnte hinweg eine atypische Situation geschaffen, die uns in dem Glauben ließ, dass Krieg und Zerstörung auf unserem Kontinent für immer der Vergangenheit angehören würden? Zwar hatten bereits die Balkankriege diesen Glauben nachhaltig erschüttert, aber würde jetzt, mit dem 11. September, erneut eine Epoche von Kriegen auch für Europa beginnen? Würde sich aus dem Angriff der al-Qaida auf New York und Washington tatsächlich ein neuer Typus von Weltkrieg entwickeln, wie ihn Paul Wolfowitz im Pentagon unserer Delegation gegenüber analysiert hatte? Welchen menschlichen, moralischen und politischen Preis würde die Zukunft von uns verlangen? Und was war zu tun?

An Schlaf war mit all diesen Fragen, die mir ununterbrochen durch den Kopf gingen, nicht zu denken, und so setzte ich mich in düsterer Stimmung während des nächtlichen Flugs über den Atlantik in den hinteren Teil der Kabine zu den mitreisenden Journalisten. Dort wurde ich dann auch danach gefragt, wie ernst ich das Risiko einschätzte, dass die USA Saddam Hussein angreifen würden.

Ich sähe zwar keine unmittelbare Gefahr, gab ich zur Antwort, denn Saddam Hussein wäre zwar ein übler Diktator und Schurke, aber nichts spräche aus meiner Kenntnis für eine Verbindung von Islamisten vom Schlage Osama bin Ladens mit dem Irak Saddam Husseins. Ganz im Gegenteil wären diese beiden Strömungen des arabischen Radikalismus ideologische Todfeinde, die sich im wahrsten Sinne des Wortes bis aufs Messer bekämpften. Bei der Baath-Partei Saddam Husseins handelte es sich eindeutig um eine nichtreligiöse, nationalistische Partei, die von den Islamisten als Verräter am Islam angesehen wurde, während die regierenden Baathisten in Syrien und im Irak die religiösen Radikalen einsperren, foltern und hinrichten ließen.

Sehr viel später dann, in der unmittelbaren Vorbereitungsphase des Krieges der USA gegen den Irak, sollte eine islamistische Gruppierung im Irak seitens der US-Kriegspropaganda benutzt werden, um einen Zusammenhang zwischen dem 11. September und Saddam Hussein zu konstruieren, aber auch dieser Versuch scheiterte, denn jene Gruppe, die es tatsächlich gab, agierte eben nicht in Saddams Herrschaftsbereich, sondern vielmehr im kurdischen Norden des Irak, wo das Regime in Bagdad keinerlei Kontrolle mehr ausübte.

Gleichwohl war ich bereits damals der Überzeugung, dass die konkrete Gefahr bestand, dass die USA eher früher als später den Irak angreifen würden. Denn sollten sie tatsächlich den globalen Krieg gegen den Terror ernsthaft angehen, dann bräuchten sie einen wohlvertrauten und in den Medien vorzeigbaren Schurken. Osama bin Laden und ein kaum sichtbares terroristisches Netzwerk würden für eine solche Mobilmachung der amerikanischen Öffentlichkeit nur sehr eingeschränkt taugen.

Ich war auch schon damals der Meinung, dass ein Krieg gegen den Irak ein fataler Fehler, ja eine große politische Dummheit wäre, da Amerika aus dem legitimen und nahezu von der ganzen Weltöffentlichkeit und Staatengemeinschaft unterstützten Kampf gegen den islamistischen Terrorismus eine Konfrontation mit dem arabischen Nationalismus machen würde. Und diesen Kampf konnte Amerika mit seinen überlegenen militärischen Machtmitteln gewiss kurzfristig militärisch für sich entscheiden, politisch aber niemals gewinnen. Zudem würde mit einem solchen falschen Krieg dem islamistischen Terrorismus nur eine neue Legitimation geliefert werden, die ihn stärken und nicht schwächen oder gar besiegen helfen würde. Leider sollte ich mit meinen damaligen nächtlichen Befürchtungen ziemlich richtigliegen.

Am Freitagmorgen war ich zurück in Deutschland. In meinem Büro warteten bereits die Vorsitzenden der Grünen, die Fraktionsvorstände sowie die grünen Kabinettsmitglieder auf mich, die ich über meinen Besuch in Washington und New York und meine Eindrücke unterrichtete. Wir waren alle sehr besorgt, was uns die nächste Zukunft wohl an Herausforderungen für die rot-grüne Koalition bringen würde, denn es war nunmehr Gewissheit, dass die USA in Afghanistan zurückschlagen würden. Wie würde sich Deutschland daran militärisch beteiligen, und was würde das für die Stabilität der Koalition heißen? Entscheidungen waren keine zu treffen, aber ich betonte erneut, dass wir uns im Falle des höchst wahrscheinlichen Falles nicht heraushalten dürften und könnten.

Anschließend unterrichtete ich den Bundeskanzler im Kanzleramt unter vier Augen über meine Reise, und daran schloss sich eine Sitzung des Sicherheitskabinetts an. Am späten Nachmittag flog ich dann gemeinsam mit dem Bundeskanzler nach Brüssel zu einer Sondersitzung des Europäischen Rates. Auf dieser Sitzung beschloss die EU einen weitreichenden »Aktionsplan zur Bekämpfung des Terrorismus«, der die Felder der Innen- und Rechtspolitik, der Überwachung der Finanzströme und der Außen- und Sicherheitspolitik umfasste. Gegen 23.00 Uhr flogen wir von Brüssel zurück nach Berlin mit einem Zwischenstopp in Hannover, wo Gerhard Schröder ausstieg. Um 2.30 Uhr war ich endlich wieder in meiner Wohnung in Berlin und wollte nur noch schlafen.

Am Sonntag grüßte mich dann erneut das wochenendliche rot-grüne Murmeltier, denn beide Regierungsparteien hatten einen weiteren herben Rückschlag auf Länderebene zu verdauen. In Hamburg fanden an diesem Tag Bürgerschaftswahlen statt, und ein weiteres rot-grün regiertes Bundesland versank politisch, diesmal in der Elbe. Vor allem meine Partei erlitt eine krachende Wahlniederlage mit einem Minus von über 5 Prozentpunkten, während die SPD sogar ganz leicht zulegte. Die CDU unter ihrem Spitzenkandidaten Ole von Beust hatte zwar ebenfalls ordentlich an Prozenten verloren, eroberte aber dennoch gemeinsam mit der FDP und der neu gegründeten rechtspopulistischen »Partei Rechtsstaatlicher Offensive« unter dem Richter Ronald Barnabas Schill die Mehrheit in der Hamburgischen Bürgerschaft. Schill war eine bizarre Figur, der in der Boulevardpresse wegen einiger seiner Urteile auch »Richter Gnadenlos« genannt wurde und mit einer populistischen Kampagne gegen Straftäter und Drogenhändler einen erdrutschartigen Wahlsieg (19,4 Prozent!) für seine zum ersten Mal antretende Partei erzielte. Die Schill-Partei war damit der eigentliche Wahlsieger und verhalf der CDU im Hamburger Rathaus an die Macht.

Die Sicherheitslage in den Parks, auf den Straßen und Plätzen Hamburgs war schon bei den vorhergehenden Bürgerschaftswahlen das große Thema gewesen. Daran konnte ich mich jetzt, vier Jahre später, noch sehr genau erinnern. Ganz offensichtlich hatte der rot-grüne Senat das Thema in der abgelaufenen Legislaturperiode nicht energisch genug angepackt, deshalb fuhren die Populisten von der Schill-Partei dafür jetzt die politische Ernte ein. So ist das eben oft in der Politik: Gut gemeint ist noch lange nicht gut gemacht, und in der Regierung kommt es vor allem auf das Machen an. Zumindest im Bund würde uns ein vergleichbares Defizit bei der inneren Sicherheit (und in Fragen der inneren Sicherheit reicht bereits ein in der Bevölkerung gefühltes Defizit) mit unserem Innenminister Otto Schily nicht passieren, dessen war ich mir ganz sicher. Und dafür habe ich ihn immer gerne in der grünen Fraktion verteidigt, auch wenn sein persönlicher Umgang mit den meisten Grünen diese Aufgabe oft unnötig erschwerte.

Ich schaute mir am frühen Abend im Fernsehen nur kurz

die Prognosen des Ergebnisses der Hamburg-Wahl an und verzichtete danach, angesichts dieses erneuten rot-grünen Wahldebakels auf Landesebene, auf jede weitere Berichterstattung. Dies war besser für meine Gesundheit. Der politische Ärger würde mich sowieso spätestens am morgigen Tag in den Sitzungen der Parteigremien einholen, denn dort würde, so sicher wie das Amen in der Kirche, wieder einmal die Frage nach der Schuld an dieser weiteren Wahlniederlage der Grünen und von Rot-Grün aufgeworfen werden. Und auch wenn ich mir aufgrund meiner Kenntnisse über die Situation in Hamburg und meiner Eindrücke aus dem dortigen Wahlkampf sehr sicher war, dass für den Machtwechsel an der Elbe vor allem das Thema der inneren Sicherheit und somit die Landespolitik verantwortlich gewesen war, so machte ich mir keine Illusionen darüber, dass auch diese Wahlniederlage vor allem bei der Koalition im Bund abgeladen werden würde, also vor allem beim Krieg im Kosovo und somit bei mir.

Die folgenden Tage waren angefüllt mit intensiven diplomatischen Aktivitäten und innenpolitischen Diskussionen zur Vorbereitung der Militäraktion gegen Afghanistan. Die Bundesrepublik hatte bereits seit einiger Zeit den Vorsitz einer von den VN initiierten sogenannten »Afghanistan Support Group« übernommen, die bisher auf der politischen Ebene kaum eine Rolle gespielt hatte, sondern mehr der Koordination der humanitären Hilfe diente. Diese Gruppe wurde jetzt aktiviert und nach Berlin zu einer Sitzung einberufen. Das Treffen sollte insofern Weiterungen haben, als es bei der späteren Entscheidung des VN-Generalsekretärs, Deutschland um die Ausrichtung der Afghanistan-Konferenz zur Neuordnung des Landes zu bitten, eine – wenn auch untergeordnete – Rolle spielen würde.

Im Zentrum der diplomatischen Aktivitäten aber stand New York. Dort wurden im VN-Sicherheitsrat die entscheidenden Resolutionen erarbeitet und einstimmig beschlossen, basierend auf Artikel 51 der VN-Charta, welcher das Selbstverteidigungsrecht eines angegriffenen Staates völkerrechtlich definiert und garantiert. Man kann über den Krieg gegen die Taliban, wie in jeder anderen politischen Frage auch, sehr unterschiedlicher Meinung sein, aber an der völkerrechtlichen Zulässigkeit des

Krieges der USA und ihrer Verbündeten konnte es nicht den geringsten Zweifel geben, da der Sicherheitsrat hierzu mit mehreren einstimmig beschlossenen Resolutionen die völkerrechtliche Ermächtigung geschaffen hatte.

Zudem zeichnete es sich mehr und mehr ab, dass Washington keine Wiederholung eines Koalitionskrieges à la Kosovo wollte, sondern allein loszuschlagen gedachte, allerhöchstens noch begleitet von den britischen Streitkräften. Der Einsatz des Militärs der anderen Alliierten der USA (und das hieß auch der deutschen Soldaten) sollte erst zu einem späteren Zeitpunkt erfolgen.

In der Bundesregierung wie auch in den Fraktionen des Deutschen Bundestages standen naturgemäß der Umfang und die Qualität eines deutschen militärischen Beitrags zum Afghanistan-Krieg im Vordergrund. Dabei zeigte sich sehr schnell, dass die Bundeswehr auf einen solchen Einsatz weit außerhalb Europas nicht wirklich vorbereitet war. Trotz aller Reformanstrengungen der verschiedenen Verteidigungsminister seit dem Ende des Kalten Krieges handelte es sich bei der Bundeswehr nach wie vor überwiegend um eine Armee, die vor allem auf die Landesverteidigung ausgerichtet war und nicht auf Interventionen fernab der Heimat. Zwar hatte es Restrukturierungen gegeben, aber alles in allem hielten sich diese angesichts der jetzigen Herausforderung namens Afghanistan in bescheidenen Größenordnungen.

Marineeinheiten kamen naturgemäß für Afghanistan nicht in Betracht, die Luftwaffe hatte ebenfalls nicht wirklich etwas anzubieten, sodass nach intensiver Prüfung der Generalinspekteur der Bundeswehr zu der Schlussfolgerung kam, dass das Einzige, was Deutschland für einen Krieg in Afghanistan militärisch in nennenswertem Umfang anbieten könnte, die berühmten »boots on the ground« (Stiefel am Boden) wären, Bodentruppen also. Ein solcher Einsatz würde aber militärisch und politisch ein nicht vertretbares Risiko bedeuten, für das die Bundesregierung zudem kaum die notwendige Zustimmung in Koalition, Parlament und Öffentlichkeit finden dürfte.

Ich war mir mit dem Bundeskanzler und dem Verteidigungsminister daher sehr schnell einig, dass diese Option nicht infrage käme, zumal Gerhard Schröder und ich noch die Worte des russischen Präsidenten Putin im Ohr hatten, die dieser auf eine Frage des Kanzlers hin zum Thema Afghanistan im Rahmen eines Mittagessens am Dienstag, den 25. September, geäußert hatte. Präsident Putin warnte uns bei diesem Essen ausdrücklich vor dem Einsatz größerer Infanterieverbände in Afghanistan und bezog sich dabei auf die katastrophalen Erfahrungen der Sowjetarmee am Hindukusch in den achtziger Jahren.

Das Einzige, was Deutschland demnach als einen direkten Kampfbeitrag den USA anbieten konnte, war eine kleine Anzahl von »Special Forces«, nämlich das »Kommando Spezialkräfte« (KSK) der Bundeswehr. Später dann, nach dem Ende der Kampfhandlungen, wenn es sich um die Sicherung des Wiederaufbaus in Afghanistan handeln würde, wären die deutschen Möglichkeiten vielfältiger und umfassender.

So groß die Solidarität mit den USA in Deutschland und selbst in meiner Partei in den Tagen unmittelbar nach dem 11. September auch gewesen war, so sehr veränderte sich jedoch die Diskussion innerhalb der grünen Fraktion und Partei in die gegenteilige Richtung, als die Frage eines deutschen Militäreinsatzes konkreter wurde. Ich hatte bereits Ende September in den Fraktions- und Parteigremien, aber auch in Einzelgesprächen mit führenden Grünen zweifelsfrei klargemacht, dass ich, ebenso wie der Bundeskanzler, eine militärische Beteiligung Deutschlands im Kampf gegen den Terror sowohl in Afghanistan als auch möglicherweise darüber hinaus in der Sache wie auch aus bündnispolitischen Gründen für unverzichtbar hielte. Und das hieße schlicht Zustimmung zu einem solchen Militäreinsatz seitens der grünen Bundestagsfraktion, oder die Koalition mit den Sozialdemokraten würde sich erledigt haben.

Die Haltung der Bundesregierung wurde dann am 9. Oktober in Washington öffentlich präzisiert. Gerhard Schröder weilte damals zu einem Besuch in den USA und erklärte nach einem Gespräch mit Präsident Bush vor der Presse, dass er mit dem Präsidenten auch über einen militärischen Beitrag Deutschlands im Kampf gegen den internationalen Terrorismus gesprochen habe. Zwei Tage zuvor hatten die USA den Luftkrieg in Afghanistan eröffnet. Und am 11. Oktober erklärte der Bundeskanzler dann im Deutschen Bundestag:

»Am 7. Oktober haben die Vereinigten Staaten von Amerika als Teil der notwendigen Antwort auf die terroristischen Anschläge von New York und Washington mit militärischen Maßnahmen gegen die Infrastruktur des terroristischen Netzwerks von Osama bin Laden und gegen Einrichtungen des Taliban-Regimes in Afghanistan begonnen. In dieser Situation wird von Deutschland aktive Solidarität und verantwortliches Handeln erwartet und auch geleistet, eine Solidarität, die sich nicht in Lippenbekenntnissen erschöpfen darf [...].

Gerade wir Deutschen, die wir durch die Hilfe und Solidarität unserer amerikanischen und europäischen Freunde und Partner die Folgen zweier Weltkriege überwinden konnten, um zu Freiheit und Selbstbestimmung zu finden, haben nun auch eine Verpflichtung, unserer neuen Verantwortung umfassend gerecht zu werden. Das schließt – und das sage ich ganz unmissverständlich – auch die Beteiligung an militärischen Operationen zur Verteidigung von Freiheit und Menschenrechten, zur Herstellung von Stabilität und Sicherheit ausdrücklich ein.«

Ich unterstützte diese Haltung des Bundeskanzlers in meinem Debattenbeitrag ohne jede Vorbehalte, und spätestens damit war ein erneuter innerparteilicher Konflikt um die Existenz der rot-grünen Koalition eröffnet worden. Der linke Flügel der Grünen würde wegen des angekündigten deutschen Militärbeitrags in Afghanistan wieder die bekannten Probleme machen, dessen war ich mir ganz sicher. Jede andere Erwartung wäre auch weit jenseits aller grünen Realität gewesen. Es würde also auf eine Wiederholung der innerparteilichen Kosovo-Debatte hinauslaufen, auch wenn diesmal die Gegner eines deutschen Militäreinsatzes einen wesentlich schwereren Stand haben dürften. Denn der Schock und das Entsetzen über die Terroranschläge vom 11. September wie auch die Gewissheit, dass die USA als globale Ordnungsmacht auf diese Attacken militärisch antworten müssten und antworten würden, war selbst bei den linken Grünen vorhanden, auch wenn sie dies öffentlich niemals eingestehen würden. Zudem war die heftig umkämpfte faktische Grundsatzentscheidung in der Frage deutscher Militäreinsätze in unserer Partei in Bielefeld bereits getroffen worden. Gleichwohl war die parlamentarische Mehrheit der Koalition in dieser

Frage nach wie vor gleichbleibend schmal, und so würde es wohl erneut auf ein nervenaufreibendes Hin und Her hinauslaufen, bis die Mehrheit der Koalition für einen Einsatz der Bundeswehr in Afghanistan gesichert sein würde.

In den Wochen vor der Entscheidung des Deutschen Bundestages über den Afghanistan-Einsatz der Bundeswehr war ich viel auf Reisen – Pakistan, Tadschikistan, Saudi-Arabien, Iran, Israel, Palästina – »40 000 Kilometer Hoffnung« überschrieb diese Reise eine deutsche Tageszeitung, unterbrochen durch einen Zwischenstopp in Paris, wo ich an einem informellen deutsch-französischen Gipfeltreffen teilnehmen musste.

Da die Bundesregierung seit Längerem schon keinerlei direkten Beziehungen mehr zu Kabul unterhielt und ich daher persönlich nicht nach Afghanistan reisen konnte, wollte ich mir wenigstens bei den wichtigsten regionalen Akteuren und Nachbarn einen unmittelbaren Eindruck über die Lage verschaffen. Saudi-Arabien und Pakistan hatten als einzige Staaten, gemeinsam mit den Vereinigten Arabischen Emiraten, das Taliban-Regime in Kabul anerkannt. Zudem war Pakistan, gemeinsam mit dem Iran, der wichtigste Nachbar Afghanistans. Der pakistanische Geheimdienst ISI hatte überhaupt erst die Taliban geschaffen, sogenannte »Koranschüler« (Talib), die zum großen Teil Kriegswaisen waren und in den afghanischen Flüchtlingslagern in Pakistan lebten. Der ISI hatte sie organisiert, ausgebildet, ausgerüstet und bei der Eroberung der Macht in Afghanistan massiv unterstützt. Es war ein offenes Geheimnis, dass die Taliban als die Statthalter der strategischen Interessen Pakistans in Afghanistan agierten, um das Land als »Hinterland« für Pakistan, als dessen strategische Tiefe im indisch-pakistanischen Konflikt abzusichern.

Der Iran hingegen sah in den Taliban eher seine Feinde, nicht nur, weil sie eine radikale Form des sunnitischen Islam mit brutaler Gewalt gegen sogenannte »Ungläubige« durchsetzten, sondern ebenso brutal gegen alle von der sunnitischen Orthodoxie als Häresie betrachteten anderen Strömungen des Islam vorgingen, an erster Stelle gegen die Schia. Im Iran ist die Schia seit dem 16. Jahrhundert zur Staatsreligion geworden, und hinter dem gegenwärtig erneuerten Konflikt zwischen Sunna und

Schia im Nahen und Mittleren Osten verbirgt sich in Wahrheit eine machtpolitische Auseinandersetzung um die Vorherrschaft des Iran in dieser Region.

Genau darum ging es damals (und geht es unter anderem immer noch) auch in Afghanistan, und ebenso gilt dies heute für den Irak und Libanon. Tatsächlich standen damals am Hindukusch Pakistan und Saudi-Arabien, die beiden radikalen Vormächte der Sunna, der schiitischen Vormacht und potenziellen Hegemonialmacht in der weiteren Region, Iran, sowie deren jeweilige Stellvertreter gegenüber. Bis heute hat sich diese Konstellation kaum verändert.

Der 11. September hatte die machtpolitischen Gleichungen nun von den Füßen auf den Kopf gestellt, denn plötzlich waren die eigentlich pro-amerikanisch orientierten Staaten Saudi-Arabien und Pakistan zu den Feinden der USA geworden, während sich der offiziell beinhart anti-amerikanische Iran (die USA als »großer Satan«) objektiv auf der Seite der USA wiederfand. Die tradierten machtpolitischen Gleichungen im Nahen und Mittleren Osten stimmten einfach nicht mehr, und dies galt ganz besonders für Afghanistan und den Irak, denn die Feinde der USA waren dort auch für den Iran die Todfeinde und umgekehrt.

Allerdings sollte sich eine unserer Hoffnungen nach dem 11. September nicht erfüllen, nämlich dass die Bush-Regierung bereit sein würde, diese Tatsachen zur Kenntnis zu nehmen, sie sorgfältig zu analysieren und aus dieser ungewöhnlichen objektiven Interessenübereinstimmung auch subjektiv die politischen Konsequenzen zu ziehen. Dies hätte unserer Ansicht nach bedeuten müssen, einen Ausgleich mit Teheran zu versuchen. Weder Saudi-Arabien noch Pakistan wurden der »Achse des Bösen« zugerechnet, obwohl sich dafür mancher Grund hätte finden lassen, wohl aber der Iran. Bis heute sollte diese durch eine Umkehr der Verhältnisse bedingte Verwirrung die Aufstellung der USA im Nahen und Mittleren Osten negativ beeinflussen, weil seitdem die subjektiven und objektiven Interessen in der amerikanischen Strategie schlicht nicht mehr übereinstimmen.

Bei meinem erneuten Besuch in Israel und Palästina würde ich diesmal Scharon in Tel Aviv und Arafat in Gaza treffen. In Israel hatte sich die Lage seit einigen Tagen dramatisch verschärft. Am 17. Oktober hatte ein Kommando der PFLP (Volksfront zur Befreiung Palästinas), einer radikalen linken Splittergruppe der PLO, in einem Hotel in Jerusalem den israelischen Tourismusminister Rehavam Zeevi ermordet. Zeevi war ein früherer General, Gründer einer ultranationalistischen Partei, die der regierenden »Regierung der Nationalen Einheit« von Premierminister Scharon angehörte. Der Mordanschlag war als Rache für das israelische Attentat Ende August auf den Generalsekretär der PFLP, Ali Mustafa Sibri, durch die neue Führung der Organisation angeordnet worden.

Premierminister Scharon war außer sich vor Wut, als ich ihn in den historischen Amtsräumen von David Ben Gurion in Tel Aviv traf. Das Gebäude befindet sich heute auf dem Gelände des israelischen Verteidigungsministeriums. Der israelische Premierminister hatte noch niemals eine hohe Meinung von Jassir Arafat gehabt, um es in milden Worten auszudrücken, aber nun war er nur noch ein »Lügner« und »Mörder«. Für Ari Scharon war die Ermordung von Minister Zeevi nicht nur deswegen so schmerzhaft, weil die beiden Ex-Generäle seit Langem persönlich befreundet waren, sondern Scharon begriff dieses Attentat zudem noch als eine sehr tiefe persönliche Demütigung.

Zeevi habe ihn wegen seiner nachgiebigen Haltung und Verhandlungsbereitschaft in den vergangenen Monaten intern scharf kritisiert und ihm prophezeit, dass Arafats Antwort darauf doch wieder nur Terror und Mord sein würden, erklärte mir der israelische Premierminister wutschnaubend im persönlichen Gespräch. Und leider habe Zeevi recht behalten und seinen, Scharons, Fehler nun mit dem Leben bezahlen müssen.

Israel verlangte von Arafat nicht nur die sofortige Auslieferung der unmittelbaren Täter, sondern darüber hinaus auch die der neuen PFLP-Führung – Mitglieder der PLO! –, und diese Forderung war für Arafat nicht zu erfüllen. Er hätte in den eigenen Reihen sein Gesicht verloren.

Die von mir im vergangenen Frühsommer nach dem Anschlag an der Strandpromenade von Tel Aviv begonnene Vermittlungsinitiative zwischen den beiden Konfliktparteien war damit endgültig zu Ende. Hatte man zu Beginn noch über Wochen gesprochen, als es um einen Waffenstillstand ging, so waren daraus mittlerweile Tage und sogar nur noch Stunden geworden. Ich war damit endgültig im Hamsterrad des Nahostkonflikts angekommen: Viel Bewegung, aber nichts geht voran! Dennoch sollte mich dieser Konflikt in seiner ganzen Aussichtslosigkeit, einen Weg zum Frieden zu finden, seitdem nie wieder loslassen. Das eh nur äußerst spärlich vorhandene Vertrauen zwischen den Konfliktparteien war mit der Ermordung von Minister Zeevi endgültig aufgebraucht, und fortan standen alle Zeichen auf weitere Eskalation und erneute militärische Konfrontation.

Am 7. Oktober 2001 begannen die USA und Großbritannien mit Luftangriffen gegen Lager und Ausbildungszentren der al-Qaida in Afghanistan. Der Krieg in Afghanistan gegen die Taliban hatte begonnen. Zwar bot Präsident Bush wenige Tage später dem Taliban-Regime in Kabul die Einstellung der Luftangriffe für den Fall an, dass Osama bin Laden an die USA ausgeliefert werden würde, aber der Führer der Taliban, Mullah Omar, lehnte dieses Angebot sofort und rigoros ab. Es würde daher in nicht allzu ferner Zukunft auch zum Krieg am Boden kommen, denn aus der Luft waren die Taliban nicht von der Macht zu vertreiben, Osama bin Laden nur durch einen Zufallstreffer zu töten und definitiv nicht zu ergreifen.

Der Deutsche Bundestag würde also eine Entscheidung zu treffen haben, und die Koalition als Ganzes, und das hieß vor allem die Grünen, würde eine Mehrheit für eine deutsche Beteiligung zustande bringen müssen. Die Alternative stand allen grünen Bundestagsabgeordneten klar vor Augen: Ohne eine rot-grüne Mehrheit für den Antrag der Bundesregierung wäre die rot-grüne Koalition beendet, und die SPD würde dann nach sehr wahrscheinlichen Neuwahlen vermutlich in einer anderen Koalition weiterregieren. Für die Grünen aber ginge es in einem solchen Fall um die nackte Existenz. Die Partei würde sich mit hoher Wahrscheinlichkeit spalten, denn viele Realos würden sie verlassen und sich anders orientieren. Das hieße aber das sichere Aus bei den Neuwahlen und vermutlich auch das Aus für das ganze Projekt grüne Partei.

Noch stand eine sehr große Mehrheit von Fraktion und Partei zu dem Beschluss des Parlaments über die »uneingeschränkte

Solidarität« mit den USA, wie der Parteirat der Grünen, der sogenannte »kleine Parteitag«, am Wochenende des Kriegsbeginns in Afghanistan zeigte. Aber dieser Krieg hatte damals ja eben erst begonnen, und binnen weniger Tage würde sich die Stimmung in der Partei mit Sicherheit in ihr Gegenteil verkehren.

Ich sollte in meiner Erwartung nicht enttäuscht werden! Innerhalb von Fraktion und Partei baute sich mit jedem weiteren Tag, an dem der Bombenkrieg in Afghanistan fortgesetzt wurde und auch zahlreiche unschuldige Opfer forderte, eine zunehmend kritischere Stimmung auf. Parallel dazu mussten wir in der Bundesregierung aber eine Entscheidung über den deutschen militärischen Beitrag treffen, was die innergrüne Konfrontation noch erheblich verschärfte, denn jetzt wurde der Entscheidungsbedarf in Koalition und Parlament konkret.

Erneut rasten, wie bei der Frage des Kosovo, zwei Züge aufeinander zu, die einen Totalschaden zu produzieren drohten. Und wie in der Kosovo-Frage ging es seitens der grünen Bundestagsfraktion und Partei wiederum nicht um eine Entscheidung in der Sache, sondern allein um den Fortbestand der rot-grünen Koalition, denn der Krieg in Afghanistan würde fortgesetzt werden und Deutschland würde sich auch daran beteiligen, egal wie das grüne Votum auch immer ausfallen würde. Die Verweigerung der militärischen Bündnissolidarität mit den angegriffenen USA käme faktisch einer Aufkündigung des Bündnisses mit den USA gleich, würde den innereuropäischen Konsens infrage stellen und zu schwerstem außenpolitischen Schaden für Deutschland führen. Deutschland konnte gar nicht anders, als seiner Bündnisverpflichtung gegenüber den USA zu folgen. Die Grünen allerdings konnten anders. Sie konnten sich für die Option »politischer Selbstmord« entscheiden.

Zur offenen Konfrontation zwischen den grünen Kritikern eines deutschen Militärbeitrags und mir kam es dann auf den beiden Fraktionssitzungen am 6. und 7. November 2001. Waren es in der ersten Debatte am Dienstag noch überwiegend die »üblichen Verdächtigen« der Parteilinken in der Fraktion, angeführt von Hans-Christian Ströbele, die eine deutsche Beteiligung ablehnten, so spitzte sich die Situation in der Debatte am nächsten Tag dramatisch zu. Diese zweite Fraktionssitzung einen Tag später war notwendig geworden, weil auf der Sitzung am Dienstag aufgrund der vielen Wortmeldungen die Diskussion nicht abgeschlossen werden konnte.

Die vergangenen Tage waren für mich sehr lang gewesen, die Aussprache in der Fraktion zog sich hin, ich war erschöpft und wollte nach Hause. Am Freitag würde ich mich erneut auf den Weg nach New York machen müssen, zur jährlichen VN-Generalversammlung, die zudem im Lichte der aktuellen Ereignisse in diesem Jahr besonders wichtig sein würde. Ich war gerade im Aufbruch begriffen, als die grüne Vizepräsidentin des Deutschen Bundestages, Antje Vollmer, die keineswegs eine Linke war, das Wort erhielt. Und die Vizepräsidentin legte in einer Art und Weise los, dass ich mich sofort wieder hinsetzte.

Antje Vollmer kritisierte in scharfen Worten eine deutsche Beteiligung am »Krieg gegen den Terror« und ganz besonders an der Militäraktion in Afghanistan. Sie überging schlicht alle außen- und vor allem bündnispolitischen Argumente, die eine deutsche Beteiligung unverzichtbar machten, und attackierte stattdessen frontal den Bundeskanzler. Letztendlich warf sie ihm vor, dass er ohne Not Deutschland in ein militärisches Abenteuer in Afghanistan verstricken würde, ja, dass er mit diesem Militäreinsatz nur von seinen wirtschaftlichen und innenpolitischen Problemen und Misserfolgen ablenken wollte.

Ich war wie vom Donner gerührt! Denn mit dieser Frontalattacke sprach die grüne Vizepräsidentin dem Bundeskanzler und der rot-grünen Bundesregierung offen und öffentlich das Misstrauen aus! Die Fraktion tagte zwar nicht öffentlich, aber solch starker politischer Tobak würde nicht innerhalb der vier Wände des Fraktionssaales bleiben, sondern mit Sicherheit und Windeseile seinen Weg in die Öffentlichkeit finden.

Gerhard Schröder wurde von Antje Vollmer als der Schurke in diesem Stück gemalt und die Grünen als sein Opfer, was faktisch gleichermaßen absurd wie verführerisch war für die gequälte grüne Seele. Ihre Philippika gipfelte in dem Aufruf an die Fraktion, bei der anstehenden Abstimmung im Parlament möglichst viele Neinstimmen zu produzieren, um so die Glaubwürdigkeit der Grünen zu erhalten. Mir stieg das Blut in den Kopf, und ich begann innerlich zu kochen vor Wut.

Antje Vollmer hatte mit ihrem Debattenbeitrag völlig hemmungslos und ohne Rücksicht auf die absehbaren Konsequenzen die Koalitions- und Machtfrage gestellt, und zwar in Gestalt einer hochgefährlichen Eselei, denn sie bot Gerhard Schröder und der SPD auf dem silbernen Tablett eine goldene Chance, die rot-grüne Koalition sofort zu beenden und den Grünen, unter dem Beifall der Medien und der Öffentlichkeit, dafür die Schuld zuzuschieben!

Ich schäumte innerlich auch deswegen, weil erstens von Antje Vollmer verlangt werden konnte, dass sie die Folgen ihrer Rede überschaute. Schließlich war sie nicht irgendeine Hinterbänklerin, und zudem musste sie sich um ihre Wiederaufstellung auf der grünen Landesliste in Hessen keine Sorgen machen. Im Klartext: Die Worte unserer Bundestagsvizepräsidentin waren völlig verantwortungslos, weil sie mit hoher Wahrscheinlichkeit politisch selbstmörderische Konsequenzen für die grüne Partei haben würden!

Und zweitens war ich seit der ersten rot-grünen Koalition in Hessen, die nach 14 Monaten am Ende war, immer dem Grundsatz gefolgt, dass die Schuld an einem Scheitern von Rot-Grün niemals bei den Grünen liegen durfte. Unsere Fallhöhe über der Fünfprozenthürde war einfach zu gering, als dass wir uns den Verlust der für unser parlamentarisches Überleben entscheidenden rot-grünen Wechselwählerschaft in Richtung SPD erlauben durften. Genau das aber würde die Konsequenz der Position unserer Vizepräsidentin sein!

Und drittens hatte ich in der damaligen Situation überhaupt nicht das Gefühl, dass Gerhard Schröder einen Koalitionswechsel wollte oder gar aktiv betrieb. Ich war an diesem Punkt dem Kanzler gegenüber sonst voller Misstrauen und beobachtete daher sein Verhalten immer überaus sorgfältig. Aber ich hatte daran nichts wahrgenommen, was aktuell eine solche Befürchtung begründen könnte. Ganz im Gegenteil: Unsere Zusammenarbeit hatte sich seit dem 11. September überaus eng und vertrauensvoll entwickelt, und unser persönliches Verhältnis war erneut so hervorragend wie während des Kriegs im Kosovo.

Allerdings war Antje Vollmer nicht zu unterschätzen, denn sie war keineswegs allein mit ihrer Auffassung. Auch andere

Abgeordnete, die eher dem politischen Zentrum der Fraktion als dem linken Flügel zuzurechnen waren, hatten sich ebenfalls mit kritischen Beiträgen zu Wort gemeldet. Neben echten Zweifeln an dem Einsatz der Bundeswehr in Afghanistan spielte dabei gewiss noch ein anderer Aspekt eine Rolle. In den Landesverbänden wurden in den kommenden Wochen und Monaten die Landeslisten für die Bundestagswahl im nächsten Jahr aufgestellt. Manche Abgeordnete aus eher linken Landesverbänden fürchteten daher aus guten Gründen um ihre Wiederaufstellung, sollten sie dem Militäreinsatz in Afghanistan zustimmen.

Mir war, noch während ich Antje Vollmer zuhörte, sofort klar, dass ich jetzt auf keinen Fall zulassen durfte, dass auch nur der Eindruck entstehen könnte, die Konfrontationslinie würde zwischen dem Bundeskanzler und den Grünen verlaufen. Ich kannte Gerhard Schröder mittlerweile recht gut. Eine solche öffentliche Beleidigung würde er sich niemals bieten lassen. Die Konfrontation musste deshalb innerhalb der Grünen gehalten werden. Ich bat daher in finsterster Stimmung unseren Fraktionsvorsitzenden Rezzo Schlauch, der die Sitzung leitete, erneut um das Wort, um der Fraktion unmissverständlich und unzweideutig die Folgen solcher Reden, wie eben gehört, klarzumachen. Dabei wurde ich ziemlich laut, weil mir nach all den Anspannungen und der Überarbeitung der letzten Wochen schlicht der Kragen platzte.

Man könne tun, was die Vizepräsidentin vorgeschlagen habe, aber zuvor wolle ich dann doch die praktischen Folgen dieser Worte durchdeklinieren. Eine große Anzahl von grünen Neinstimmen würde das sofortige Ende der Koalition nach sich ziehen, daran könne es keinerlei Zweifel geben. »Dann war's das!« Und ich selbst würde in einem solchen Fall sofort vom Amt des Außenministers zurücktreten. Ich würde nicht an meinem Sessel kleben. Und man brauche sich zudem eine Sorge nicht zu machen, ich würde nicht die Partei wechseln. Was aber auf keinen Fall ginge, wäre in der Frage des Afghanistan-Krieges und einer deutschen Beteiligung eine Differenz zwischen Bundeskanzler Schröder und mir zu konstruieren, denn diese gäbe es nicht. In der Sache Afghanistan gebe es keinen Unterschied zwischen Kanzler und Außenminister, das müsse allen klar sein!

Man möge mich nun entschuldigen, sagte ich dann zur Fraktion, aber ich würde jetzt gehen, denn ich hätte genug. Und im Übrigen würde ich in zwei Tagen nach New York zur VN-Generalversammlung fliegen. Man könne mich ja über die Anzahl der Neinstimmen unterrichten, dann bräuchte ich überhaupt nicht mehr zurückzukommen.

Mit diesen Worten verließ ich die Fraktionssitzung. Die Grünen würden nicht auf Dauer Regierungspartei sein können nach der Devise »Wasch mir den Pelz, aber mach mich nicht nass!«. Gewiss litt die grüne Partei wie der berühmte, sprichwörtliche Hund unter dem anhaltenden Zwang, immer weitere Kriegseinsätze beschließen zu müssen. (Mir ging es übrigens dabei persönlich genauso.) Denn die pazifistischen Grundüberzeugungen der Grünen waren damit kaum mehr in Übereinstimmung zu bringen.

Aber andererseits konnten wir uns nicht einfach aus der lang und mühselig erkämpften Regierungsverantwortung verabschieden, nur weil sich die Wirklichkeit als härter erwiesen hatte, als von uns Grünen angenommen worden war. Am 11. September war ein großes Verbrechen geschehen, und dieser Tatsache und ihren Folgen mussten wir uns jetzt als Regierungspartei und -fraktion stellen und durften nicht vor der brutalen Wirklichkeit davonlaufen.

Ich hatte allerdings an diesem Mittwochabend das Gefühl, dass es keinen Sinn mehr hatte, wenn ich die wachsende Schar der Dissidenten in der Fraktion mit Worten zu überzeugen versuchte. Diese Koalition war nicht die alleinige Sache von Schröder und Fischer und einigen anderen, sondern jede und jeder einzelne Abgeordnete musste nun ganz persönlich die Verantwortung für den Fortbestand der rot-grünen Koalition übernehmen. Daran durfte es in diesem Moment nicht den geringsten Zweifel geben. Die Fraktion musste jetzt in sich gehen, denn die Lage war sehr dramatisch. Und meine weitere Anwesenheit hätte eine Normalität vorgespielt, die es ab sofort nicht mehr gab. Deshalb stand ich ohne weitere Worte auf und ging nach Hause.

Am nächsten Morgen gab Bundeskanzler Gerhard Schröder im Plenum des Deutschen Bundestages eine Regierungserklärung zur »Beteiligung bewaffneter deutscher Streitkräfte an der

Bekämpfung des internationalen Terrorismus« ab. Das Kabinett hatte am Vortag dazu einen Beschluss über ein konkretes Mandat für die internationale Operation »Enduring Freedom« gefasst, der an diesem Morgen in das Parlament eingebracht wurde.

Insgesamt sollten deutsche Soldaten bis zu einer Obergrenze von 3900 Mann eingesetzt werden können. Kritisch waren dabei nur die 100 Soldaten des Kommandos Spezialkräfte (KSK), denn nur sie würden in Afghanistan am Boden eingesetzt werden können. Ansonsten ging es vor allem um den Schutz von Seewegen.

Vor dem Deutschen Bundestag erklärte der Bundeskanzler, dass keine deutschen Kampftruppen am Boden zum Einsatz kämen, es keine Beteiligung der Bundesluftwaffe an der Bombardierung Afghanistans und keinen Einsatz deutscher Streitkräfte gegen den Willen des jeweiligen Landes über Afghanistan hinaus geben würde. Hinter dem letzten Punkt verbarg sich faktisch eine Anti-Irak-Klausel, denn schon damals hatte in der Debatte der Parlamentsausschüsse die Furcht in den Fraktionen eine Rolle gespielt, dass es zu einer schleichenden Ausdehnung des Kampfes gegen den Terror auf den Irak kommen könnte. Und eine Zustimmung Saddam Husseins zu einer solchen Aktion würde es niemals geben, davon konnte man mit Sicherheit ausgehen.

Dennoch wich dieses Mandat von den bisher üblichen Einsatzmandaten für deutsche Soldaten im Auslandseinsatz ab, denn es war regional kaum eingrenzbar und zudem in weiten Teilen ein sogenannter »Vorratsbeschluss«. Das hieß aber, dass wenn der Bundestag dieses Mandat erst einmal beschlossen hätte, dessen Umsetzung dann in den Händen der Regierung lag und das Parlament für ein Jahr nicht mehr würde eingreifen können. Genau deshalb lehnten die Fraktionen auch immer unisono Vorratsbeschlüsse ab und wollten nur präzise Mandate erteilen. Andererseits waren die Erfordernisse des Anti-Terror-Kampfes nun einmal sehr anders als bei zeitlich und räumlich klar eingegrenzten traditionellen Konflikten.

Sosehr ich die Haltung des Parlaments auch verstand und als Parlamentarier unterstützte, so hatte es doch in der Geschichte der Auslandseinsätze deutscher Soldaten unter Rot-Grün nicht einen einzigen Fall gegeben, in dem unsere Bundesregierung eine Ermächtigung durch das Parlament extensiv genutzt hätte. Vielmehr war es im Eigeninteresse der Regierung und vor allem im Interesse der eingesetzten Soldaten, die ja das volle existenzielle Risiko trugen, das Parlament in jeder Phase der Umsetzung eines Mandats einzubinden und es möglichst geschlossen hinter sich zu wissen. Außerdem sollte das Mandat auf 12 Monate beschränkt werden und müsste danach erneuert werden. Die Schlussabstimmung zum Afghanistan-Mandat sollte am Donnerstag oder Freitag der folgenden Woche im Parlament stattfinden. Bis dahin hatten wir also noch eine Woche Zeit, die Mehrheiten in Fraktion und Koalition zurechtzurütteln. Und am Mittwoch würde ich wieder aus New York zurück sein.

Mein Auftritt vom Mittwochabend hatte seine Wirkung getan, denn in der Fraktion begann eine ernsthafte Besorgnis um den Fortbestand der Koalition um sich zu greifen, bis weit hinein in den linken Flügel. Ich war mir allerdings alles andere als sicher, ob die Grünen mit so großer Mehrheit dem Mandat tatsächlich zustimmen würden, dass es zu einer eigenen rot-grünen Mehrheit reichen würde, und deshalb vertrat ich in den Gesprächen mit dem Bundeskanzler die Auffassung, dass wir, wie bei der Mazedonien-Mission bereits geschehen, nicht unbedingt eine eigene Mehrheit bräuchten. Es würde im Parlament reichen, wenn wesentliche Teile der Opposition dem Mandat zustimmen würden, und das würden sie mit Sicherheit tun. Wozu Rot-Grün wegen der ausschließlichen Prestigefrage einer eigenen Mehrheit gegen die Wand fahren? Die Opposition würde in Triumphgeheul ausbrechen, die Medien uns heftig kritisieren – so what?

Gerhard Schröder und andere führende Sozialdemokraten sahen die Frage mit der eigenen Mehrheit ganz ähnlich, auch wenn eine abschließende Entscheidung darüber noch nicht getroffen worden war, denn dazu waren die Dinge in beiden Regierungsfraktionen sowie in Parlament und Öffentlichkeit noch zu sehr im Fluss. Es dürfe keine Mehrheit in den Koalitionsfraktionen (sprich: bei uns Grünen) gegen den Einsatz der Bundeswehr in Afghanistan geben, lautete die interne Sprachregelung von SPD und Grünen, mit der ich gut leben konnte. Mein Bauchgefühl allerdings ließ mich pessimistisch bleiben, am Ende würde es doch auf eine eigene Mehrheit hinauslaufen müssen. Denn der politische Einsatz in der kommenden Abstimmung würde einfach viel zu hoch sein, als dass der Kanzler auf eine eigene Mehrheit würde verzichten können. Alles andere wäre einfach zu schön gewesen.

Am frühen Freitagnachmittag flog ich von Berlin nach New York ab, nachdem ich zuvor noch mit dem damaligen Vizepräsidenten und späteren Präsidenten der Volksrepublik China, Hu Jintao, das neue chinesische Botschaftsgebäude in Berlin offiziell eröffnet hatte. In New York selbst herrschte nach den Terroranschlägen vom 11. September nach wie vor eine Art Ausnahmezustand. Selbst die gerade tagende Generalversammlung musste wegen einer nach dem Start verunglückten Passagiermaschine, die auf den New Yorker Stadtteil Queens gestürzt war, was über 260 Passagieren und Crewmitgliedern das Leben kostete, unterbrochen werden. In der Stadt war wegen des Absturzes ein umfassender Terroralarm ausgelöst worden. Alle Brücken, Tunnel und Flughäfen wurden geschlossen und nicht nur die Vereinten Nationen abgeriegelt, sondern auch das Empire State Building evakuiert.

Die Aufregung war sehr groß und hielt so lange an, bis endlich feststand, dass es sich tatsächlich um ein Unglück und nicht um einen erneuten Terroranschlag gehandelt hatte.

Und als wir im 38. Stock des VN-Gebäudes auf unser Gespräch mit dem Generalsekretär warteten, gingen beim Blick aus dem Fenster auf den East River meine Gedanken zurück an jenen Morgen, als die Flugzeuge in die Twin Towers rasten. Wir blickten aus dem Fenster Richtung Osten und sahen bei klarer Sicht die Flugzeuge vom Flughafen La Guardia aufsteigen. Und plötzlich stellte ich mir vor, dass eines dieser Flugzeuge auf uns zugerast käme, hier im 38. Stockwerk! Gott sei Dank wurde ich durch einen Mitarbeiter des Generalsekretärs aus meinen dunklen Gedanken gerissen, denn Kofi Annan erwartete uns.

Selbstverständlich stand Afghanistan und vor allem seine mögliche Nachkriegsordnung im Zentrum der meisten Delegationsgespräche, denn der Krieg war dort mittlerweile in seine entscheidende Phase eingetreten. Die Nordallianz, unterstützt von den alliierten Luftwaffen und amerikanischen Special Forces am Boden, hatte mit ihrer Offensive gegen die Taliban begonnen und machte aufgrund der alliierten Luftunterstützung sehr rasch Fortschritte. Ich selbst bekam die vertraulichen Unterrichtungen aus dem Amt und vom BND, aber meine aktuellste Quelle war eine befreundete norwegische Journalistin, die sich an vorderster Front bei den Truppen der Nordallianz aufhielt. Sie rief ich von New York aus auf ihrem Satellitentelefon an und erhielt die Nachricht, dass sie seit Stunden in einem Graben irgendwo vor Kabul unter Beschuss läge, die Taliban nur wenige Hundert Meter entfernt! Sie könne ihre Stimmen hören. Am nächsten Tag, ich ging mit den mich begleitenden Mitgliedern der deutschen Delegation gerade über den Platz vor dem VN-Gebäude, rief ich erneut an, und da berichtete sie mir, dass die Nordallianz gerade dabei wäre, in Kabul einzumarschieren! Erst dachte ich, ich hätte mich verhört, aber dem war nicht so, Kabul war gefallen. Der militärische Widerstand der Taliban war offensichtlich binnen Stunden endgültig zusammengebrochen, und sie befanden sich auf der Flucht. Auf dem offiziellen Dienstweg sollte es allerdings noch geraume Zeit dauern, bevor mich diese entscheidende Nachricht in New York erreichte.

Am Montag klingelte mich das Telefon in meinem New Yorker Hotelzimmer sehr früh aus dem Schlaf. Es war mein Vorzimmer, der Bundeskanzler wünschte mich sofort zu sprechen. Er teilte mir mit, dass er lange hin und her überlegt, nunmehr sich aber endgültig entschieden habe. In dieser für die deutsche Außenpolitik nach dem 11. September zentralen Frage eines deutschen Militärbeitrages in Afghanistan und im Kampf gegen den Terror brauche er unbedingt eine eigene Mehrheit und deshalb werde er die Schlussabstimmung über das Afghanistan-Mandat mit der Vertrauensfrage des Bundeskanzlers nach Artikel 68 des Grundgesetzes (GG) verbinden.

Ich war nach diesen Worten des Kanzlers, obgleich noch immer in der Unterwäsche, sofort hellwach. Mein Gefühl hatte mich also doch nicht getrogen. Ich fragte ihn, ob er sich wirklich definitiv entschieden habe, und die Antwort hieß: »definitiv«. In beiden Regierungsfraktionen wüchse zudem täglich die Anzahl der angekündigten Neinstimmen. Sieben grüne Bundestagsabgeordnete hatten öffentlich erklärt, dass sie gegen den Antrag der Bundesregierung stimmen würden, ein weiterer durfte fest dazugerechnet werden. Acht Neinstimmen bei den Grünen hießen aber den Verlust der eigenen Mehrheit, und außerdem war auch mit einer ganzen Reihe von Neinstimmen aus den Reihen der Sozialdemokraten zu rechnen. Es gab also nicht mehr allzu viel zu diskutieren. Ich sagte dem Kanzler, dass ich ihm seitens der grünen Fraktion keine Mehrheit garantieren könne, was er ja wisse, aber dass ich alles in meinen Kräften Stehende versuchen würde, um eine solche Mehrheit zustande zu bringen. Und dann fragte ich ihn, ob er es für ratsam hielte, wenn ich meinen Aufenthalt in New York verkürzen und noch heute Abend die Rückreise antreten würde. Die Antwort war ein eindeutiges Ja, und damit war das Gespräch beendet.

Ich wusste es ja auch schon selbst, dass ich nach dieser Entscheidung unbedingt in Berlin an Bord sein musste, denn am nächsten Tag tagte die Fraktion und dabei würde es ein weiteres Mal um alles oder nichts gehen. Ich rief unmittelbar nach dem Ende des Telefongesprächs mit Gerhard Schröder meinen Büroleiter in dessen Hotelzimmer an und teilte ihm die Neuigkeiten sowie meine Entscheidung mit, noch heute Abend zurückzufliegen. Er solle alles Notwendige veranlassen.

Ich hielt an diesem Vormittag zwar noch meine Rede vor der Generalversammlung der Vereinten Nationen, absolvierte, wie geplant, eine ganze Reihe bilateraler politischer Gespräche am Rande und gab ein Mittagessen für die Außenminister der kleinen Inselstaaten in Ozeanien, Afrika und der Karibik in der deutschen Vertretung, aber in Gedanken und auch am Telefon war ich bereits zurück in Berlin. Um 22.30 Uhr flogen wir dann mit der Bundeswehrmaschine zurück nach Berlin, wo wir um die Mittagszeit des nächsten Tages landeten.

Um 14.30 Uhr traf ich den Bundeskanzler in seinem Arbeitszimmer zu einem Vieraugengespräch, in dem wir noch einmal die Linie für die nächsten Tage bis zur Vertrauensabstimmung absprachen, zumal der Kanzler beabsichtigte, seine Entscheidung in der heutigen Fraktionssitzung vor der grünen Bundestagsfraktion persönlich zu erläutern und die Abgeordneten um ihr Vertrauen zu bitten. Anschließend fuhr ich in die Parteizentrale, um mit den Parteigremien die Lage zu erörtern, um dann pünktlich um 15.00 Uhr in der Fraktion zu sein. Um 16.00 Uhr kam dann der Bundeskanzler in die grüne Bundestagsfraktion.

Nachdem Gerhard Schröder die bisherigen Leistungen von Rot-Grün ausführlich gewürdigt hatte, legte er der grünen Fraktion die Beweggründe für seine Entscheidung dar, die Vertrauensfrage zu stellen, und bat um die Zustimmung der gesamten Fraktion. Daran schloss sich eine Aussprache an, in der sich vor allem die grünen Kritiker eines Militäreinsatzes in Afghanistan zu Wort meldeten. Deren wiederholtes Angebot, er möge die Vertrauensfrage von der Entscheidung über das Afghanistan-Mandat entkoppeln, dann würden sie ihm alle das Vertrauen aussprechen, wurde vom Kanzler allerdings entschieden zurückgewiesen. Nach einer knappen Stunde verließ Gerhard Schröder wieder die grüne Fraktion, und diese führte ihre Aussprache unter sich weiter fort. Dabei zeigte es sich, dass wir von einer Kanzlermehrheit auf der grünen Seite noch weit entfernt waren, auch wenn es seitens der Kritiker hoffnungsvolle Signale in Richtung eines Einlenkens gab. Hans-Christian Ströbele, faktisch der Sprecher der linksgrünen Neinstimmen, sollte dabei eine überaus konstruktive Rolle spielen.

Die Linken hatten mich um einen Termin gebeten, der dann im Auswärtigen Amt auch stattfand. Ich machte meinen Fraktionskollegen unmissverständlich klar, dass es nur einen Ausweg aus der gegenwärtigen Krise geben würde, nämlich dem Kanzler die Kanzlermehrheit zu verschaffen. Gerhard Schröder und wichtigen Teilen der SPD käme doch ein Bruch der Koalition zur rechten Zeit, dies zumindest sei meine Meinung. Denn noch wäre die erodierende rot-grüne Mehrheit ausschließlich ein grünes Problem, aber diese Erosion könne auch sehr schnell auf seine Partei übergreifen und ihn dann persönlich schwer beschädigen, ja sogar Mehrheit und Amt kosten. Dieses Risiko werde der Kanzler aber niemals eingehen, sondern dann lieber in Richtung Neuwahlen marschieren, solange seine Umfragewerte noch gut seien und wir Grüne durch die Verweigerung der eigenen Mehrheit die Schuld am Ende von Rot-Grün übernähmen.

Es wäre aus all diesen Gründen nachgerade verrückt, wenn ausgerechnet die linken Grünen durch ihr Nein in der Vertrauensfrage Schröder und der SPD die Tür zu Neuwahlen und einem Koalitionswechsel öffnen und dadurch auch noch ganz nebenbei die eigene Partei parlamentarisch erledigen würden! Denn es könne doch niemand ernsthaft glauben, dass wir nach dem Ende von Rot-Grün bei den dann Ende Januar nächsten Jahres anstehenden Neuwahlen parlamentarisch überleben würden.

Die Argumente und der Druck zeigten Wirkung. Darüber hinaus war die Entwicklung in Afghanistan ebenfalls hilfreich, denn dort begann nach der Einnahme Kabuls durch die Nordallianz das Taliban-Regime zusammenzubrechen, und ein Ende des Krieges war in Sicht. Damit aber verlagerte sich das Schwergewicht eines möglichen deutschen Militäreinsatzes weg von der Kriegsführung und hin zur Sicherung der dringend benötigten humanitären Hilfe und des Wiederaufbaus. Dennoch war die Kanzlermehrheit, soweit es die Grünen betraf, immer noch nicht in trockenen Tüchern.

Am Tag vor der entscheidenden Abstimmung traf ich mich nochmals mit Ströbele und zwei weiteren Abgeordneten, die mit Nein stimmen wollten. In diesem Gespräch wurde mir gesagt, dass die Koalition morgen nicht scheitern werde. Allerdings würden die Abgeordneten, die mit Nein zu stimmen beabsichtigten, unter sich ausmachen, wer zustimmen und wer ablehnen werde. Die Kanzlermehrheit würde auf jeden Fall stehen. Ich war's zufrieden, gab aber noch zu bedenken, dass man nicht vergessen sollte, dass es auch bei der SPD Neinstimmen geben könne. Eine Abgeordnete hatte deswegen bereits gedroht, die sozialdemokratische Fraktion zu verlassen. Man möge das bitte einkalkulieren.

Am Abend dieses Donnerstags hatte die grüne Fraktionsspitze nochmals eine Fraktionssitzung anberaumt, und vor dem grünen Fraktionssaal kam es zu einem bisher so noch nie da gewesenen Auflauf von Medienvertretern. Beim Scheitern von Rot-Grün wollten eben alle dabei sein. In der Fraktionssitzung selbst gab es immer noch keine Entscheidung. Die Gruppe der Neinstimmen würde bis morgen früh unter sich ausmachen, wer zustimmt und wer ablehnt. Also wurde für 8.00 Uhr am nächsten Morgen (das Plenum sollte um 9.00 Uhr beginnen) eine weitere Fraktionssitzung anberaumt.

Die beiden grünen Fraktionsvorsitzenden Rezzo Schlauch und Kerstin Müller hatten nach dem Ende der Fraktionssitzung eine Pressekonferenz angesetzt, um dort die in der Sitzung gefundene Entscheidung zu verkünden. Es war aber nichts entschieden, sondern lediglich erneut vertagt worden, und dieses enttäuschende Zwischenergebnis wollten die beiden Fraktionsvorsitzenden der draußen vor der Tür wartenden Legion von Medienvertretern nicht persönlich mitteilen. Also schickten sie den Pressesprecher unserer Fraktion, Dietmar Huber, nach draußen, der an diesem Abend mit der Verkündigung der erneuten Vertagung vor den Heerscharen der wartenden Presse seinen großen Auftritt hatte.

Am nächsten Morgen erklärten dann unsere Linken, dass vier von ihnen der Vertrauensfrage zustimmen und vier dagegen stimmen würden. Eine wahrhaft salomonische Entscheidung! Damit war von unserer Seite die Kanzlermehrheit gesichert und wir konnten uns erleichtert auf den Weg ins Plenum des Deutschen Bundestages machen. Die Abstimmung ergab 336 Jastimmen und 326 Neinstimmen, darunter vier grüne Abgeordnete. Die Kanzlermehrheit war damit gesichert und die rot-grüne Koalition ein weiteres Mal gerettet worden. Erstaunlich war beim Abstimmungsverhalten unserer Linken, dass alle drei Männer an ihren Neinstimmen festgehalten hatten, während die Mehrheit der weiblichen Zweifler Verantwortung übernommen und mit Ja gestimmt hatte. Die Herren der Schöpfung waren sich dafür offensichtlich zu fein und wollten ihr heroisches Bild in Partei und Öffentlichkeit nicht gefährden.

Mit der Kanzlermehrheit und der damit einhergehenden Zustimmung zum Afghanistan- und Anti-Terror-Mandat der Bundeswehr war die Entscheidung gefallen. Am Ende der nächsten Woche würde diese Entscheidung aber noch durch einen Bundesparteitag der Grünen in Rostock abgesegnet werden müssen. Zwar gab es in den bis dahin verbleibenden Tagen die übliche Aufregung in den Medien und in Partei und Fraktion, aber dennoch war alles anders als beim »Bodenkrieg in Bielefeld«. Der Antrag des Bundesvorstandes wurde mit einer sehr großen Mehrheit (um die 70 Prozent) angenommen, und damit war die rot-grüne Koalition bis auf Weiteres gerettet.

Erstaunlich war auf diesem Parteitag vor allem die Tatsache, dass der Antrag der pazifistischen Linken überhaupt nicht mehr in die Schlussabstimmung kam, sondern dort der in gedrechselten Worten der Linie der Bundesregierung zustimmende Antrag des Bundesvorstandes, den ich in meiner Rede massiv unterstützt hatte, gegen einen sehr klaren und sehr harten Realoantrag von Ralf Fücks, Dany Cohn-Bendit und anderen stand, der die Intervention in Afghanistan ausdrücklich unterstützte.

Tatsächlich war in der alternativen Schlussabstimmung zwischen den beiden Anträgen alles andere als klar, welcher denn nun die Mehrheit erhalten hatte. Das Präsidium befand dann in seiner unendlichen Weisheit, dass der Antrag des Bundesvorstandes die Mehrheit erhalten hätte, und in einem wirklich staatsmännischen Akt der Selbstverleugnung verzichtete Ralf Fücks namens der Antragsteller des härteren Realoantrags auf eine Auszählung oder gar schriftliche Abstimmung. So blieben der Linken die durchaus wahrscheinliche, ultimative Demütigung und der Partei mögliche belastende Abspaltungen in linken Landesverbänden ein knappes Jahr vor der Bundestagswahl erspart.

Der Parteitag in Rostock markierte zugleich auch den Höhepunkt einer realistischen grünen Außenpolitik in unserer Parteigeschichte. Nie wieder sollte die Linke so schwach und die Realos so stark sein wie in Rostock. Die grüne Partei wollte also entgegen aller Unkenrufe in den Medien und in Teilen von Parteiführung und Fraktion tatsächlich regieren! Das war die in der Sachentscheidung mit zum Ausdruck gebrachte Botschaft, die ich von diesem Parteitag mit nach Hause nahm. Und die Grünen waren offensichtlich mittlerweile entschlossen, sich der Härte schwierigster Kompromisse zu stellen und diese auszuhalten. Und zweifellos waren die permanenten Entscheidungen über Krieg und Frieden, die uns durch den Gang der Geschichte aufgezwungen wurden und Deutschland in einem radikal veränderten außenpolitischen Umfeld immer stärker forderten, für diese mehrheitlich pazifistische Partei extrem hart.

Zu der positiven Stimmung auf dem Rostocker Parteitag hatte gewiss auch die Tatsache beigetragen, dass im fernen Afghanistan der Krieg sehr schnell zu Ende ging und zugleich Deutschland die Friedenskonferenz für Afghanistan auf Bitten der Vereinten Nationen ausrichten sollte.

Bereits in der Woche vor der Vertrauensabstimmung im Bundestag, während meines Aufenthaltes bei den VN in New York, hatte parallel zur Eroberung Kabuls durch die Truppen der Nordallianz und dem beginnenden Zusammenbruch des Taliban-Regimes die Debatte über die afghanische Nachkriegsordnung begonnen. Die Vereinten Nationen planten eine große Friedenskonferenz mit allen relevanten politischen Kräften Afghanistans – jenseits der Taliban und anderer radikaler Gruppierungen wie der von Gulbuddin Hekmatyār –, den regionalen Nachbarn und den wichtigsten internationalen Akteuren.

Großbritannien hätte diese Konferenz gerne ausgerichtet, kam aber für die Afghanen aus historischen Gründen nicht infrage. Auch die USA wollten die Konferenz gerne in Amerika haben, die Afghanen bevorzugten jedoch einen Ort in Europa. Seitens verschiedener afghanischer Exilgruppen wurde daher schließlich das Ansinnen an uns und die VN herangetragen, diese Friedenskonferenz in Berlin stattfinden zu lassen. Deutschland hatte nach wie vor einen exzellenten Ruf unter den Afghanen, und bei uns lebte zudem die größte afghanische Exilgemeinschaft in Europa. In der westlichen Welt hatten nur noch in den USA mehr Afghanen Aufnahme gefunden.

Ich fand die Idee sehr ansprechend, dasselbe galt für den Bundeskanzler. Es war uns klar, dass Deutschland aus der Rolle des Gastgebers einer solch wichtigen Konferenz in der Folge verstärkte Verpflichtungen in Afghanistan im Rahmen der Vereinten Nationen erwachsen würden. Aber da die rot-grüne Bundesregierung nach dem 11. September ein langfristiges Engagement der Staatengemeinschaft zur Herstellung einer neuen Ordnung in Afghanistan für unverzichtbar hielt, waren wir bereit, uns gemeinsam mit unseren europäischen und internationalen Partnern ernsthaft dafür einzusetzen. Insofern sprach kein wirkliches Argument gegen eine Ausrichtung der Afghanistan-Konferenz in Deutschland.

Allein der Ort Berlin überzeugte mich weniger. Denn die Sicherheitsrisiken dieser Konferenz durften nicht unterschätzt werden. Deutschland verfügte aber über einen anderen, ganz hervorragenden und vielfach bewährten Konferenzstandort, nämlich das ehemalige Gästehaus der Bundesregierung auf dem Petersberg bei Bonn. Nicht nur war Bonn VN-Stadt, d.h. offizieller Sitz der VN mit mehreren ihrer Unterorganisationen, angeführt vom VN-Sekretariat der Klimarahmenkonvention, sondern die Stadt verfügte als langjährige Bundeshauptstadt über die notwendige Erfahrung im Umgang mit einer großen Konferenz. Das galt ganz besonders auch für die Bonner Polizei. Zudem war der Petersberg sehr gut zu sichern und bot ansonsten alles, was für die Ausrichtung einer solchen Konferenz notwendig war.

Am 26. November reiste ich nach Bonn, um mich in Rhöndorf am Abend in einem mir aus meiner Bonner Zeit wohlvertrauten italienischen Restaurant mit dem Sondergesandten des VN-Generalsekretärs, Lakhdar Brahimi, zu treffen und dabei die wesentlichen Ziele, die wichtigsten Probleme und die Vorgehensweise bei der am nächsten Tag beginnenden Konferenz zu erörtern. Am Morgen des 27. November 2001 eröffnete ich als Gastgeber mit einer kurzen Rede die Bonner Afghanistan-Konferenz, in der ich insbesondere die Verantwortung aller Beteiligten, zuerst und vor allem aber die Verantwortung der afghanischen Vertreterinnen und Vertreter hervorhob, ein neues Kapitel in der Geschichte ihres gequälten Landes zu eröffnen und für Frieden, Wiederaufbau und eine von allen akzeptierte Regierung zu sorgen.

Es war ein bewegender Augenblick. Nicht einmal zwei Monate waren seit dem Beginn des Krieges in Afghanistan vergangen, und jetzt versammelten sich hier auf dem Bonner Petersberg die Vertreter aller politischen Parteien und Strömungen, nahezu aller afghanischen Stämme, ethnischen Gruppen und Religionsgemeinschaften jenseits der Taliban und anderer radikaler Gruppierungen, um den Weg zu einem neuen Afghanistan zu beraten und zu beschließen.

Dabei spielten vor allem die Vertreter verschiedener Exilgruppen eine wichtige Rolle: an erster Stelle die in Kabul einmarschierte Nordallianz, weil sie mit ihren Truppen faktisch über die Macht in der Hauptstadt und in weiten Teilen Afghanistans verfügte, dann die Rom-Gruppe um den seit den siebziger Jahren im Exil lebenden greisen afghanischen König Mohammed Sahir Schah, die Peschawar-Gruppe, die sich aus in Opposition zum Taliban-Regime stehenden paschtunischen Politikern und Persönlichkeiten zusammensetzte und von Pakistan beeinflusst wurde, und schließlich die Zypern-Gruppe, die vorgab, die schiitische Minderheit der vor allem in Zentralafghanistan lebenden Hazaras zu repräsentieren, und vom Iran unterstützt wurde. Hinzu kamen noch neunzehn Beobachterdelegationen aus verschiedenen Staaten und von der EU.

Die Konferenz selbst wurde von Lakhdar Brahimi, dem Sondergesandten des VN-Generalsekretärs, geleitet. Brahimi, ein früherer algerischer Außenminister, war ein in vielen internationalen Krisen – Zaire, Haiti, Südafrika, Jemen und Afghanistan – erprobter und erfahrener VN-Diplomat, der im Fall Afghanistan zudem über den unbestreitbaren Vorteil verfügte, selbst Moslem zu sein. Die beiden anderen Delegationen, auf die es, jenseits der afghanischen Parteien und Gruppen, am stärksten ankommen sollte, nämlich die der USA und des Iran, wurden ebenfalls von sehr erfahrenen Diplomaten angeführt.

James (Jim) Dobbins leitete die Delegation der USA. Ich hatte ihn während der langen Balkan-Krise im Team des amerikanischen Außenministeriums unter Madeleine Albright kennen- und aufgrund seiner Sachkunde während unserer Zusammenarbeit schätzen gelernt. In der amerikanischen Delegation erwies sich zudem noch der aus Afghanistan stammende amerikanische Diplomat Zalmay Khalilzad, ein Mitarbeiter des Nationalen Sicherheitsrates im Weißen Haus, von herausragender Bedeutung, weil er sowohl die afghanischen Sprachen fließend beherrschte (im Norden und Nordosten Afghanistans spricht man überwiegend Dari, im paschtunischen Süden und Südosten hingegen Paschtu) als auch die Mentalität und politische Kultur der Afghanen sehr gut kannte.

Die iranische Delegation wurde vom Vizeaußenminister und späteren VN-Botschafter des Iran, Mohammed Dschawad Sarif, angeführt, der ebenfalls ein überaus kundiger und erfahrener Diplomat war. In den Verhandlungen um das iranische Atomprogramm der drei europäischen Außenminister von Frankreich, Großbritannien und Deutschland (E 3) mit dem Iran sollte ich ihn ebenfalls näher kennen- und seine Professionalität durchaus schätzen lernen. Die Troika Brahimi, Dobbins und Sarif sollte sich als ein Glücksfall für die Afghanistan-Konferenz erweisen und im entscheidenden Augenblick ganz wesentlich zu ihrem Gelingen beitragen. Die deutsche Delegation wurde von Thomas Matussek angeführt (damals Abteilungsleiter für Afrika, Asien und Lateinamerika im Auswärtigen Amt und späterer Botschafter der Bundesrepublik Deutschland in Großbritannien und bei den Vereinten Nationen in New York) und leistete ebenfalls eine hervorragende Arbeit.

Völkerrechtlich wurde die Petersberg-Konferenz durch die Sicherheitsratsresolution 1378 vom 14. November 2001 legitimiert, die sich die Vorschläge des Sondergesandten Brahimi zu eigen gemacht hatte, die er einen Tag zuvor dem Sicherheitsrat gegenüber dargelegt hatte. Brahimis Vorschläge wiederum waren das Ergebnis seiner umfänglichen Konsultationen in Pakistan und im Iran, wo er sich mit den wichtigsten politischen Gruppierungen des afghanischen Exils und auch mit Einzelpersonen beraten hatte, die in Opposition zum Taliban-Regime gestanden hatten. Lakhdar Brahimi unterstrich dabei auch die ganz besondere Bedeutung, die die beiden wichtigsten Nachbarn Afghanistans, Pakistan und Iran, für die Zukunft des Landes hatten.

»Ein Konsens zwischen den Nachbarn Afghanistans ist unerlässlich. Ohne einen solchen Konsens wird es für die Afghanen selbst äußerst schwer sein, eine dauerhafte Lösung ohne unangemessene Einmischung in ihre inneren Angelegenheiten herbeizuführen«, führte der Sondergesandte vor dem Sicherheitsrat aus. Und damit sprach er neben dem internen afghanischen Konsens die zweite zentrale Ebene an, nämlich die Notwendigkeit eines regionalen Konsenses.

Tatsächlich war die nicht enden wollende Abfolge von Putschen, Kriegen und Bürgerkriegen in Afghanistan seit Mitte der siebziger Jahre nicht nur das Ergebnis der Konfrontation der beiden Supermächte im Rahmen des globalen Kalten Krieges, nachdem die Sowjetarmee am Tag nach Heiligabend 1979 begonnen hatte, das Land militärisch zu besetzen. Seit dem Abzug der Sowjets im Februar 1989 und dem Ende des Kalten Krieges war in das Land keineswegs Frieden eingezogen, es wurde vielmehr zum Schlachtfeld der Interessen der Anrainerstaaten, vorneweg Pakistan und Iran, die mittels afghanischer Stellvertreter dort für ihre eigenen Interessen Krieg führen ließen. Auch diese Konfliktursache musste daher unbedingt neutralisiert werden, sollten Frieden und Wiederaufbau die Zukunft Afghanistans bestimmen.

Neben der Notwendigkeit eines regionalen Konsenses galt es aber zuerst und vor allem, einen innerafghanischen Konsens zu schaffen, der in den Augen der Mehrheit der Afghanen als »legitim« angesehen würde und nur so von Dauer sein konnte. Der Begriff der »Legitimität« hat sich im internationalen Konflikt- und Krisenmanagement als eine der ganz entscheidenden Kategorien herausgebildet, neben den Begriffen »Souveränität« und »Macht«. Von diesen drei Kategorien ist diejenige der »Legitimität« allerdings die am schwersten zu greifende. Souverän ist, wer die Macht hat, ein Territorium und seine Bevölkerung dauerhaft zu kontrollieren, und diese Macht gründet auf sehr handfesten, objektiven Fähigkeiten. Ganz anders sieht es mit der Kategorie der »Legitimität« aus. Legitimität bedeutet normative Gebundenheit und zielt auf Zustimmung. Macht erzwingt, deshalb erweist sich im Krisenmanagement und bei Friedensschlüssen das Kriterium der Legitimität als jenes sehr seltene Material, auf dem nachhaltige Konfliktlösungen vor allem beruhen.

Und genau darum ging es im Kern bei der Bonner Afghanistan-Konferenz, denn nach all den Jahrzehnten des Krieges und des Bürgerkrieges, nach Millionen von Getöteten, Verletzten und Vertriebenen mussten die Afghanen wieder zueinanderfinden, um sich mithilfe der internationalen Staatengemeinschaft und der internationalen Organisationen eine neue, vom afghanischen Volk akzeptierte Ordnung zu geben und ihr zerstörtes Land wieder aufzubauen. Dazu mussten sie sich untereinander zusammenraufen, und diese »Arbeit am Konsens« konnte ihnen niemand abnehmen.

Um dieses Ziel eines »legitimen« Übergangsprozesses und einer dauerhaften neuen staatlichen Ordnung für Afghanistan zu erreichen, schlug Brahimi dem Sicherheitsrat eine Vorgehensweise in fünf Schritten vor:

1) Eine Konferenz mit Vertretern der Nordallianz und anderer afghanischer Gruppen, um so »eine faire Vertretung der gesamten afghanischen Gesellschaft zu gewährleisten und [...] eine Einigung über den Rahmen für den Prozess des politischen Übergangs« zu erzielen.
2) Eine Vereinbarung über konkrete Schritte zur Einberufung eines »Provisorischen Rates«, der sich »aus einer relativ großen und repräsentativen Gruppe von Afghanen aller ethnischen und regionalen Gemeinschaften zusammensetzt«. Besonders wichtig war dabei auch die Teilnahme von Frauen, denn Frauen und Mädchen waren während der Herrschaft der Taliban von allen Bildungsinstitutionen ausgeschlossen worden und wurden auf mannigfaltige Art und Weise brutal unterdrückt und terrorisiert.
3) »Dieser Provisorische Rat schlägt die Zusammensetzung einer Übergangsverwaltung und ein Aktionsprogramm für eine nicht länger als zwei Jahre dauernde politische Übergangszeit sowie Sicherheitsvorkehrungen vor;
4) Danach wird eine Notstands-Loya Jirga einberufen, die die Übergangsverwaltung, das Aktionsprogramm und die Vorschläge betreffend die Sicherheit billigt und die Übergangsverwaltung zur Ausarbeitung einer Verfassung ermächtigt;
5) Am Ende der Übergangsphase stünde die Einberufung einer zweiten Loya Jirga, die die Verfassung billigt und eine Regierung bildet.«

Der VN-Sicherheitsrat machte dieses Verfahren zum Bestandteil seiner Resolution 1378, und auf dieser Grundlage begann die Afghanistan-Konferenz auf dem Bonner Petersberg ihre Arbeit.

Ich verließ nach dem ersten Teil der Eröffnungssitzung wieder den Petersberg. In der darauffolgenden internen Sitzung sprach Hamid Karsai, ein Angehöriger der größten afghanischen Volksgruppe der Paschtunen, der sowohl am Widerstand gegen die sowjetische Besatzungsmacht wie auch später gegen das Taliban-Regime teilgenommen hatte, per Telefon zu den auf dem Petersberg versammelten Delegierten. Karsai war von den Vereinten Nationen und den USA als kommender Chef der Übergangsregierung und möglicher Präsident in Erwägung gezogen worden, da aus deren Sicht dieses Amt auf jeden Fall ein Paschtune ausüben sollte. Lakhdar Brahimi war der Auffassung, dass die Chefposition in der neuen afghanischen Regierung unbedingt an einen Paschtunen gehen müsste, da sich andernfalls diese größte ethnische Gruppe in Afghanistan nicht angemessen vertreten fühlen würde. Die vorwiegend aus Tadschiken, Usbeken und Hazara bestehende Nordallianz würde in der kommenden Regierung sehr stark vertreten sein, da sie mit ihren siegreichen Truppen in Afghanistan faktisch die Macht ausübte. Eine Benachteiligung der Paschtunen würde mit hoher Wahrscheinlichkeit die Ursache des nächsten Krieges in diesem gequälten Land sein. Hamid Karsai war zudem für alle ethnischen und religiösen Gruppen akzeptabel, vor allem aber auch für die Nachbarn Pakistan und Iran sowie die Nordallianz.

Die Konferenz selbst tagte nur selten im Plenum, ansonsten arbeitete man in wechselnder Zusammensetzung in unterschiedlichen Gruppen, um sich so über den Prozess hin zu einer neuen Regierung und zu einem neuen Afghanistan zu einigen.

Die Verhandlungen mussten zügig vorangebracht werden – aus einem bizarren Grund. Schon seit Längerem war das Hotel Anfang Dezember für einen Zahnärztekongress gebucht, und die Bundesregierung hätte eine sehr hohe Konventionalstrafe zahlen müssen, wenn dieser Kongress dort nicht hätte stattfinden können. So haben am Ende also auch die deutschen Zahnärzte, ohne davon nur das Geringste zu ahnen, zum Einigungsdruck nicht unwesentlich beigetragen.

Die Konferenz auf dem Petersberg kam bis zu jenem Augenblick gut voran, als es um die Verteilung der Macht in der zukünftigen Regierung und um die Ressorts ging. Und als auch diese immer und überall sehr schwierigen und komplizierten Fragen schließlich fast in trockenen Tüchern waren, blockierte plötzlich das ferne Kabul, d.h. der übergangsweise von der Nordallianz eingesetzte frühere Präsident Afghanistans, Burhanuddin Rabbani, der selbst auf dem Petersberg nicht anwesend war. Rabbani spielte auf Zeit, indem er von Brahimi verlangte, dass Junus Kanuni, der Delegationsleiter der Nordallianz, mit der auf dem Petersberg ausgehandelten Kabinettsliste zu ihm nach Kabul kommen müsste, um diese zu diskutieren. Kanuni könne dann binnen acht Tagen mit den von ihm gebilligten Namen auf den Petersberg zurückkehren.

Dieser Vorschlag war ein Unding, da er die ganze Dynamik aus dem Verhandlungsprozess auf dem Petersberg herauszunehmen drohte und damit ein Scheitern sehr wahrscheinlich machen würde. Rabbani wurde keineswegs von allen auf dem Petersberg versammelten Gruppen als Staatspräsident akzeptiert. Besonders zwischen der Rom-Gruppe und der Nordallianz hätte dann großes Ungemach gedroht, denn Rabbani wollte auf keinen Fall den König oder einen seiner Vertrauten als Vorsitzenden der Übergangsregierung, und dies galt natürlich auch für den umgekehrten Fall gegenüber der Nordallianz und ihrem Präsidenten. Die Konferenz drohte daher durch Rabbanis hartnäckige Ablehnung, die Liste der Namen frei- und damit den Vertretern der Nordallianz grünes Licht für die Unterzeichnung der Vereinbarung zu geben, zu scheitern.

Ich hatte in dieser Sache bereits am 1. Dezember zweimal mit meinem iranischen Kollegen Kamal Kharazi telefoniert und um Unterstützung für eine Deblockierung der Gespräche auf dem Petersberg gebeten, die mir von diesem auch zugesichert wurde. Trotz der konstruktiven Haltung Teherans ging aber wegen der Haltung Rabbanis nichts voran. Und so erreichte mich am 3. Dezember 2001, einem Montag, in Berlin der Anruf von unserem Delegationsleiter Thomas Matussek, dass ich doch bitte unverzüglich mit Rabbani persönlich sprechen und versuchen sollte, ihn von seiner Blockadehaltung abzubringen. In dem Telefonat am frühen Abend zog sich Rabbani aber hartnäckig auf seine bekannte Position zurück, die faktisch auf eine Vertagung der Petersberg-Konferenz hinauslief. Ganz offensichtlich fürchtete er seinen Machtverlust, den ein erfolgreicher Abschluss der Konferenz bedeuten würde.

Nach einigem Hin und Her am Telefon wurde ich schließlich deutlicher: Die Konferenz müsse pünktlich zu Ende gebracht werden. Wenn er, Rabbani, darauf bestünde, dass jemand nach Kabul kommen solle, so wäre dies das Ende. Er, Rabbani, habe deshalb jetzt eine sehr große Verantwortung, ja sei persönlich verantwortlich für den Erfolg oder Misserfolg dieser Konferenz. Genau so würde es in Afghanistan und in der internationalen

Öffentlichkeit gesehen werden. Ich bäte ihn deshalb nochmals eindringlich um seine Billigung der Liste. Das Problem müsse jetzt sofort gelöst werden. Wir bräuchten seine konstruktive Hilfe, indem er der Delegation der Nordallianz grünes Licht gebe. Schließlich lenkte Burhanuddin Rabbani ein und instruierte Kanuni, die Liste zu billigen. Ich war in jener Nacht allerdings nicht der Einzige gewesen, der Rabbani am Telefon zu überzeugen versuchte, auch andere Delegationen hatten ihre Minister mobilisiert.

In den entscheidenden Stunden der Afghanistan-Konferenz auf dem Bonner Petersberg erwies sich die eigentlich nicht zu erwartende vertrauensvolle Zusammenarbeit zwischen den Delegationen der USA und des Iran als entscheidend für den Durchbruch. Diese Zusammenarbeit gab es seit dem Beginn der Konferenz, und die amerikanische Delegation war dazu durch ihren Minister Colin Powell ermächtigt worden. Der iranische Delegationsleiter, Vizeaußenminister Sarif, wiederum hatte unter anderem seine ausdrückliche Zustimmung zur Person Karsais als Chef der Übergangsregierung erklärt, was keineswegs selbstverständlich war, denn Karsai galt als Mann der USA, ja, wie es auf dem Petersberg von verschiedener Seite hieß, der CIA. Darüber hinaus unternahmen die Iraner große Anstrengungen, die von ihnen beeinflussten afghanischen Delegierten für diesen Vorschlag zu gewinnen und so einen abschließenden Konsens über die Vereinbarung zu erreichen.

Am übernächsten Tag machte ich mich frühmorgens auf, um nach Bonn zu fliegen und an der Abschlusssitzung der Petersberg-Konferenz teilzunehmen, bei der die Vereinbarung in Anwesenheit des Bundeskanzlers öffentlich unterzeichnet werden sollte. Es wurde jedoch noch nichts mit dem Abflug, obwohl wir pünktlich in der startklaren Maschine saßen. Vom Petersberg kam die Nachricht, dass die Einigung noch immer nicht erzielt worden wäre, deshalb bäte man uns, in Berlin weiter abzuwarten. Mit einiger Verspätung ging es dann aber doch los, weil die Probleme auf dem Petersberg tatsächlich weitgehend gelöst oder zumindest in geschickten Formeln offengehalten worden waren – es lag nunmehr eine von allen Delegierten getragene Vereinbarung zur Unterzeichnung vor.

Mit dieser Vereinbarung der Afghanistan-Konferenz auf dem Petersberg begann ein Prozess – allgemein als »Bonn-Prozess« bezeichnet –, der den staatlichen und politischen Wiederaufbau Afghanistans einleitete. Die Vereinbarung orientierte sich an Brahimis Plan, wie er ihn dem Sicherheitsrat vorgetragen und welcher sich in der Resolution 1378 wiedergefunden hatte, auch wenn es durchaus zu wichtigen Modifikationen gekommen war.

Das Petersberg-Abkommen enthielt folgende wesentlichen Punkte:

- die Machtübergabe an die Interimsverwaltung sollte am 22. Dezember 2001 stattfinden;
- eine außerordentliche Loya Jirga sollte spätestens sechs Monate nach der Bildung der Interimsverwaltung zusammentreten, um eine Übergangsverwaltung zu bilden, die die Interimsverwaltung ablöst;
- spätestens 18 Monate nach der Errichtung der Übergangsverwaltung durch die außerordentliche Loya Jirga sollte eine verfassunggebende Loya Jirga konstituiert werden, die eine Verfassung für Afghanistan ausarbeitet;
- spätestens zwei Jahre nach dem Tag des Zusammentretens der außerordentlichen Loya Jirga würden allgemeine, freie und geheime Wahlen in Afghanistan stattfinden;
- die Interimsregierung wurde von Hamid Karsai angeführt; Außen-, Verteidigungs- und Innenministerium gingen an die drei starken Männer der Nordallianz – Dr. Abdullah Abdullah, Mohammed Fahim und Junus Kanuni –, die etwa sechzig Prozent der 29 Ressorts umfassenden Interimsverwaltung besetzte; neben anderen Ressorts ging das Finanzministerium an die Rom-Gruppe; zwei Frauen übernahmen das Gesundheits- und das Frauenministerium;
- für einen Übergangszeitraum würde eine internationale Truppe unter einem VN-Mandat die Sicherheit der Interimsverwaltung gewährleisten.

Am 20. Dezember beschloss der Sicherheitsrat in New York die Resolution 1386, in der er nicht nur die Petersberg-Vereinbarung (»the Bonn Agreement«) unterstützte, sondern auch die Einrichtung einer »International Security Assistance Force«

(ISAF) für die Dauer von sechs Monaten unter Kapitel VII der VN-Charta beschloss und die Mitgliedsstaaten aufforderte, dazu militärische Beiträge zu leisten. Das Einsatzgebiet der ISAF-Truppen war auf die Hauptstadt Kabul und seine Umgebung beschränkt, um dort die Sicherheit der Interimsregierung zu garantieren. Jetzt war Deutschland auch mit Bodentruppen gefragt.

Die damit zusammenhängenden Entscheidungen der Bundesregierung in Berlin mussten jetzt angesichts dieses engen Fahrplans, der durch den Gang der Ereignisse vorgegeben war, sehr schnell gehen, was vor dem Hintergrund des Zeit beanspruchenden deutschen Mandatierungsverfahrens durch das Parlament eine Herausforderung war. Das Parlament ermöglichte jedoch ein verkürztes Beratungsverfahren, sodass schon zwei Tage später der Antrag der Bundesregierung, nach einer ausführlichen Debatte, im Bundestag abgestimmt werden konnte. Der Antrag fand dabei mit 538 Jastimmen eine sehr breite Zustimmung, und kurz nach diesem Beschluss machten sich die ersten deutschen Soldaten auf den Weg nach Kabul. Das Wort des Bundeskanzlers nach dem 11. September 2001 von der »uneingeschränkten Solidarität« mit den USA war damit dreieinhalb Monate später sehr konkret geworden.

Mit bis zu 3900 Soldaten im Anti-Terror-Einsatz »Enduring Freedom« und bis zu 1200 Soldaten für ISAF war Deutschland jetzt, gemeinsam mit seinen europäischen Freunden und internationalen Partnern, in gefahrvollen Missionen weit jenseits seiner Grenzen und auch Europas engagiert. In den zwölf Jahren, die seit dem Fall der Mauer vergangen waren, hatte sich die Welt politisch fundamental verändert und mit ihr die deutsche Außen- und Sicherheitspolitik.

Am 4. Januar 2004 verabschiedete die verfassunggebende Loya Jirga eine neue Verfassung für Afghanistan, auf deren Grundlage Hamid Karsai am 9. Oktober dieses Jahres zum Präsidenten gewählt wurde. Der Bonn-Prozess selbst fand seinen formalen Abschluss mit den afghanischen Parlamentswahlen am 18. September 2005 und der Konstituierung des neuen Parlaments am 19. Dezember 2005. Gleichwohl war dies lediglich ein formaler Abschluss, da Afghanistan noch weit davon entfernt war und ist, ohne Hilfe von außen seine eigene Zukunft in Frieden und unter demokratischen Bedingungen gestalten zu können. Ohne internationale Unterstützung – und dies schließt auch die Anwesenheit von ISAF-Truppen mit ein – würde das Land sehr schnell wieder zum Schlachtfeld innerafghanischer Händel und regionaler Interessenwidersprüche werden, d.h. in die Katastrophen der Vergangenheit zurückfallen.

Der 11. September 2001 hatte gezeigt, wie gefährlich ein armes und vergessenes, vom Bürgerkrieg zerrissenes und gequältes Land tatsächlich für den Weltfrieden werden kann, wenn es zum Rückzugsgebiet für entschlossene Terroristen wird, und auch deswegen – und nicht nur aus humanitären Gründen – darf der Westen und die internationale Gemeinschaft Afghanistan nicht aufgeben. Freilich sollte es sich in den folgenden Jahren zeigen, dass es ein schwerer Fehler war, auf das Auslaufen des Bonn-Prozesses nicht mit einem Bonn II zu antworten, denn seit dem formalen Ende der Petersberg-Vereinbarung gibt es für Afghanistan – mit Ausnahme der Einführung der sogenannten »Provincial Reconstruction Teams« (PRT) und dem Ausgreifen der ISAF über den Großraum Kabul hinaus – keine definierte politische Strategie des Westens und der internationalen Staatengemeinschaft mehr.

Die negativen Folgen dieses Versäumnisses, die sich vor allem in einer strategischen Perspektivlosigkeit beim weiteren Militäreinsatz gegen die wieder erstarkten Taliban, aber auch beim Wiederaufbau, beim Kampf gegen Korruption und vor allem gegen den Drogenanbau zeigen, sind sowohl in Afghanistan als auch in den truppenstellenden europäischen Ländern mit den Händen zu greifen.

IRAK UND DIE HYBRIS EINER WELTMACHT

In der Silvesternacht 2001 wurde tatsächlich Geschichte gemacht: Die gute alte D-Mark, das Symbol des Wiederaufstiegs des demokratischen Deutschland (West) nach der Katastrophe des Zweiten Weltkriegs und der Barbarei der braunen Diktatur, die Währung, die nur wenige Wochen jünger war als ich selbst, wurde als alltägliches Zahlungsmittel endgültig verabschiedet. An ihre Stelle trat um Mitternacht die europäische Gemeinschaftswährung Euro, eingeführt von 12 der 15 Mitgliedsstaaten der Europäischen Union. Europa wuchs in dieser Nacht wirklich zusammen. Es war unglaublich!

Noch vor ihrer Osterweiterung machte die EU mit der Wirtschafts- und Währungsunion einen qualitativ neuen Schritt in Richtung europäische Integration, denn zum ersten Mal wurde durch den Vertrag von Maastricht eine der drei Kernsouveränitäten des modernen Staates – innere Sicherheit, äußere Sicherheit und Währungssouveränität – von der Mehrheit der EU-Mitgliedsstaaten vergemeinschaftet. Gerade in Deutschland, aber nicht nur hier, war die Einführung der Gemeinschaftswährung heftig umstritten gewesen, denn der Abschied von der D-Mark fiel sehr vielen Deutschen verständlicherweise schwer. Aber am Ende setzte sich in Bundestag und Bundesrat eine parteiübergreifende und die Trennlinie von Regierungsmehrheit und Opposition überschreitende große Mehrheit der Befürworter des Euro durch.

Es war vor allem dem damaligen Bundeskanzler Helmut Kohl zu verdanken, dass die Ablösung der D-Mark durch den Euro Wirklichkeit wurde, denn »der Dicke«, wie er fraktionsübergreifend im Bundestag genannt wurde, hielt gegen alle Widerstände, vor allem in seiner eigenen Partei und in der CSU, eisern Kurs. Gemeinsam mit der deutschen Einheit begründete die Einführung des Euro daher zu Recht den bleibenden Ruhm Helmut Kohls als einer der ganz großen Kanzler der Bundesrepublik Deutschland, denn beides waren wahrhaft historische Leistungen.

Ich konnte es in dieser Silvesternacht, wie viele andere auch, kaum abwarten, bis ich das neue Geld in den Händen hielt, und stapfte gegen 1.00 Uhr allein durch den leise rieselnden Schnee zum nächsten Bankautomaten, um meine ersten Euroscheine abzuheben. Ich reihte mich dort in eine Schlange von Wartenden ein, und nach wenigen Minuten war es so weit, ich hielt das neue Geld und damit gewissermaßen Europa in den Händen. »So einfach (und mit den Händen zu greifen) kann Geschichte also bisweilen sein«, sagte ich mir auf dem Nachhauseweg durch die verschneite Mitte Berlins. Das Jahr 2002 hatte zwar gut begonnen, aber zugleich ging ich auch davon aus, dass es im weiteren Fortgang des Jahres wohl knüppeldick für uns kommen dürfte. Der Krieg gegen den Terror, Afghanistan, wahrscheinlich Irak und schließlich, im kommenden Herbst, die Bundestagwahlen – nein, dies versprach kein entspanntes Jahr für mich zu werden.

Vor allem brodelte die Gerüchteküche über den Irak weiter vor sich hin, auch wenn es keine neuen Fakten gab. Die Diskussion über den Irak war jedoch dazu angetan, die Koalition gegen den Terror – zumindest in Europa – zu unterminieren, wenn seitens der Bush-Regierung nicht echte Beweise oder wenigstens ein wirklich hart begründeter Verdacht vorgelegt werden konnten. Nur wenn Saddam Hussein, gegen alle bisherigen Erkenntnisse und politischen Schlussfolgerungen, tatsächlich auf irgendeine Art in die Anschläge vom 11. September verwickelt gewesen war, würde sich ein Angriff auf den Irak in der Sache rechtfertigen lassen. Aber für eine solche Annahme gab es damals (und auch später) nicht die geringsten Hinweise. Was sollte daher dieses Geraune über einen Krieg gegen den Irak in den Medien und in den Kulissen der Hauptstädte diesseits und jenseits des Atlantiks? Andererseits aber wurde solchen Spekulationen in Washington nicht zweifelsfrei entgegengetreten. Allein dieses Faktum reichte schon aus, um die Diskussion am Leben zu halten.

Die politische Stimmung in der breiten Öffentlichkeit in Europa und Deutschland war vom ersten Augenblick an gegen eine solch mutwillige und in der Sache nicht begründete Ausweitung des Kampfs gegen den islamistischen Terrorismus auf den Irak. Osama bin Laden und seine Helfershelfer galt es zu ergreifen oder auszuschalten – und nicht irgendwelche Kriege vom Zaun zu brechen. So zumindest artikulierte sich die Mehrheitsmeinung nicht nur bei uns, sondern überall auf dem alten Kontinent, auch in Großbritannien. Der politische Instinkt der demokratischen Öffentlichkeit funktionierte in der Sache Irak hervorragend und gewiss sehr viel besser als bei vielen europäischen Regierungen.

Am Samstag, den 17. November 2001, flog ich wieder nach Washington, und zwei Tage später traf ich dort erneut die Sicherheitsberaterin von Präsident Bush in ihrem Büro im »West Wing« (Westflügel) des Weißen Hauses. Die wichtigsten Themen waren die kommende Afghanistan-Konferenz in Deutschland und die aktuelle Lage in Nahost, die sich immer weiter zuspitzte. Die Haltung von Condi Rice dazu war allerdings eher deprimierend, denn ihre Erläuterungen machten mir illusionslos klar, dass die USA über die Entsendung des US-Sondergesandten für den Nahen Osten, Anthony Zinni – ein ehemaliger General der US-Marines und überaus kluger Kopf –, hinaus nicht im Geringsten daran dachten, sich ernsthaft in diesem Konflikt zu engagieren, oder gar an einer erneuten Nahost-Initiative arbeiteten.

Zinni sollte dann innerhalb weniger Monate jenes Schicksal erleiden, das nach ihm auch alle weiteren Sondergesandten der USA oder auch des Nahost-Quartetts (USA, EU, Russland, VN) für den israelisch-palästinensischen Konflikt während der acht Jahre von George W. Bush teilen sollten, nämlich nach ihrer Ernennung keinerlei ernsthafte Unterstützung seitens des Präsidenten zu bekommen. Dieses Faktum sprach sich bei den Konfliktparteien in Windeseile herum, und so versanken die Sondergesandten schnell im Treibsand des Konflikts, bis sie schließlich angesichts ihrer Hilflosigkeit und der mangelnden Unterstützung durch das Weiße Haus enttäuscht und frustriert aufgaben. Sie waren tatsächlich alle lediglich zur Beruhigung der internationalen Öffentlichkeit ernannt worden. Ihr Scheitern war die Folge einer Politik der US-Regierung im Nahen Osten, die konsequent auf eine Strategie der »Intervention durch Nichtintervention« setzte, d.h. Bush wollte die Dinge im Nahostkonflikt bewusst treiben lassen, weil er offensichtlich davon ausging, dass die Verhältnisse für die Palästinenser erst wesentlich schlechter werden müssten, bevor sie zu einem Kompromiss mit Israel (und Israel mit den Palästinensern) bereit sein würden. Bush sprach zwar von der Zwei-Staaten-Lösung, faktisch aber ließ er willentlich zu, dass der Zug im israelisch-palästinensischen Konflikt in die exakte Gegenrichtung fuhr.

George W. Bush sollte in den gesamten acht Jahren seiner Amtszeit – darin der Nahostpolitik seines Vaters diametral entgegengesetzt – kein Interesse an einer ernsthaften amerikanischen Friedensinitiative entwickeln. Dies galt auch und gerade für die Konferenz von Annapolis, die mit großem Aplomb im vorletzten Jahr seiner Amtszeit einberufen und auch abgehalten wurde und deren erklärtes Ziel eine Einigung zwischen Israelis und Palästinensern auf den Rahmen für eine Zwei-Staaten-Lösung binnen eines Jahres war. Abgesehen davon, dass die Akteure in Israel und in den Palästinensergebieten zum damaligen Zeitpunkt viel zu schwach waren, um schmerzhafte Kompromisse eingehen zu können, demonstrierte die gesamte Vorgehensweise aber mehr Wunschdenken als eine realistische Initiative. Außenministerin Rice bemühte sich in den folgenden Monaten zwar intensiv um ein positives Ergebnis, allein es fehlte auch ihr an der bedingungslosen Unterstützung des Präsidenten. Die Annapolis-Konferenz wurde vom Präsidenten ganz offensichtlich als »ihr Projekt« gesehen, das von ihm nur lauwarm unterstützt wurde.

In diesem, im Übrigen von Beginn an absehbaren Ergebnis liegt, so traurig es tatsächlich ist, eine gewisse Ironie, weil Rice von den Folgen jener falschen Nahostpolitik ihres Präsidenten, die sie als seine Sicherheitsberaterin vier Jahre lang mit vertreten (und gegenüber Powell, Zinni und anderen in der amerikanischen Regierung durchgesetzt) hatte, am Ende als Außenministerin selbst wieder eingeholt wurde. Dementsprechend endete auch diese letzte der nahöstlichen »Initiativen« der Regierung des

George W. Bush, die man zutreffender als »Scheininitiativen« bezeichnen sollte, im Nichts, wie bereits alle ihre Vorläufer.

Bei meinem Besuch in Washington im November 2001 sprach ich Condoleezza Rice auf die umlaufenden Gerüchte über einen möglichen Krieg gegen den Irak an und bat sie um ihre Sicht der Dinge. Die Antwort fiel in Inhalt und vor allem im Ton alles andere als beruhigend aus, und nur allzu oft gilt gerade in der Diplomatie das alte Sprichwort, dass der Ton die Musik macht. Nach der Auffassung von Condoleezza Rice habe es nicht des 11. September bedurft, um die Gefährlichkeit Saddam Husseins für alle Welt klarzumachen. Zweimal habe er versucht, sich Nuklearwaffen zu verschaffen, und seit drei Jahren verweigere er den Inspektoren der VN den Zugang zum Irak. All diese Fakten wären Anlass zur Sorge genug.

Ich fragte daraufhin direkt nach, ob ihre Worte denn hießen, dass die USA die Auseinandersetzung mit Saddam Hussein als Teil des internationalen Kampfes gegen den Terrorismus begreifen würden, aber ich bekam darauf nur eine unpräzise, ja ausweichende Antwort. Zugleich aber gab mir Rice zu verstehen, dass man sich in der amerikanischen Regierung der Schwierigkeiten bewusst wäre, die sich aus einem möglichen militärischen Vorgehen der USA gegen den Irak ergeben würden. Ich wies auf die Risiken für den Zusammenhalt der Anti-Terror-Koalition und auf die großen Sorgen hin, die man sich deswegen in Europa machen würde, aber ganz offensichtlich hinterließ ich damit bei meiner amerikanischen Gastgeberin keinen wirklichen Eindruck.

Mein Besuch im West Wing des Weißen Hauses hatte mich alles andere als beruhigt, im Gegenteil. Und auch die Gespräche am Rande meines Besuches, mit unserem Botschafter und auch mit amerikanischen Journalisten über den aktuellen Stand der Diskussion im politischen Washington (»inside the beltway«) über den Irak verstärkten mein Misstrauen. Offensichtlich gab es innerhalb der Bush-Regierung eine starke Gruppe – Vizepräsident Cheney, Verteidigungsminister Rumsfeld, dessen Stellvertreter Paul Wolfowitz und die zahlreichen Neocons der zweiten und dritten Reihe –, die nach Afghanistan nunmehr mit aller Macht in Richtung Irak drängte, um das »nicht erledigte

Geschäft« aus dem Golfkrieg 1991 jetzt, zehn Jahre später, endlich zu Ende zu bringen und Saddam Hussein mittels einer militärischen Invasion zu stürzen. Die große, die alles entscheidende Frage blieb zu jener Zeit aber für mich offen, nämlich was der Präsident selbst in der Causa Irak beabsichtigte. Solange Bush nicht für eine Invasion des Irak war, musste nichts wirklich befürchtet werden. Sollte der Präsident aber die noch offene Rechnung mit Saddam Hussein jetzt begleichen wollen, dann würde es sehr ernst werden, auch und gerade für die deutsche Bundesregierung.

Nach dem Gespräch mit Rice sah ich mich veranlasst, bei meinem späteren Treffen mit Außenminister Powell im State Department erneut auf meine Sorgen wegen des Irak hinzuweisen und über die Stimmung in Europa und die absehbaren Risiken für die Zukunft der Anti-Terror-Koalition zu berichten. Ich hatte den Eindruck, dass ich bei Colin Powell in Sachen Irak keinerlei Überzeugungsarbeit leisten musste und dass er sich deswegen so wortkarg bei diesem Thema verhielt, weil er sich darüber mit mächtigen Gegnern in der amerikanischen Regierung eine heftige Auseinandersetzung lieferte. Aber auch dieser Eindruck beruhigte mich mitnichten, sondern verstärkte nur noch mehr meine Skepsis über die amerikanische Irakpolitik. Denn es gab, auch wenn man nichts Genaues herausbekommen konnte, bei dem Thema Irak in Washington einfach zu viel Rauch, als dass man dahinter nicht ein ernst zu nehmendes Feuer vermuten musste.

Nach dem erfolgreichen Abschluss der Afghanistan-Konferenz wartete zum Jahresausklang 2001 noch der Europäische Rat (ER) auf Schloss Laeken bei Brüssel auf den Bundeskanzler und mich. Selbstverständlich stand auch dieses europäische Gipfeltreffen ganz im Zeichen von Afghanistan und des Kampfes gegen den Terrorismus, aber die weitaus wichtigste Entscheidung dieses Europäischen Rates war der Beginn des europäischen Verfassungsprozesses. Die zukünftige europäische Verfassung sollte nicht mehr von einer Regierungskonferenz allein erarbeitet werden, d.h. allein durch die Vertreter der Mitgliedsstaaten unter Teilnahme der Kommission, sondern diesmal sollte die Arbeit ein Konvent leisten, der sich aus den Vertretern aller Mitgliedsstaaten (und als Beobachter auch aller Beitrittskandidaten), der Kommission, des Europaparlaments und der nationalen Parlamente zusammensetzen würde. Ziel war ein europäischer Verfassungsvertrag, der alle bisherigen Verträge der EU in sich aufnehmen und zugleich die notwendigen institutionellen Reformen der EU veranlassen sollte, an erster Stelle eine gemeinsame Außenpolitik mit einem europäischen Außenminister.

Die Europäische Union sollte so angesichts ihrer herannahenden Osterweiterung auch als wesentlich größere Union nach außen handlungsfähiger, nach innen geschlossener und demokratisch stärker legitimiert werden. Nach zwei Tagen endete der Europäische Rat unter der belgischen Präsidentschaft mit einem großen Erfolg. Der Kanzler und ich waren uns schnell einig, dass Peter Glotz, der frühere Bundesgeschäftsführer der SPD unter Willy Brandt, die Bundesregierung im europäischen Verfassungskonvent vertreten sollte. Ich hätte diese mich faszinierende Aufgabe gerne selbst übernommen, aber in einem Wahljahr und angesichts der zahlreichen außenpolitischen Krisen war mir dies nicht möglich. Allerdings sagte ich Gerhard Schröder, dass ich nach einer Wiederwahl im kommenden Herbst diese Aufgabe dann selbst zu übernehmen gedächte. Er sagte mir dies zu.

An demselben Tag, an dem wir uns auf den Weg nach Brüssel machten, am 13. Dezember 2001, schlug der Terrorismus erneut brutal zu. Fünf schwer bewaffnete Terroristen versuchten in Neu-Delhi, das Parlament der Indischen Union zu stürmen. Vierzehn Menschen, darunter alle fünf Angreifer, kamen dabei ums Leben. Die Attentäter wurden sofort islamistischen Untergrundorganisationen aus Kaschmir zugeordnet, die von Pakistan unterstützt wurden, und damit drohte angesichts dieser ungeheuerlichen Provokation erneut eine sehr gefährliche Zuspitzung zwischen den beiden verfeindeten Nachbarn und Nuklearmächten Indien und Pakistan. Ganz offensichtlich sollte hier mittels einer großen Krise vom Kampf gegen das Terrornetzwerk der al-Qaida und die Taliban abgelenkt werden.

Zwar verurteilte der pakistanische Präsident, General Pervez Musharraf, auf das Schärfste diesen Anschlag, aber in Indien nahm man ihm seine Worte nicht ab. Denn General Musharraf war es in seiner Zeit als Generalstabschef der pakistanischen Streitkräfte höchstpersönlich gewesen, der für den sogenannten »Kargil-Krieg« verantwortlich zeichnete. Damals hatten sich von Pakistan unterstützte kaschmirische Freischärler und Einheiten der pakistanischen Armee auf der indischen Seite der Kontrolllinie (Line of Control/LoC) festgesetzt, die das indische vom pakistanischen Kaschmir trennt. Die pakistanische Armee wollte damit offensichtlich die Rebellen im indischen Teil unterstützen und Indien mit einem territorialen Faustpfand an den Verhandlungstisch zwingen. Die Aktion fand in einem nur schwer zugänglichen, unwirtlichen Hochgebirge statt und konzentrierte sich auf die Besetzung von strategisch wichtigen Berggipfeln, die bis über 5000 Meter hinausreichten. Nach fast zwei Monaten schwerer Gefechte und Artillerieduelle hatte Indien sein Territorium wieder vollständig unter Kontrolle, aber seitdem traute niemand mehr in Neu-Delhi dem pakistanischen Militärmachthaber Musharraf über den Weg.

Zugleich machte der Terrorangriff von Neu-Delhi erneut klar, wie sehr Afghanistan eine Figur auf dem Schachbrett des indisch-pakistanischen Konflikts um Kaschmir war, denn Pakistan suchte strategische Tiefe gegenüber seinem Erzfeind Indien durch die Kontrolle Afghanistans, und zugleich gab es enge Verbindungen zwischen den verschiedenen islamistischen Terrorgruppen in der Region, deren Wege und Nachschublinien sich alle in Pakistan kreuzten. Es war deshalb auch stark anzunehmen, dass all diese Gruppen nicht ohne die Billigung, ja sogar Unterstützung des allmächtigen pakistanischen Geheimdienstes ISI und des Militärs im Land hätten agieren und dort auch ihre Ausbildungslager unterhalten können. Viele dieser Gruppen galten sogar als die direkten Kreaturen des ISI.

Wie Saudi-Arabien war auch Pakistan seit vielen Jahrzehnten ein enger Verbündeter der USA, und beide Staaten wurden jetzt, nach dem 11. September, von Washington zunehmend als große Bedrohung gesehen. Dennoch konnte und wollte die Regierung Bush aus strategischen Gründen (Sicherheit und Öl) nicht mit diesen Staaten brechen, und so entwickelte sich eine fast schon schizophren zu nennende Situation, denn beide Staaten waren im Kampf gegen den islamistischen Terrorismus sowohl Ursache der Bedrohung als auch Partner in diesem Kampf!

Und bis heute hält die Schizophrenie bezüglich dieser beiden Staaten in der amerikanischen (und westlichen) Politik an und führt gerade im Falle Pakistans in eine gefährliche Sackgasse. Denn das Land hat ca. 170 Millionen Einwohner, ist seit vielen Jahren sozial und politisch instabil, Atommacht, Brutstätte eines radikalen Islamismus und Terrorismus und droht sich zu einem gescheiterten Staat (failed state) zu entwickeln. Träte dieser durchaus realistische Fall in einer nicht allzu fernen Zukunft tatsächlich ein, so wäre Pakistan ohne jeden Zweifel das größte internationale Sicherheitsrisiko und für alle seine Nachbarn, aber auch für den globalen Frieden ein Albtraum. Denn die Größe des Landes und seiner Bevölkerung plus sein Status als Nuklearmacht würden eine völlig neue und auch durch die Supermacht USA kaum noch allein handhabbare Form von Bedrohung für den regionalen und globalen Frieden darstellen.

Aus all diesen Gründen waren vor allem die USA gefordert, nach dem Terrorangriff auf das Parlament in Neu-Delhi durch ihr Einwirken auf beide Seiten die Lage unter Kontrolle zu halten. Wir Europäer konnten dazu nicht allzu viel beitragen. Der amerikanischen Diplomatie gelang es, eine akute Zuspitzung zwischen Indien und Pakistan zu verhindern, allerdings war diese hochgefährliche Krise, wie der weitere Fortgang der Ereignisse zeigen sollte, dadurch lediglich vertagt und keineswegs ad acta gelegt worden.

Der schnelle und leichte Sieg der USA in Afghanistan führte in der Bush-Regierung und in den Reihen der Neokonservativen innerhalb und außerhalb der Regierung zu einer maß- und grenzenlosen Selbstüberschätzung. Ron Suskind beschrieb diese Haltung exemplarisch in einem Beitrag für das New York Times Magazine vom 17. Oktober 2004. Er zitierte einen namentlich nicht genannten hohen Berater von Präsident Bush:

»Der Berater sagte, Leute wie ich (d.h. Journalisten) seien ›Teil der, wie wir das nennen, realitätsbasierten Gemeinschaft‹, und die definierte er als Menschen, die ›glauben, dass aus ihrer vernünftigen Beurteilung der erkennbaren Wirklichkeit Lösungen erwachsen‹. Ich nickte und murmelte etwas von Prinzipien der Aufklärung und Empirismus. Er unterbrach mich. ›Aber so funktioniert die Welt eben nicht mehr‹, fuhr er fort. ›Wir sind jetzt ein Weltreich, und wenn wir handeln, schaffen wir unsere eigene Wirklichkeit. Und während Sie diese Wirklichkeit beurteilen – so vernünftig, wie Sie wollen –, handeln wir erneut und schaffen andere neue Realitäten, die sie dann wieder betrachten können, und so wird das weitergehen. Wir sind die Handelnden der Geschichte ... und euch wird nichts anderes übrig bleiben, als zu beurteilen, was wir tun.‹«

Afghanistan war für diese Leute der definitive empirische Beweis, dass für die USA als alleiniger globaler Supermacht fortan alles möglich war. Mit dem Einsatz der militärischen Macht Amerikas ließen sich Ziele verwirklichen, von denen man früher bestenfalls geträumt hatte. Eine neue, eine bessere Welt schien plötzlich möglich geworden zu sein, eine Welt, in der Diktatoren und blutrünstigen Kriegsherren das üble Handwerk gelegt werden konnte, und zwar dank modernster Waffentechnologie mit minimalen menschlichen und materiellen Kosten. Tatsächlich lief diese Strategie auf nichts anderes hinaus als auf einen weiteren Versuch jener politischen Weltverbesserungsutopien, die versprechen, die Welt besser zu machen, indem man sie erst einmal schlechter macht.

Regime Change hieß fortan die Parole in Washington, d. h. die Strategie des »Kriegs gegen den Terror« wurde nach dem Ende der Herrschaft der afghanischen Taliban zu einer Strategie des »globalen Regime Change« mittels imperialer Ordnungskriege auf regionaler Basis fortentwickelt. Die dazu passende Doktrin der »Preemption« kam hinzu und wurde am 20. September 2002 als offizielle »Nationale Sicherheitsstrategie« (NSS) der US-Regierung veröffentlicht. Fortan genügte bereits ein abstrakter und sehr allgemeiner Verdacht der US-Regierung, dass von einem Regime eines Tages eine Gefahr für die nationale Sicherheit der USA ausgehen könnte, um einen Krieg mittels dieser unterstellten abstrakten Bedrohung zu rechtfertigen und für legal zu erklären.

Dass dieses Recht nicht für alle Staaten gleichermaßen gelten konnte, setzten die neokonservativen Apologeten dieser neuen präemptiven Doktrin voraus, denn ansonsten hätte dies die Ausrufung des Chaosprinzips in den Beziehungen der Staaten untereinander bedeutet: Jeder Staat hätte sich fortan, entlang seiner vermeintlichen oder realen Interessen, »bedroht« fühlen können und wäre dadurch zum Krieg und bewaffneten Regierungswechseln in anderen Staaten ermächtigt. Das Völkerrecht würde damit aber durch eine Anarchie von »gefühlten« Bedrohungen abgelöst, und aller Fortschritt, den es bisher zur Einschränkung des Krieges, ja zu seiner Ächtung im Völkerrecht und im Staatensystem gegeben hatte, würde damit eliminiert. Das allerdings war ein Argument, das bei den Washingtoner Neocons nur ein mitleidiges Lächeln hervorrief, denn genau von diesem Völkerrecht, das nach ihrer Meinung auf nichts anderes als auf eine Selbstschwächung der USA hinausliefe und deren Feinde und blutige Diktaturen weltweit schützte, wollte man sich ja gerade verabschieden. Dieses neu geschaffene »Recht auf ›Preemption‹« konnte damit also nur für den Stärksten gelten, der es sich selbst einräumen und dann auch nehmen konnte, weil ihn niemand daran zu hindern vermochte.

Zum Verständnis der damaligen Ereignisse in den USA ist es unverzichtbar, sowohl den politisch-ideologischen Hintergrund der Akteure in der amerikanischen Regierung als auch deren Psychologie zu verstehen. Denn weder Bush noch Cheney oder gar Rumsfeld waren im eigentlichen Sinne des Wortes Neokonservative, sondern vielmehr altkonservative Republikaner. George W. Bush wurde eher religiös von der Ideenwelt konservativer Evangelikaler beeinflusst und hing einer manichäischen Weltsicht vom Kampf des Guten gegen das Böse an. Donald Rumsfeld war ein klassischer amerikanischer »Jacksonian«-Konservativer, der für eine robuste amerikanische Interessendurchsetzung stand, verbunden mit einer tiefen Abneigung gegen jegliche langfristige Präsenz amerikanischer Truppen auf fremdem Boden. Und Dick Cheney war in früheren Jahren ebenfalls dieser altkonservativen Richtung in der Republikanischen Partei zuzuordnen gewesen, hatte sich aber in den Oppositionsjahren der Republikaner unter Präsident Clinton und vor allem seit dem 11. September immer stärker der neuen Strömung der Neokonservativen angenähert.

Zahlreiche Neocons hingegen, die sich vor allem in den außenpolitischen Zirkeln der Republikanischen Partei konzentrierten, kamen ursprünglich aus der Demokratischen Partei und sogar noch von sehr viel weiter links. Ihre Gründerväter waren in den dreißiger und vierziger Jahren bei den linken sogenannten »New Yorker Intellektuellen« politisch sozialisiert worden, und nicht wenige von ihnen hatten eine trotzkistisch-kommunistische Vergangenheit. Aus dieser stammte ihr späterer harter Antikommunismus. Die Massenproteste gegen den Krieg in Vietnam, die Kulturrevolution von 1968 und schließlich die Entspannungspolitik, die den Interessenausgleich mit der Sowjetunion anstrebte, hatten sie immer weiter nach rechts und damit in die Republikanische Partei und dort auf den rechten Flügel getrieben.

Die Neokonservativen hatten zwar ihre »linken« Ideen und Inhalte aufgegeben, keineswegs aber ihren »linken« Radikalismus, ihr Eiferertum und ihren unbedingten Glauben an die Weltverbesserung unter Einsatz von Gewalt, nur dass es fortan nicht mehr der Kollektivismus, das Proletariat als historisches Subjekt und die kommunistische Weltrevolution sein sollten, sondern sie setzten stattdessen auf Demokratie, Freiheit, Marktwirtschaft und die militärische Macht der USA. Ihr Radikalismus blieb unverändert, nur dass er sich nun am anderen Ende des ideologischen Spektrums austobte. Die beispiellose Macht der USA im Interesse der amerikanischen Werte weltweit »interventionistisch« einzusetzen, gehörte zu den Eckpfeilern neokonservativer Außenpolitik.

Neben ihrem Radikalismus allerdings hatten die Neocons noch ein weiteres typisches Element ihrer linksradikalen Wurzeln unverändert beibehalten, nämlich ihren Glauben an die Herrschaft der Ideologie über die Realität. Tatsächlich traf die Selbstdefinition jener neuen ideologischen Strömung als »neukonservativ« den Nagel auf den Kopf. Ihr wichtigster Gründervater, Irving Kristol (auch er ein früherer Trotzkist), hatte diese Definition seit den siebziger Jahren für sich und seinesgleichen übernommen und seitdem voller Stolz für sich reklamiert. Denn es waren tatsächlich Neukonservative oder, noch exakter, konservative Radikale, was allerdings ein Widerspruch in sich selbst ist, die mit George W. Bush im Januar 2001 an die Macht kamen.

Bemerkenswert an dieser Bewegung war, dass es sich um eine reine Elitenveranstaltung im Milieu der amerikanischen Think Tanks und Universitäten sowie einiger obskurer Journale handelte, eine Art intellektueller radikaler Subkultur also. Kaum einer ihrer Vertreter kandidierte jemals erfolgreich für ein öffentliches Wahlamt, und obwohl sie die flammendsten Befürworter von militärischer Aufrüstung und Militärinterventionen waren, verfügte fast keiner von ihnen über militärische Erfahrung, ihr Verhältnis zum US-Militär war alles andere als gut. Es kam deshalb nicht von ungefähr, dass es in der Regierung von George W. Bush gerade Außenminister Colin Powell war, der sich zu ihrem Antipoden entwickelte, denn er konnte als ehemaliger oberster Soldat der amerikanischen Streitkräfte und Realist, der die Verheerungen des Krieges aus eigenem Erleben nur zu gut kannte, mit einer ideologiegestützten Weltsicht, die der Meinung war, dass wenn die Fakten nicht zur Ideologie passten, dies dann umso schlimmer für die Fakten wäre, nicht allzu viel anfangen.

Man darf zu Recht daran zweifeln, ob die Neokonservativen ohne den 11. September jemals in der Lage gewesen wären, ihren unheilvollen Einfluss auf die amerikanische Außenpolitik auszuüben. Als der Terroranschlag vom 11. September die USA in einen traumatischen Schockzustand stürzte, waren die Neocons mit ihrem geschlossenen Weltbild von Gut und Böse durch Zufall an den Schalthebeln der Macht präsent, und plötzlich wurde ihre Weltsicht, die bis dahin eine eher randständige Existenz innerhalb der Republikanischen Partei und der von ihr seit den Zeiten von Ronald Reagan gestellten Regierungen gefristet hatte, zum Mainstream einer Nation, die erfüllt war von einem heiligen Rachedurst. Ihr Radikalismus, ihre Realitätsferne, ihr manichäisches Weltbild, also all das, was sie zuvor eher zu obskuren Außenseitern gemacht hatte, wurden durch den 11. September plötzlich zu ihren entscheidenden Stärken und gerieten zu ihrem machtpolitischen Vorteil.

Ich selbst hatte bis dahin mit den Neocons kaum Kontakt gehabt und hatte sie weder politisch noch intellektuell wirklich wahrgenommen. Das änderte sich um den Jahreswechsel 2001/2002 herum rapide, denn sie dominierten nunmehr die politische und intellektuelle Diskussion in den USA und Europa.

Und dabei führten in diesen Diskussionen alle Wege nicht nach Rom und auch nicht – was in der Sache wesentlich nähergelegen hätte – zu Osama bin Laden, sondern ganz unverhüllt nach Bagdad.

Bei meiner schließlich doch näheren Beschäftigung mit dem Denken der amerikanischen Neokonservativen durch ihre Texte, aber auch durch verschiedene persönliche Begegnungen und Diskussionen mit Richard Perle und anderen, stellte ich sehr schnell fest, dass irgendetwas bei meiner politischen Zuordnung dieser Leute und ihrer Ideen nicht stimmte, denn zu meinem großen Erstaunen steckte nicht sehr viel Konservatives im Neokonservativismus. Konservative gehen von der Unvollkommenheit der Welt und des Menschen aus, deren negative Folgen es mittels normativer und institutioneller Ordnungen zu begrenzen gilt. Eine endzeitliche Vorstellung, das Böse mit Gewalt vertreiben und dadurch das Gute in die Welt bringen zu können, ein politischer Machbarkeitsutopismus also, wie er den Neokonservativen zu eigen war, ist alles, nur nicht konservativ. Man findet diese Haltung eher auf der Linken, und zwar ganz weit links.

Was mich bei meinen persönlichen Kontakten mit den Neocons und noch mehr bei der Lektüre ihrer Schriften von Anfang an stutzig gemacht hatte – ich hörte bei ihnen die Gesänge, die Musik, den Radikalismus meiner eigenen revolutionären Vergangenheit heraus! Die Genossen von gestern! Weltverbesserung und Revolution, nur diesmal rechts und nicht links herum!

Meine eigene linksradikale Vergangenheit war ja zu Recht in der deutschen Öffentlichkeit ausführlich erörtert und ich deswegen heftig kritisiert worden, aber seit meinem Bruch mit dem Linksradikalismus Ende der siebziger Jahre hatte ich eine bleibende Sensibilität für und Abneigung gegen jede Form von politischem und intellektuellem Radikalismus entwickelt. Diese Erfahrung war auch die persönliche Ursache für meine tiefe politische Aversion gegenüber den amerikanischen Neokonservativen und der von ihnen beeinflussten Außenpolitik der Regierung Bush. Ich wusste aus eigener Erfahrung, wo ein solcher Radikalismus und die damit einhergehende Ideologiegläubigkeit enden würden, nämlich im Desaster, und daran wollte ich mich kein zweites Mal in meinem politischen Leben beteiligen. Wenn man so will, war meine Ablehnung der Neokonservativen und ihres Marsches in den Krieg gegen den Irak nicht nur intellektuell und politisch begründet, sondern auch sehr stark eine Instinktreaktion, die sich aus meiner eigenen linksradikalen Biografie ergab. »Nicht noch einmal!« lautete diese Reaktion. Hinzu kam die Erfahrung des Vietnamkrieges, der mir klargemacht hatte, dass auch Amerika furchtbar irren konnte, vor allem dann, wenn es Länder der Dritten Welt betraf.

Saddam Hussein und der Irak schienen eine regelrechte Obsession der amerikanischen Neocons geworden zu sein. Ganz offensichtlich war für sie die Tatsache, dass Saddam sich trotz seiner Niederlage im Jahr 1991 und der sich daran anschließenden jahrelangen VN-Sanktionen an der Macht hatte halten können, der Nachweis für die moralische Korruption und das Scheitern des außenpolitischen Realismus in der Republikanischen Partei, wie er vor allem vom Vater des Präsidenten, dessen Sicherheitsberater Brent Scowcroft und Außenminister James Baker vertreten worden war. In Europa hingegen hatten wir diese neokonservative Obsession namens Irak während der Clinton-Ära kaum wahr- und gewiss nicht ernst genommen, denn das alles spielte sich in den außenpolitischen Zirkeln der damaligen Oppositionspartei ab, und sollten die Republikaner eines Tages wieder ins Weiße Haus einziehen, dann würde die alte Garde der republikanischen Außenpolitik schon dafür sorgen, dass nichts so heiß gegessen würde, wie man es im Wahlkampf gekocht hatte.

Bereits am 26. Januar 1998 – also noch während der Amtszeit von Präsident Clinton! – hatte eine Gruppe von Neokonservativen (die Unterschriftenliste liest sich wie ein Who's who der amerikanischen Neocons, auch wenn einige wenige andere, wie Donald Rumsfeld, mit dabei waren) einen offenen Brief an Präsident Clinton geschrieben, der schon im ersten Satz zur Sache kam: »Wir schreiben Ihnen aus der Überzeugung, dass die derzeitige amerikanische Politik gegenüber dem Irak keine Erfolge zeitigt und dass wir uns im Nahen Osten schon bald einer viel ernsteren Bedrohung gegenübersehen werden als alle Bedrohungen, die wir seit dem Ende des Kalten Krieges erlebt haben.«

Und etwas später dann werden die Autoren erfrischend direkt: »Angesichts der Größe der Bedrohung ist die gegenwärtige Außenpolitik, deren Erfolg von der Verlässlichkeit unserer Bündnispartner und der Kooperation Saddam Husseins abhängt, gefährlich unzureichend. Die einzig akzeptable Strategie wäre die, die die Möglichkeit ausschließt, dass der Irak in die Lage kommt, Massenvernichtungswaffen einzusetzen oder ihren Einsatz anzudrohen. Kurzfristig bedeutet das die Bereitschaft, militärisch zu agieren, da die Diplomatie offensichtlich versagt. Langfristig bedeutet es, Saddam Hussein und sein Regime von der Macht zu entfernen. Das muss jetzt Ziel der amerikanischen Außenpolitik werden.« So geschah es dann auch nach dem 11. September, und insofern verfügte dieser Brief fast schon über programmatische Qualitäten. Mir war er damals nicht bekannt, und in Washington galt er bei den Insidern als eine der üblichen Oppositionsübungen neokonservativer Republikaner, die man nicht weiter ernst zu nehmen hatte. So kann man sich in der Politik bisweilen täuschen!

In meiner Ablehnung eines Krieges gegen den Irak ging es mir zum damaligen Zeitpunkt weder um den deutschen Bundestagswahlkampf noch gar um die grundsätzliche Frage von Krieg und Frieden, denn diese war nunmehr auch in meiner Partei durch den Kosovo und Afghanistan entschieden worden. Nur – was hatte Saddam Hussein mit dem 11. September und Osama bin Laden zu tun? Nichts! Und diese schlichte Erkenntnis war für mich von Anfang an der alles entscheidende Punkt, der meine Haltung definierte, wenn es um die Frage eines möglichen Krieges gegen den Irak ging.

Das in der Geschichte der großen Weltreiche sattsam bekannte Phänomen der »imperialen Überdehnung« beginnt zuerst immer in den Köpfen der imperialen Eliten. Im Falle der Bush-Regierung führte der militärische Erfolg in Afghanistan direkt in eine maßlose Selbstüberschätzung, die sich darin ausdrückte, dass man im Überschwang des Sieges die Realität zunehmend als ein unnützes Hindernis aus dem Vorgestern anzusehen begann, dessen man sich besser schleunigst entledigen sollte. Im Weißen Haus, in der politischen Führung des Pentagons, die aus Zivilisten bestand (ganz anders als bei der großen Mehrheit der

Generalität, die sich weiter an der Realität orientierte), und auch im neokonservativen Teil der Kommentatoren, Analysten und Think Tanks begann man jetzt endgültig abzuheben.

Unter diesem Gesichtspunkt las ich damals mit großem Interesse und noch größerem Kopfschütteln einen Artikel des US-Verteidigungsministers Donald Rumsfeld, der unter der Überschrift »Transforming the Military« in der Zeitschrift Foreign Affairs (Mai/Juni 2002) die Konsequenzen des Krieges in Afghanistan für das amerikanische Militär zu ziehen versuchte. Rumsfeld griff dabei zu dem Vergleich zwischen der amerikanischen Strategie in Afghanistan, wo Hightech-Waffen des 21. Jahrhunderts mit den Kampfformen des 19. Jahrhunderts verbunden wurden und wenige Special Forces und modernste Luftkriegstechniken und Waffensysteme gemeinsam mit Stammeskriegern auf Pferden den Krieg entschieden hatten, mit der Revolutionierung des Krieges durch die Strategie des »Blitzkriegs« der deutschen Wehrmacht während des Zweiten Weltkriegs. Abgesehen von der moralischen und historischen Fragwürdigkeit dieses Vergleichs wurde darin aber offenbar, wie weit der Realitätsverlust in der Spitze der US-Regierung vorangeschritten war.

Wie konnte man allen Ernstes Hitlers Blitzkriege zu Beginn des Zweiten Weltkriegs mit dem Krieg der USA gegen die Taliban in Afghanistan vergleichen? Kannte denn Rumsfeld die afghanische Geschichte und die Logik und Realität asymmetrischer Kriege nicht? In einem solchen Konflikt stehen sich nicht gleichwertige Armeen gegenüber, sondern eine konventionelle, in der Regel weit überlegene Armee kämpft einen ungleichen Kampf gegen im Volk verankerte »Irreguläre«. Und wusste er nicht, dass in einem solchen Krieg die Probleme für eine das Land besetzende reguläre Armee immer erst dann entstehen, wenn sie im Land ist und es dort mit einem schmutzigen, verlustreichen Kleinkrieg zu tun bekommt? Und dass diese Erkenntnis in der Vergangenheit gerade für Afghanistan und den gesamten Nahen und Mittleren Osten immer gegolten hatte? Nach der Lektüre dieses Artikels des amerikanischen Verteidigungsministers hatte ich allerdings noch keine Ahnung davon, welche fatalen Auswirkungen Rumsfelds neue strategische Überlegungen ein Jahr später im Irak haben sollten, und zwar nachdem das Land und seine Hauptstadt von US-Truppen besetzt worden waren.

Nach dem Jahreswechsel 2001/02 nahm dann auf der anderen Seite des Atlantiks der Zug in Richtung eines Krieges mit dem Irak sehr schnell Fahrt auf. Es war ausgerechnet Henry Kissinger, der Hohepriester des außenpolitischen Realismus, der bei diesem Abschied von der Realität in der Außenpolitik des George W. Bush eine traurige Rolle spielen sollte. Am 13. Januar 2002 veröffentlichte der frühere amerikanische Außenminister einen Artikel in der Washington Post unter der Überschrift »Phase II and Iraq«, in dem er sich dafür aussprach, den Irak militärisch anzugreifen und Saddam Hussein von der Macht zu entfernen: »Sich auf den Sturz des Regimes Saddam Hussein im Irak zu konzentrieren, um die regionale Dynamik zu verändern, indem Amerika seine Entschlossenheit unter Beweis stellt, die Stabilität der Region, seine Interessen und seine Freunde zu verteidigen. (Dies würde auch anderen Schurkenstaaten eine deutliche Warnung sein.)«

Kissinger gab damit dem Krieg mit dem Irak seine Zustimmung, denn anders machte sein Artikel keinen Sinn, zumal er sich mit dieser Wortmeldung dem herrschenden Wunschdenken in Washington explizit anschloss. Er versuchte zwar noch, den Anschein des Realismus zu wahren, und formulierte viele Wenn und Aber, da er diesem drohenden Abenteuer dann doch nicht ganz zu trauen schien, aber tatsächlich beugte er die Knie vor den Neocons und ihrer Realitätsverweigerung. Auf jeden Fall war dieser Artikel des großen alten Mannes der amerikanischen Außenpolitik ein eindeutiges Signal, dass es mit dem Krieg gegen den Irak ernst zu werden begann.

Den nächsten Schlag führte dann der Präsident selbst, und zwar am 29. Januar 2002 in seiner jährlichen »State of the Union Address« (»Rede zur Lage der Nation«) vor beiden Kammern des Kongresses, in der er die »Achse des Bösen« schuf und deren Mitglieder – Nordkorea, Iran und Irak – definierte:

»Unser zweites Ziel ist es, Regimes, die den Terror unterstützen, daran zu hindern, Amerika oder seine Freunde und Bündnispartner mit Massenvernichtungswaffen zu bedrohen. Einige dieser Regimes haben sich seit dem 11. September ziemlich ruhig verhalten, aber wir kennen ihr wahres Gesicht. Nordkorea ist ein Regime, das sich mit Raketen und Massenvernichtungswaffen ausrüstet und gleichzeitig seine Bürger verhungern lässt. Der Iran strebt aggressiv den Besitz dieser Waffen an und exportiert den Terror, während einige ungewählte Wenige die Hoffnung des iranischen Volks auf Freiheit unterdrücken. Der Irak stellt weiterhin seine Feindseligkeit gegenüber Amerika zur Schau und unterstützt den Terror. Das irakische Regime plant insgeheim seit über zehn Jahren die Herstellung von Milzbranderregern, Nervengas und von Nuklearwaffen. Dies ist ein Regime, das bereits Giftgas zur Ermordung von Tausenden seiner eigenen Bürger einsetzte – und die Leichen der Mütter auf ihren toten Kindern liegenließ. Dies ist ein Regime, das internationalen Inspektionen zustimmte – und dann die Inspektoren hinauswarf. Dies ist ein Regime, das etwas vor der zivilisierten Welt zu verstecken hat.

Staaten wie diese und ihre terroristischen Verbündeten stellen eine Achse des Bösen dar, die sich bewaffnet, um den Weltfrieden zu bedrohen. Indem sie den Besitz von Massenvernichtungswaffen anstreben, sind diese Regime eine ernste und wachsende Gefahr. Sie könnten Terroristen ihre Waffen zur Verfügung stellen und ihnen damit die Mittel geben, ihren Hass zu verwirklichen. Sie können unsere Bündnispartner angreifen oder versuchen, die Vereinigten Staaten zu erpressen. Auf jeden Fall wäre der Preis der Gleichgültigkeit katastrophal.«

Diese Rede des amerikanischen Präsidenten kam einer Kriegserklärung schon sehr nahe und ließ nicht mehr allzu viele Interpretationsspielräume über die politischen Absichten der Regierung Bush offen. Es würde Krieg geben.

Ich sah mich daher nach dieser Rede des amerikanischen Präsidenten veranlasst, unmissverständlich klarzumachen, dass Deutschland unter einer rot-grünen Bundesregierung einen möglichen Angriff auf den Irak nicht gutheißen und demnach auch nicht mitmachen könnte. Am 12. Februar 2002 veröffentlichte die Tageszeitung Die Welt unter der Überschrift »Wir sind keine Satelliten« ein Interview mit mir:

»*Fischer:* Nach dem 11. September war klar, dass wir solidarisch sein müssen, nicht nur theoretisch, sondern auch praktisch.

Eine breite Anti-Terror-Koalition zu bilden war sehr klug von den USA und hat weltweit Rückendeckung gefunden.

Die Welt: Wäre eine Attacke gegen das Regime von Saddam Hussein im Irak davon noch gedeckt?

Fischer: Es wird nicht gut gehen, ohne zwingende Beweise etwas einzuleiten, das zu einsamem Handeln führt. Die internationale Koalition gegen den Terror ist nicht die Grundlage, irgendetwas gegen irgendwen zu unternehmen – und schon gar nicht im Alleingang. Das sehen alle europäischen Außenminister so. Deshalb bringt das Wort von der ›Achse des Bösen‹ uns nicht weiter. Den Iran, Nordkorea und den Irak in einen Topf zu werfen: Wohin soll das führen?

Die Welt: Die Amerikaner scheinen trotzdem zu einem Schlag gegen den Irak entschlossen.

Fischer: Darüber spekuliere ich nicht. Aber eine Welt mit sechs Milliarden Menschen wird selbst von der mächtigsten Macht nicht allein in eine friedliche Zukunft geführt werden. Noch einmal, ich halte absolut nichts von Antiamerikanismus. Aber bei allem Unterschied in Größe und Gewicht: Bündnispartnerschaft unter freien Demokraten reduziert sich nicht auf Gefolgschaft, Bündnispartner sind nicht Satelliten.«

Ich wurde wegen dieses Interviews aus den Reihen der bürgerlichen Oppositionsparteien im Bundestag heftig angegriffen. Man warf mir vor, die heraufziehende Krise um den Irak für Wahlkampfzwecke zu benutzen, was allerdings an meinen tatsächlichen Motiven völlig vorbeiging. Zwar war es richtig, dass sich innerhalb meiner Partei und auch innerhalb der SPD ein starker Widerstand gegen einen möglichen Irak-Krieg und eine deutsche Beteiligung daran aufzubauen begann, aber meine Beweggründe wurden davon nur am Rande beeinflusst. Mich trieb damals in meiner immer wieder laut und öffentlich artikulierten Opposition gegen einen drohenden Krieg mit dem Irak vielmehr die große Sorge an, dass die Vereinigten Staaten dabei waren, ohne Not einen außenpolitischen Fehler von historischer Dimension zu begehen, für den der Westen, egal ob Kriegsgegner oder Kriegsbefürworter, einen hohen Preis zu bezahlen haben würde.

In einem hatten meine oppositionellen Kritiker allerdings

recht, nämlich dass mit dem 1. Januar das Jahr der Bundestagswahl und damit auch des Wahlkampfes begonnen hatte. Wie immer warf das bei den Grünen schwierige interne Fragen auf, nämlich die nach der Koalitionsaussage, nach einem Spitzenkandidaten oder gar einem Spitzenteam, nach dem Wahlprogramm, der Agentur etc. Diesmal gab es jedoch einen gewichtigen Unterschied zu früheren Zeiten, denn wir waren jetzt im Bund Regierungspartei. Insofern ergaben sich diesmal die Antworten auf die ansonsten zu heftigen inneren Konvulsionen führenden Fragen fast wie von selbst. Selbstverständlich wollten wir die Koalition mit den Sozialdemokraten fortsetzen, und ebenso selbstverständlich sollte es diesmal auch einen formellen Spitzenkandidaten geben, zumal es sich abzeichnete, dass der Bundestagswahlkampf 2002 wesentlich stärker als früher durch die personelle Zuspitzung und die Medienpräsenz der Kandidaten bestimmt werden würde. Zum ersten Mal sollte es auch Fernsehduelle von Kanzler und Kanzlerkandidat nach amerikanischem Vorbild geben.

Aber nicht nur die beiden großen Parteien bereiteten sich auf einen personalisierten Zweikampf vor – bei den Unionsparteien waren die Würfel zugunsten des bayerischen Ministerpräsidenten Edmund Stoiber gefallen –, sondern auch die FDP mit Westerwelle und Möllemann an der Spitze, eine Art Dr.-Jekyll-und-Mr.-Hyde-Tandem der Liberalen, erklärte 18 Prozent als Wahlziel und zum allseitigen öffentlichen Gaudium Guido Westerwelle zu ihrem Kanzlerkandidaten. Später im Jahr, auf einem Parteitag der Liberalen, erfolgte die formelle Kandidatenausrufung (bei der es sich allerdings lediglich um einen abgeschmackten politischen Witz handelte). Diese parteioffizielle »Ausrufung« erfolgte ausgerechnet durch den allseits geschätzten und verehrten »Außenminister der Einheit« Hans-Dietrich Genscher und führte zu allgemeinem Kopfschütteln. Warum tat sich Genscher das an?

Innerhalb der grünen Führung waren wir uns schnell einig, dass ich, diesmal mit allen formellen Weihen der Parteigremien versehen, die Rolle des Spitzenkandidaten übernehmen sollte, umrahmt von einem Spitzenteam aus den anderen grünen Regierungsmitgliedern und jeweils den beiden Fraktions- und Parteivorsitzenden, also sechs an der Zahl. Die offizielle Benennung erfolgte durch einen Beschluss unseres Parteirates. Intern hatte ich allerdings zuvor meine Bedingung für die Übernahme der Spitzenkandidatur genannt, nämlich dass ich in allen Dingen der Wahlkampforganisation und des Wahlkampfes bis zum Tag der Bundestagswahl das Sagen haben würde. Dieser Punkt war für mich entscheidend, denn ich hatte meine negativen Erfahrungen mit der grünen Wahlkampforganisation überreichlich gemacht. Deshalb ließ ich vor der Entscheidung innerhalb der grünen Führung keinen Zweifel daran aufkommen, dass ich erneut, wie bereits 1998 geschehen, einen eigenen Wahlkampf organisieren würde, wenn man mir die für den gemeinsamen Erfolg notwendige Entscheidungsfreiheit nicht einräumen würde.

Diesmal war ein Alleingang meinerseits jedoch nicht notwendig, ja im Gegenteil, die Dinge fügten sich schnell und unkompliziert zusammen. Es gelang uns, eine junge, hervorragende Werbeagentur zu verpflichten, die perfekt zu uns Grünen passte und dennoch in der Frage von Kreativität und Professionalität einen klaren und positiven Bruch mit unserer leidvollen Vergangenheit markierte. Und dank der Tatsache, dass Fritz Kuhn aus Baden-Württemberg einer der beiden Parteivorsitzenden war, gelang es auch, unserem wenig praktisch veranlagten Bundesgeschäftsführer, dessen Stärken eher im verschwurbelten Antragswesen auf Bundesparteitagen lagen, die Wahlkampforganisation zu entwinden und stattdessen eine kleine, aber hoch effiziente und professionelle technische Wahlkampfleitung unter Fritz Kuhn in unserer Bundeszentrale zu installieren. Dies war der erste und zugleich sehr wichtige organisatorische Schritt hin zu unserem späteren Erfolg. Ich erkannte meine Partei nicht wieder! Wir planten ansonsten einen Wahlkampf, der sich an der positiven Erfahrung mit meiner Bus-Tour 1998 orientierte, nur sollte in diesem Jahr alles sehr viel professioneller und mit der vollen Unterstützung des Parteiapparates ablaufen.

Sosehr die internen Angelegenheiten sich ausschließlich positiv entwickelten, so finster war für uns Grüne die politische Lage: Wir lagen damals, im Februar 2002, bei den Umfragen zwischen 4 und 4,6 Prozent, das war alles andere als erheiternd. Für die Medien war die traurige Lage der Grünen selbstverständlich ein gefundenes Fressen, und es kam zu den ersten Abgesängen auf eine grüne Partei, die im Kosovo und in Afghanistan ihre Seele verloren hätte und in der Regierung weich und grau gespült worden sei. Wer bräuchte eine solche grüne Partei eigentlich noch?

Ich sah die Dinge selbstverständlich völlig entgegengesetzt, und dies nicht nur, weil ich gewissermaßen von Amts wegen zum Optimismus verpflichtet war, sondern unsere Lage tatsächlich wesentlich hoffnungsvoller einschätzte. Also formulierte ich damals bei der Vorstellung des Spitzenkandidaten und des Wahlteams mein Wahlziel: 8 Prozent plus x und Verteidigung der Rolle der drittstärksten Kraft im Bundestag. In der Grünenführung glaubten nicht allzu viele, dass dieses Wahlziel realistisch wäre, und manche Journalisten unterstellten mir gnädigerweise tiefe Verzweiflung über die trüben Wahlaussichten meiner Partei, denn ansonsten hätten sie mich öffentlich ausgelacht.

Aber der Wahltag war noch weit entfernt, und je näher wir uns der Entscheidung nähern würden, desto klarer würden wir dank Stoiber und Westerwelle und unserer durchaus beachtlichen Reformleistungen – Staatsangehörigkeitsrecht, Riester-Rente, Atomausstieg, Ökosteuer etc. – für unsere Wählerinnen und Wähler die Alternative Schwarz-Gelb gegen Rot-Grün herausarbeiten können. Dies galt ganz besonders für uns Grüne. Sorgen machten mir allerdings die anhaltend schlechte wirtschaftliche Lage und der weitere Anstieg der Arbeitslosigkeit. Wir bekamen ökonomisch einfach keine Warmluft unter die Flügel! Alles, was wir etwa bei der Reduzierung der Lohnnebenkosten durch die Mittelzuführung aus der Ökosteuer erreicht hatten, wurde durch den Anstieg der Arbeitslosigkeit wieder zunichte gemacht. Und mit Erfolgen, die sich nur für Experten in einer Verlangsamung des Anstiegs der Bruttolohnkosten erkennen ließen, konnte man im Wahlkampf mit seiner eher grobschlächtigen Argumentationsweise gewiss keinen Blumentopf gewinnen. Dennoch war ich voller Optimismus, dass Rot-Grün die kommenden Wahlen gewinnen könnte und gewinnen würde.

Für meinen Optimismus spielte die personelle Konstellation keine geringe Rolle. Ich würde gegen den liberalen Parteivorsitzenden Guido Westerwelle und den liberalen Fraktionsvorsitzenden Wolfgang Gerhardt anzutreten haben, zwei auf einen Streich also, um das Märchen vom tapferen Schneiderlein etwas zu variieren. Gegen diese beiden Helden traute ich mir nun wirklich zu, gewinnen zu können. Dasselbe galt für Gerhard Schröder mit seinem konservativen Herausforderer, dem bayerischen Ministerpräsidenten Edmund Stoiber.

Denn es gab und gibt in unserem parlamentarischen System tatsächlich so etwas wie einen »Amtsbonus« für die Amtsinhaber, der sich meines Erachtens allerdings nicht an der eher belanglosen »Beliebtheitsfrage« der Meinungsforscher messen lässt, sondern sehr viel mehr an der »Machtkompetenz«, nach der in den Umfragen niemals gefragt wird. Einen Kanzler muss man nicht sympathisch finden, sondern er muss über die Kompetenz verfügen, selbst in schwierigsten Zeiten Wohlstand und Sicherheit der Nation im Innern wie nach Außen zu garantieren. Genau dieses Vertrauen in einen Kanzler oder Kanzlerkandidaten macht seine Machtkompetenz aus – und darin hat der Amtsinhaber immer einen Vorsprung, es sei denn, er ist unfähig, hat sich im Amt erschöpft und/oder die Leute sind seiner nach vielen Jahren im Amt überdrüssig geworden.

Die Gewöhnung oder auch der Überdruss an einem Amtsinhaber steht an zweiter Stelle, und erst an dritter Stelle kommt die Beliebtheit. Diese nützt nicht allzu viel, wenn ein Kanzler sie hat, und schadet wenig, wenn er oder sie sie nicht hat. Helmut Kohl, der ewige Kanzler, hat dieses Faktum über viele Wahlen hinweg nachhaltig bewiesen. Keines der drei Kriterien für Machtkompetenz aber stand im Jahr 2002 nach fast vier Jahren Kanzlerschaft negativ gegen Gerhard Schröder oder mich. Das Gegenteil war vielmehr der Fall.

Zudem war es für einen Altbayern fast unmöglich, Bundeskanzler zu werden. Franz Josef Strauß hatte dieses Ziel nicht erreicht, und auch für Edmund Stoiber würde jenes ungeschriebene Gesetz der bundesrepublikanischen Verfassung – niemals ein Altbayer im Kanzleramt (gilt nicht für Franken und Schwaben) – zutreffen. Dafür gab und gibt es meines Erachtens gewichtige historische Ursachen, welche die Besonderheit des Freistaates Bayern begründen. Bayern hält sich viel darauf zugute, anders zu sein als die übrigen deutschen Bundesländer, und in der Tat trifft dies zu. Die Bayern verfügen nicht nur über die älteste kontinuierliche Tradition von Staatlichkeit unter den deutschen Stämmen, Bayern ist, was heutzutage gerne übergangen wird, in seiner modernen Form als Staat und in seiner inneren Verfasstheit ein Produkt Napoleons und der napoleonischen politischen Kultur. Damit steht der Freistaat ziemlich einzigartig in Deutschland da.

Die zentralistischen Reformen der Justiz und des Staates durch den Grafen Montgelas zu Beginn des 19. Jahrhunderts haben in Bayern faktisch einen Zentralstaat nach französischem Vorbild und – wichtiger noch für die Gegenwart – eine zentralstaatliche Tradition entstehen lassen, die das Land im Positiven (Qualität der bayerischen Verwaltung) wie im Negativen (Mangel an protestantischer Ethik, um es diplomatisch zu formulieren) bis heute tief greifend von der föderalen Tradition im übrigen Deutschland unterscheidet.

Nirgendwo ist dieser Gegensatz deutlicher zu erkennen als zwischen den beiden deutschen Südstaaten Bayern und Baden-Württemberg. Auf den ersten Blick sind sie sich sehr ähnlich. Beide Länder werden beispielsweise seit Jahrzehnten konservativ regiert. Bei näherem Hinsehen stellt man aber fest, dass die politischen Kulturen dieser beiden Länder geradezu gegensätzlich sind. Die Baden-Württemberger sind Föderalisten durch und durch, die Bayern hingegen Zentralisten. Insofern muss man Bayern eher dem romanisch-mediterranen Kulturraum zuschlagen, der nach wie vor in Regensburg endet (auch wenn der Freistaat noch sehr viel weiter nach Norden reicht). Mir scheint dieser historisch gewachsene Unterschied in der politischen Kultur einer der wesentlichen Gründe zu sein, warum ein bayerischer Ministerpräsident kaum eine ernsthafte Chance hat, Bundeskanzler zu werden, denn was ihn in Bayern stark macht, schwächt ihn umso mehr nördlich des Mains. Und Edmund Stoiber war ein Bayer durch und durch, zumindest wurde er nicht nur in Bayern, sondern überall in Deutschland so wahrgenommen.

Vier Prozent in den Umfragen, eine hochnervöse Partei und Fraktion, die um den Wiedereinzug der Grünen in das Parlament bangten, und dazu noch ein Kanzler, der sich ganz offensichtlich von Rot-Grün abzuseilen begann – die Lage in diesem Spätwinter 2001/2002 war für uns Grüne wirklich wenig ersprießlich. Vor allem die Fraktion machte mir Sorgen, und dabei ging es nicht nur um das Schicksal der einzelnen Abgeordneten, deren Lebensplanung in einem sehr existenziellen Sinne gefährdet schien, sondern dies galt mehr noch für die Ängste der zahlreichen Mitarbeiterinnen und Mitarbeiter der Fraktion und der Abgeordnetenbüros. Sie bangten um ihren Arbeitsplatz und damit ihre persönliche Zukunft. Gerade im Wahlkampf würde aber die Fachkompetenz und das persönliche Engagement der Mitarbeiterinnen und Mitarbeiter der Fraktion unverzichtbar sein. Eine meiner wichtigsten Aufgaben war es daher zu Beginn des Wahljahres, intern wieder Mut und Zuversicht zu verbreiten, und dabei half mir meine in vielen Schlachten der Vergangenheit nachgewiesene Erfolgsgeschichte als Wahlkämpfer.

Zu allem Überfluss begann in dieser Zeit Gerhard Schröder noch eine Debatte um die zukünftige Anbindung der Europapolitik, die von Beginn an beim Auswärtigen Amt angesiedelt war und eine der zentralen Funktionen des Bundesaußenministers ausmachte. Der Bundeskanzler wollte die Europapolitik zukünftig einem eigenen Europaminister übertragen, der als Juniorminister beim Kanzleramt angesiedelt werden sollte. Des Kanzlers Argument lautete, dass Europapolitik in nahezu allen Fragen immer mehr zur Innenpolitik geworden sei, vorneweg in allen Angelegenheiten der Wirtschaft, und deshalb gehöre sie ins Kanzleramt.

In der Öffentlichkeit wurde dies unter der Überschrift »Koch gegen Kellner« (DER SPIEGEL) nicht nur zu Recht als ein bewusster Affront gegen mich verstanden, sondern darüber hinaus auch als eine Absetzbewegung des Kanzlers von Rot-Grün. Aufgrund der schlechten Umfragen für die Grünen, so die öffentlichen Kommentare, mache sich Gerhard Schröder auf zu neuen Ufern, und das hieß Richtung FDP. Die Debatte in der Sache war schnell beendet, weil es erstens vor den Wahlen nichts mehr zu entscheiden gab und ich mich zweitens öffentlich eindeutig festlegte, dass ich einem zukünftigen rot-grünen Kabinett ohne die bisherige Zuständigkeit für Europa nicht mehr angehören würde. Damit aber war klar, dass sich im (damals für sehr unwahrscheinlich gehaltenen) Falle einer erneuten Mehrheit von Rot-Grün nichts ändern würde.

Weitaus schwerer wog die anhaltende Verschlechterung im Meinungsklima für Rot-Grün (und das hieß ausschließlich für uns Grüne), den dieser Vorstoß des Bundeskanzlers nach sich zog, denn die rot-grüne Koalition galt nunmehr als Auslaufmodell, quasi offiziell bestätigt von allerhöchster Stelle. Wären unsere Umfragewerte besser, so wäre Schröders Vorstoß zwar ärgerlich, ansonsten aber kaum von großer Bedeutung gewesen. Wir Grüne wurden aber damals von den Meinungsforschern – wie gesagt – bei vier Prozent gesehen, und damit wäre am Wahltag die Mehrheit für den Kanzler weg und die Grünen nicht mehr im Bundestag vertreten gewesen. So wurde Schröders Vorstoß bereits als ein Nachruf auf die rot-grüne Koalition angesehen.

Ich teilte damals Gerhard Schröder meine Einschätzung der Lage intern und in offenen Worten mit: Er wäre nun mal der Kanzler von Rot-Grün, ob er diese Tatsache mögen würde oder nicht. Ohne Rot-Grün würde auch er nicht mehr Kanzler sein, und die kommenden Bundestagswahlen wären für uns mitnichten verloren, sondern könnten noch gewonnen werden. Er teilte meine Meinung nicht und schaute mich an, als ob er mir sagen wollte, dass ich ruhig weiterträumen solle, er, der Bundeskanzler, sich dies jedoch nicht erlauben könne. Er wolle Kanzler bleiben, was ich nur zu gut verstand, denn ich wollte ebenso Außenminister und Vizekanzler bleiben. Der wesentliche Unterschied bestand jedoch darin, dass die SPD mit der FDP und der CDU/CSU über zwei weitere Optionen verfügte, um Regierungspartei zu bleiben, wohingegen uns Grünen, jenseits der gegenwärtigen Koalition mit den Sozialdemokraten, nur die Opposition blieb.

In zahlreichen Interviews immer wieder auf Schröders Flirt mit Guido Westerwelle und der FDP angesprochen, knurrte ich nur, dass der Handel mit Optionen sehr riskant wäre, und zwar nicht nur an der Börse, sondern auch in der Politik. In Wirklichkeit war ich über die Entwicklung ziemlich besorgt, ließ mir aber weder nach innen noch gegenüber der Öffentlichkeit irgendetwas anmerken, denn das hätte die Nervosität in der Partei und den negativen Trend gegen Rot-Grün nur noch verstärkt. Im Lichte der späteren Erfahrung hat sich meine damalige Einschätzung als völlig zutreffend erwiesen, denn wir sollten sowohl die Bundestagswahl 2002 gewinnen als auch Gerhard Schröder mit dem Ende von Rot-Grün 2005 das Kanzleramt verlieren.

Am 17. Februar, einem Sonntag, wollte ich zum ersten Mal Kabul besuchen. Wir waren mit dem Airbus der Bundesregierung bis Taschkent geflogen und hatten dort übernachtet. Am nächsten Morgen mussten wir jedoch unverrichteter Dinge nach Deutschland zurückkehren, da es in Kabul stark schneite. Diesen Besuch konnte ich erst am 26. November nachholen. Ausgangspunkt war erneut Taschkent. Es war noch dunkel, als wir mit einer betagten Transall der Bundeswehr weiter nach Kabul flogen und über dem Hindukusch einen zauberhaften Sonnenaufgang erlebten, der die Bergwelt Afghanistans in ein unwirkliches Licht tauchte. Nach einem steil angesetzten Landeanflug auf den Flughafen von Kabul, um einen möglichen Beschuss vom Boden aus zu erschweren, war der Tag angefüllt mit Besuchen bei Präsident Karsai, bei der Bundeswehr und in unserer Botschaft. Überall behandelten die politischen Gespräche vor allem die Details der Umsetzung des Bonner Abkommens und die bisher erreichten Fortschritte bzw. Schwierigkeiten, die Sicherheitslage und die Fortschritte beim Wiederaufbau. Am späten Nachmittag ging es dann via Taschkent zurück nach Berlin, wo wir wegen der mehrstündigen Zeitverschiebung nach einem sehr langen Tag gegen Mitternacht landeten.

In den USA wurden währenddessen von der Regierung Bush weiter munter die Kriegstrommeln gegen Saddam Hussein gerührt. Auf der regelmäßig zu Jahresbeginn stattfindenden Münchner Sicherheitskonferenz summte und brummte es nur so über den kommenden Waffengang der USA mit dem Irak, und auch auf dem informellen Treffen der EU-Außenminister im spanischen Cáceres waren nahezu alle Kolleginnen und Kollegen über die Kriegsvorbereitungen der USA tief besorgt. Bei weiteren Besuchen in Washington hörte ich von ehemaligen Mitgliedern der Regierung Clinton und von amerikanischen Journalisten, dass George W. Bush die Entscheidung getroffen hätte, den Irak militärisch anzugreifen und bei den nächsten

Präsidentschaftswahlen als »Kriegspräsident« zur Wiederwahl anzutreten.

Der Weg in den Irak-Krieg wurde im Frühjahr 2002 allerdings durch einen anderen Krieg im Nahen Osten überschattet, nämlich durch den Krieg zwischen Israel und den Palästinensern, der schließlich zu einer Wiederbesetzung des Westjordanlandes durch die israelische Armee führte. Am 13. Februar flog ich nach einem Auftritt beim grünen Aschermittwoch in Biberach vom Luftwaffenstützpunkt Memmingen aus zu Gesprächen mit dem ägyptischen Präsidenten und seinem Außenminister über Kairo nach Sharm el-Sheikh und dann weiter nach Israel.

Die Lage im Land war angesichts einer nicht abreißenden Terroroffensive gegen die israelische Zivilbevölkerung auf das Höchste angespannt. Die Gespräche in Israel und mit den Palästinensern machten uns schnell klar, dass alle Signale auf militärische Konfrontation gestellt waren. Zwar gab es, wie üblich, wieder viele hehre Worte, aber das Verhalten der Konfliktparteien zeigte eindeutig in Richtung Krieg. Meine israelischen Gesprächspartner machten deutlich, dass es so nicht weitergehen könnte, dass Israel diesen Krieg in seinen Städten nicht weiter würde akzeptieren können, sondern beabsichtige, diesen in die palästinensischen Territorien zu verlagern. Dies würde auf eine Wiederbesetzung der nach dem Oslo-Friedensprozess von der israelischen Armee geräumten palästinensischen Gebiete hinauslaufen, und damit wäre die Friedensinitiative von Oslo endgültig gescheitert.

Nur die USA wären damals noch in der Lage gewesen, durch ihr energisches Eingreifen diese absehbare Tragödie zu verhindern, aber Präsident Bush hatte andere Prioritäten in der Region und ließ deshalb für den israelisch-palästinensischen Konflikt nur eine Diplomatie mit blockierten Bremsen zu. Ganz offensichtlich hatte die Regierung in Washington die Rolle der USA in der Region nach dem 11. September neu definiert: weg von der Doppelrolle einerseits des engen Verbündeten Israels, der aber andererseits auch die entscheidende Vermittlerrolle im israelisch-arabischen und israelisch-palästinensischen Konflikt spielte (was im wohlverstandenen Eigeninteresse Israels war und ist), hin zum Verzicht auf diese Vermittlerrolle der USA.

Israel wurde in Washington nunmehr fast ausschließlich als der Schlüsselpartner in der Region im »Krieg gegen den Terror« (und das hieß: Saddam Hussein) angesehen, und man konnte sich daher des Eindrucks nicht erwehren, dass amerikanische Friedens- und Vermittlungsinitiativen zwischen den Konfliktparteien nur noch der Beruhigung der arabischen und europäischen Verbündeten der USA und der Weltöffentlichkeit dienten.

In politischen Konflikten, erst recht, wenn sie zwischen Staaten und Völkern ausgetragen werden, gilt das Gesetz, nach dem ein machtpolitisches Vakuum niemals von Dauer ist und andere Akteure, die es auszufüllen versuchen, auf den Plan ruft. Diesmal war es der saudische Kronprinz (und heutige König) Abdullah, der in jener Zeit für Saudi-Arabien die politischen Geschäfte führte, weil König Fahd aufgrund einer schweren Krankheit dazu nicht mehr in der Lage war. Am 17. Februar veröffentlichte Thomas Friedman in der New York Times einen Artikel, in dem er ein Gespräch mit dem saudischen Kronprinzen wiedergab, dessen Inhalt einer Sensation gleichkam. Der saudische Kronprinz bot Israel die volle diplomatische Anerkennung durch die Mitglieder der Arabischen Liga an, wenn es sich zuvor auf die Grenzen vom 4. Juni 1967 zurückzöge und so die Gründung eines palästinensischen Staates im Westjordanland und im Gazastreifen mit der Hauptstadt Ost-Jerusalem ermöglichen würde.

Diese Idee selbst war zwar alles andere als neu und lag auch seit vielen Jahren, ja Jahrzehnten der Formel »Frieden gegen Land« zugrunde, aber noch niemals zuvor war dies die saudische Position gewesen. Saudi-Arabien hatte sich im Nahostkonflikt immer klar auf der kompromisslosen Seite positioniert, und dabei ging es keineswegs um die Interessen der Palästinenser, sondern zuerst und vor allem um die saudische Innenpolitik und die Stellung des saudischen Königs in der arabisch-islamischen Welt. Das Regime in Saudi-Arabien gründet auf dem Bündnis der Königsfamilie der Al-Saud mit dem wahhabitischen Klerus des Landes, einer fundamentalistischen Form des sunnitischen Islam. Das Königshaus verfügt jenseits seiner riesigen Öleinnahmen weder über eine starke, in Krisen belastbare machtpolitische Grundlage noch über eine ausreichende Legitimation jenseits des Bündnisses mit den Wahhabiten. Für die Legitimation der saudischen Herrscherfamilie ist daher – sowohl innenpolitisch als auch in der arabischen und muslimischen Welt – ihre Rolle als »Hüter der beiden heiligen Stätten« des Islam – Mekka und Medina – von zentraler legitimatorischer Bedeutung. Daher rührte auch die kompromisslose Haltung des Königreichs im israelisch-palästinensischen Konflikt, denn in diesem Konflikt ging es mittelbar auch um die Legitimation der saudischen Monarchie.

Dies gilt umso mehr, da der Gründer Saudi-Arabiens, Abd al-Asis Ibn Saud, die aus dem Familienverband des Propheten abstammenden Haschemiten, die heute noch in Jordanien regieren, mit militärischer Gewalt aus dem Hedschas und damit auch aus Mekka und Medina vertrieben hatte. Bei den Al-Saud handelte es sich also um Usurpatoren, die ihre Befähigung als »Hüter der heiligen Stätten« des Islam bis heute ganz besonders nachweisen müssen, da ihnen die uralte Legitimation fehlt, dem Stamme des Propheten anzugehören. Umso sensationeller waren daher die Vorschläge des saudischen Kronprinzen, die Friedmans Artikel zu entnehmen waren.

Der saudische Vorschlag wurde dann auf dem Gipfel der Arabischen Liga am 27. und 28. März in Beirut zur offiziellen Position der Arabischen Liga. Dieser Beschluss war eigentlich ein großer Schritt nach vorne in Richtung einer Zwei-Staaten-Lösung, der zu anderen Zeiten und unter anderen Umständen nachgerade euphorische Hoffnungen ausgelöst hätte. Aber im Frühjahr 2002 ging er in der nur einen Tag später beginnenden israelischen Militäroffensive gegen die wichtigsten Städte des palästinensischen Westjordanlandes nahezu völlig unter.

Nach einer Welle von Terroranschlägen, die am Ende weit über einhundert israelische Zivilisten das Leben gekostet hatte (Hunderte waren zum Teil schwer verletzt worden) und die das öffentliche Leben und auch den wirtschaftlich wichtigen Tourismus in Israel zum Erliegen zu bringen drohten, entschied sich die israelische Regierung zur militärischen Wiederbesetzung des Westjordanlandes. Ich wusste seit meinem Besuch im Februar, dass damit zu rechnen war. Das Land war nicht wiederzuerkennen. In Jerusalem waren die Straßen und öffentlichen Plätze bereits am frühen Abend wie leer gefegt, Eltern ließen Kinder und

Jugendliche wegen der Terrorgefahr nicht mehr aus dem Haus, und auch die Hotels waren verwaist. Ich erinnere mich nur zu gut an das King David Hotel in Jerusalem, in dem wir damals fast die einzigen Gäste waren, an jenen Abend auf der leeren Hotelterrasse, von der aus man einen wunderschönen Blick auf die Altstadt hat. Ich saß damals, als die Nacht hereinzubrechen begann, noch mit einigen Journalisten und Mitarbeitern zusammen, um unsere Eindrücke zu sortieren und die Lage zu analysieren, während die Stille der Dämmerung immer wieder vom südlichen Stadtrand her, aus der Richtung Bethlehems, durch die dumpfen Explosionen von Mörsergranaten und das Rattern von Maschinengewehrfeuer unterbrochen wurde. Die Szene war gespenstisch.

Der letztendliche Auslöser für die erneute militärische Besetzung des Westjordanlandes durch die israelische Armee war ein Terroranschlag auf ein Hotel in Netanja, in dem ein Selbstmordattentäter der Hamas unter einer Gesellschaft, die das Passahfest feierte, ein grauenhaftes Gemetzel anrichtete. Am 29. März begann die Operation »Defensive Shield« (»Verteidigungsschild«) mit dem Angriff israelischer Bodentruppen und Panzer auf die wichtigsten Städte des Westjordanlandes, mit Ausnahme von Hebron und Jericho.

Ramallah war der Sitz der Palästinensischen Autonomiebehörde (PA), und Jassir Arafat hielt sich dort in seinem Amtssitz, der sogenannten »Mukata«, auf, da ihm die israelische Regierung bereits seit Längerem jede Reiseaktivität verweigert hatte. Der palästinensische Präsident wurde durch israelische Truppen in seinem Amtssitz eingeschlossen und von der Außenwelt isoliert. Verkompliziert wurde die Lage noch durch die Tatsache, dass einige der Verdächtigen, die angeblich für den Mord an Minister Zeevi verantwortlich waren, im Amtssitz Arafats vor den israelischen Sicherheitskräften Zuflucht suchten. Arafat konnte sie unmöglich ausliefern, ohne einen nicht wiedergutzumachenden Gesichtsverlust zu riskieren. Am Ende gelang ein Kompromiss unter Einschaltung der USA und der EU. Die Verdächtigen wurden in ein Gefängnis in Jericho überstellt, das von amerikanischen und britischen Sicherheitskräften überwacht wurde.

In Bethlehem flüchteten zahlreiche palästinensische Kämpfer

in die Geburtskirche und verschanzten sich dort wochenlang, bevor internationalen Vermittlern eine Beendigung der Belagerung gelang. Die schwersten Kämpfe aber fanden im Norden des Westjordanlandes, in Dschenin, statt, wo tagelang für beide Seiten verlustreiche Kämpfe um das dortige Flüchtlingslager, eine Hochburg der Radikalen, ausgefochten wurden.

Angesichts des Krieges zwischen Israel und den Palästinensern sah sich nun auch Präsident Bush zum Handeln gezwungen und entsandte seinen Außenminister Colin Powell in die Region. Aber auch diese Mission, die einer Politik der kleinen Schritte folgte, scheiterte, weil den Konfliktparteien klar war, dass der amerikanische Präsident nicht wirklich hinter den Bemühungen seines Außenministers stand. Schlimmer noch, ganz offensichtlich hatte man im Weißen Haus mit Powells Reise die Absicht verbunden zu beweisen, dass sich die bisherige Methode der von den USA vermittelten Zusammenarbeit der Konfliktparteien überholt hätte und man deswegen der Regierung Scharon jetzt freie Hand im Kampf gegen den palästinensischen Terrorismus lassen müsse. Diese diplomatische Initiative der USA war also lediglich dazu gedacht, den Wechsel in der amerikanischen Nahost-Strategie vor der internationalen Öffentlichkeit zu legitimieren, und dazu hatte man den Außenminister, seinen international hervorragenden Ruf und seine Glaubwürdigkeit benutzt. Colin Powell war wirklich nicht zu beneiden.

Über Ostern verbrachte ich einige wenige Urlaubstage in Mecklenburg. Der Nahe Osten ließ mich aber auch dort nicht los. Nicht nur, dass mich der dortige Konflikt am Telefon festhielt – am Ostersonntag allein waren dies sieben Gespräche, das letzte fand kurz vor Mitternacht mit Präsident Arafat statt –, ich beschäftigte mich auch gedanklich fortwährend mit der Lage. Ich konnte einfach nicht abschalten.

An einem wunderschönen Frühlingstag joggte ich eine Stunde um einen der stillen mecklenburgischen Seen und analysierte für mich noch einmal die Situation im Nahen Osten. Der Friedensprozess war tot, erledigt, und stattdessen gab es jetzt wieder Krieg zwischen Israel und den Palästinensern. Alle Versuche – Mitchell-Empfehlungen, Tenet-Plan, saudische Friedensinitiative –, diesen Prozess am Leben zu erhalten oder zu reanimieren, waren ebenfalls gescheitert. Keine Friedensrhetorik konnte über diese deprimierenden Fakten hinwegtäuschen. Die Dinge einfach ins Chaos hineinlaufen zu lassen, war ebenfalls keine Option, da viel zu gefährlich für die gesamte Region. Hinzu kam, dass Präsident Bush ganz offensichtlich über keinerlei Interesse verfügte, sich ernsthaft – und d.h. mit der ganzen Macht der USA und auch seinem persönlichen Prestige als Präsident – für einen Neustart des Friedensprozesses im Nahen Osten einzusetzen. Damit fiel aber die einzige politische Kraft aus, welche die Konfliktparteien in eine positive Richtung hätte bewegen können. Die EU konnte das entstandene Vakuum nicht ausfüllen, denn sie war machtpolitisch zu schwach und in der Sache viel zu gespalten, um die verwaiste Rolle der USA übernehmen zu können. Was also blieb an Alternativen?

Jenseits der unmittelbaren Anstrengungen zur Eindämmung der Krise und ihrer schlimmen humanitären Folgen ging es vor allem um drei Punkte:

Erstens musste gerade angesichts des aktuellen Kriegs zwischen den Konfliktparteien unter allen Umständen die Option auf eine Verhandlungslösung auf der Grundlage zweier Staaten – Israel und Palästina – aufrechterhalten werden. Zweitens konnte man den Konflikt nicht den beiden Parteien überlassen, denn dies würde angesichts der handelnden Akteure in Ramallah und Jerusalem bestenfalls auf einen Stillstand und schlimmstenfalls auf eine weitere Eskalation hinauslaufen. Der schlimmste Fall würde dabei der realistischere sein. Es bedurfte daher einer internationalen »dritten Partei«, die zumindest den heißen Konflikt abkühlen und eindämmen konnte. Und drittens erforderten die beiden vorangegangenen Punkte eine gemeinsame Plattform, die einerseits eine Perspektive für einen Friedensprozess auf der Grundlage zweier Staaten formulierte und andererseits die gemeinsame Position der »dritten Partei« darstellte.

Selbstverständlich wäre es am besten gewesen, wenn die USA angesichts des aktuellen Desasters im israelisch-palästinensischen Konflikt, bei dem erneut viele unschuldige Menschen Leben, Gesundheit und Eigentum verloren, die fallen gelassenen Fäden aus den Jahren 2000 und 2001 (Camp David/Clinton-Parameter und die Verhandlungen von Taba) wieder aufnehmen würden, aber diese Hoffnung grenzte unter George W. Bush an schiere Utopie. Andererseits würde man kaum noch einen inhaltlichen Punkt finden in diesem jahrzehntealten Konflikt, der nicht bereits zehn-, ja hundertmal durchdiskutiert worden war und zu dem nicht bereits ausformulierte Kompromissvorschläge in den Schubladen der Unterhändler beider Seiten bereitliegen würden. Es musste daher nichts Neues erfunden werden, sondern aus dem vorhandenen Material ein entsprechender Fahrplan (die sogenannte Road Map) zusammengestellt werden, der den aktuellen Notwendigkeiten gerecht wurde.

Nachdem ich wieder im Hotel angekommen war und geduscht hatte, informierte ich unverzüglich meinen Büroleiter Martin Kobler, ein früherer deutscher Geschäftsträger in Jericho, der seitdem nicht nur Arabisch sprach, sondern auch ein intimer Kenner des Konflikts war und über sehr gute persönliche Kontakte zu beiden Seiten verfügte. Wir hatten am Telefon eine erste Diskussion über meine Überlegungen, später brachte ich sie dann zu Papier. Mein Ausgangsentwurf verfügte über vier Punkte: Trennung, Ausrufung des Staates Palästina, Verpflichtungen beider Parteien und internationale Garantien. Nach mehreren Diskussionen mit den Experten im Amt entstand am Ende ein Fahrplan in sieben Punkten hin zu einer Zwei-Staaten-Lösung – Verhandlungen über einen umfassenden Frieden und Endstatusverhandlungen, regionale Sicherheit und Unterstützung durch eine Sicherheitsratsresolution kamen noch hinzu.

Unser Ansatz war allerdings das genaue Gegenteil der amerikanischen Politik der kleinen Schritte, die niemals funktionieren würde, davon war ich fest überzeugt. Denn anders als die Bush-Regierung sahen wir im Nahostkonflikt an erster Stelle kein Sicherheitsproblem, sondern im Kern einen Konflikt um die Aufteilung des Landes, das von beiden Völkern beansprucht wurde. Nur wenn diese Frage angegangen würde, konnte es auch begründete Hoffnungen auf eine Reduzierung von Terror und Gewalt geben, denn erst dann würden sich beide Seiten an vereinbarte Sicherheitsmechanismen halten.

Wir konsultierten zu unserem Papier die USA, die EU und die wichtigsten Akteure in der Region, und da es jenseits der sich vor unseren Augen abspielenden Tragödie in Israel und Palästina nur ein politisches Vakuum gab, war die Aufnahme unseres Papiers in den Hauptstädten unserer Partner überraschend positiv, sodass wir guten Gewissens unsere Ideenskizze veröffentlichen konnten. Unser »Nahost-Plan« spielte auch in der Bundestagsdebatte vom 25. April 2002 eine Rolle. Ich erläuterte in der Debatte seine wesentlichen Elemente:

»Wir brauchen einen *Wegeplan*, das heißt, die einzelnen Schritte des Friedensprozesses müssen vereinbart sein. Das allein führt aber zu gar nichts. Dann steht man noch immer – diese Erfahrungen haben wir mit den hervorragenden Vorschlägen des ehemaligen Senators Mitchell und seiner Kommission gemacht – vor verschlossenen Türen und kommt nicht voran, obwohl alle behaupten, sie seien dafür. Denn es würde dann – zweitens – noch immer ein *verbindlicher Zeitplan* für beide Konfliktparteien fehlen. Aber selbst ein solcher Zeitplan – ich verweise nur auf Oslo, wo ein verbindlicher Zeitplan vereinbart wurde – führt allein zu nichts. Ich will Ihnen auch sagen, warum. [...]

Wenn Sie im Nahen Osten eine Vereinbarung treffen, die ›Guten Tag‹ heißt, dann interpretiert die eine Seite das als ›Guten Morgen‹ und die andere Seite als ›Gute Nacht‹. Das ist die Realität. Das bedeutet: Wenn Sie den Konfliktparteien die Umsetzung überlassen, dann werden Ihnen Wegeplan und Zeitmechanismus allein nichts nützen. Deswegen brauchen Sie die *Einbeziehung* einer starken dritten Partei. Sie ist sozusagen die Umsetzungsgarantie. [...] Diese Elemente liegen unserer Ideenskizze zugrunde. [...] Entscheidend ist, dass wir jetzt auf der Grundlage der Realität im Nahen Osten handeln. Wir müssen uns der Frage der Trennung stellen. Diese Debatte beginnt in Israel. Diese Trennung nicht zu nutzen, sondern politisch folgenlos zu lassen, sie nicht als Beginn eines Friedensprozesses zu begreifen, hieße, eine riesengroße Chance zu verspielen.

Allerdings darf diese Trennung, die kommen wird, nicht dazu führen, dass man versucht, die Palästinenser abzuriegeln. Das würde auf Dauer nicht funktionieren, sondern nur zu einer weiteren Eskalation mit enormen Sicherheitsrisiken für Israel führen. Vielmehr muss – und das sieht unser Ideenpapier vor – dieser Trennungsprozess den Beginn eines politischen Prozesses einleiten, in dessen Zuge nicht völkerrechtliche Annexionen betrieben werden und nicht ein dauerhafter Status festgeschrieben wird, wohl aber Sicherheit und Entzerrung der Konfliktparteien entstehen.

Der zweite Schritt in diesem Zusammenhang ist mit der palästinensisch-arabischen Seite zu diskutieren. Es geht um die Idee unserer französischen Freunde, die auch vom israelischen Außenminister Peres und vom palästinensischen Verhandlungsführer, dem Parlamentspräsidenten Abu Ala, formuliert wurde, die Ausrufung eines palästinensischen Staates auf vorläufiger Grundlage, das heißt ohne eine abschließende Entscheidung über den *Endstatus*, schnell vorzunehmen. [...] Die Palästinenser fürchten, dass dieser Zwischenstatus quasi zu einem Endstatus wird. Das wollen sie nicht. [...] Diese Position ist durchaus ernst zu nehmen.

Dennoch meine ich, dass die französische Idee und der Peres-Abu-Ala-Plan an diesem Punkt einen großen Vorteil bieten. Denn ein Mangel der Osloer Verhandlungen war doch, [...] dass der demokratische Staatsaufbau, das heißt das Schaffen demokratischer Institutionen, in den palästinensischen Gebieten nicht in dem Maße Priorität hatte, wie das der Fall sein muss. Diese beiden Staaten werden immer aufs Engste miteinander verbunden sein. Ich kann mir nicht vorstellen, dass Frieden funktionieren kann, wenn in Israel [...] eine Demokratie besteht und zehn bis 15 Kilometer außerhalb von Jerusalem ein autoritäres Regime herrscht. Das wird nicht zusammenpassen. Deswegen ist die Frage des Aufbaus eines demokratischen Staates von zentraler Bedeutung.«

Am 24. Juni hielt Präsident Bush dann im Rosengarten des Weißen Hauses eine Rede zur Lage im Nahostkonflikt, in der er die palästinensische Führung für den Terror verantwortlich machte und faktisch jegliche Zusammenarbeit mit Arafat aufkündigte. Die USA wollten eine andere palästinensische Führung, das war jetzt in Washington zur offiziellen Politik geworden. Regime Change also auch in Palästina! Wir mussten uns jetzt sehr schnell etwas einfallen lassen, wenn wir nicht bei Scharons Position »Israel hat keinen palästinensischen Partner« landen wollten. Denn diese Position lief auf nichts anderes hinaus als auf Stillstand oder einseitiges, unilaterales Handeln und würde deshalb nicht nur die Lage eskalieren, sondern in der Zukunft jeden Verhandlungsfrieden zusätzlich massiv erschweren.

Jassir Arafat war der gewählte Präsident der Palästinenser im Land und Vorsitzender der PLO, welche für alle Palästinenser innerhalb und außerhalb Palästinas sprach, und Präsident Bush mochte daher erklären, was er wollte, aber weder würden die Palästinenser einen anderen Präsidenten wählen, noch würde Arafat jemals zurücktreten. Also blieb, so unsere Überlegung, nichts anderes als die Teilung der Macht zwischen einem mehr repräsentativen Präsidenten und einem die tatsächlichen Regierungsgeschäfte und die Verhandlungen mit Israel und den internationalen Partnern führenden palästinensischen Ministerpräsidenten, der nur einen Nachteil hatte, nämlich dass es dieses Amt noch gar nicht gab. Und Arafat von seiner teilweisen Entmachtung zu überzeugen, dürfte in der Tat sehr schwer werden. Dennoch schien dies die einzige Möglichkeit zu sein, um dem sich abzeichnenden Dilemma zwischen Stillstand und Gewalt im israelisch-palästinensischen Konflikt zu entkommen.

Javier Solana, der faktische Außenminister der EU (mit einem für den Alltagsgebrauch viel zu langen und komplizierten offiziellen Titel: *»Hoher Repräsentant für die gemeinsame Außen- und Sicherheitspolitik«* und *»Generalsekretär des Rats der Europäischen Union«*), und der Nahost-Sonderbeauftragte der EU, Miguel Moratinos, unterstützt durch Jordanien und Ägypten und durch massiven amerikanischen Druck, rangen in zähen Verhandlungen Jassir Arafat schließlich seine Zustimmung zur Einrichtung des Amtes eines palästinensischen Ministerpräsidenten ab. Mahmud Abbas (Abu Mazen) wurde am 19. März 2003 von Präsident Arafat zum Ministerpräsidenten ernannt, die damit verbundenen Hoffnungen auf einen palästinensischen Neuanfang gingen dadurch aber nicht in Erfüllung.

Zugleich skizzierte Präsident Bush in seiner Rede den Weg hin zu einem palästinensischen Staat, der von unseren eigenen Überlegungen gar nicht weit entfernt war. Er wollte die Endstatusverhandlungen zwischen den Konfliktparteien innerhalb von drei Jahren erreichen und abschließen, und ein entscheidender Zwischenschritt sollte die Bildung eines provisorischen palästinensischen Staates sein. Das war eine unverhofft auftauchende Chance, die es zu nutzen galt! Wir – Martin Kobler, Dr. Wolfgang Vorwerk, der Referatsleiter Naher Osten im AA, und ich – machten uns unverzüglich an die Arbeit, die Bush-Rede in Gestalt eines Aktionsplans zu operationalisieren, zumal wir mit dem »Nahost-Plan« vom April bereits entscheidende Vorarbeiten geleistet hatten, die wir jetzt verwenden konnten. Die Hauptarbeit der Formulierung des Papiers lag bei Dr. Vorwerk, der unser Papier dann am 9. Juli in die für den Nahostkonflikt zuständige Ratsarbeitsgruppe COMEP der EU einbrachte, wodurch es auch der dänischen Präsidentschaft zur Kenntnis gebracht wurde:

»In einem Drei-Stufen-Prozess zur Schaffung eines palästinensischen Staates sollten folgende institutionellen und konstitutionellen Phasen aufeinanderfolgen: eine unmittelbare Notfallphase, in der Präsident Arafat einen Premierminister zur Vorbereitung von Wahlen ernennt; eine Übergangsphase; und schließlich Phase III mit der Proklamierung eines palästinensischen Staates, zunächst auf vorläufiger, später auf endgültiger Grundlage, gleichzeitig mit einer neuen Verfassung. Ziel: Zwei Staaten, ein Frieden, auf der Grundlage internationalen Rechts, wie im Sieben-Punkte-Plan vom April 2002 ins Auge gefasst«, heißt es in der »Zusammenfassung« des Inhalts auf der ersten Seite des in die Ratsarbeitsgruppe eingebrachten »Non-Papers«. Die Financial Times Deutschland berichtete am nächsten Tag unter der Überschrift »Fischer legt Friedensplan für Nahost vor« über unsere Initiative.

Den entscheidenden Beitrag zum Zustandekommen der offiziellen Road Map leistete aber die dänische EU-Präsidentschaft unter Außenminister Per Stig Møller. Ohne deren Entwurf einer »EU-Roadmap«, den die dänische Präsidentschaft auf dem informellen Außenministertreffen in Helsingör am 30. und 31. August zum ersten Mal den Ministern zur Diskussion vorgelegt hatte und der dort breite Zustimmung fand, und ohne die Initiative des dänischen Außenministers in Richtung USA mit Zustimmung der europäischen Außenminister – ich selbst war persönlich sehr skeptisch, dass die amerikanische Seite zu überzeugen sein würde – hätte die spätere »Nahost-Roadmap«

niemals das Licht der Welt erblickt und wäre nicht zur offiziellen Position des Nahost-Quartetts geworden. Selbstverständlich gab es in diesem Prozess noch erhebliche Änderungen, vor allem von der amerikanischen Seite, aber am Ende stand die Roadmap und wurde schließlich sogar durch den Sicherheitsrat der Vereinten Nationen in seiner Resolution 1515 im Herbst 2003 ausdrücklich unterstützt. Die wichtigsten Änderungen gegenüber dem ursprünglichen Entwurf bestanden in einer genaueren Ausbuchstabierung der unterschiedlichen Phasen und in der Abhängigkeit des Übergangs zur jeweils nächsten Phase vom Verhalten der Konfliktparteien.

Die Reaktion von Israelis und Palästinensern auf die Roadmap war, gelinde gesagt, äußerst zurückhaltend. Sie stimmten zwar zähneknirschend zu, hatten aber im Detail jede Menge Vorbehalte anzumelden, die ihre Zustimmung massiv relativierte. Und auch die Haltung der USA zum Nahostkonflikt blieb in Wirklichkeit unverändert. Die US-Regierung hatte zwar entscheidend zum Gelingen der Roadmap beigetragen, dachte aber nicht im Geringsten daran, sich ernsthaft für ihre Umsetzung einzusetzen. Die Roadmap war für Bush leider nur eine weitere Scheininitiative zur Beruhigung der internationalen Öffentlichkeit.

Angesichts des praktischen Desinteresses der beiden Konfliktparteien und vor allem der USA an der Umsetzung der Roadmap erwies sich der darin enthaltene Zeitplan sehr schnell als hinfällig. Dennoch bewährte sich der Plan in seinen beiden wichtigsten taktischen Zielen, nämlich den Friedensprozess als internationale Verpflichtung mit Zustimmung beider Seiten festzuschreiben und das Überleben des Nahost-Quartetts und damit die Einheit der wichtigsten internationalen Akteure politisch zu garantieren.

Dieses Ziel erwies sich über lange Strecken hinweg dank der doppelbödigen Position der Regierung Bush mehr als Traum denn als Wirklichkeit, aber dennoch wäre eine Auflösung des Quartetts für eine zukünftige Friedenslösung ein schwerer Rückschritt gewesen. Manchmal ist der Fortschritt in der internationalen Krisendiplomatie eben noch langsamer als eine Schnecke. Für eine echte Friedenslösung hätte man zu den Clinton-Parametern und zu Taba zurückkehren müssen, wie es dann in den bilateralen Gesprächen zwischen Israelis und Palästinensern nach der Konferenz von Annapolis 2007 tatsächlich auch geschah.

Während sich im Frühjahr 2002 jenes erneute Drama zwischen Israelis und Palästinensern im Nahen Osten abspielte, schlug der islamistische Terrorismus auf der Insel Djerba in Tunesien wieder zu, am 11. April 2002, einen Tag vor meinem 54. Geburtstag. Ein Terrorist lenkte einen Tanklastwagen, beladen mit Flüssiggas, in die Begrenzungsmauer der Al-Ghriba-Synagoge, einem beliebten Ziel für Touristen. Der Lastwagen explodierte in einem Feuerball, unter den 21 Toten waren 14 Deutsche. Die Überlebenden erlitten schwere Brandverletzungen.

Parallel zu dem Grauen in Tunesien und dem Krieg zwischen Israelis und Palästinensern verstärkten sich in den USA die Vorbereitungen für einen Krieg gegen den Irak. Dies betraf nicht nur die öffentlich sichtbare, verbale Aufrüstung in Washington gegen das Regime Saddam Husseins – auch unsere internen Nachrichten aus Afghanistan sprachen eine deutliche Sprache. Dort wurden z. B. nach und nach die sogenannten A-Teams der amerikanischen Spezialkräfte durch B-Teams ersetzt, da die A-Teams offensichtlich für andere Aufgaben gebraucht wurden. Es war nun wirklich nicht schwer zu erraten, um welche Aufgabe es sich handelte.

Am 31. Januar 2002 war der Kanzler zu einem Kurzbesuch in Washington gewesen, und selbstverständlich ging es in seinem Gespräch mit Präsident Bush auch um den Irak. Dieser Besuch des Kanzlers sollte Monate und auch noch Jahre später von Bedeutung bleiben, da amerikanische Regierungskreise und vor allem auch der amerikanische Botschafter in Berlin – so zumindest hörte ich es von verschiedenen deutschen und amerikanischen Journalisten, die es so erlebt haben wollten – nicht müde wurden zu behaupten, Gerhard Schröder habe bei diesem Besuch Bush signalisiert, Deutschland werde im Irak mit dabei sein – oder zumindest habe ihn der Präsident so verstanden. Und dies wäre auch der eigentliche Grund für die extreme Verärgerung des amerikanischen Präsidenten über den deutschen Bundeskanzler, denn Schröder habe ihn irregeführt.

Gerhard Schröder hingegen gab uns in seiner Autobiografie eine etwas andere Darstellung des damaligen Gesprächsinhalts:

»Ich machte dem amerikanischen Präsidenten klar, dass für den Irak das Gleiche zu gelten habe wie für Afghanistan, sofern es darum gehe, gemäß der Entschließung des UN-Sicherheitsrates zu handeln, wonach kein Land, das Terroristen beherbergt oder schützt oder sonstwie begünstigt, ungeschoren davonkommen werde. Dann, aber nur dann, hätten uns die USA an ihrer Seite. Bush versicherte, dass in dieser Frage nichts beschlossen sei und dass man die Verbündeten selbstverständlich vor jeder Entscheidung konsultieren werde.«

Ich war bei dem Washingtoner Treffen nicht dabei, wohl aber am 23. Mai beim Gespräch der beiden in Gerhard Schröders Arbeitszimmer im Kanzleramt anlässlich des Berlinbesuchs des amerikanischen Präsidenten. Selbstverständlich stand dort der Irak im Mittelpunkt. Kanzler und Präsident umschlichen das prekäre Thema wie zwei Katzen den sprichwörtlich heißen Brei, und dies war keineswegs unüblich in solchen Gesprächen auf höchster Ebene. Der Kanzler bat um Einbindung in die Entscheidung, und Bush entgegnete, es läge nichts zum Entscheiden auf seinem Tisch. Sollte es so weit kommen, würde man die Verbündeten unterrichten. Schröder wollte an der Entscheidung beteiligt werden, Bush hingegen sicherte Unterrichtung zu, wenn er entschieden hätte. Hätte Gerhard Schröder nun in Washington anderslautende Zusicherungen gemacht, so wäre dies in jenem Gespräch im Mai offenbar geworden. Mein Eindruck war hingegen, dass Kanzler und Präsident in der Causa Irak aneinander vorbeiredeten, weil beide wussten, dass sie gegensätzliche Positionen vertraten, die nicht in Übereinstimmung zu bringen waren.

Je offensiver die US-Regierung in der amerikanischen Öffentlichkeit und im Kongress für einen Waffengang mit dem Irak warb, um Saddam Hussein von der Macht zu entfernen, umso mehr brauchte sie eine überzeugende Begründung. Hätten George W. Bush, Cheney, Rumsfeld, Rice und all ihre Hilfstruppen in Politik und Medien schlicht und ergreifend die Wahrheit gesagt, so hätte Präsident Bush für diese Politik wohl niemals eine Mehrheit im Kongress und in der amerikanischen Öffentlichkeit bekommen. Die Wahrheit war, dass man erstens Saddam Hussein bereits seit Langem weghaben wollte, weil er dies mehr als verdiente, und es zudem gelte, ein unerledigtes Geschäft (»unfinished business«) zu beenden, dass man dies zweitens tun könne, weil das Regime in Bagdad schwach und aus diesem Grund das Risiko für die USA begrenzt wäre. Darüber hinaus brauchte man drittens nach dem 11. September eine Alternative zu den saudischen Militärstützpunkten und zum saudischen Öl, und viertens beabsichtigte man, vom Irak ausgehend die gesamte Region zu demokratisieren, auf die Seite des Westens zu ziehen und so dem islamistischen Radikalismus eine strategische Niederlage beizubringen.

Und so musste ein anderer Punkt gefunden werden, der direkt die Ängste der amerikanischen Bevölkerung nach dem 11. September ansprach und mit dem Irak verband. Dies waren die »Massenvernichtungswaffen« (weapons of mass destruction) – nuklear, chemisch und biologisch –, über die Saddam Hussein angeblich bereits verfügte oder demnächst verfügen würde und die einzusetzen er jederzeit bereit wäre, sei es direkt oder mittels deren Weitergabe an terroristische Gruppen. Amerika war also in großer Gefahr, und dagegen half nur ein Mittel – Saddam Hussein musste weg. Die Tatsachen zeigten allerdings das gerade Gegenteil. Der Irak wurde zum Ziel eines militärisch erzwungenen Regimewechsels seitens der US-Regierung eben gerade nicht wegen seiner Gefährlichkeit, sondern weil damals keine große Gefahr mehr von ihm ausging! Genau darin bestand die Urlüge der Regierung Bush in ihrem Krieg gegen den Irak, und viele weitere sollten noch folgen.

Im Irak herrschte zwar eine brutale Diktatur, die schwerste Menschenrechtsverletzungen begangen hatte und weiter beging, die aber im Jahr 2002 alles andere als eine akute Gefahr für die USA und ihre Verbündeten in der Region darstellte, denn Saddam Hussein war durch den Golfkrieg 1991 und die sich daran anschließenden Sanktionen und Waffeninspektionen seitens der VN militärisch und strategisch erheblich geschwächt worden. Gespräche und Besuche bei den Nachbarn des Irak zeigten mir in jener Zeit, dass die Stimmung im Jahr 2002 eine völlig andere war als 1990/91, nach dem Überfall der irakischen Armee auf

Kuwait. Damals ging in der Region die Angst vor Saddam Hussein um, während elf Jahre später nichts dergleichen festzustellen war. Immer wieder hieß es nur, Bush wolle diesen Krieg.

Es sollte dann im Mai 2003 ausgerechnet Paul Wolfowitz sein, der in der amerikanischen Ausgabe des Gesellschafts- und Lifestylemagazins Vanity Fair Klartext über die tatsächliche Kriegsursache redete:

»Die Wahrheit ist: Aus Gründen, die viel mit der Regierungsbürokratie der USA zu tun haben, haben wir uns als Hauptargument für den einen Punkt entschieden, auf den sich alle einigen konnten, nämlich Massenvernichtungswaffen. [...] Es gab immer drei fundamentale Gesichtspunkte. Der erste sind Massenvernichtungswaffen, der zweite ist Unterstützung des Terrorismus, der dritte ist die verbrecherische Behandlung der irakischen Bevölkerung. Eigentlich könnte man sagen, es gibt einen vierten Gesichtspunkt, der alle anderen in den Schatten stellt, nämlich die Verbindung der beiden ersten.«

Indem die US-Regierung also aus »bürokratischen Gründen« die Gefahr von Massenvernichtungswaffen in den Händen Saddam Husseins in den Mittelpunkt ihrer Kriegsargumentation rückte, kam den Erkenntnissen der Geheimdienste über die tatsächliche Qualität und den Umfang der irakischen Waffenarsenale eine überragende politische Bedeutung zu. Ließen sich in der Frage der Massenvernichtungswaffen und/oder einer möglichen Zusammenarbeit des irakischen Regimes mit dem Terrornetzwerk der al-Qaida tatsächlich harte Fakten finden, dann würde Saddam Hussein unter die relevanten VN-Sicherheitsratsresolutionen fallen und ein militärisches Vorgehen gegen ihn wäre nicht nur gerechtfertigt, sondern sogar geboten und völkerrechtlich voll abgedeckt gewesen.

Der damalige Kenntnisstand der Bundesregierung lässt sich wie folgt zusammenfassen: Atomwaffen – extrem unwahrscheinlich; Chemiewaffen – vielleicht, aber wenn, dann alte Munition aus der Zeit vor dem letzten Golfkrieg; Biowaffen – unklar, aber relativ einfach mit sogenannten Dual-Use-Technologien aus dem zivilen Wirtschaftssektor herzustellen. Jenseits von Vermutungen lagen aber keine gesicherten Erkenntnisse vor. Zudem verfügte der BND über einen Überläufer mit dem Decknamen

»Curveball«, der behauptete, der Irak verfüge über mobile Biowaffenlabors. Sie sollten in Containern auf Lastwagen montiert sein. Aber auch hier war seitens unseres Auslandsnachrichtendienstes die Ansage sehr klar: Kann sein, kann aber auch nicht sein, wir wissen einfach nicht, ob der Überläufer die Wahrheit sagt oder nicht. Zudem galt die Regel, dass eine geheimdienstliche Information nur dann als »hart« eingestuft werden durfte, wenn es jenseits dieser Information noch zwei weitere, voneinander unabhängige Quellen gab. Auch dieses Kriterium traf auf den Fall »Curveball« nicht zu.

Alles in allem reichte unser Wissen also niemals als Begründung für einen durch Krieg erzwungenen Regimewechsel im Irak aus. Unser Erkenntnisstand entsprach zudem im Wesentlichen, so wurde uns von den deutschen Fachleuten immer wieder versichert, dem der Dienste unserer Partner, eingeschlossen der USA. Dieser schwankende Boden eines geheimdienstlichen »Kann sein, kann nicht sein« passte aber mitnichten zu dem, was in Washington über die irakische Bedrohung immer präziser behauptet wurde. Ganz offensichtlich wollte die Bush-Regierung aus politischen Gründen den Krieg und »entwickelte« dazu jetzt die passenden »Fakten«.

Wenn im Nachgang zu den Ereignissen von Präsident Bush und anderen Verantwortlichen für den Irak-Krieg zu ihrer Entlastung behauptet wurde, man habe sich bei den politischen Entscheidungen auf die Informationen der CIA über die irakischen Massenvernichtungswaffen verlassen, so ist dies nichts anderes als eine Mischung aus Feigheit, Lüge und Flucht aus der Verantwortung. Denn es war keineswegs so, dass die Regierung Bush von Geheimdienstinformationen über den Irak alarmiert worden wäre, sondern die Dinge ereigneten sich gerade umgekehrt. Präsident und Regierung bekamen vielmehr von den Diensten, was sie politisch wünschten oder gar bestellt hatten.

So tauchte in Washington im Frühjahr 2002 die Behauptung auf, der Irak habe versucht, in Niger mehrere Tonnen »Yellow Cake«-Uran zu kaufen, den Ausgangsstoff für die Urananreicherung, um damit Nuklearwaffen herzustellen. Man habe Dokumente, die dies bewiesen. An der ganzen Sache war nichts dran, und die Dokumente erwiesen sich als eine ziemlich plumpe Fälschung aus italienischen Quellen. Im Herbst gab es dann Meldungen über Lieferungen von Aluminiumrohren, die der Irak angeblich für den Bau von Zentrifugen zur Urananreicherung einsetzen wollte. In seiner Rede vor den Vereinten Nationen am 12. September 2002 ging der amerikanische Präsident präzise darauf ein:

»Der Irak verfügt über fähige Atomwissenschaftler und -techniker. Er hat die zum Bau einer Atomwaffe benötigte Infrastruktur. Der Irak hat mehrere Versuche gemacht, hochfeste Aluminiumrohre zu beschaffen, die zur Anreicherung von Uran für eine Nuklearwaffe verwendet werden. Sollte der Irak spaltbares Material beschaffen, wäre er innerhalb eines Jahres fähig, eine Atomwaffe zu bauen.«

Diese Behauptung des amerikanischen Präsidenten vor der VN-Vollversammlung war schlichter Humbug und entsprach nicht den Tatsachen. Und in seiner Rede zur Lage der Nation im Januar 2003, als der Krieg bereits in Sicht war, tauchten dann sogar »unsere« mobilen Labors für Biowaffen auf! Allerdings bedurfte es für uns in der Bundesregierung nicht mehr dieser Rede des Präsidenten im Januar 2003 um zu verstehen, worum es im Irak tatsächlich ging: »C [Sir Richard Dearlove, der Chef des britischen Auslandsnachrichtendienstes MI6, J. F.] berichtete von seinen jüngsten Gesprächen in Washington. Ein Militäreinsatz wurde [dort, J. F.] inzwischen als unausweichlich betrachtet. Bush wollte Saddam mit militärischen Mitteln stürzen, gerechtfertigt durch die Verbindung von Terrorismus und MVW (Massenvernichtungswaffen). Doch die Geheimdiensterkenntnisse und Fakten wurden im Sinne der Politik zurechtgebogen«, wie es völlig zutreffend in dem berühmt-berüchtigten »Downing Street Memo« heißt, jenem Geheimprotokoll einer Sitzung des britischen Sicherheitskabinetts unter dem Vorsitz von Premierminister Tony Blair am 23. Juli 2002, das zum ersten Mal am 1. Mai 2005 von der Sunday Times veröffentlicht wurde und dessen Echtheit außer Zweifel steht.

Doch zurück in den Sommer 2002. Nahezu mit jedem weiteren Tag nahm der Zug Richtung Krieg in Washington mehr Fahrt auf. Ich war zwar in einem beständigen Dialog mit meinem Kollegen Colin Powell, aber es war in dieser Frage für mich kein Durchkommen. Ich trug immer wieder die wesentlichen Argumente vor, die ich nahezu alle von ihm und anderen republikanischen Regierungsmitgliedern (inklusive Dick Cheney, der damals Verteidigungsminister unter dem ersten Präsidenten Bush gewesen war) aus der Zeit des Golfkriegs im Jahr 1991 hatte: warum das US-Militär damals, nach der Befreiung Kuwaits, nicht nach Bagdad durchmarschiert wäre, obwohl die Straße offen stand, und warum denn, bitte schön, heute diese Argumente nicht mehr gälten. Die Antwort meines amerikanischen Kollegen war immer nur: »These are very powerful questions.«

Ich konnte meinem von mir überaus geschätzten Kollegen deswegen keinerlei Vorwürfe machen, nicht einmal intern, da ich wusste, in welch schwieriger Lage er sich innerhalb der Bush-Regierung befand und dass er alles versuchte, die Entscheidung über den drohenden Krieg gegen den Irak im Sicherheitsrat zu halten. Es zeigte sich jedoch, dass der Weg in den Krieg mit dem Irak nahezu unaufhaltsam war, und deswegen galt es jetzt auch für uns als Regierung und Koalition, eine Entscheidung zu treffen. Im Juli standen die Sommerferien bevor, und unmittelbar danach, im August, würde die heiße Phase des Bundestagswahlkampfs beginnen. Aus all diesen Gründen brauchten wir jetzt Klarheit über die Haltung der Bundesregierung zu einem möglichen Krieg im Irak, die Entscheidung konnte nicht weiter offengehalten werden. Sie musste also jetzt zwischen Gerhard Schröder und mir getroffen werden. Eine letzte Gelegenheit für ein Treffen mit dem Kanzler bestand am Morgen des 30. Juli, bevor wir dann gemeinsam zum deutsch-französischen Gipfel in Schwerin fliegen würden. Ich unterbrach dazu meinen Urlaub in Italien und kehrte für einen Tag nach Deutschland zurück.

Es war ein wunderschöner Sommertag mit einem strahlend blauen Himmel, als ich mich mit dem Kanzler und dem Leiter der außenpolitischen Abteilung des Kanzleramts, Botschafter Kastrup, morgens um 8.00 Uhr zum Frühstück auf der Terrasse des Kanzleramtes traf. Ich kam ohne Umschweife zur Sache. Ich sagte dem Kanzler, dass ich nur aus einem Grund um dieses Gespräch gebeten hätte, nämlich dass wir unsere Haltung zu einem drohenden Krieg im Irak jetzt entscheiden und uns damit klar positionieren müssten. Meiner Ansicht nach wäre dieser

Zug nicht mehr aufhaltbar, Bush schien diesen Krieg wirklich zu wollen. Wie erörterten dann die Gründe, warum wir nicht zustimmen konnten: Die beiden wesentlichen Grundlagen für einen Krieg, welche die US-Regierung vorbrachte – Massenvernichtungswaffen und Kontakte zu al-Qaida –, wären entsprechend unseres Kenntnisstandes nicht wirklich belastbar. Wir kannten beide die BND-Berichte in dieser Sache nur zu gut, und diese ließen eine solche Festlegung nicht zu.

Zudem würde mit einem Krieg gegen den Irak aus dem Kampf gegen den Terrorismus ein Krieg gegen einen religiös aufgeladenen arabischen Nationalismus werden. Darüber hinaus drohte die Gefahr des Auseinanderbrechens des Irak entlang der Bruchlinien Sunniten, Schiiten und Kurden und als Folge davon eine Destabilisierung der gesamten Region. Zudem würde entweder der Iran zum großen Gewinner dieses Abenteuers werden oder Bush müsste sich nach dem Irak den Iran vornehmen, und ein solcher Schritt hätte kaum mehr zu kontrollierende Folgen. Den Irak zu erobern wäre für die gewaltige Militärmacht der USA gewiss so einfach, wie mit einem glühenden Messer ein Stück Butter zu durchschneiden. Wären die USA aber erst einmal im Irak, wie kämen sie dann wieder heraus, ohne die Region zu destabilisieren oder zumindest den Iran zur regionalen Vormacht zu machen? Die Butter würde sich in harten Beton verwandeln, die USA würden im Irak feststecken und dort ihre Kraft verzehren. Der Westen insgesamt würde dafür am Ende zu bezahlen haben.

Ich sprach dann unsere innerparteiliche und innenpolitische Lage an. Er, Gerhard Schröder, wisse, dass ich jedes Mal in meiner Partei hart zu kämpfen gehabt hätte, wenn es in den vergangenen Jahren um einen Kampfeinsatz der Bundeswehr gegangen wäre. Ich wäre diesen Kämpfen niemals aus dem Weg gegangen, weil ich von der Sache überzeugt gewesen wäre. Diesmal aber sei es anders. Ich sei der festen Überzeugung, dass die USA dabei wären, einen gewaltigen, ja vielleicht sogar historischen Fehler zu machen. Für eine Sache, von der ich nicht überzeugt sei, könne ich aber nicht kämpfen – schon gar nicht, wenn es um Krieg und Frieden ginge –, und ohne zu kämpfen bekäme ich in meiner Partei niemals eine Mehrheit. Diesmal würde es aber auch für ihn sehr schwer werden, denn die Stimmung in der SPD wäre nicht sehr viel anders als bei uns Grünen, ja ich könne mir eigentlich nicht vorstellen, dass wir im Parlament für eine militärische Beteiligung eine Mehrheit bekommen würden. Zudem sähe ich im Falle einer Beteiligung Deutschlands sehr ernste verfassungsrechtliche und unter Umständen auch strafrechtliche Probleme auf uns zukommen. Dies alles seien sehr gewichtige Argumente, aber der entscheidende Punkt läge für mich darin, dass die Sache grundfalsch sei. Und deshalb könnten wir uns an einem drohenden Krieg gegen den Irak nicht beteiligen.

Zwischen der Position des Kanzlers und meiner Position gab es keinerlei Differenz. Damit war die Entscheidung gefallen, dass sich Deutschland nicht mit deutschen Soldaten an einem möglichen Krieg gegen den Irak beteiligen würde. Anschließend flogen wir gemeinsam nach Schwerin zum deutsch-französischen Gipfel.

Gerhard Schröder und mir wurde immer wieder vorgeworfen, dass wir uns aus wahlkampftaktischen Gründen nicht am Irak-Krieg beteiligt hätten, aber diese Sicht der Dinge seitens der Opposition und Teilen der Medien war selbst wahlpolitisch begründet. Sicher sprachen wir auch über die wahlpolitischen Konsequenzen einer möglichen positiven Entscheidung und kamen beide zu dem Schluss, dass dies für uns die sichere Niederlage bedeuten würde, und zwar deswegen, weil wir nicht für eine falsche Sachentscheidung in der Frage von Krieg und Frieden würden kämpfen können. Wir hätten aber in der Frage des Irak-Kriegs genauso entschieden, wie wir es getan haben, wenn wir *nicht* wenige Wochen vor einer Bundestagswahl gestanden hätten. Und wir hatten richtig entschieden.

WIEDERWAHL UND DER BEGINN DES DEUTSCH-AMERIKANISCHEN ZERWÜRFNISSES

Das Wahljahr 2002 stand unter keinem guten Stern, denn die Umfragen blieben für uns Grüne anhaltend schlecht. Zwar kamen wir aus dem parlamentarischen Jenseits so langsam wieder zurück ins politische Leben, d.h. wir lagen erneut stabil oberhalb der fünf Prozent, aber von einer rot-grünen Mehrheit waren wir nach wie vor weit entfernt. Gerhard Schröder orientierte sich deshalb – was Wunder auch – nach anderen Ufern.

Am 21. April hatten in Sachsen-Anhalt Landtagswahlen stattgefunden, und diese wurden, wie bereits 1998, für uns Grüne erneut zu einem Debakel. Wir verloren weitere 1,1 Prozentpunkte und sackten von 3,2 auf 2,1 Prozent ab, während die FDP einen triumphalen Wahlsieg erlebte. Die Liberalen konnten sich von 6,0 Prozent 1998 auf 13,1 Prozent mehr als verdoppeln und damit der CDU zu einer schwarz-gelben Mehrheit im Landtag von Magdeburg verhelfen! Ich hatte mich im Wahlkampf mit mehreren Auftritten engagiert, denn selbstverständlich ging es in Sachsen-Anhalt bereits auch um den Bundestag, und die sachsen-anhaltinischen Grünen hatten sich mächtig angestrengt und wirklich sehr gute, professionelle Arbeit in diesem Wahlkampf geleistet. Aber für uns war in Sachsen-Anhalt nach all den Jahren unseres landespolitischen Niedergangs einfach nichts zu gewinnen. Der Triumphmarsch der FDP ließ unsere Aussichten bei der Bundestagswahl in den Augen der Medien und unseres Koalitionspartners noch weiter dahinschmelzen und die Lage war für uns Grüne äußerst bescheiden.

Der Ausgang des Zweikampfes zwischen den Grünen und der FDP würde mit hoher Wahrscheinlichkeit über die Bundestagswahlen entscheiden, denn die beiden großen Parteien würden sich in den Umfragen immer mehr annähern. Vier Jahre zuvor lag die Entscheidung in den Händen des Wahlsiegers Gerhard

Schröder, der seine Sozialdemokraten zur stärksten Kraft im Deutschen Bundestag gemacht hatte. Diesmal würde sehr wahrscheinlich das Abschneiden der beiden Kleinen über die nächste Bundesregierung entscheiden. Gerade unter diesem Gesichtspunkt war das Ergebnis von Sachsen-Anhalt für Rot-Grün ein Menetekel. Doch es eilte in schwärzester Nacht unerwartete Hilfe herbei, und zwar in Gestalt der liberalen Wahlsieger von Sachsen-Anhalt.

Innerhalb einer Woche nach dem rauschenden Wahlsieg galt für die FDP und ihren Vorsitzenden Guido Westerwelle das alte Sprichwort: »Wie gewonnen, so zerronnen.« Sie vergeudete ohne Not und innerhalb kürzester Zeit ihren grandiosen Sieg, denn ihr stellvertretender Parteivorsitzender und Vorsitzender der nordrhein-westfälischen FDP, Jürgen Möllemann, hatte die aberwitzige Idee, eine antiisraelische Kampagne zu beginnen, die den Liberalen zu Recht den Vorwurf des Antisemitismus eintrug. Dabei spielte ein grüner Landtagsabgeordneter in Nordrhein-Westfalen eine entscheidende Rolle, der wegen schwerer Differenzen mit den Grünen über das Vorgehen Israels in den Palästinensergebieten und unsäglicher Äußerungen seinerseits darüber zur FDP übertrat und dort von Möllemann lauthals willkommen geheißen wurde. Deren Landesvorsitzenden Möllemann und dessen israelkritische Position wolle er durch seinen Übertritt stärken, so der Abgeordnete Jamal Karsli laut FAZ.

Die FDP arbeitete plötzlich energisch daran, sich selbst schwer zu beschädigen. Nicht nur, dass ihrem Vorsitzenden das Image eines »Spaßpolitikers« und politischen Leichtmatrosen anhaftete, dem man selbst in der konservativ-liberalen Wählerschaft das Regierungsschiff in schwierigen Zeiten nicht unbedingt anvertrauen wollte, sondern darüber hinaus hatte der stellvertretende Bundesvorsitzende die FDP mit seinem populistischen Tabubruch auf einen antisemitischen Kurs geführt. Möllemann gab den Verfolgten, der meinte, man werde Israel ja schließlich noch kritisieren dürfen, bediente dabei aber die finstersten antisemitischen Vorurteile in der deutschen Gesellschaft. Und genau dies war Möllemanns Absicht, denn er wollte mit seiner Kampagne am rechten Rand Wählerstimmen mobilisieren.

Das Kokettieren der FDP mit antisemitischen Stimmungen

war vor dem Hintergrund der deutschen Geschichte und der Verantwortung unseres Landes für den Völkermord an den deutschen und europäischen Juden während der Zeit der Nazidiktatur ein unerhörter Vorgang, der auch international vermerkt wurde. Ich konnte dies alles nicht fassen und verstand die FDP nicht mehr. Die Partei von Scheel, Genscher, Flach, Dahrendorf, Hamm-Brücher, Ignatz Bubis? Antisemitismus als Wahlkampftaktik in der FDP im Jahr 2002, wie konnte so etwas überhaupt geschehen? Ich fragte mich damals, ob wir das »Projekt 18« der FDP schlicht missverstanden hatten, denn wir hatten es und die »Kanzlerkandidatur« Westerwelles immer für Teile der neuen liberalen »Spaßpolitik« gehalten. Nunmehr verdichtete sich aber der Eindruck, dass sich das Gegenteil von Spaß hinter diesem Projekt verbarg, nämlich bitterer antisemitischer Ernst. Sollte die FDP unter Westerwelle und Möllemann wirklich versuchen, analog zu Pim Fortuyn in den Niederlanden, am rechten Rand Wählerstimmen zu mobilisieren, um so die 18 Prozent zu erreichen? Dies wäre ein atemberaubender Tabubruch gewesen, der, sollte er Erfolg haben, die Grundfesten der deutschen Nachkriegsrepublik und ihrer außenpolitischen Grundpositionen mit dramatischen Folgen für unser Land zertrümmern würde. Ich ging aber davon aus, dass die FDP mit ihrem Versuch, mittels antisemitischer Töne Wählerstimmen für sich zu gewinnen, scheitern würde. Diese Strategie war nicht nur ein politisch-moralischer Skandal ohnegleichen, sondern zugleich auch politisch selbstmörderisch.

Am meisten aber erschütterte mich das Schweigen der Mehrheit in Deutschland. Gewiss gab es Einzelne, die Position bezogen, aber die Mehrheit schwieg und tat diesen Tabubruch als eine nicht ernst zu nehmende Nebensächlichkeit ab. Ich war da völlig anderer Meinung. Die Organisation der jüdischen Gemeinden in Deutschland, der Zentralrat der Juden, protestierte zwar laut gegen diese ungeheuerlichen Vorgänge, aber der öffentliche Aufschrei blieb aus. Ich setzte mich daraufhin zu Hause an den Computer und verfasste einen Beitrag für die FAZ unter der Überschrift: »Deutschland, deine Juden – Wider die neue Sprachlosigkeit im deutsch-jüdischen Verhältnis«. Ich schrieb dort:

»In Deutschland blieb es still, auffallend still angesichts der Unsäglichkeiten von Möllemann und Gleichgesinnten. Der Vorsitzende der nordrhein-westfälischen FDP und der Deutsch-Arabischen Gesellschaft in Personalunion gerierte sich verbal als Widerstandskämpfer gegen Okkupation und vermeldete tapfer, daß er selbstverständlich den Aggressor auch in dessen eigenem Land angreifen würde. Er bezog diesen Heroismus auf Israel und meinte den palästinensischen Kampf gegen die Besatzung. Und folglich darf man Herrn Möllemann getrost unterstellen, daß er mit diesen Worten nicht die Hamas zum Verteilen von Flugblättern in Israel aufforderte, sondern schlicht deren Bombenterror rechtfertigte. Kein Aufschrei ging daraufhin durchs Land, kein fälliger Rücktritt fand statt, nichts dergleichen. Statt dessen meinte Herr Westerwelle, man werde doch mal Israel kritisieren dürfen, ohne gleich den Vorwurf des Antisemitismus gewärtigen zu müssen.

Es scheint sich etwas verändert zu haben in Deutschland, und niemand spürt dieses unmittelbarer und bedrängender als die deutschen Juden. Sie fühlen sich allein, wieder einmal, und das darf nicht sein. Nicht in Deutschland.

[...] Und doch nennt Salomon Korn [seit 2003 Vizepräsident des Zentralrats der Juden in Deutschland, J. F.] die Juden in Deutschland ›Quelle eines fortdauernden, schwer zu definierenden Unbehagens‹. Eines Unbehagens, das man womöglich dadurch zu überwinden versucht, indem man uneingestanden – Stichwort Nahost – die Nachkommen der Opfer zu Tätern macht und so das eigene Gewissen zu erleichtern glaubt. Das aber ist ein gefährlicher gedanklicher Kurzschluß, der unter dem Schlagwort von einer angeblichen ›Normalisierung‹ in den Untiefen des Antisemitismus enden muß.

Deutschland wird durch den uneingestandenen Mechanismus der Schuldübertragung auf Israels Politik im Nahostkonflikt nicht aus der Verantwortung für seine Geschichte heraustreten können. Man sollte es gar nicht erst versuchen, denn das wird ein Desaster. Die einzige Antwort auf unsere Geschichte kann nur eine positive sein: eine wachsende jüdische Gemeinschaft in Deutschland mit jüdischen Menschen, die hier frei und sicher leben können, als Bürger – und nicht als ›Mitbürger‹! – unserer

Republik. Wie weit es uns gelingt, das Leben und Gedeihen der jüdischen Gemeinden in Deutschland zu unterstützen und zu fördern, ist zugleich ein Maßstab für unsere Fähigkeit, eine offene, tolerante Gesellschaft zu schaffen.«

Der Druck innerhalb der beiden Unionsparteien, der Kampagne der FDP gegen Israel gerade jetzt im beginnenden Wahlkampf zumindest teilweise zu folgen, war damals sehr groß und real, wie mir von verschiedenen Mitgliedern der Führung dieser Parteien glaubhaft versichert wurde, aber die beiden Vorsitzenden Angela Merkel und Edmund Stoiber standen unerschütterlich zu dem Grundsatz unserer Republik, dass Antisemitismus in Deutschland niemals wieder eine Chance haben dürfe. Beide haben sie dadurch meinen bleibenden Respekt und Anerkennung erworben.

In diesem Frühsommer war die Stimmung in der Hauptstadt gespalten – Vorfreude auf den kommenden Wahlsieg bei Schwarz und Gelb und eine elegische Abschiedsstimmung bei Rot-Grün. Im Ministerium summte es schon von Gerüchten, wer unter meinem absehbaren Nachfolger Wolfgang Gerhardt von der FDP was werden würde, und die diversen liberalen Parteibuchschranzen brachten sich bereits in Position. Zudem wurde im Amt offen die Abrechnung mit Rot-Grün angekündigt, was bei manchen Beamten zu tiefen Sorgenfalten über ihre Zukunft nach dem Wahltag führte. Mir wurde auch zugetragen, dass man sich bei der FDP neben den Personalfragen bereits Gedanken über Ausstattung und Einrichtung meines Ministerbüros machen würde, was allerdings meine Entschlossenheit zu gewinnen nur noch weiter steigerte. Da verteilten ganz offensichtlich bereits welche das Fell des Bären, während dieser noch fröhlich brummte. Und da es sich in diesem Fall um mein höchstpersönliches Fell handelte, wollte ich dieses auch so teuer wie möglich verkaufen.

Am 27. Juni feierten wir auf der Dachterrasse des AA, von wo aus man einen wunderschönen Blick in alle Richtungen über die Mitte Berlins hat, das bereits Tradition gewordene Sommerfest des Amtes, organisiert von unserer Pressestelle, und wie immer waren zahlreiche Journalisten anwesend. DER SPIEGEL berichtete unter der Überschrift »Melancholie um Mitternacht –

Ortstermin: Ein Hauch von Abschied beim Sommerfest des grünen Außenministers in Berlin«. Der Artikel traf recht gut die allgemeine Stimmung über Rot-Grün in der Hauptstadt und in den Medien:

»Es war von Anfang an kein fröhliches Fest gewesen. Schon nach zwei Stunden standen zwei Veteranen der Berichterstattung über Fischer beisammen und führten folgenden Dialog: ›Im letzten Jahr war mehr los.‹ ›Viel mehr Gäste.‹ ›Bessere Stimmung.‹ ›Traurig.‹ ›Sehr traurig.‹ Am Ort lag es nicht. [...] Es lag an der Ahnung, dass dies Joschka Fischers letztes Sommerfest sein könnte. An dieser Stimmung, die kaum jemandem erlaubte, an eine rot-grüne Zukunft zu glauben. Außer Fischer selbst natürlich, der in einer kurzen Rede mehrmals erwähnte, wie absolut und total sicher er sei, Außenminister bleiben zu können. Etwas krampfig wirkte das, ein Schrei nach innen, sich doch bitte, bitte selbst zu glauben.« Tja, so kann man sich irren als Berichterstatter. Und es bereitete mir im nächsten Jahr, bei dem selbstverständlich wieder stattfindenden Sommerfest des AA, ein diebisches Vergnügen, diesen Artikel ausführlich vorzulesen, zumal der Autor ebenfalls wieder anwesend war.

Am 18. Juli hatte ich mir den ganzen Tag von allen ministeriellen Verpflichtungen freigenommen, da wir an diesem Tag die Film- und Fernsehspots für den Bundestagswahlkampf produzieren wollten. Am Abend würde ich dann gemeinsam mit Rezzo Schlauch in unserer gemeinsamen hohenloheschen Heimat, in Schrozberg, anlässlich eines lokalen Volksfestes in einem großen Bierzelt auftreten und dort faktisch meinen ersten Wahlkampfauftritt als grüner Spitzenkandidat im Bundestagswahlkampf 2002 absolvieren. Die Aufnahmen fanden am Vormittag in einer sehr lockeren und zugleich hochprofessionellen Atmosphäre statt. Intern ließ sich der grüne Wahlkampf ja wirklich sehr vielversprechend an und unterschied sich wohltuend von dem üblichen organisierten Dilettantismus, der bis dato grüne Bundestagswahlkämpfe bestimmt hatte.

Ich ließ mir auch nicht die Laune verdrießen, als mich die Nachricht ereilte, der Bundeskanzler habe Rudolf Scharping, den Verteidigungsminister, wegen seiner sogenannten »Flugaffäre« und dubioser Kontakte zu einem fragwürdigen Politikberater entlassen. Diese Affäre hatte sich mittlerweile über Monate hingezogen und mit immer neuen unschönen Details die Öffentlichkeit überrascht und die Opposition entzückt. Ganz offensichtlich hatte der Kanzler jetzt, angesichts des immer gefährlicher näherrückenden Wahltermins, die Reißleine gezogen, weil er keine weiteren Risiken auf einem völlig nebensächlichen und gleichwohl für ihn und die SPD riskanten Schauplatz eingehen wollte. Peter Struck, der Fraktionsvorsitzende der SPD, sollte Scharpings Nachfolger werden, während der bayerische Bundestagsabgeordnete Ludwig Stiegler das Amt des Fraktionsvorsitzenden der sozialdemokratischen Bundestagsfraktion übernahm. Ich ließ mir durch diese Nachricht meinen Optimismus nicht nehmen, zumal die Entscheidung des Kanzlers gleichermaßen absehbar wie notwendig gewesen war. Rudolf Scharping war, zwei Monate vor der Bundestagswahl, einfach nicht mehr zu halten, zumal das Verhältnis von Kanzler und Verteidigungsminister alles andere als spannungsfrei war. Scharping sah sich nach wie vor als erste Kanzlerreserve der SPD, falls der Amtsinhaber echte Probleme bekommen sollte, und Schröder war sich dessen nur zu bewusst.

Am Abend hatte ich dann jenen öffentlichen Auftritt in Schrozberg. Als ich dort, gemeinsam mit Rezzo Schlauch, im Festzelt ankam, war ich schlicht geplättet. Rund zweieinhalbtausend Menschen warteten in dem völlig überfüllten Bierzelt auf uns! Damit hatte ich nicht gerechnet. Mit 500–800 Zuhörern wäre ich hochzufrieden gewesen. Aber wie erklärten sich die zweieinhalbtausend? Ich buchte diese außergewöhnliche Mobilisierung unter der Rubrik »Zwei Hohenloher Buben kehren zurück in die Heimat« ab, aber Rezzo Schlauch widersprach meinem Befund heftig. Zweitausendfünfhundert Leute hier in Schrozberg, in einer ländlichen, sehr konservativen Gegend ließen sich nicht mit dem Hinweis auf unsere Herkunft begründen. Da wäre etwas im Gange, was uns die Meinungsumfragen nicht mitteilen würden. Und in der Tat, diese Mobilisierung war das genaue Gegenteil dessen, was uns die Meinungsumfragen sagten. Sollte Rezzo am Ende recht behalten? Ich konnte seiner Analyse nicht wirklich widersprechen und sah mich durch diesen Abend in meinem Optimismus erheblich bestärkt.

Drei Tage später flog ich zu einem verkürzten Sommerurlaub nach Italien, nachdem ich am Abend zuvor noch den siebzigsten Geburtstag von Innenminister Otto Schily mitgefeiert hatte. Ich musste nach diesen anstrengenden Monaten dringend Kraft tanken, bevor ich mich dann Anfang August auf meine sechswöchige Wahlkampftour quer durch Deutschland begeben würde. Meinen Urlaub musste ich zweimal unterbrechen – einmal, um an der Sitzung des Deutschen Bundestages zur Vereidigung des neuen Bundesverteidigungsministers Peter Struck teilzunehmen, und anschließend wegen des deutsch-französischen Gipfels in Schwerin.

Bereits vor meinem Flug in den Urlaub hatte sich eine weitere Affäre entwickelt, die sogenannte »Bonusmeilen-Affäre« – es ging um die private Nutzung dienstlich angefallener Bonusmeilen für Flugreisen mit der Lufthansa durch Bundestagsabgeordnete, die eigentlich dem Bundestag zustanden. Kaum war ich in der schönen Toskana angekommen, zeigte es sich, dass auch grüne Mandatsträger unter den privaten Nutzern der Bonusmeilen waren, unter anderem unser Fraktionsvorsitzender. An Erholung war fortan nur noch eingeschränkt zu denken, denn eine solche Affäre hatte uns zu Beginn der heißen Phase des Bundestagswahlkampfs gerade noch gefehlt.

Am 6. August war es dann endlich so weit. Vor der Bundesgeschäftsstelle der Grünen in Berlin-Mitte wartete mein Wahlkampfbus, und in Begleitung mehrerer Journalisten, der Mitarbeiter aus dem Wahlkampfteam und dem Ministerbüro (denn auch während des Wahlkampfes gab es keine Auszeit von den zahlreichen internationalen Krisen und Konflikten, und der Kontakt zum AA musste beständig aufrechterhalten werden) machten wir uns spätnachmittags auf den Weg nach Bremen. Am nächsten Tag würde ich in Bremerhaven um die Mittagszeit meinen ersten öffentlichen Auftritt auf unserer Wahlkampftour 2002 haben.

Mit im Bus saß Dieter Wonka, schon seit vergangenen Bonner Tagen ein altes journalistisches Schlachtross unter den Hauptstadtkorrespondenten und für die Leipziger Volkszeitung (LVZ) tätig. Wir unterhielten uns länger und er erzählte mir, dass er erst am Morgen desselben Tages die Tour von Guido Westerwelle an der Ostseeküste verlassen habe. Westerwelle war dort mit seinem »Guidomobil« unterwegs, einem blau-gelb angestrichenen amerikanischen Camper. Dieter Wonka hatte immer noch leuchtende Augen, als er mir davon berichtete, wie mehrere Hundert Menschen zu Westerwelles Kundgebung gekommen waren und wie bei dessen Gang durch die örtliche Fußgängerzone die Menschen ihn berühren wollten. Das habe er so noch nicht erlebt, sagte er sichtlich beeindruckt. Da tue sich etwas, was wohl Folgen haben werde. Ich hielt mit meinem Geknurre vom »politischen Leichtmatrosen« und »Spaßpolitiker« dagegen, aber die Wirkung auf meinen Gesprächspartner fiel sehr bescheiden aus. Ich verstand den Subtext von Dieter Wonkas Bericht: »Mach dir keine Hoffnungen mehr, Fischer, es ist vorbei.«

Abwarten, lautete meine Antwort, aber insgeheim fragte ich mich dann doch, ob die Wahlkampfplanung wirklich durchdacht gewesen war. Warum musste ich ausgerechnet in der von Strukturkrisen gebeutelten Hafen- und Arbeiterstadt Bremerhaven beginnen, die bisher für uns Grüne immer ein steiniges Pflaster gewesen war? Ich hatte keine guten Erinnerungen an meine vergangenen Wahlkampfauftritte in der Hafenstadt. Gewiss, am Abend würde dann ein richtiggehendes Hochamt in unserer Hochburg Bremen folgen, aber der erste Auftritt war für die mediale Wahrnehmung des Wahlkampfes schon von besonderer Bedeutung. Wie auch immer, an der Planung für den nächsten Tag ließ sich jetzt sowieso nichts mehr ändern, und deshalb lautete die Devise: Augen zu und durch.

Am nächsten Tag um die Mittagszeit erreichten wir den Veranstaltungsort in Bremerhaven, und als unser Bus auf den Platz einbog, traute ich meinen Augen nicht. Rund tausend Leute warteten da auf mich und wollten mich hören. Tausend! In Bremerhaven! Die höchste Zuhörerzahl in der Stadt am Meer, die ich dort jemals mobilisiert hatte, lag so bei zweihundert. Ich war deshalb hoch motiviert. »Na warte, Wonka!«, sagte ich mir, als ich die Bühne betrat und mit meiner Rede begann. Der Platz war voll, der Himmel blau und die örtliche Junge Union tat mir den Gefallen, ebenfalls anwesend zu sein und mich wie auf Kommando mit Zwischenrufen, Plakaten und Trillerpfeifen zu provozieren. Die ersten Reden in einem Wahlkampf sind immer auch ein Suchen und Abtasten, bevor die dann über Wochen hindurch zu haltende Standardrede tatsächlich steht. Insofern war ich den Jungs und Mädels von der Jungen Union Bremerhaven tief dankbar für ihre lautstarke Präsenz, da sie mich rhetorisch sofort auf höchste Touren brachten und mir so ein mühseliges Herantasten an meine Zuhörer ersparten. Und noch etwas fiel mir in Bremerhaven auf, das sich durch alle Wahlveranstaltungen hinweg bis zum Ende des Wahlkampfes hindurchziehen sollte: Es war nicht nur das grünübliche Publikum anwesend, sondern tatsächlich ein breiter Querschnitt der Bevölkerung und der Generationen. Auch das war ein Novum für mich in einem grünen Wahlkampf, das die wesentlich höheren Zuhörerzahlen erklärte. Der Amtsbonus schien also tatsächlich zu wirken.

Nicht nur im Bus hatten wir der ersten Wahlveranstaltung mit einem gewissen inneren Bangen entgegengesehen, sondern ich wusste auch, dass dies fast noch mehr für unsere Wahlkampfleitung in Berlin galt, die sich, fernab des Geschehens, aufs bloße Warten verlegen musste. Auf der Rückfahrt nach Bremen griff ich zum Handy und rief Hans Langguth, Pressesprecher der Partei und Mitglied der Wahlkampfleitung, in Berlin an, der sich gerade mit einem Journalisten in einem Berliner Restaurant zum Mittagessen niedergelassen hatte. Mit Grabesstimme murmelte ich etwas von Katastrophe, kaum jemand da, Desaster, alles zu Ende etc. Am anderen Ende der Leitung herrschte daraufhin ein entsetzt dröhnendes Schweigen. Ich sah vor meinem inneren Auge Freund Hans blass werden, nach Luft schnappen und langsam unter den Tisch rutschen – und konnte dann nicht mehr an mich halten und brach in schallendes Gelächter aus. Immer noch prustend vor Vergnügen ob der gelungenen Schreckensmeldung erzählte ich Hans Langguth dann die frohe Nachricht, und erleichtert, ja hocherfreut beschimpfte er mich zu Recht auf das Übelste.

Und so ging es dann Tag für Tag weiter, quer durch Deutschland: zwei bis drei Reden, öffentliche Lauftermine, Interviews mit mitreisenden Journalisten, Regionalzeitungen und regionalen Radiosendern und TV. Die Organisation war perfekt. Keine Reden auf Gemüselastwagen mehr und Ähnliches, kein Umkleiden mehr in öffentlichen Badeanstalten vor den Laufterminen, wie es noch 1998 der Fall gewesen war. Genau so hatte ich mir Wahlkampf eigentlich immer vorgestellt, aber bis dato nie erlebt. Nun war es also so weit, und der Wahlkampf fing an, mir wieder Spaß zu machen.

Am 12. August, einem Montag, kam dann der große Regen, der in Sachsen, entlang der gesamten Elbe, in Tschechien und im nördlichen Österreich zu katastrophalen Überflutungen und Zerstörungen führen sollte. In den engen Tälern des Erzgebirges schwollen kleine Bäche zu reißenden Strömen an, die alles – Brücken, Straßen, Häuser, Menschen – mit sich fortrissen. Auch die Städte an der Elbe versanken in den Fluten, vorneweg die sächsische Landeshauptstadt Dresden. Diese Jahrhundertflut sollte den laufenden Wahlkampf völlig verändern.

Ich selbst war am frühen Nachmittag in Dresden angekommen, und es schüttete ohne Unterlass. Ich hatte noch aus dem Bus mit dem sächsischen Ministerpräsidenten telefoniert, der sich im Erzgebirge vor Ort befand, und ihm die Hilfe der Bundesregierung angeboten, aber die praktische Kooperation der für den Katastrophenschutz zuständigen Landes- und Bundesbehörden unter Einschluss der Bundeswehr war bereits angelaufen. Im Park am Dresdner Zwinger wartete im strömenden Regen eine größere Läufergruppe auf mich. Ich wollte sie auf keinen Fall enttäuschen, da sie bereits völlig durchnässt waren, und so begannen wir den Lauf, mussten ihn aber nach einiger Zeit abbrechen, da der Regen noch immer heftiger wurde. Am Abend dann, nach einer Wahlveranstaltung im Saal, verließen wir Dresden wieder Richtung Thüringen. Hätten wir noch eine Stunde länger gewartet, so hätte unser Bus die Stadt wegen des nunmehr auch in Dresden massiv anschwellenden Hochwassers nicht mehr verlassen können.

Im Gegensatz zu Gerhard Schröder reagierte Edmund Stoiber viel zu spät und zu zögerlich auf diese Katastrophe, Guido Westerwelle überhaupt nicht. Er tourte weiter mit seinem »Guidomobil« fernab des Desasters in den nördlichen Bundesländern und ließ verlauten, er wolle sich nicht am »Katastrophentourismus« beteiligen. Es war ein weiterer schwerer Fehler von ihm. Auch wir Grüne, vor allem unser für den Hochwasserschutz zuständiger Umweltminister, aber auch ich selbst, taten uns einen Tag lang schwer (und ein nicht genutzter Tag kann in einer aktuellen Krise bereits zu viel sein!), die Krise anzunehmen und dem Krisenmanagement allerhöchste Priorität einzuräumen. Nach dieser kurzen und gleichwohl politisch prekären Verzögerung lief das Krisenmanagement des Umweltministeriums jedoch fehlerfrei.

Ganz anders hingegen reagierte der Bundeskanzler – nämlich sofort. Während sich alle anderen noch sortierten und sich nur schwer von ihren Terminplänen verabschiedeten, erkannte Gerhard Schröder vom ersten Augenblick an die Bedeutung der Katastrophe und stellte ohne Zögern auf energisches Krisenmanagement um. Niemals war Gerhard Schröder so unerreicht instinktsicher, so schnell und zielorientiert wie im Moment einer Krise. Darin lag seine große Stärke. In die Sprache des Fußballs übersetzt hieß dies, dass er als Stürmer im Strafraum eine Klasse für sich war, quasi ein Gerd Müller der deutschen Politik. Und dieses große Talent spielte er jetzt voll aus. Der Kanzler zog die Gummistiefel an und besuchte am übernächsten Tag bereits die überflutete sächsische Stadt Grimma, wo er den betroffenen Menschen schnelle und umfassende Hilfe zusagte.

Am selben Tag, am Mittwochmorgen, tagte das Bundeskabinett und beschloss die ersten Soforthilfen. Gerade in den beiden besonders schwer getroffenen neuen Bundesländern Sachsen und Sachsen-Anhalt waren die Folgen der Flutkatastrophe von einer besonderen Tragik, denn viele Menschen hatten sich dort seit der deutschen Einheit eine eigene Existenz aufgebaut – ein Haus, ein kleines Unternehmen oder einen Handwerksbetrieb – und sie standen jetzt vor dem Nichts. Zwar führte die Elbeflut überall in Deutschland zu einer beeindruckenden Spendenbereitschaft, aber es würde darüber hinaus massiver staatlicher Hilfe bedürfen. Die betroffenen Bundesländer konnten diese Herausforderung niemals allein bewältigen, und deshalb war es selbstverständlich, dass der Bund und auch die EU mit einspringen mussten.

Ich konzentrierte mich als Außenminister auf die europäische Dimension dieser Katastrophe und begann die Abstimmung über europäische Wiederaufbauhilfen mit der tschechischen und der österreichischen Regierung wie auch mit der EU-Kommission. Mit Kommissionspräsident Romano Prodi und mit dem für die Regionalpolitik der EU zuständigen Kommissar Michel Barnier flog ich am Sonntag, den 18. August, in die Überflutungsgebiete, um der Kommission einen direkten Eindruck von den Zerstörungen zu vermitteln. Anschließend fand dazu im Kanzleramt in Berlin ein sogenannter »Gipfel Hochwasserhilfe« statt, um die EU-Hilfe anzuschieben, bei dem neben der Kommission auch die Regierungen der vom Hochwasser betroffenen EU-Mitgliedsstaaten und -Beitrittskandidaten anwesend waren. Besonders schlimm hatte es Tschechien getroffen, wo nicht nur gewaltige Sachschäden zu verzeichnen waren, sondern auch zahlreiche Menschen in den Fluten ihr Leben verloren hatten.

Zur Finanzierung des Wiederaufbaus beschloss das Bundeskabinett ein Hilfsprogramm, das zusammen mit Mitteln aus dem EU-Strukturfonds knapp 10 Milliarden Euro umfasste. Es sollte dadurch finanziert werden, dass die bereits beschlossene zweite Stufe der Steuerentlastung um ein Jahr aufgeschoben wurde. Diese Entscheidung erwies sich nicht nur in der Sache als richtig und gerechtfertigt, sondern hatte zudem noch politische Nebenwirkungen, die in diesen wahlkämpfenden Zeiten durchaus hilfreich waren, denn die Opposition geriet durch diese Idee in ganz erhebliche Schwierigkeiten. Steuersenkungen hatten für die bürgerliche Opposition in diesem Wahlkampf fast schon einen sakralen Charakter, gleichzeitig aber konnte sie den Opfern der Flutkatastrophe schwerlich ihre Hilfe verweigern. Und so schwankte der Kandidat Stoiber bedenklich hin und her, indem er einerseits der Verschiebung der Steuerentlastung zähneknirschend zustimmte, nur um im selben Atemzug zu verkünden, dass er diesen Schritt im Falle seines Wahlsieges unverzüglich wieder zurücknehmen und durch eine bessere Finanzierungsalternative ersetzen werde.

Die Unionsparteien wollten nämlich das staatliche Hilfsprogramm aus dem Bundesbankgewinn finanzieren, was der Bundeskanzler aber ablehnte. In seiner Regierungserklärung in der Sondersitzung des Deutschen Bundestages am 29. August wies Gerhard Schröder dieses Ansinnen der Union zurück, denn der Bundesbankgewinn wäre zur Tilgung der Bundesschuld vorgesehen und damit zur Entlastung der kommenden Generationen. Die Steuerentlastung käme aber der heute lebenden Generation zugute, und es wäre nachgerade widersinnig, wenn wir dem Vorschlag des Kandidaten Stoiber folgen und die Kosten der Flutkatastrophe den kommenden Generationen aufbürden würden.

Mit der Flut änderte sich in der breiteren Öffentlichkeit und in den Medien die Wahrnehmung von Rot-Grün und vor allem von uns Grünen und der von uns entscheidend vorangebrachten ökologischen Reformpolitik. Plötzlich wurde unsere Umweltpolitik, die, je nach Sichtweise, gestern noch als liebenswertes Randproblem oder ärgerliche Wachstumsbremse wahrgenommen worden war, durch diese Naturkatastrophe bestätigt. Wir merkten dies ganz besonders in der veränderten Rhetorik des Kanzlers, der plötzlich Begriffe verwendete und Dinge sagte, die ihm zuvor niemals über die Lippen gekommen waren, wenn es um den Elbausbau oder den Hochwasserschutz ging. Wir waren darüber selbstverständlich hocherfreut. Es war eben ganz und gar kein »Randproblem«, wenn immer mehr Fließgewässer begradigt, Flüsse immer weiter als Wasserstraßen vertieft und ausgebaut, Überschwemmungsgebiete eingedeicht und als Bauland ausgewiesen wurden. Im Gegenteil war dies eine extrem kurzsichtige Politik der Zerstörung von Lebensgrundlagen, für die jetzt ein hoher Preis gezahlt wurde.

So hatte ich noch am Sonntagmittag, am Tag vor dem großen Regen, bei schönstem Sonnenschein mit einem kleinen Häuflein aufrechter Grüner und Umweltschützer in Magdeburg beim »Mückenwirt« am Ufer der Elbe zusammengesessen, ein Treffen, bei dem es um die Verhinderung des weiteren Elbausbaus als Bundeswasserstraße ging. Durch die Flut war diese Frage nun plötzlich ein Großthema in den neuen Bundesländern und auch im Bund geworden. Wer sich ernsthafte Gedanken um den Gewässerschutz machte, galt fortan nicht mehr als Sektierer. Die Oppositionsparteien CDU/CSU und FDP, die dieses und andere vergleichbare Projekte immer vorbehaltlos unterstützt hatten, sahen daher plötzlich sehr alt aus, während grüne Positionen nicht nur vernünftig erschienen, sondern auch wachsende Zustimmung fanden.

Stand der Wahlkampf im August ganz im Zeichen der Flutkatastrophe an der Elbe, so begann sich Ende August der thematische Schwerpunkt Richtung Irak-Krieg und damit in die Außenpolitik hinein zu verschieben. Dies war erneut ein Thema, bei dem die Oppositionsparteien eigentlich nichts zu gewinnen hatten, denn sie konnten entweder nur der Bundesregierung bei ihrem Nein zum Irak-Krieg zustimmen oder aber sich von der Mehrheitsstimmung in der Bevölkerung isolieren, die diese Haltung nachdrücklich unterstützte.

Am 15. August veröffentlichte der ehemalige Sicherheitsberater des früheren Präsidenten Bush, Brent Scowcroft (auch er ein Berufsmilitär), im Wall Street Journal einen dramatischen Appell an die amerikanische Regierung unter der Überschrift: »Don't Attack Saddam«. Scowcroft bewies, anders als Henry Kissinger, angesichts des sich abzeichnenden Irak-Abenteuers Mut, indem er sich öffentlich gegen Bush und Cheney stellte. Aber die Entscheidung war ganz offensichtlich bereits gefallen. Denn nur wenige Tage später, am 26. August, ließ Vizepräsident Dick Cheney die Katze endgültig aus dem Sack. Er hielt eine Rede vor dem 103. Nationalkongress der Kriegsveteranen, die jeden Restzweifel über die Absichten der Regierung Bush erledigte:

»[...] die Herausforderungen für unser Land beinhalten mehr als nur die Verfolgung einer Einzelperson oder einer kleinen Gruppe. Der 11. September und seine Nachwirkungen haben dieser Nation die Gefahr vor Augen geführt, ebenso wie die wahren Absichten des globalen Terrornetzwerks und die Realität, dass entschlossene Feinde den Besitz von Massenvernichtungswaffen anstreben, um sie gegen uns einzusetzen.

Es besteht Gewissheit darüber, dass das al-Qaida-Netzwerk den Besitz solcher Waffen anstrebt und zumindest eingeschränkte Fähigkeiten hat, diese einzusetzen. [...] Angesichts dieser Perspektive gilt die alte Sicherheitsdoktrin nicht mehr. In den Tagen des Kalten Krieges konnten wir der Bedrohung durch Abschreckungs- und Eindämmungsstrategien begegnen. Es ist aber viel schwieriger, Feinde abzuschrecken, die kein Land zu verteidigen haben. Und Eindämmung ist nicht möglich, wenn Diktatoren Massenvernichtungswaffen beschaffen und willens sind, diese mit Terroristen zu teilen, die den Vereinigten Staaten katastrophalen Schaden zufügen wollen.

Der Fall Saddam Husseins, einem Todfeind unseres Landes, erfordert eine aufrichtige Bewertung der Fakten. [...] Im Hinblick auf Nuklearwaffen werden sich viele von Ihnen daran erinnern, dass Saddam Husseins Bestrebungen 1981 einen herben Rückschlag erlitten, als die Israelis den Reaktor in Osirak beschossen. Ein weiterer entscheidender Schlag erfolgte während und in der Folge von Desert Storm.

Aber wir wissen jetzt, dass Saddam Hussein seine Bemühungen zur Beschaffung von Nuklearwaffen wieder aufgenommen hat. [...] Viele von uns sind davon überzeugt, dass Saddam Hussein sehr bald über Nuklearwaffen verfügen wird. Wir können nur nicht abschätzen, wie bald. [...] Sollten alle seine ehrgeizigen Ziele verwirklicht werden, wären die Auswirkungen für den Nahen Osten, die Vereinigten Staaten und für den Weltfrieden enorm. Das gesamte Spektrum von Massenvernichtungswaffen wäre dann in den Händen eines Diktators [...]. Bewaffnet mit einem Arsenal dieser Waffen des Terrors und Herr über zehn Prozent der Ölreserven der Welt, könnte Saddam Hussein versuchen, die Beherrschung des gesamten Nahen Ostens anzustreben, die Kontrolle über einen Großteil der weltweiten Energiereserven zu erlangen, die Freunde der Vereinigten Staaten in der gesamten Region direkt zu bedrohen und die Vereinigten Staaten oder jede andere Nation nuklearer Erpressung auszusetzen.

Mit anderen Worten – es besteht kein Zweifel, dass Saddam Hussein jetzt Massenvernichtungswaffen besitzt. Es besteht kein Zweifel, dass er sie für den Einsatz gegen unsere Freunde, unsere Bündnispartner und gegen uns anhäuft. [...] Einsatzbereite Massenvernichtungswaffen in den Händen eines Terrornetzwerks oder eines mörderischen Diktators – oder die Zusammenarbeit dieser beiden – stellen die ernsteste Bedrohung dar, die man sich vorstellen kann. Die Risiken der Untätigkeit sind sehr viel größer als die Risiken des Handelns. [...] Diese Nation wird sich Terroristen oder Terrorregimes nicht auf Gedeih und Verderb ausliefern. [...]

Regime Change im Irak würde der Region eine Reihe von Vorteilen bringen. Wenn die gravierendsten Bedrohungen beseitigt sind, werden die freiheitsliebenden Menschen der Region eine Chance zur Förderung der Werte haben, die dauerhaften Frieden herbeiführen können. [...] Die Extremisten in der Region müssten ihre Strategie des Dschihad überdenken. Gemäßigte in der gesamten Region würden Mut fassen. Und unsere Fähigkeit zur Förderung des israelisch-palästinensischen Friedensprozesses würde verbessert, so wie es nach der Befreiung Kuwaits 1991 der Fall war. [...] Im gleichen Geiste würden wir nach einem Regime Change im Irak handeln. [...] Wichtige Entscheidungen und große Herausforderungen liegen vor uns.«

Mit Vizepräsident Cheneys Rede war es also offiziell geworden: Fortan ging es nicht mehr um Osama bin Laden und al-Qaida, sondern um Regime Change im Nahen und Mittleren Osten. Die amerikanische Regierung hatte also den sich seit Längerem ankündigenden Strategiewechsel vorgenommen und unter dem Dach ihres »War on Terror«, dem Kampf gegen den islamistischen Terrorismus, für den sie die volle Unterstützung der internationalen Gemeinschaft und auch unsere »uneingeschränkte Solidarität« hatte, eine Strategie der imperialen Neuordnung des Nahen Ostens eingeschlagen. Und um die amerikanische und internationale Öffentlichkeit von ihrem neuen Ziel Irak zu überzeugen, wurden in Washington, wie es im »Downing Street Memo« zutreffend beschrieben wurde, munter die Fakten entlang der politischen Entscheidung passend gemacht.

Und als wenn Cheneys Rede diesbezüglich noch nicht genug Klarheit gebracht hätte, legte die Sicherheitsberaterin des Präsidenten, Condoleezza Rice, am 8. September in einem langen Fernsehinterview auf CNN in Sachen Saddam Hussein und Nuklearwaffen weiter nach. Auf die Frage, wie nahe Saddam Husseins Regierung an der Entwicklung von nuklearen Fähigkeiten wäre, wenn sie ihren heutigen Wissensstand zugrunde lege, antwortete sie:

»Es gibt unterschiedliche Einschätzungen, wie nah dran er schon ist. Wir wissen, dass er aktiv nach einer atomaren Waffe strebt. [...] Wir wissen, dass es zum Beispiel Lieferungen in den Iran gab – äh – in den Irak gab, zum Beispiel von Aluminiumröhren, die eigentlich nur geeignet sind, um – Aluminiumteile in Spitzenqualität –, die eigentlich nur geeignet sind für Nuklearwaffenprogramme, Zentrifugenprogramme. Wir wissen, dass er über die Infrastruktur und die Kernphysiker verfügt, eine

Atombombe zu bauen. [...] Das Problem dabei ist, dass es immer einen gewissen Grad an Unsicherheit geben wird, wie rasch er über Atomwaffen verfügen kann. Aber wir wollen nicht, dass der rauchende Colt ein Atompilz ist.«

Das amerikanische Fernsehpublikum dürfte bei diesen Worten mit fassungslosem Entsetzen vor seinem geistigen Auge bereits einen Atompilz über New York oder Washington gesehen haben, hinter dem der wohlbekannte Schnauzbart des Bösewichts Saddam Hussein hervorlugte. Und exakt diese Wirkung war beabsichtigt.

Die Rede von Vizepräsident Cheney hatte international eine nachhaltige Wirkung, auch und gerade im deutschen Wahlkampf. Zwar hatte der Irak bereits zuvor eine Rolle im Wahlkampf gespielt, aber erst durch die Rede von Cheney rückte die Frage des heraufziehenden Irak-Krieges und wie sich Deutschland dazu verhalten sollte in den Mittelpunkt der innenpolitischen Kontroverse und auch der Wahlkampfreden. Gerhard Schröder hielt sich nicht allzu sehr mit einer differenzierenden Rhetorik und Argumentation auf, sondern sagte klar Nein zu einer deutschen Beteiligung und griff zudem die amerikanische Politik frontal als »Abenteuer« an – was in der Sache zutraf, zugleich aber in Washington bei den Bushisten und beim Präsidenten selbst als frontale Attacke verstanden wurde, was es auch war und was faktisch zu einem Abbruch der Beziehungen zwischen Kanzler und Präsidenten führte.

Die Sozialdemokraten hatten die heiße Phase ihres Wahlkampfs Anfang August begonnen, und das Nein zum Krieg gegen den Irak spielte darin eine prominente Rolle. Dann aber geschah Unerwartetes, denn plötzlich schlug die SPD einen Weg ein, den ich ihr nicht zugetraut hätte – den »deutschen Weg«! Die Ablehnung des Irak-Kriegs, des wirtschaftspolitischen Neoliberalismus mit seiner Deregulierung und Privatisierung, auch des amerikanischen Wirtschafts- und Sozialmodells wurde unter der Überschrift des »deutschen Weges« zusammengefasst. Als ich zum ersten Mal davon hörte, dachte ich, mich tritt ein Pferd. Waren die Sozis und das Kanzleramt denn jetzt endgültig von Sinnen? Hatte sich ein Journalist einfach verhört oder irgendein Hinterbänkler in der SPD etwas missverstanden? Doch mitnichten handelte es sich um einen Hörfehler oder ein Missverständnis, es war vielmehr die offizielle Wahlkampflinie der Sozialdemokraten. Sowohl der Generalsekretär Franz Müntefering als auch der Bundeskanzler verwendeten den Begriff vom »deutschen Weg«.

Dabei musste doch jeder politische Anfänger mit einem Minimum an Geschichtskenntnissen sofort erkennen, dass es vom »deutschen Weg« zum »deutschen Sonderweg« sprachlich und inhaltlich nur einen sehr geringen Abstand gab. Unsere Ablehnung des Irak-Abenteuers der Regierung Bush unter einem deutschnational angehauchten Slogan in den Wahlkampf einzuführen, darauf musste man erst einmal kommen! Alle unsere Kritiker und Gegner hätten sich nichts Besseres wünschen können. Nationalismus von links! Antiamerikanismus! Gefährdung der deutschen Westbindung! Ich sah diese Vorwürfe schon alle auf uns zukommen, und es war wohl allein der Tatsache zu verdanken, dass die SPD-Führung den »deutschen Weg« sofort wieder einsammelte und das Misstrauen gegenüber George W. Bush sowie die Ablehnung seiner Kriegspläne in der Bevölkerung so tief waren, dass es die Opposition nicht riskieren wollte, das Irak- und, in Verbindung damit, das Bündnisthema hochzuziehen. So wurden meine Befürchtungen nicht Wirklichkeit. Vor allem die Union hatte jedes Interesse daran, die Wirtschaftskrise und die Arbeitslosigkeit in den Vordergrund zu schieben, wo sie punkten konnte, und den drohenden Irak-Krieg möglichst vergessen zu machen.

Ich war nur noch sauer, da ich erstens nicht bereit war, unseren Widerspruch gegen das Abenteuer Irak durch antiamerikanische und deutschnationale Parolen zu verzerren und entwerten zu lassen, und zweitens sofort die Gefahr erkannte, die uns von einer solchen Vorgehensweise drohen konnte. Deshalb hielt ich umgehend öffentlich und frontal dagegen, indem ich den »deutschen Weg« für schlichten Quatsch erklärte, den man sofort wieder vergessen sollte. Die SPD-Führung reduzierte in der Folgezeit ihre »deutsche« Schnapsidee auf die Wirtschafts- und Sozialpolitik, d.h. auf die spezifische Form der deutschen Tradition der Sozialen Marktwirtschaft und des Sozialstaates, so wie einst der Kanzler Helmut Schmidt (SPD) in einem Bundestagswahlkampf vom »Modell Deutschland« gesprochen hatte, und damit war es gut. Aber in meinem Innern hatte ich den Schock keineswegs so schnell überwunden. Redeten da am Ende einige vom Irak-Krieg und Bush, meinten in Wirklichkeit Amerika? Ich konnte diese Auffassung auf keinen Fall teilen, denn jenseits unseres heftigen Disputs über den Irak-Krieg blieben für das wiedervereinigte Deutschland wie auch für die zusammenwachsende Europäische Union die Vereinigten Staaten von Amerika der entscheidende und unverzichtbare Partner. Jegliche Form von deutschnationaler Regression von links wäre mit mir auf keinen Fall zu machen und würde auf meinen erbittertsten Widerstand treffen. Gleichwohl wurde die Konfrontation zwischen Washington und Berlin mit jedem Tag, der ins Land ging, immer heftiger.

Die Abkühlung der Beziehungen zwischen Deutschland und den USA ging Anfang September – mitten im heißesten Bundestagswahlkampf – sogar so weit, dass der US-Botschafter in Berlin, Daniel Coats (ein früherer republikanischer US-Senator und christlicher Konservativer), der Bundesregierung öffentlich vorwarf, dass sie sich in Europa isoliert habe und berechtigte Zweifel an der Enge der deutsch-amerikanischen Beziehungen bestünden. Der Botschafter schwang also öffentlich nichts Geringeres als die Keule der Bündnisfrage, das war starker Tobak. Die Intervention des US-Botschafters wurde von Gerhard Schröder zu Recht als direkte Einmischung in den deutschen Wahlkampf zugunsten der Oppositionsparteien verstanden – und ich bin mir sicher, man tut Dan Coats nicht unrecht, wenn man ihm genau diese Absicht unterstellt –, zumal sich in Berlin hartnäckig Gerüchte hielten, dass Coats mit konservativen Verlagshäusern intensiv an einem demokratischen Regime Change in Berlin arbeiten würde, um so einer amerika- oder besser: Bush-freundlicheren Regierung unter Edmund Stoiber zum Wahlsieg zu verhelfen.

Schröder kannte diese Gerüchte nur zu gut (die tatsächlich mehr waren als Gerüchte!), und so hatte ich, nachdem die Äußerungen von Coats öffentlich nachzulesen waren, einen vor Wut schnaubenden Kanzler am Telefon, der eine sofortige Einbestellung des US-Botschafters und dessen scharfe Zurechtweisung verlangte und auch durch Gegenargumente meinerseits davon nicht abzubringen war. Ich war darüber alles andere als erfreut, da ich in der Sache unseres Neins zum Irak-Krieg keinerlei Unterschied zwischen uns sah, wohl aber gab es einen Unterschied in Form und Sprache.

Unser Nein war in der Sache richtig und sehr gut begründet, bündnispolitisch kam es aber einem Ritt auf der Rasierklinge gleich, denn zum ersten Mal stellte sich das wiedervereinigte Deutschland in aller Öffentlichkeit gegen eine außenpolitisch zentrale Entscheidung einer US-Regierung. Dieser Schritt kam in der Geschichte unseres Landes nach 1945 einer kleinen außenpolitischen Revolution gleich und bedurfte nicht noch einer Sprache und symbolischer Gesten, die die Spannungen zwischen uns und unserem wichtigsten Bündnispartner unnötigerweise weiter verstärkten. Ich war daher der Meinung, dass wir uns im Gegenteil, angesichts der Unerhörtheit unseres Widerspruchs, in Sprache und Form eher um Ausgleich und Deeskalation bemühen sollten, zumal es auch den Vorwurf des Antiamerikanismus zu entkräften galt, der uns gegenüber erwartungsgemäß sofort seitens der Opposition und in den Medien erhoben wurde.

Dazu passte aber die »Einbestellung« des US-Botschafters wie die sprichwörtliche Faust aufs Auge, denn eine solche Einbestellung galt international als die mildeste Form eines »unfreundlichen Aktes« zwischen Regierungen, der unter Freunden und Verbündeten daher völlig unüblich war. Ich war der Überzeugung, dass ein solcher symbolischer Akt in der Sache überhaupt nichts bringen würde, denn der US-Botschafter würde bis zum Wahltag sein Verhalten nicht ändern, und unsere Beziehungen zu Washington würden dadurch nur noch weiter verschlechtert werden. Der Kanzler bestand aber auf der Einbestellung, und so bat ich Staatssekretär Pleuger, den amerikanischen Botschafter zu einem Gespräch ins Auswärtige Amt zu bitten, wo ihm dieser ein weiteres Mal die Gründe für unser Nein zum Krieg gegen den Irak erläutern sollte. Das Gespräch fand in einer freundschaftlichen Atmosphäre statt.

Nicht nur im deutschen Bundestagswahlkampf spielte der drohende Krieg mit dem Irak eine zentrale Rolle, sondern dies galt ebenso für die Außenpolitik. Ich musste mich beständig zwischen dem Wahlkampf und den Verpflichtungen eines deutschen Außenministers hin und her bewegen. Wie bereits erwähnt, tagte während der beiden letzten Augusttage der informelle Außenministerrat der EU in Helsingör, bei dem nicht nur der dänische Entwurf für eine Nahost-Roadmap erörtert und unterstützt wurde. Die mit Abstand wichtigste Debatte ging um die Frage eines drohenden Krieges im Irak und wie sich die EU und ihre einzelnen Mitgliedsstaaten dazu verhalten sollten und würden. Bei diesem Treffen wurde zum ersten Mal sichtbar, dass die EU im Falle eines Krieges der USA gegen Saddam Hussein inhaltlich auseinanderfallen würde. Ich stellte in der Diskussion nochmals ausführlich unsere Analyse und die Gründe für unsere Ablehnung dar, die sich im Lichte der späteren Ereignisse überwiegend als zutreffend erwiesen haben. Aber alles Argumentieren nützte nichts, wo es um Interessen ging. In der Sache fand ich sogar sehr viel Zustimmung, aber das Gegenargument der US-Unterstützer lautete: Wenn sich die USA für einen Krieg entscheiden, so müsse man sich aus Gründen des nationalen Interesses dazu positiv verhalten. Keiner der Außenminister, nicht einmal der britische, argumentierte inhaltlich-strategisch, sondern alle begründeten die sich abzeichnende Zustimmung ihrer Regierung zu dem Krieg vor allem bündnispolitisch.

Allerdings hatte ich in Helsingör den begründeten Eindruck, dass ich für meine anwesenden Kollegen bereits der Vergangenheit angehörte, denn natürlich kannten auch sie die Umfragen aus dem deutschen Wahlkampf und rechneten fest mit einem Nachfolger von der FDP. Manche wollten von mir sogar meine Einschätzung über Wolfgang Gerhardt hören, doch ich setzte dagegen, dass ich ihnen als Außenminister der Bundesrepublik Deutschland erhalten bleiben würde. Meine Kollegen hielten dies für gespielten Zweckoptimismus angesichts einer sicheren Niederlage, und die Reaktionen bewegten sich immer zwischen unverhüllter Skepsis und einem verständnisvoll-mitleidigen Lächeln. Ich war mir zu diesem Zeitpunkt allerdings schon sehr sicher, dass Rot-Grün tatsächlich die Wahlen gewinnen würde, denn der Wahlkampf lief richtig gut für uns.

Die Vereinten Nationen verhandelten währenddessen mit

dem Regime in Bagdad, und Kofi Annan und sein Team arbeiteten intensiv daran, Saddam Hussein zu überzeugen, die Waffeninspektoren der Vereinten Nationen wieder ins Land zu lassen. Und in der Tat schien sich Bagdad unter dem Druck der US-Kriegsdrohung zu bewegen. Anfang September besuchte Hans Blix, der Chef der VN-Waffeninspektoren im Irak (UNMOVIC – United Nations Monitoring, Verification and Inspection Commission), Deutschland und wollte mich sprechen. Da ich aber im Wahlkampf unterwegs war, bestand die einzige Möglichkeit zu einem Gespräch während einer längeren Autobahnfahrt in meinem Wahlkampfbus.

Und so begleitete mich Hans Blix am 4. September in meinem Wahlkampfbus auf der Fahrt zwischen Würzburg und Ingolstadt. Wir zogen uns mit jeweils einem Mitarbeiter in den von den anderen Mitreisenden abgeschirmten hinteren Teil des Busses zurück – ein ungewöhnlicher Rahmen und Ort für ein diplomatisches Gespräch zu einem sehr ernsten Thema –, wo wir ungestört sprechen konnten. Blix informierte mich über den Stand der Gespräche zur Wiederaufnahme der Inspektionen zwischen Bagdad und New York und war durchaus optimistisch über deren erfolgreichen Abschluss. Gerade deshalb war er sehr an unseren nachrichtendienstlichen Erkenntnissen über Massenvernichtungswaffen im Irak interessiert. Ich teilte ihm unsere Einschätzung mit: keine harten Erkenntnisse über irakische Massenvernichtungswaffen; nuklear unwahrscheinlich; alles andere kann sein, kann aber auch nicht sein. Ich konnte ihm aber die volle Unterstützung der Bundesregierung für seine Arbeit zusagen, sollte es zu einer Wiederaufnahme der Inspektionen im Irak kommen. Irgendwo vor Ingolstadt, auf einem Parkplatz am Rande der Autobahn, verließ mich Hans Blix wieder und stieg mit seinem Mitarbeiter in seinen Wagen um, der unserem Bus die ganze Zeit gefolgt war.

Am 7. September flog ich dann am Nachmittag, nach einer Wahlveranstaltung in Pforzheim, mit einer Regierungsmaschine von Stuttgart nach Hannover, wo am Abend im Privathaus des Bundeskanzlers ein sogenanntes »Blaesheim-Treffen« (benannt nach dem elsässischen Ort Blaesheim, wo das erste dieser Treffen stattgefunden hatte) mit dem französischen Staatspräsidenten Jacques Chirac und seinem Außenminister Dominique de Villepin stattfand. Von deutscher Seite waren der Bundeskanzler und ich anwesend. Bei dem Treffen ging es um die Zukunft der gemeinsamen Agrarpolitik in der EU, d. h. um Geld, das Deutschland nicht länger zahlen, Frankreich aber sehr wohl länger erhalten wollte. Außerdem wurde die gemeinsame Gestaltung des vierzigsten Jahrestages des Élysée-Vertrages besprochen, mit dem die deutsch-französische Aussöhnung zu einer festen Partnerschaft geworden und eine jahrhundertealte Erbfeindschaft endgültig beendet worden war. Vor allen anderen Dingen aber ging es an jenem Abend im hannoverschen Privathaus des Bundeskanzlers um den Irak und ob bzw. wie man sich in dieser entscheidenden Frage gemeinsam positionieren könnte.

Eine deutsch-französische Übereinstimmung hätte Gerhard Schröder auf den letzten Metern des Wahlkampfes sicherlich geholfen und Edmund Stoiber geschwächt, aber genau das war es, was die französische Seite unbedingt vermeiden wollte. Man merkte es dem französischen Präsidenten durchaus an, dass er sich alles andere als sicher war, ob er es auch in Zukunft mit einem Bundeskanzler namens Gerhard Schröder zu tun haben würde und nicht mit Edmund Stoiber. In diesem für ihn wahrscheinlicheren Fall wäre aber eine zu frühe Festlegung auf ein definitives Nein zum Krieg gegen den Irak ein schwerer Fehler gewesen, denn Frankreich wäre dann mit hoher Wahrscheinlichkeit isoliert gewesen. Bei aller überbordenden Freundlichkeit Jacques Chiracs war seine große Skepsis gegenüber den Wahlchancen von Rot-Grün dennoch mit den Händen zu greifen, und so ging ich – wie es sich zeigen sollte, zu Recht – davon aus, dass es an diesem Tag zu keiner definitiven Festlegung Frankreichs in der Causa Irak kommen würde.

Dabei waren sich beide Seiten im internen Gespräch einig, dass die USA dabei wären, einen historischen Fehler zu begehen, und dass dieser die USA extrem schwächen würde. Der Westen und ganz besonders Europa könne aber keinerlei Interesse an einer geschwächten Supermacht haben. Man brauche ganz im Gegenteil starke Vereinigte Staaten von Amerika. Von dem berühmt-berüchtigten französischen Antiamerikanismus war in dem sehr offenen und vertrauensvollen Gespräch an jenem Abend im Privathaus von Bundeskanzler Schröder in Hannover nichts zu spüren, sondern ganz im Gegenteil, die französische Regierung war in tiefer Sorge um die amerikanische Stärke und Führungsfähigkeit! Dennoch wehrte Chirac das Drängen des Bundeskanzlers zu einer gemeinsamen Festlegung auf ein Nein im Sicherheitsrat freundlich, aber bestimmt ab. Dazu wäre es für Frankreich als ständigem Mitglied des Sicherheitsrates noch zu früh. Frankreich könne sich zum jetzigen Zeitpunkt eine solche Festlegung nicht erlauben und müsse sich alle Optionen offenhalten. Während der Pressekonferenz auf dem Bürgersteig vor dem Haus des Bundeskanzlers ließ sich dieser Unterschied in den Positionen von Deutschland und Frankreich nicht völlig wegerklären, auch wenn es beiden Seiten gelang, diese schwerwiegende Differenz gegenüber der Öffentlichkeit eher niedrig zu hängen.

In den internen Diskussionen mit dem Bundeskanzler und mit meinen engsten Mitarbeitern war ich voller Misstrauen gegenüber der französischen Haltung. Denn am Ende, so lehrte uns die historische Erfahrung, wenn Frankreich realisieren würde, dass es die USA von einem Waffengang nicht abhalten könne, würde es eher mitmachen, als sich von den USA zu isolieren und dadurch an Einfluss zu verlieren. Wie aber würden wir und vor allem der Bundeskanzler dastehen, wenn sich selbst Frankreich von uns abwenden würde? Diese Frage machte mir schon seit längerer Zeit große Sorgen, und diese waren nach dem Abend in Hannover noch gewachsen. Der Wahlkampf würde am 22. September zu Ende sein, die Krise um den Irak aber keineswegs. Der Wahlkampf lief mit dem zentralen Thema Irak immer besser, aber wir mussten auch über den Wahlsonntag hinausdenken und uns so positionieren, dass wir uns nicht kurze Zeit nach einem eventuellen Wahlsieg in einem diplomatischen Totalschaden wiederfinden würden.

Am nächsten Morgen, einem Sonntag, ging es dann recht früh mit dem ICE von Hannover aus nach Würzburg und weiter nach Bad Mergentheim zurück in den Wahlkampf. Der Platz war, wie fast überall in diesem Wahlkampf, übervoll mit Zuhörern, vor denen mir allerdings ein peinlicher Ausrutscher passierte: Ich verwechselte Bad Mergentheim mit der Nachbarstadt Tauberbischofsheim. Buhrufe und Gelächter waren die Reaktion – es wurde Zeit, dass dieser Wahlkampf zu Ende ging!

In diesem Jahr hatte die Generalversammlung der Vereinten Nationen angesichts der sich immer bedrohlicher aufbauenden Krise um den Irak eine ganz besondere Bedeutung. Ich musste zu ihrer Eröffnung daher unbedingt in New York anwesend sein, und so machte ich mich am 11. September von Köln aus auf den Weg nach New York. Abends nahm ich dort an einer Gedenkzeremonie der Stadt New York für die Opfer des Terroranschlags vor einem Jahr teil, bei dem auch deutsche Staatsangehörige ihr Leben verloren hatten.

Am nächsten Tag begann die Sitzungsperiode der Generalversammlung der VN, die traditionellerweise immer im September zusammentritt. Die Vereinten Nationen werden oft und keineswegs immer zu Unrecht wegen ihrer Bürokratie und ihrer mangelnden Effizienz kritisiert, aber wenn man als Vertreter seines Landes an der Generalversammlung der Vereinten Nationen teilnimmt, dann versteht man nicht nur rational, sondern auch emotional die Einmaligkeit und Unverzichtbarkeit dieser Weltorganisation, denn im Plenum der Generalversammlung sind die Vertreter aller Staaten, Kulturen, Religionen und Kontinente versammelt. Gewiss verfügen die VN als Organisation über einen sehr hohen Reformbedarf, und leider sind es die Mitgliedsstaaten selbst, vorneweg die fünf Vetomächte im Sicherheitsrat, die diese Reformen seit Langem blockieren, weil sie dadurch ihre Machtinteressen gefährdet sehen.

Die Eröffnungssitzung der Generalversammlung folgt einem strengen Ritual. Der Präsident der Generalversammlung eröffnet die Sitzung mit einer kurzen Ansprache, anschließend folgt die Rede des Generalsekretärs. Nach dem Generalsekretär der VN ergreift in der Aussprache immer als Erster der Vertreter Brasiliens das Wort (im Jahr 2002 war es der brasilianische Außenminister), bevor dann als nächster Redner der amerikanische Präsident spricht. Die Aufmerksamkeit der Delegationen liegt am ersten Tag naturgemäß zumeist auf der Rede des Generalsekretärs und der des amerikanischen Präsidenten, und dies galt ganz besonders für das Jahr 2002.

Der Saal der Generalversammlung war bis auf den letzten Platz besetzt, als Präsident Bush seine Rede begann. Es war eine Art Verlesung der Anklageschrift gegen Saddam Hussein, die allerdings, was die Fakten betraf, äußerst dürftig ausfiel. Selbstverständlich durften auch hier die Aluminiumrohre nicht fehlen, ja, sie waren so etwas wie der Ersatz für einen »rauchenden Colt«, um Saddam Husseins Pläne zum Bau einer Atombombe zu beweisen. Und so verwunderte es im weiten Rund der Generalversammlung niemanden mehr, auch mich nicht, dass der amerikanische Präsident zu dem Schluss kam:

»Die Geschichte, die Logik und die Fakten lassen nur einen Schluss zu: Saddam Husseins Regime ist eine ernsthafte und wachsende Gefahr. Von etwas anderem auszugehen, bedeutet entgegen besserem Wissen zu hoffen. Von der Redlichkeit dieses Regimes auszugehen, würde bedeuten, das Leben von Millionen Menschen und den Frieden auf der Welt tollkühn aufs Spiel zu setzen. Das ist ein Risiko, das wir nicht eingehen dürfen.«

Dann allerdings legte George W. Bush noch nach und stellte die Zukunft der VN als solche infrage, wenn sie ihm die Gefolgschaft in seinem geplanten Krieg gegen den Irak verweigern würden:

»Das Verhalten des irakischen Regimes ist eine Bedrohung der Autorität der Vereinten Nationen und eine Bedrohung für den Frieden. Seit zehn Jahren reagiert der Irak auf die Forderungen der Vereinten Nationen mit Widerstand. Die ganze Welt steht nun vor einer Prüfung und die Vereinten Nationen vor einem schwierigen und entscheidenden Augenblick. Müssen Resolutionen des Sicherheitsrats befolgt und umgesetzt oder dürfen sie folgenlos beiseite geschoben werden? Werden die Vereinten Nationen ihrem Gründungszweck gerecht oder werden sie bedeutungslos?«

Gewiss stand hinter der Drohung gegenüber den Vereinten Nationen zuerst ein taktisches Motiv, nämlich diejenigen Mitglieder zum Ja zu einer Kriegsresolution gegen den Irak zu bewegen, die eine solche Resolution zwar aus inhaltlichen Gründen ablehnten, dennoch auf keinen Fall eine Schwächung des VN-Systems zulassen wollten. Diese Sorge teilten auch die meisten Mitgliedsstaaten der Europäischen Union. Eine Schwächung der VN dürfe man auf keinen Fall zulassen, und deshalb gälte es, unter allen Umständen die USA im VN-System zu halten. Unser Gegenargument dazu lag auf der Hand: Was wäre das VN-System noch wert, wenn es sich, gegen die Tatsachen und die eigenen Überzeugungen, einem solchen Druck der Supermacht beugen würde? Die VN wären dann endgültig zu einem Instrument des amerikanischen Unilateralismus geworden und verlören ihre wesentliche Stärke, nämlich völkerrechtliche Legitimation durch Mehrheitsentscheidungen im Sicherheitsrat schaffen zu können.

Und um dieses taktische Argument noch positiv zu verstärken, erklärte Präsident Bush die Bereitschaft seiner Regierung, in der Frage Irak auch weiter mit dem Sicherheitsrat der VN zusammenzuarbeiten. Colin Powell hatte mir diesen Schritt schon Tage zuvor am Telefon mitgeteilt. Offensichtlich hatten sich in den internen Debatten Colin Powell und Tony Blair gegenüber Vizepräsident Cheney durchgesetzt, aber auch dieser Schritt in den Sicherheitsrat sollte sich nur als ein taktischer und zeitlich eng befristeter Sieg von Colin Powell erweisen. Wenn man dem Präsidenten bei seiner Rede in der Generalversammlung zuhörte, wusste man auch sofort, warum:

»Meine Nation wird mit dem VN-Sicherheitsrat daran arbeiten, dieser gemeinsamen Herausforderung zu begegnen. Wenn uns das irakische Regime wieder täuschen sollte, muss die Welt den Irak bewusst und entschieden zur Rechenschaft ziehen. Wir werden mit dem VN-Sicherheitsrat an den notwendigen Resolutionen arbeiten. [Das war der Teil Powells, J. F.] Aber über die Absichten der Vereinigten Staaten sollten keine Zweifel bestehen. Die Resolutionen des VN-Sicherheitsrates werden umgesetzt, den gerechtfertigten Forderungen nach Frieden und Sicherheit muss Folge geleistet werden – oder ein Vorgehen gegen den Irak wird unvermeidlich. Ein Regime, das seine Legitimität verloren hat, wird auch seine Macht verlieren.« Das war der Teil Cheneys, und schon beim Zuhören der Rede Bushs ließ sich unschwer erraten, welcher Teil der wichtigere war. Saddam musste entweder kapitulieren oder würde militärisch von der Macht entfernt werden, lautete die eindeutige Botschaft von George W. Bush. Am liebsten wäre es ihm, dies geschähe mit der Zustimmung des Sicherheitsrates, aber wenn nicht, dann würde es auch ohne dessen Billigung stattfinden.

Und an dieser Frage machte George W. Bush die Zukunft der Weltorganisation fest. Die Drohung des Präsidenten an die Vereinten Nationen war nicht zu überhören. Es ging Bush dabei nicht nur um Taktik, sondern dahinter steckte vielmehr Strategie. Richard Perle hatte mir dies damals am Rande einer Diskussion einmal offen gesagt. Wozu brauche man denn überhaupt noch die VN? Die Weltorganisation wäre ausschließlich ein Blockadeinstrument in den Händen von Diktatoren und autoritären Regimes. Amerika würde dies nicht mehr länger akzeptieren, sondern fortan fallweise »Koalitionen der Willigen« bilden. Auf meine Gegenfrage, woher er denn dann die Legitimation für solch einseitiges Handeln hernehmen wolle, lautete die Antwort, dass der Erfolg die Legitimation nach sich ziehen würde, und für den Erfolg würde Amerika mit seiner ganzen Macht schon sorgen. Ich muss gestehen, mir hatte es bei diesem Gespräch leicht den Atem verschlagen, was mir in meinem politischen Leben nicht allzu oft vorgekommen ist.

Jetzt erfolgte also die Infragestellung der VN durch den amerikanischen Präsidenten, durch die mächtigste Macht der Welt und Gründungsnation der Vereinten Nationen! Bush und die amerikanischen Neocons waren tatsächlich echte Revolutionäre, keine sehr klugen zwar, aber dennoch durch und durch Revolutionäre! Sie waren bereit, das gesamte System von VN und Völkerrecht unter Einsatz der geballten Macht der USA infrage zu stellen, wenn es ihren Zwecken und Zielen nicht länger diente. Eine »Koalition der Willigen« sollte von Fall zu Fall ein (aus Sicht der Neocons) korruptes und unfähiges VN-System ablösen und so den weltweiten Siegeszug der Freiheit ermöglichen. Lenin und auch Carl Schmitt hätten an diesem Denken ihre wahre Freude gehabt, kaum aber die amerikanischen Gründerväter. Die USA waren in jenen Tagen des Jahres 2002 kaum wiederzuerkennen.

Am Rande des Mittagessens, das der VN-Generalsekretär üblicherweise am ersten Tag der Generalversammlung gibt, traf ich auf Präsident Bush, der mich freundlich begrüßte und von mir wissen wollte, wie lange denn dieser verdammte Wahlkampf noch dauern würde. Anschließend müsse man unbedingt miteinander reden. Ich sagte dem Präsidenten, dass er sich nur noch wenige Tage gedulden müsse und dass ich seine Ansicht teilte, dass es zwischen unseren Regierungen nach dem Wahltag in Deutschland dringenden Gesprächsbedarf gäbe. Ich war durch die freundliche Begrüßung des Präsidenten überrascht und zog daraus den Schluss, dass man im Weißen Haus ganz offensichtlich mitbekommen hatte, dass sich in den letzten Wochen die Stimmung in Deutschland zugunsten von Rot-Grün gedreht hatte und der Präsident nun davon ausging, dass er es doch weiter mit dem ungeliebten Gerhard Schröder als deutschen Kanzler zu tun haben könnte.

Am frühen Abend flog ich dann mit dem Airbus der Bundesregierung wieder für einen Tag nach Berlin, nur um am Abend des kommenden Tages wieder zurück in New York zu sein. Denn der Bundestag debattierte am nächsten Tag den Haushaltsentwurf der Bundesregierung für das Jahr 2003, und bei dieser Debatte durfte ich auf keinen Fall fehlen, denn es würde das letzte große Kräftemessen der politischen »Elefanten« im Parlament vor der Bundestagswahl sein. Ich landete um 7.00 Uhr morgens in Tegel und saß pünktlich um 9.00 Uhr auf der Regierungsbank.

Die Debatte verlief entlang der politischen Trennlinie Schwarz-Gelb und Rot-Grün, und am Ende bestätigte sie nur, was sich seit dem Monat August langsam aufgebaut und im September immer mehr an Dynamik gewonnen hatte: Rot-Grün war im Aufwind und schickte sich sogar an, an Schwarz-Gelb vorbeizuziehen. Auch diese Debatte im Deutschen Bundestag ging eindeutig zugunsten der Regierungskoalition aus. Von Wechselstimmung war an diesem Vormittag im Parlament genauso wenig zu spüren wie draußen auf den Marktplätzen der Republik, alle Zeichen wiesen vielmehr in Richtung Wiederwahl von Rot-Grün.

Noch ein weiteres interessantes Phänomen war an diesem Morgen im Plenum des Deutschen Bundestages festzustellen: Die SPD hatte ihre Strategie der Eigenständigkeit aufgegeben und setzte jetzt, in der Schlussphase des Wahlkampfes, voll auf Rot-Grün. Und als Drittes konnte man bemerken, dass die beiden Herausforderer, Stoiber und Westerwelle, sich im direkten Vergleich mit Bundeskanzler und Vizekanzler doch sehr schwertaten. Beschwingt machte ich mich also am Nachmittag erneut auf den Weg zurück nach New York, wo ich mit etwas Verspätung zum Abendessen der G-8-Außenminister im The Pierre Hotel an der 5th Avenue eintraf und dort von meinen Kollegen mit einigem Hallo wegen meines kurzen Abstechers nach Berlin empfangen wurde. Allerdings bekam ich die Verhandlungen nur teilweise mit, weil ich vor Übermüdung immer wieder einnickte, aber es ging auch um keine besonders wichtigen Tagesordnungspunkte.

Am nächsten Tag um die Mittagszeit hielt ich meine Rede für die Bundesregierung vor der VN-Generalversammlung. In der Irak-Passage meiner Rede legte ich das Schwergewicht auf die Aufrechterhaltung des Drucks auf das Regime in Bagdad, damit es die VN-Inspektoren wieder ins Land ließe. Dies war die einzige Chance – wenn überhaupt! –, um den halben positiven Schritt in der Rede des amerikanischen Präsidenten, nämlich die Entscheidung in den VN-Sicherheitsrat zurückzuverlagern, zu einem ganzen machen zu können.

»Wir begrüßen, dass Präsident Bush in seiner jüngsten Rede den Weg in den Sicherheitsrat gegangen ist. Auch wenn es sehr schwierig werden wird, so muss doch alles getan werden, um eine diplomatische Lösung zu finden. Unmissverständlich müssen Sicherheitsrat und Mitgliedsstaaten Bagdad klarmachen, dass die uneingeschränkte und bedingungslose Wiederzulassung der Waffeninspekteure der einzige Weg ist, um eine große Tragödie für den Irak und die gesamte Region zu verhindern. Alle einschlägigen VN-Resolutionen müssen vollständig und unverzüglich durch die Regierung des Irak umgesetzt werden.« Allerdings blieb ich über die wahren Absichten der Regierung Bush mehr als skeptisch, und deswegen sprach ich den entscheidenden Punkt der amerikanischen Sicherheitsratsstrategie direkt an: »Wir wollen jedoch keinen Automatismus hin zur Anwendung militärischer Zwangsmaßnahmen.« Denn genau darum schien es der US-Regierung mit ihrem Gang in den VN-Sicherheitsrat vor allem zu gehen.

Alle unsere Einwände gegen das Abenteuer Irak kleidete ich

dann im Folgenden in Frageform, um einer weiteren Verschärfung in den bilateralen Beziehungen zwischen Deutschland und den USA vorzubeugen: »Uns stellen sich folgende zentrale Fragen: Sind wirklich alle ökonomischen und politischen Druckmöglichkeiten ausgeschöpft? Zu welchen Folgen würde ein militärisches Eingreifen führen? Was bedeutete dies für die regionale Stabilität? Welche Auswirkung hätte es auf den Nahostkonflikt? Gibt es neue und eindeutige Erkenntnisse und Fakten? Rechtfertigt die Bedrohungsanalyse, ein sehr hohes Risiko einzugehen – die Verantwortung nämlich für Frieden und Stabilität der ganzen Region, und zwar für Jahre oder sogar Jahrzehnte? Träfe dies bei den arabischen Nachbarn auf Zustimmung? Welche Folge hätte es für den Fortbestand der weltweiten Koalition gegen den Terrorismus? Angesichts dieser offenen Fragen sind wir voll tiefer Skepsis gegenüber einem militärischen Vorgehen und bleiben bei unserer Haltung.

Gestatten Sie mir auch die weitere Frage, ob nicht eine Friedenslösung im Nahen Osten wesentlich mehr zur Herstellung regionaler Stabilität, zu einer wirksamen Bekämpfung des Terrorismus und zur effektiven Kontrolle und Abrüstung der Massenvernichtungsmittel beitragen könnte. Und würde damit nicht auf viel wirksamere Weise das Regime in Bagdad isoliert und ein politischer Veränderungsdruck entstehen? Und wäre nicht dieser kooperative Ansatz zur Neuordnung der Region der aussichtsreichere Weg zu einer Demokratisierung des Nahen Ostens, die von den regionalen Mächten mitgetragen würde?«

Mir war es wichtig gewesen, unser Nein zu dem heraufziehenden Krieg gegen den Irak vor dem Forum der Weltgemeinschaft in der Sache zu begründen, denkbare Alternativen anzusprechen und zugleich jede weitere Verschärfung zwischen den Regierungen in Washington und Berlin zu vermeiden. Dass die USA den Weg über den Sicherheitsrat gehen wollten, war ein eindeutiger Fortschritt und bedeutete vor allem eines, nämlich Zeitgewinn. Ansonsten machte ich mir keinerlei Illusionen, dass die Debatte in New York die amerikanische Regierung auch nur ein Jota von ihrem eingeschlagenen Kurs abbringen würde.

Am frühen Abend flog ich dann erneut zurück nach Deutschland, wo ich am nächsten Morgen, einem Sonntag, in Köln landete. Von dort ging es unverzüglich weiter in den Wahlkampf, nach Aachen, wo um die Mittagszeit auf dem überfüllten Marktplatz eine weitere Wahlveranstaltung stattfand. Die Mobilisierung in diesem Wahlkampf war einfach unglaublich und so noch nie da gewesen. »Wir gewinnen!«, sagte ich mir, und diesen Satz sollte ich im Stillen und auch laut gegenüber dem Wahlkampfteam mit jedem weiteren Tag immer öfter und freudiger wiederholen. Nach der Wahlveranstaltung ging es unverzüglich weiter zum Flughafen in Maastricht, wo bereits ein kleines Propellerflugzeug auf uns wartete, das die grüne Partei für uns gechartert hatte. Der Eigentümer, ein freundlicher älterer Herr, war zugleich Pilot und Steward in einem. Wir klemmten uns also hinein und brummten dann los Richtung Berlin. Dort sollte am Abend der rot-grüne Wahlkampfhöhepunkt auf dem Pariser Platz vor dem Brandenburger Tor stattfinden. Die beiden Hauptredner würden Gerhard Schröder und ich selbst sein.

Zwanzigtausend Menschen waren zum Brandenburger Tor gekommen, und die Stimmung war großartig. Die Kölner Rockband BAP mit Wolfgang Niedecken heizte mächtig ein, und die rot-grüne Anhängerschar – es waren auch viele Kabinettsmitglieder und Bundestagsabgeordnete anwesend – ließ sich von der Musik mitreißen. Gerhard Schröder und ich hielten umjubelte Reden, und voller Optimismus starteten beide Parteien in die letzte Woche dieses langen Wahlkampfes.

Parallel dazu hatten sich an jenem Sonntag in New York große Ereignisse angekündigt. Kofi Annan, der Generalsekretär der Vereinten Nationen, sprach mit Hans Blix darüber, dass er eine positive Entscheidung der irakischen Regierung erwarte, die VN-Waffeninspektoren wieder einreisen zu lassen. Und in der Tat erhielt Kofi Annan den offiziellen Brief des irakischen Außenministers Nadschi Sabri am Montagnachmittag, der ihm die Einwilligung des Irak zur Wiederaufnahme der Waffeninspektionen mitteilte.

Die Nachricht aus New York schlug wie ein Blitz in den deutschen Wahlkampf ein. Die Opposition jubelte: Nun könne man sehen, dass sich militärischer Druck ausgezahlt hätte und wie unverantwortlich die frühe Festlegung auf ein Nein durch Bundeskanzler Schröder gewesen wäre. Allerdings drang dieses

Argument der Opposition in der deutschen Öffentlichkeit nicht mehr durch, und zwar zu Recht, weil es falsch war: Wäre es nämlich der US-Regierung mittels des Aufbaus eines militärischen Druckszenarios nur um die Wiederzulassung der VN-Waffeninspekteure gegangen, so hätte es niemals eine Kontroverse mit uns gegeben, dieses Ziel hatten wir immer unterstützt. Um die Wiederaufnahme der Arbeit der Inspektoren ging es Bush und Cheney aber gerade nicht, wie bereits damals zweifelsfrei klar war, sie wollten den militärisch erzwungenen Regimewechsel.

Dennoch bot das Einlenken Saddam Husseins eine weitere unverhoffte Chance, die in Verbindung mit dem amerikanischen Gang in den Sicherheitsrat vielleicht eine Vermeidung des Krieges ermöglichen würde. Ich begrüßte daher nachdrücklich diese Chance, warnte aber zugleich davor, dass in Washington jetzt nicht die Massenvernichtungswaffen in den Hintergrund und der Regime Change in den Vordergrund treten dürften.

In der letzten Woche gab es nochmals einen großen Aufreger im Wahlkampf, dessen Schockwellen internationale Auswirkungen haben sollten und das Verhältnis zwischen Kanzler und US-Präsident noch weiter zerrütteten, was ich kaum noch für möglich gehalten hätte. Das »Schwäbische Tagblatt«, eine Zeitung aus Tübingen, deren Existenz mir bis dahin verborgen geblieben war, berichtete, dass die Justizministerin Herta Däubler-Gmelin auf einer Veranstaltung mit Gewerkschaftsmitgliedern in ihrem Wahlkreis den amerikanischen Präsidenten George W. Bush mit Adolf Hitler verglichen haben sollte: »Bush will von seinen innenpolitischen Schwierigkeiten ablenken. Das ist eine beliebte Methode. Das hat auch Hitler schon gemacht.« Herta Däubler-Gmelin konnte ihre schwäbische Aussprache nicht verleugnen und verfügte zudem über eine scharfe Zunge. Im Schwäbischen nennt man diese Eigenschaft eine »Schwertgosch«, aber diesmal war die Justizministerin entschieden zu weit gegangen.

Die amerikanische Regierung war völlig zu Recht hell empört, denn der Vergleich eines gewählten Präsidenten der USA mit Hitler – was immer man auch an der Politik dieses Präsidenten zu kritisieren hatte – war bodenlos daneben und schlicht abwegig. Die USA hatten gemeinsam mit ihren Verbündeten im Zweiten Weltkrieg Europa von dem völkermörderischen Joch der deutschen Nazis befreit, Westdeutschland und Westberlin über fünf Jahrzehnte hinweg vor der Sowjetunion geschützt und ganz entscheidend zur Wiedervereinigung unseres Landes beigetragen. Man erwartete in Washington, dass der Kanzler die Ministerin unverzüglich entlassen würde, was aber nicht geschah. Dies sollte dann erst mit der Bildung des zweiten Kabinetts Schröder geschehen, dem Herta Däubler-Gmelin nicht mehr angehörte.

Trotz dieser für helle Aufregung sorgenden Äußerungen der Bundesjustizministerin konzentrierte ich mich in den verbleibenden Tagen auf den Wahlkampf: Montag Bielefeld, Dienstag Hamburg, Mittwoch München, Donnerstag Köln und Freitag der Wahlkampfabschluss in Berlin. Mein Auftritt auf dem Münchner Marienplatz vor dem Rathaus bildete dabei den absoluten Höhepunkt meines Bundestagswahlkampfes 2002. Das Wetter meinte es gut mit uns, 8000 Menschen (eine für uns Grüne bisher nicht erreichbare Dimension an Mobilisierung) waren gekommen und die Stimmung war ganz auf Wahlsieg eingestellt. Selbstverständlich spielte in München der »Anti-Stoiber-Effekt« bei dieser großen Mobilisierung eine erhebliche Rolle, denn es ging nicht nur um die Bundestagswahlen, sondern auch darum, der in Bayern scheinbar unbesiegbaren CSU und ihrem Ministerpräsidenten endlich einmal eine Niederlage beizubringen.

Ich war auch deswegen schon seit längerer Zeit so siegesgewiss, weil ich im Laufe der vielen Jahre, die ich aktiv an Bundes- und Landtagswahlkämpfen teilgenommen hatte, zu der Überzeugung gekommen war, dass Wahlen letztendlich durch die Stärke der öffentlichen Mobilisierung entschieden werden. Ich hatte genug Wahlen erlebt, bei denen die Mobilisierung lausig war und die wir Grüne mit Pauken und Trompeten verloren hatten. Das schlimmste Beispiel waren die Einheitswahlen 1990, wo es jenseits der Stammwählerschaft faktisch eine Null-Mobilisierung gab, und entsprechend desaströs gestaltete sich dann auch das Wahlergebnis. Und ich hatte umgekehrt viele Wahlkämpfe erlebt, bei denen die Mobilisierung hoch war und die wir dann auch mit einem guten bis sehr guten Ergebnis beendet hatten. Diesmal stellte die Mobilisierung während des Wahlkampfes alles von mir bisher Erlebte weit in den Schatten. Und so sollte das Ergebnis dann auch aussehen.

Am Abend des Wahlsonntags dauerte es lange, nervenaufreibende Stunden, bis klar war, dass Rot-Grün die Mehrheit verteidigt hatte. Der Abend verlief leicht bizarr, da sich der Herausforderer bereits recht früh zum Sieger erklärte, obwohl zu diesem Zeitpunkt noch gar nichts entschieden war, und einige Zeit später dann die Hochrechnungen zugunsten von Rot-Grün kippten. Edmund Stoiber hatte in dieser Nacht ein echtes Problem, die Wirklichkeit zur Kenntnis zu nehmen. Und auch die FDP feierte frenetisch, wie man im Fernsehen verfolgen konnte, allerdings nicht ihre Wahlniederlage, sondern die öffentliche Abrechnung mit ihrem stellvertretenden Bundes- und nordrhein-westfälischen Landesvorsitzenden Jürgen Möllemann, der daraufhin am nächsten Tag sein Amt als stellvertretender Bundesvorsitzender der Liberalen niederlegte.

Möllemann hatte in den letzten Tagen vor der Wahl noch einmal versucht, mittels einer Anleihe beim Antisemitismus verloren gegangenen Boden für die FDP gutzumachen. In einem von ihm persönlich finanzierten und im Sinne des Presserechts verantworteten Flugblatt griff er den Vizepräsidenten des Zentralrats der Juden in Deutschland, Michel Friedman, und den israelischen Premierminister Scharon frontal an, obwohl der Nahostkonflikt im Bundestagswahlkampf 2002 bis dahin keine Rolle gespielt hatte. Die Botschaft richtete sich klar an den rechten Wählerrand. Allerdings ging Möllemanns braune Rechnung nicht auf, die FDP blieb von den Grünen klar geschlagen auf dem vierten Platz und damit unterhalb einer schwarz-gelben Mehrheit. Umso größer war allerdings dann in der Wahlnacht der Zorn auf Möllemann, als die Liberalen ihre Niederlage eingestehen mussten.

Die Sozialdemokraten (38,5 Prozent) blieben bei den Zweitstimmen mit einem Minus von 2,4 Prozentpunkten ganz knapp (6027 Stimmen) vor den Christdemokraten (38,5 Prozent) stärkste Partei, allerdings erhielt Rot-Grün gegenüber Schwarz-Gelb 577 567 Zweitstimmen mehr, wovon diesmal 571 540 von den Grünen (8,6 Prozent) kamen. Dies war unsere Differenz zur FDP (7,4 Prozent) in absoluten Zahlen oder 1,2 Prozentpunkte. Wichtig war darüber hinaus, dass die PDS bei 4 Prozent hängen blieb und nur noch mit zwei direkt gewählten Abgeordneten im Bundestag vertreten war. Gemeinsam mit vier Überhangmandaten für die SPD (CDU/CSU ein Überhangmandat) führte dies zu einer Mehrheit von elf Mandaten für Rot-Grün gegenüber Schwarz-Gelb, und das hieß lediglich vier Mandaten über der sogenannten Kanzlermehrheit, die im 15. Deutschen Bundestag bei 302 Mandaten lag. Es war eine denkbar knappe Mehrheit, aber »Mehrheit ist Mehrheit« lautete ein alter parlamentarischer Kalauer, und zudem hatte die Erfahrung gelehrt, dass knappe Mehrheiten auf die Abgeordneten durchaus disziplinierend wirkten und keineswegs die Handlungsfähigkeit einer Koalition einschränken mussten.

Hatten 1998 Gerhard Schröder und seine Sozialdemokraten die Bundestagswahl gewonnen, so konnten dies im Jahr 2002 die Grünen mit Fug und Recht von sich behaupten. Wir hatten Rot-Grün – gegen alle Vorhersagen in den Umfragen und in den Medien – gerettet! Und wir hatten alle unsere Wahlziele erreicht: Rot-Grün verteidigt, 8 Prozent plus x erreicht und waren drittstärkste Partei geblieben. Und darüber hinaus hatten wir Grüne unsere mehr als vier Jahre andauernde Niederlagenserie bei Bundestags- und Landtagswahlen in der entscheidenden Wahl beendet. Auch dies war von nicht zu unterschätzender Bedeutung für unsere Partei.

Das Kokettieren des Kanzlers und der SPD mit anderen politischen Optionen hatte sich fortan ebenfalls erledigt, da es für die SPD mit der FDP auch rechnerisch nicht reichen würde. Und im Berliner Bundestagswahlkreis Friedrichshain-Kreuzberg-Prenzlauer Berg-Ost gab es einen weiteren großen Wahlsieg für die Grünen zu feiern. Mein alter innerparteilicher Widersacher vom linken Flügel der Grünen, Hans-Christian Ströbele, war dort direkt gewählt worden, nachdem er keinen sicheren Listenplatz auf der Landesliste mehr erreicht hatte. Zum ersten Mal hatte damit ein Grüner einen Bundestagswahlkreis direkt gewonnen, eine große Leistung, vor der ich Respekt hatte und über die ich mich aufrichtig freute. Ströbele hatte ein Plakat von sich kleben lassen, auf dem unter anderem mit dem Satz »Ströbele wählen heißt Fischer quälen« zu seiner Wahl aufgefordert wurde. Aber das erste grüne Direktmandat war mir eine solche Qual durchaus wert.

Kurz vor Mitternacht fuhr ich dann noch vom Tempodrom, wo die grüne Wahlparty stattfand, in das nicht weit entfernte Willy-Brandt-Haus, die Zentrale der SPD in der Berliner Wilhelmstraße. Die Stimmung dort war ebenso überschäumend wie bei uns Grünen. In Gerhard Schröders Büro des Parteivorsitzenden gratulierten wir uns gegenseitig, analysierten kurz die vorliegenden Ergebnisse, verabredeten uns auf schnelle Koalitionsverhandlungen und genossen ansonsten gemeinsam unseren Triumph. Irgendwann meinte Gerhard Schröder, wir sollten beide noch kurz bei der Wahlparty seiner Partei im Erdgeschoss vorbeischauen, und dort wurden wir beide von euphorisierten Sozialdemokraten bejubelt. Für den sozialdemokratischen Parteivorsitzenden war es wohl fast schon zu viel des Jubels für einen Grünen.

Es war ein langer und harter Wahlkampf gewesen, bei dem zum ersten Mal in der Geschichte grüner Bundestagswahlkämpfe wirklich alles perfekt gestimmt hatte, und der Erfolg gab uns recht. Und *uns* meint all die vielen Mitarbeiterinnen und Mitarbeiter, das Wahlkampfteam, die Sicherheit, die Technik, die Agentur, die Kreis- und Landesverbände und wer auch immer diesen Wahlkampf möglich gemacht und auf den verschiedensten Positionen mit durchgefochten hatte. Sie alle hatten damals, als wir zu Beginn des Jahres in den Umfragen bei vier Prozent lagen und in den Medien bereits als politisch tot gehandelt wurden, die Flinte nicht ins Korn geworfen, sondern an unsere Chance geglaubt, für diese unermüdlich gearbeitet und gekämpft – und in dieser Nacht gewonnen. Rot-Grün hatte sich also doch nicht nur als Episode in der Geschichte unseres Landes erwiesen, sondern an jenem 22. September 2002 vom deutschen Volk das Mandat erhalten, vier weitere Jahre Deutschland zu regieren. Es war meine schönste Wahlnacht, und dies sollte sich auch in der Zukunft nicht mehr ändern.

»THE AXIS OF WEASELS«
UND DER KAMPF
UM KRIEG UND FRIEDEN

Mit der ersten Wiederwahl tritt jede Regierung in eine gefährliche Phase ein, denn unbemerkt beginnt in der Fortsetzung des Alten etwas völlig Neues. Die zweite Amtszeit einer Regierung erfolgreich zu gestalten, hört sich daher einfacher an, als es tatsächlich ist, denn die größere Erfahrung der Akteure lädt zur Selbstüberschätzung ein, und alles geht scheinbar so weiter wie bisher – wohlgemerkt, *scheinbar*. Denn diese Annahme von Kontinuität erweist sich in der Regel als ein fundamentaler Irrtum, tatsächlich unterscheidet sich die erste von der zweiten Amtszeit gravierend, da sich die für die Öffentlichkeit nicht sichtbaren – und selbst den Akteuren oft nicht bewussten – politisch-psychologischen Antriebskräfte nach einer ersten Wiederwahl nachhaltig ändern.

Überleben ist alles, nicht nur in der Natur, sondern auch in der Politik – und so auch für eine gewählte Regierung in einem demokratischen Verfassungsstaat. Der Lohn, ganz oben die Politik der Bundesrepublik Deutschland führen zu dürfen, drückt sich nicht in Geld aus, sondern in der Möglichkeit, Geschichte gestalten zu können. Und die Chancen dazu nehmen mit der Länge der Amtszeit selbstverständlich zu. Ein zweites Element ist aber von noch sehr viel größerer Bedeutung: Eine Wiederwahl ist mehr als die erneute Legitimierung durch das Volk. Wenn ein Kanzler oder seine Regierungsmehrheit zum ersten Mal gewählt wird, so verdanken sie diesen Erfolg meistens dem Überdruss an ihrer Vorgängerregierung. Beim zweiten Mal dagegen ist es eine Bestätigung der eigenen Leistungen. Dadurch verliert eine Regierungsmehrheit das Stigma des eher Zufälligen, und so verwundert es nicht, dass das zentrale Motiv eines Bundeskanzlers in seiner ersten Amtszeit seine Wiederwahl ist. Fast alle wichtigen Entscheidungen werden in den ersten vier Jahren zuerst und vor allem unter diesem Gesichtspunkt analysiert und angegangen.

So bedeutet der Augenblick der Wiederwahl für die Motivation der Regierungsakteure eine scharfe Zäsur, die als solche jedoch so gut wie nicht wahrgenommen wird. Waren wir im Herbst 1998 noch voller innerer Freude und Erregung, als Bundespräsident Herzog uns die Ernennungsurkunden als Bundesminister aushändigte, so war vier Jahre später alles Außergewöhnliche, ja Tagtraumhafte der Routine des Regierungsalltags gewichen. In dieser nicht erkannten Zäsur nach einer Wiederwahl liegt sehr oft zugleich die Ursache für den kommenden Abstieg und gar das Scheitern einer Regierung verborgen: Fortan fehlt ihr das zentrale Motiv der Wiederwahl, der Bestätigung. Gewiss wollen Kanzler auch ein drittes und viertes Mal wiedergewählt werden, die wenigsten Politiker vermögen es, die Macht aus freiwilligem Antrieb loszulassen, aber das zentrale Motiv des Handelns hat sich entscheidend verändert, weil nunmehr das Unbedingte fehlt. Und ein Kanzler oder eine Kanzlerin wissen insgeheim, dass sie irgendwann abgewählt werden, sofern sie nicht zuvor zurücktreten, denn in einer Demokratie ist eben alle verliehene Macht nur von begrenzter Zeit.

Hinzu kommt durch die erneute Bestätigung ein nicht zu unterschätzendes Element von Selbstüberschätzung der Regierenden – der Autor weiß, worüber er schreibt. Bei den meisten Akteuren gerät nur allzu leicht in Vergessenheit, dass es bei der Wiederwahl einer Regierung überwiegend um die Leistungen in der Vergangenheit geht, ihr aber keineswegs ein Blankoscheck für die Zukunft ausgestellt wird. Gewiss, das Vertrauen in die Regierung wurde ebenfalls durch die Mehrheit bestätigt, aber dieses Vertrauen, das man über viele Jahre hinweg mühselig aufbauen muss, lässt sich innerhalb weniger Wochen oder auch nur Tagen völlig ruinieren. In den Wahlkämpfen werden in der Regel Versprechungen gemacht, die sich hinterher nicht realisieren lassen und deshalb flugs wieder eingesammelt werden müssen. Nach so manchem grandiosen zweiten Wahlsieg erfolgen deshalb sehr heftige Abstürze, und auch Rot-Grün folgte nach dem Wahlsieg diesem Zug so vieler demokratisch wiedergewählter Regierungen in Richtung Klippe.

Bereits am 25. September, drei Tage nach der Bundestagswahl, begannen im Willy-Brandt-Haus die Koalitionsverhandlungen, und diese Eile sollte sich als ein Riesenfehler erweisen, denn wir alle waren durch die zahlreichen Krisen, den harten Regierungsalltag und den sehr langen Wahlkampf erschöpft und an den individuellen Grenzen unseres Leistungsvermögens angekommen. Alle Beteiligten hätten sich wenigstens eine Woche Urlaub leisten sollen, weil wir dann ausgeruht und wieder voll bei Kräften mit hoher Wahrscheinlichkeit einige schwere Schnitzer gleich zu Beginn unserer zweiten Amtszeit hätten vermeiden können.

Im Zentrum der Verhandlungen stand die wirtschaftliche und finanzielle Situation des Landes: Die Arbeitslosigkeit stieg beständig weiter an, die deutsche Wirtschaft verlor an Wettbewerbsfähigkeit, der Arbeitsmarkt war zu unflexibel und die öffentlichen Haushalte gerieten angesichts des dadurch verursachten Anstiegs der Sozialausgaben immer stärker unter Druck. Darauf konnte es unsererseits nur eine Antwort geben, nämlich dass Rot-Grün energische Reformen des Arbeitsmarktes und des Sozialstaates angehen musste. Diese Strategie hatte jedoch einen ganz zentralen Nachteil, nämlich dass sich diese Reformen gegen die Interessen wichtiger sozialdemokratischer Wählergruppen richten würden. Wenn aber die öffentlichen Haushalte nicht definitiv aus dem Ruder laufen und Deutschland nicht anhaltend die Drei-Prozent-Verschuldungsobergrenze des Vertrages von Maastricht verletzten sollte, dann führte gleichwohl an der Reduzierung staatlicher Transferleistungen und an der weiteren Flexibilisierung des Arbeitsmarktes kein Weg vorbei. Damit wäre aber der Konflikt zwischen der rotgrünen Bundesregierung und den Gewerkschaften programmiert gewesen.

Gerhard Schröder hatte die Notwendigkeit weiterer Reformen erkannt, auch wenn er noch lange nicht so weit war, wirklich schmerzhafte und damit für ihn politisch gefährliche Veränderungen anzupacken. Zur Durchsetzung weiterer Reformschritte plante der Kanzler die Zusammenlegung des Wirtschafts- und des Arbeits- und Sozialministeriums, und ich unterstützte ihn während der Koalitionsverhandlungen in seiner Absicht. Diese Unterstützung galt auch seinem Personalvorschlag, als neuen

Superminister für Wirtschaft und Arbeit den nordrhein-westfälischen Ministerpräsidenten Wolfgang Clement zu benennen, der zugleich Mitglied der sozialdemokratischen Delegation bei den Koalitionsverhandlungen war. Sowohl die Organisations- als auch die Personalentscheidung sollte sich als Fehler erweisen. Wolfgang Clement war ein guter Wirtschaftsminister, obwohl es vor allem in Energie- und Umweltfragen oft heftige Sachkontroversen zwischen ihm und den Grünen gab, aber als Arbeitsminister agierte er zu technokratisch, um in den Gewerkschaften und in den von den Reformen des Arbeitsmarktes betroffenen Teilen der Bevölkerung auch nur in Ansätzen zu überzeugen.

Seine Aufgabe wurde darüber hinaus noch dadurch erschwert, dass er ein Superministerium steuern und verwalten musste, das in seinen beiden Teilen einfach nicht zusammenpasste. Das Wirtschaftsministerium war das »Marktministerium« schlechthin, das über Jahrzehnte hinweg von Ministern aus der FDP geführt worden war, während das Arbeitsministerium zu Recht als das »Gewerkschaftsministerium« galt. Hund und Katze hätten besser zueinandergepasst als die Ressorts Wirtschaft und Arbeit, und entsprechend war auch das Ergebnis, als es mit den Reformen des Arbeitsmarktes und der sozialen Sicherungssysteme ernst wurde.

Der zweite große Fehler von Gerhard Schröder während der Koalitionsverhandlungen war, es zuzulassen – und darin hatte ich ihm heftig widersprochen –, dass faktisch der Bundesfinanzminister den wichtigsten Teil der Koalitionsverhandlungen gestaltete. Hans Eichel hatte zum Sparen ein fast schon libidinöses Verhältnis (was für einen Finanzminister durchaus von großem Vorteil sein kann), darüber hinaus aber war er von der Idee der »Steuersystematik« besessen, d. h. der Durchsetzung eines einfachen, gerechten und nachvollziehbaren Steuersystems. In der Theorie klingt dies alles wunderbar und wird in Talkshows und in den Medien immer nur auf große Zustimmung treffen. Sobald es aber konkret wird, bedeuten so klangvolle Begriffe wie »Subventionsabbau«, »gleiche Besteuerung« etc. für große und mächtige Interessengruppen nichts anderes als faktische Steuererhöhungen, und so hatte es der Finanzminister ja auch gemeint. Dem beständig klammen Hans Eichel saß zudem wegen der zu hohen Staatsverschuldung der Bundesrepublik Deutschland die EU-Kommission im Nacken.

Man weiß, dass der Mensch kein perfektes Wesen ist und auch niemals sein wird. Er nimmt gern und gibt nur äußerst ungern, zumal dem Finanzamt. Die Steuerentlastungen als ein Ergebnis der rot-grünen Steuerreform waren in der Öffentlichkeit bereits »konsumiert« worden, wie man in der Politik durchaus zutreffend dazu sagt, während wir Rot-Grüne fortan an mehreren Tagen in der Woche die Öffentlichkeit mit immer neuen »steuersystematischen« Horrormeldungen traktierten. Den Steuersystematikern im Finanzministerium ging es nämlich angesichts des zunehmend defizitären Bundeshaushalts unter anderem um die Erhöhung der staatlichen Einnahmeseite. Und so erledigten wir in unvergleichlich effektiver Weisc die Arbeit der Opposition gleich mit – so wie es diese selbst niemals vermocht hätte.

Zudem fanden die Koalitionsverhandlungen unweit vom Berliner Regierungsviertel in der SPD-Zentrale statt, und die zahlreichen Medienvertreter nutzten die ihnen gebotene Chance der regen Teilnahme an den Koalitionsverhandlungen sehr gerne. Jeden Tag wurde die Presse offiziell durch die Parteivorstände und inoffiziell durch das Geschnatter interessierter Teilnehmer der Koalitionsverhandlungen unterrichtet. Wir hatten uns also unseren täglichen Medienverstärker perfekt organisiert, und was dieser dröhnend ins Land hinaus vermeldete, ließ zahlreiche Wähler in Schockstarre verfallen und folglich die Glaubwürdigkeit des Kanzlers in den Umfragen in einer Geschwindigkeit dahinschmelzen wie Schnee in der sommerlichen Mittagssonne. Der Absturz war brutal.

Anders als 1998 hatten wir es diesmal nicht mit schwierigen Sachkompromissen oder einer tief gespaltenen SPD zu tun, und dennoch endeten die Koalitionsverhandlungen in einem beispiellosen öffentlichen Debakel, vor allem für den Bundeskanzler. In diesen Koalitionsverhandlungen wurde ich dann auch zum ersten Mal mit jenem politischen Mysterium konfrontiert, das mit einer Wiederwahl einhergeht. Fritz Kuhn, einer unserer beiden Parteivorsitzenden, und ich versuchten in einem Achtaugengespräch mit Gerhard Schröder und Hans Eichel zwar, die Verhandlungen von einer eisern am Sparen orientierten, leider aber in der damaligen Situation der deutschen Wirtschaft prozyklischen Haushaltspolitik wegzuverlagern in Richtung einer vorsichtigen antizyklischen Haushaltspolitik, auch hin zu mehr Strukturreformen am Arbeitsmarkt und in den Sozialsystemen (was knapp sechs Monate später dann geschehen sollte), um so die Investitionsbereitschaft in Deutschland wieder zu erhöhen. Aber wir holten uns lediglich eine Abfuhr, die der Finanzminister voller Stolz prompt als seinen Sieg in der Presse lancieren ließ.

Diese missratenen Koalitionsverhandlungen sollten wegen des dabei erfolgten Ansehensverfalls des Bundeskanzlers zu Beginn des nächsten Jahres noch gewichtige außenpolitische Weiterungen zeitigen, die Rot-Grün an den Rand des Scheiterns brachten. Die Beteiligten, auch ich, ahnten davon aber noch nichts, als wir im Oktober 2002 schließlich mit einem gewaltigen Seufzer der Erleichterung die Koalitionsverhandlungen beendeten und am 16. Oktober in der Neuen Nationalgalerie in Berlin den zweiten rot-grünen Koalitionsvertrag unterzeichneten. Nach dem Ende der Veranstaltung erinnerte ich Gerhard Schröder daran, dass er mir versprochen hatte, dass ich nach der Bundestagswahl als Vertreter der Bundesregierung am europäischen Verfassungskonvent teilnehmen könnte. Der Kanzler stimmte sofort zu, und so löste ich Peter Glotz im europäischen Verfassungskonvent ab.

Am 22. Oktober wurde Gerhard Schröder vom Deutschen Bundestag in geheimer Wahl mit 305 Stimmen – drei Stimmen über der Kanzlermehrheit – erneut zum Bundeskanzler der Bundesrepublik Deutschland gewählt. Rot-Grün verfügte über 306 Mandate, ergo fehlte Gerhard Schröder eine Stimme aus dem Regierungslager. Damit mussten und damit konnten wir leben und regieren.

In der Außenpolitik galt es nun, einerseits sowohl unser Verhältnis zu den USA (genauer das Verhältnis Kanzler – Präsident) so gut es ging zu reparieren als auch, uns weiter mit allen Kräften für die Vermeidung eines Krieges gegen den Irak einzusetzen. Diese beiden Ziele standen aber, angesichts der Entschlossenheit von George W. Bush zum Krieg, in einem kaum auflösbaren Widerspruch zueinander. Zudem hatten der Hitler-Vergleich der Justizministerin und die zögerliche Reaktion des Bundeskanzlers in Washington im Allgemeinen und im Weißen Haus im Besonderen wirklich böses Blut hinterlassen. George Bush hatte Gerhard Schröder nicht zu seiner Wiederwahl gratuliert, was in der Geschichte der deutsch-amerikanischen Beziehungen seit der Gründung der Bundesrepublik ein einmaliger Vorgang war. Es war zwar schon vorgekommen, dass ein amerikanischer Präsident zu früh und damit dem falschen Kandidaten zum Wahlsieg gratuliert hatte – so geschehen mit Richard Nixon und Kurt Georg Kiesinger in der Wahlnacht 1969 –, aber keinerlei Gratulation kannte man bis dato nicht. Ich selbst empfand den Verzicht auf eine Gratulation weniger als einen diplomatischen Eklat als vielmehr einen Ausdruck von Ehrlichkeit, da man im Weißen Haus angesichts der Wiederwahl von Gerhard Schröder wohl ziemlich drastisch geflucht haben dürfte. Zu gratulieren gab es da nicht allzu viel.

In der Zwischenzeit hatte sich die Causa Irak in den USA entschieden weiter Richtung Krieg entwickelt, denn am 10. Oktober hatte das Repräsentantenhaus und am nächsten Tag der Senat mit großer Mehrheit einer Resolution zugestimmt, die den US-Präsidenten zum Krieg gegen den Irak ermächtigte:

»Diese gemeinsame Resolution könnte man als ›Ermächtigungsresolution zur Anwendung militärischer Gewalt gegen den Irak von 2002‹ bezeichnen. [...] Der Präsident ist ermächtigt, die Streitkräfte der Vereinigten Staaten so einzusetzen, wie er es als notwenig und angemessen erachtet, um 1.) die nationale Sicherheit der Vereinigten Staaten gegen die fortgesetzte Bedrohung durch den Irak zu verteidigen; und 2.) alle relevanten Irak-Resolutionen des VN-Sicherheitsrates durchzusetzen.«

Diese Resolution war faktisch nichts Geringeres als eine Kriegserklärung des amerikanischen Kongresses an den Irak. Im Senat stimmte auch die Mehrheit der Demokraten für diese Kriegsresolution, im Repräsentantenhaus war es eine starke Minderheit der demokratischen Fraktion. Damit aber blieb als letzte Hoffnung nur noch der Sicherheitsrat der Vereinten Nationen in New York, um einen Krieg mit all seinen fatalen Folgen zu verhindern.

Während der Koalitionsverhandlungen konnte ich Berlin unmöglich verlassen und eine Reise nach Washington antreten, aber diese Reise galt es jetzt, nach dem Abschluss der Verhandlungen, dringend nachzuholen, und so machte ich mich schließlich am Vormittag des 30. Oktober auf den Weg in die amerikanische Hauptstadt, um gemeinsam mit meinem amerikanischen Kollegen Colin Powell die Reparaturarbeiten an den deutsch-amerikanischen Beziehungen zu beginnen. Auf uns wartete eine Aufgabe, die alles andere als vergnügungssteuerpflichtig war.

Die deutsch-amerikanischen Beziehungen hatten sich durch den scharfen Dissens über einen Krieg gegen den Irak gleichwohl nicht generell verdüstert. Die enge Zusammenarbeit auf der Ebene der Regierungs- und Behördenapparate ging unvermindert weiter, und weder ich noch Innenminister Schily hatten ein getrübtes Verhältnis zu unseren amerikanischen Kollegen. Ziel meines Besuches war es daher von Anfang an, mich vor allem persönlich mit Colin Powell auszusprechen, denn uns beiden war klar, dass wir unsere Anstrengungen spätestens bis zum NATO-Gipfel am 21. und 22. November in Prag so weit erfolgreich vorangebracht haben mussten, dass sich Kanzler und Präsident zumindest »Guten Tag« sagen und dabei die Hand geben könnten. Die Begegnung würde mit Sicherheit von den internationalen Medien zu einem Großereignis hochstilisiert werden. Sollten sich Präsident und Kanzler in Prag aber ignorieren, so würde ein solcher Affront zwischen den USA und Deutschland zulasten des NATO-Bündnisses gehen, und eine solche unnötige Belastung galt es unbedingt zu vermeiden.

Ich flog in Begleitung eines großen Pressetrosses über den Atlantik, denn das Interesse an meiner ersten Amerikareise nach den Bundestagswahlen war angesichts des schweren Zerwürfnisses zwischen den beiden Regierungen in Washington und Berlin verständlicherweise sehr groß. Da ich in Washington allein mit Colin Powell zusammentreffen und ansonsten kein anderes Mitglied der amerikanischen Regierung zu sehen beabsichtigte, war uns der negative Tenor der Berichterstattung in den deutschen Medien schon von vornherein klar, ließ sich jedoch angesichts der Lage nicht vermeiden. Und so kam es dann auch.

Außenminister Powell und ich sprachen unter vier Augen vor allem über die notwendigen Reparaturarbeiten im bilateralen

Verhältnis der beiden Chefs. Wir waren uns einig, dass es unmöglich wäre, eine zumindest sachliche Zusammenarbeit bilateral und auch im Bündnis aufrechtzuerhalten, wenn es nicht wenigstens einen vernünftigen Arbeitskontakt zwischen den beiden Chefs geben würde. Das Negativbeispiel des amerikanischen Verteidigungsministers Donald Rumsfeld, der seinen deutschen Kollegen Peter Struck in Warschau wenige Tage nach der Bundestagswahl schlicht ignoriert und dann noch jene Weisheit hinzugefügt hatte, dass jemand, der in einem Loch säße, aufhören sollte, noch tiefer zu graben, machte klar, dass sich Ähnliches während des NATO-Gipfels in Prag nicht wiederholen durfte. Rumsfelds Warschauer Satz wurde später übrigens emblematisch für das Versagen der Irakpolitik der Regierung Bush nach dem Ende der unmittelbaren Kampfhandlungen und fiel insofern zu Recht auf ihn zurück.

Colin Powell und ich waren uns einig, dass wir zur »Wiedereröffnung« der persönlichen Beziehungen zwischen Präsident und Kanzler den multilateralen Rahmen des kommenden NATO-Gipfels nutzen wollten. Beide Seiten konnten sich dort unmöglich aus dem Weg gehen und würden daher gezwungen sein, sich öffentlich zueinander zu verhalten. Daran konnten wir auf unserer jeweiligen Seite anknüpfen, um das Eis in den vor uns liegenden Wochen etwas anzutauen. Lieben würden sich Präsident und Kanzler in diesem Leben gewiss nicht mehr, aber dessen bedurfte es auch nicht.

Der zweite Schwerpunkt unseres Gesprächs war Irak, und dabei ging es vor allem um die im VN-Sicherheitsrat in Arbeit befindliche Resolution. Einerseits arbeiteten die USA in Richtung einer gemeinsamen Resolution, andererseits würde sich der Präsident nicht die Hände binden lassen und keine Entwicklung akzeptieren, die den Einsatz seiner militärischen Möglichkeiten ausschließen würde. Im Übrigen müsse man abwarten, wie sich die Inspektionen anlassen würden. Sollte es jedoch von irakischer Seite Behinderungen geben, dann würde sofort ein Bericht an den Sicherheitsrat erfolgen, und das hieße, ohne dass Colin Powell es aussprach, dass dann unverzüglich militärisch gehandelt würde.

Am nächsten Tag flog ich weiter nach New York, um dort

den VN-Generalsekretär zu treffen und mich vor Ort über den Stand der Verhandlungen über eine Irak-Resolution im Sicherheitsrat zu informieren. Kofi Annan teilte mir mit, dass er für die folgende Woche die Irak-Resolution erwarte. Es bestünden gute Chancen für einen Konsens, vielleicht ohne Syrien, das damals ein nichtständiges Mitglied im Sicherheitsrat war. Großbritannien brauche eine Resolution, und auch die Öffentlichkeit in den USA favorisiere eine Entscheidung im Sicherheitsrat. In der entscheidenden Frage – nämlich dass die kommende Resolution im Falle irakischer Verstöße eine erneute Befassung des Sicherheitsrates vorsehen werde – zeichne sich ein Kompromiss ab. Die USA würden sich aber nicht von einer zweiten Resolution abhängig machen, was eine mögliche militärische Intervention im Irak betraf. Der Kompromiss würde also auf eine konstruktive Unentschiedenheit in der kommenden Irak-Resolution hinauslaufen, die in der entscheidenden Frage der Berechtigung eines militärischen Eingreifens von Kriegsbefürwortern wie Kriegsgegnern jeweils unterschiedlich interpretiert werden könne.

Am 8. November beschloss der Sicherheitsrat dann die Resolution 1441 unter Kapitel VII. Und in der Tat blieb darin die zentrale Frage der militärischen Eingriffsbefugnis unklar, denn einerseits wurde bei einer Verletzung aller bisherigen relevanten Resolutionen ein sofortiger Bericht der VN-Waffeninspektoren an den Sicherheitsrat gefordert, der diese dann bewerten und anschießend eine Entscheidung treffen sollte, und das hieße eine zweite Resolution.

Andererseits wurde in der Resolution 1441 vom Sicherheitsrat darauf hingewiesen, »dass die Mitgliedstaaten durch seine Resolution 678 (1990) ermächtigt wurden, alle erforderlichen Mittel einzusetzen, um seiner Resolution 660 (1990) […] und allen nach Resolution 660 (1990) verabschiedeten einschlägigen Resolutionen Geltung zu verschaffen und sie durchzuführen und den Weltfrieden und die internationale Sicherheit in dem Gebiet wiederherzustellen, […]. Und etwas später folgte dann der entscheidende Satz für die Kriegsbefürworter: »[…] tätig werdend nach Kapitel VII der Charta der Vereinten Nationen,

1. beschließt, dass Irak seine Verpflichtungen nach den ein-

schlägigen Resolutionen, namentlich der Resolution 687 (1991), erheblich verletzt hat und nach wie vor erheblich verletzt, [...].« Dies war der Türöffner für die Kriegsbefürworter, um sich am Ende auch ohne eine zweite Resolution völkerrechtlich ermächtigt zu sehen, militärisch zu agieren. Die Resolution blieb in der entscheidenden Frage also im Vagen, und nur deshalb war sie auch möglich geworden. Alle hofften jetzt auf die Arbeit der Inspektoren im Irak, entweder, dass sie den berühmt-berüchtigten »rauchenden Colt« in Gestalt von Massenvernichtungswaffen finden würden, oder aber, dass sie genau dies nicht würden. Es kam jetzt für beide Seiten im Sicherheitsrat ganz entscheidend auf die Arbeit der Teams um Hans Blix und Mohammed el-Baradei an.

In der Türkei hatten Wahlen stattgefunden und die konservativ-religiöse AKP unter ihrem mit Amts- und Mandatsverbot belegten Vorsitzenden, dem früheren Oberbürgermeister der Millionenmetropole Istanbul, Recep Erdoğan, hatte einen erdrutschartigen Wahlsieg errungen. Die Türkei war und ist von großer strategischer Bedeutung für die Sicherheit Europas, denn sie blockiert Russlands Zugang zum Mittelmeer, spielt eine entscheidende Rolle im Kaukasus und in Zentralasien und ist für den europäischen Einfluss und Europas Sicherheit im Nahen Osten sehr wichtig. Hinzu kommt, dass alle Pipelinerouten für Öl und Gas aus dem Osten Richtung Europa, die nicht durch Russland laufen, an der Türkei nicht vorbeikommen. Geopolitisch ist die Türkei deshalb für Europa unverzichtbar, und eine europäische Politik, die dieses wichtige Land der EU und dem Westen entfremden würde, wäre demnach an politischer Dummheit kaum zu übertreffen.

Die kulturelle Fremdheit zwischen der Türkei und Europa ist kein neues Faktum, sondern war in der Vergangenheit sogar noch sehr viel größer als heute. Dennoch wurde die Türkei in den fünfziger Jahren in die NATO und in den Europarat aufgenommen – ausschließlich aus strategischen Gründen. Und dieselben Gründe galten auch für den Assoziationsvertrag mit der EWG im Jahr 1963 und für das damalige Versprechen des Kommissionspräsidenten Walter Hallstein (CDU) einer späteren vollen Mitgliedschaft der Türkei in der Europäischen Gemeinschaft.

Nach dem 11. September 2001 hatte die Frage der europäischen Zukunft der Türkei und damit ihre feste Verankerung im Westen zudem noch eine völlig neue Dimension bekommen, denn wenn es gelang, in einem großen muslimischen Land zu beweisen, dass Menschenrechte, Frauenrechte, Herrschaft des Rechts ganz allgemein, Trennung von Staat und Religion, Marktwirtschaft und eine starke Zivilgesellschaft keineswegs im Widerspruch zu der Religion und Kultur des Islam stehen, dann wäre dies im 21. Jahrhundert einer der wichtigsten Beiträge zu globalem Frieden und Stabilität.

Trotz dieser geopolitischen und strategischen Überzeugungen über die Bedeutung der Türkei für Europa war ich der konservativ-religiösen AKP gegenüber voller Misstrauen. Am 19. November hatte sich der Vorsitzende der AKP, Recep Erdoğan, in Berlin angesagt, und spät am Abend kam es im Auswärtigen Amt zu unserer ersten Begegnung. Erdoğan machte in diesem Gespräch unmissverständlich klar, dass eine Regierung der AKP Ernst machen würde mit den türkischen Ambitionen, der EU beizutreten. Die laizistisch-nationalistischen Vorgängerregierungen in Ankara hätten immerzu von Europa geredet, er aber würde sofort die dafür notwendigen inneren Reformen anpacken. Europa wäre, so Erdoğan, kein Christenklub, sondern würde auf allgemeinen Werten beruhen, zumindest würden dies die Europäer immer von sich behaupten, so stünde es auch in den sogenannten »Kopenhagener Kriterien«, deren Erfüllung die Bedingung für die Aufnahme von Beitrittsverhandlungen waren und sind. Er, Erdoğan, sähe das genauso und würde jetzt alles tun, um den tatsächlichen Kandidatenstatus zu erreichen. Ich stimmte dem voll zu, konnte aber meine bleibende Skepsis auch in der abschließenden abendlichen Pressekonferenz im Auswärtigen Amt nur schwer verbergen. Es hatte einfach schon zu viele Versprechungen von den verschiedenen Regierungen der Türkei gegeben. Warum sollte ausgerechnet eine islamische Partei es mit den europäischen Werten und der europäischen Perspektive der Türkei ernst meinen? Diese Fragen waren mehr als berechtigt, allerdings sollte ich mich in Erdoğan und seiner Politik gründlich täuschen. Er hatte erklärt, dass die AKP-Regierung »liefern« würde, und genau das geschah.

Am 20. November vormittags besuchte mich mein iranischer Kollege Kamal Kharazi in Berlin, und auch in diesem Gespräch ging es vor allem um den heraufziehenden Krieg im Irak. Die Iraner befanden sich in einer fast schon schizophren zu nennenden Situation, denn einerseits fürchteten sie die Möglichkeit von US-Truppen auch an ihrer Westgrenze, nachdem diese bereits an ihrer Ostgrenze in Afghanistan standen; in Teheran galten die USA unverändert als der »große Satan«. Andererseits aber hassten sie Saddam Hussein in einem Maße, wie es selbst die amerikanischen Neocons nicht taten, denn die Hunderttausende von Kriegstoten im irakisch-iranischen Krieg in den achtziger Jahren waren eben nicht nur im Regime, sondern vor allem im iranischen Volk alles andere als vergessen. Zudem versprach die Politik der Regierung Bush, nach den Taliban auch Saddam Hussein mittels eines Krieges zu stürzen, einen gewaltigen strategischen Ertrag für den Iran.

Die USA hatten in Afghanistan die Todfeinde des Iran von der Macht vertrieben, und jetzt schickten sie sich an, nicht nur den nationalen Erzfeind Saddam Hussein zu stürzen, sondern zugleich der schiitischen und das hieß iranfreundlichen Mehrheit im Irak durch ihre Demokratisierungsideologie zur Macht zu verhelfen. Für Teheran war dies ein ungeahnter Glücksfall, weil dadurch seine Einflusszone in den Irak hinein ausgedehnt und seine hegemoniale Dominanz im Persischen Golf gesichert werden würde. Andererseits aber fürchtete das iranische Regime, als Mitglied der »Achse des Bösen« nach dem Irak als nächstes Land der militärischen »Fürsorge« der USA anheimzufallen und mit einer Invasion überzogen zu werden. Der Iran betrieb deshalb in der Frage des Irak-Krieges ein doppelbödiges Spiel, indem er ihn einerseits bejahte bis hin zur diskreten, praktischen Kooperation mit den USA, andererseits aber wurde die Legitimität des militärischen Vorgehens der USA niemals anerkannt. Und da der Iran kein Mitglied im VN-Sicherheitsrat war, stand er in der sich zuspitzenden Krise auch unter keinem unmittelbaren, öffentlich sichtbaren Entscheidungszwang.

Am Nachmittag flog ich dann mit der deutschen Delegation zum NATO-Gipfel nach Prag, bei dem es, zumindest was die deutschen Medien (und nicht nur diese) betraf, nur um eine

Frage ging: Werden sich Bush und Schröder die Hand geben? Und wenn ja, wie lange (in Sekunden)? Werden dabei Worte gewechselt? Gelächelt? Oder eisige Verachtung demonstriert? Oder werden sie sich am Ende völlig aus dem Weg gehen? Internationale Politik kann bisweilen recht komische Züge annehmen, und dies war in Prag der Fall. Ein Händedruck stand im Zentrum des Gipfels der NATO am Vorabend eines drohenden Krieges! Und in der Tat, es kam beim sogenannten Familienfoto aller Konferenzteilnehmer zu einem Händedruck zwischen Präsident und Kanzler, beide lächelten sogar und wechselten auch einige Worte. Ein Eklat war vermieden worden, aber ansonsten hatte sich nicht allzu viel geändert. Es gelang sogar eine Einigung auf ein gemeinsames Kommuniqué, in dem das Bündnis den fundamentalen Widerspruch zwischen seinen Mitgliedsstaaten in der Irak-Frage kunstvoll umschiffte. Ich nutzte den Freitagmorgen, als die Konferenz in ruhigen Fahrwassern vor sich hin plätscherte, um mich kurz in die Stadt abzusetzen und das Ständetheater zu besichtigen, in dem einst Mozarts »Don Giovanni« seine Uraufführung erlebt hatte.

Von Anfang an stand Deutschlands Nein zum Irak-Krieg im Widerspruch zu unseren fortgeltenden Bündnisverpflichtungen innerhalb der NATO, und dieser Widerspruch ließ sich weder aufheben noch leugnen. Daher war es eine sehr dünne Linie, die wir mit unserem Nein zu beschreiten hatten, und es bedurfte der präzisen Ausbalancierung, weshalb wir im innersten Kreis der Regierung – Kanzler, Außenminister, Verteidigungsminister und Chef des Kanzleramtes – die immer wieder und wieder damit zusammenhängenden Fragen vor Entscheidungen ausführlich diskutierten. Wie politisch aufgeladen diese Frage der Abgrenzung zwischen unserem Nein zum Irak-Krieg und der notwendigen Bündnisloyalität tatsächlich war, sollte sich sogar bis über das politische Ende von Rot-Grün hinaus erweisen. Mittels eines Untersuchungsausschusses, bei dem sich meine eigene, mittlerweile in der Opposition gelandete grüne Partei leider völlig opportunistisch verhielt und von ihrer eigenen Verantwortung nichts mehr wissen wollte, sollte eine Beteiligung unserer Regierung am Krieg im Irak wegen der Anwesenheit zweier BND-Mitarbeiter in Bagdad nachträglich bewiesen werden.

Unserer Regierung wurde ein doppeltes Spiel während des Irak-Krieges vorgeworfen und behauptet, wir hätten zumindest indirekt Guantanamo und andere amerikanische Praktiken im Kampf gegen den Terrorismus unterstützt, die krass gegen das Völkerrecht und das Folterverbot verstießen. Die Vorwürfe haben sich zwar alle im Lauf der Zeit in Luft aufgelöst, und der Vorwurf eines Doppelspiels ist schlichtweg wahrheitswidrig, aber allein dieser Versuch, die Legitimation jenes historischen Neins zum Irak-Krieg durch die Regierung Schröder mit solchen Vorwürfen zu erschüttern, zeigt die ganze Schwierigkeit und Ambivalenz, ja Widersprüchlichkeit, in der sich unsere Regierung damals tatsächlich befunden hatte.

Denn neben unserem Nein zum Irak-Krieg waren wir innerhalb der Regierung ebenfalls einer Meinung, dass wir dadurch unsere sehr viel weiter reichenden außenpolitischen und Sicherheitsinteressen nicht übersehen oder gar gefährden durften. Die USA blieben für die Sicherheit Deutschlands und Europas unverzichtbar, daran würde ein Krieg gegen den Irak nichts ändern. Die feste Einbindung Deutschlands in die NATO war ein wesentlicher Grundpfeiler für den europäischen Einigungsprozess, der wiederum für die Interessen und die Sicherheit unseres Landes von fundamentaler Bedeutung war. Aus all diesen Gründen wollten wir deshalb auch weiterhin amerikanische Truppen in Deutschland stationiert haben, die aber nun im Irak eingesetzt werden würden. Diese Lage zwang uns zu einer Gratwanderung, aus der die rot-grüne Bundesregierung niemals ein Geheimnis gemacht hatte: Die Überfluggenehmigung für amerikanische Militärflugzeuge, Bewachung amerikanischer Standorte durch die Bundeswehr, die Entsendung von Fuchs-Spürpanzern nach Kuwait, die den Einsatz von chemischen Waffen feststellen konnten, etc. gehörten in diesen Bereich. Aber niemals hat unsere Regierung die entscheidende Linie überschritten, nämlich entgegen unserer öffentlichen Ablehnung des Irak-Krieges insgeheim diesen Krieg doch unterstützt zu haben. Ein solcher Vorwurf ist schlicht haltlos.

Im Herbst und frühen Winter 2002 stellten sich zwei weitere praktische Fragen, die unter diese Kategorie der Widersprüchlichkeit fielen, denn die Türkei als NATO-Mitglied und direkter

Nachbar des Irak konnte einen Angriff des Irak, vor allem mit Raketen, nicht ausschließen und hatte Anspruch auf Unterstützung durch die NATO. Natürlich tat die US-Regierung alles, um möglichst viel NATO in ihre Kriegsvorbereitungen einbeziehen zu können, wissend um die Schwierigkeiten, die sie den Neinsagern damit bereiten konnte. Dennoch ließen wir in der Frage Türkei niemals auch nur den geringsten Zweifel daran aufkommen, dass ein irakischer Angriff auf die Türkei für uns den Bündnisfall bedeuten würde. Deswegen haben wir unsere Beiträge zur Sicherung des Bündnisgebietes in der Türkei – AWACS-Flugzeuge mit gemischten NATO-Besatzungen (auch deutschen Soldaten) zur großräumigen Luftraumüberwachung und Patriot-Flugabwehrraketen gegen mögliche anfliegende irakische Flugzeuge und Raketen – mitnichten als eine Beteiligung am drohenden Irak-Krieg begriffen, sondern immer und zu Recht als einen Beitrag zur Bündnisverteidigung verstanden. Daher lehnten wir auch ein eigenes Mandat für die dort eingesetzten Soldaten der Bundeswehr ab, da deren Einsatz unter die Kategorie »Bündnisverteidigung« fiel. Hätte Deutschland unter einer vergleichbaren Drohung wegen der bei uns anwesenden US-Truppen gestanden, die sich hier auf einen Einsatz im Irak vorbereiteten, dann hätten wir selbstverständlich ebenso die Solidarität des Bündnisses verlangt und erhalten.

Die innenpolitische Aufregung um diese Fragen war jedoch ganz erheblich, denn die Opposition versuchte legitimerweise, die durch die Koalitionsverhandlungen eh schon erheblich beschädigte Glaubwürdigkeit des Bundeskanzlers weiter zu minimieren und zusätzliche Unruhe in den Reihen der Koalition zu erzeugen. Beides sollte ihr aber nicht gelingen. Der Bundeskanzler und ich verbrachten wegen der Flugabwehrraketen fast ein ganzes Wochenende am Telefon, um eine positive Entscheidung im NATO-Rat zu ermöglichen, indem wir gemeinsam zuerst dazu beitrugen, dass Paris einlenkte, und schließlich auch noch die belgische Regierung überzeugten, ihren Widerstand gegen einen NATO-Beschluss aufzugeben, der die Türkei mit Luftabwehrraketen schützen würde.

Da es vor allem die belgischen Grünen waren, die in der komplizierten Koalitionsregierung in Brüssel hinhaltend Widerstand leisteten, musste ich schließlich mit diesen telefonieren, um ein positives Ergebnis zu ermöglichen. Spätnachts, nachdem der NATO-Rat seine zustimmende Entscheidung getroffen hatte, rief trotzdem nochmals der NATO-Generalsekretär George Robertson bei mir an, um in drastischen Worten über eine volle Stunde hinweg seiner Enttäuschung und auch seinem Zorn über den Zustand des Bündnisses Ausdruck zu geben. Wir hatten an diesem Wochenende harte, erfolgreiche Arbeit geleistet und persönlich ein sehr gutes und vertrauensvolles Verhältnis – insofern war ich für George die richtige Adresse für seine »NATO-Geisterstunde«.

Die Grünen wären allerdings nicht die Grünen gewesen, wenn sie sich von einer weltpolitischen Krise hätten davon abhalten lassen, sich erneut und mit Horrido ins selbst gewählte Chaos zu stürzen. Am 7. und 8. Dezember hielt meine Partei in Hannover, quasi vor Gerhard Schröders Haustür, erneut eine ihrer gefürchteten Bundesdelegiertenkonferenzen ab, bei der es um die Aufhebung der Trennung von Amt und Mandat für die beiden Bundesvorstandssprecher gehen sollte. Mit Claudia Roth und Fritz Kuhn verfügte unsere Partei endlich einmal über ein hoch kompetentes und innerhalb der gesamten Partei geschätztes Vorsitzendenduo, und insofern waren die Erwartungen groß, dass die grüne Partei endlich auch diesen völlig disfunktionalen alten Zopf der Trennung von Amt und Mandat endgültig abschneiden und zu der dafür notwendigen Satzungsänderung Ja sagen würde. Welch ein Irrtum! Am Ende fehlten acht Stimmen zur notwendigen Zweidrittelmehrheit, und die grüne Partei stand plötzlich ohne Vorsitzende da. Es wurde nach einer hektischen Nacht, angefüllt mit Krisensitzungen und vielen Telefonaten, zwar ein neuer Vorstand gewählt, aber es war nur eine Notlösung.

Der Bundeskanzler nahm regen Anteil an den Geschehnissen, die sich wenige Hundert Meter von seinem Privathaus entfernt abspielten, und ließ sich durch mich telefonisch unterrichten. Selbst ein alter Fahrensmann wie er war über den Rückfall seines Koalitionspartners ins grüne Chaos früherer Tage nur fassungslos. Mir selbst blieb ebenfalls nichts anderes, als tief resigniert mit den Schultern zu zucken. Ging jetzt, nach der gewonnenen

Bundestagswahl, der grüne Hang zur Selbstschwächung wieder los, den ich bereits überwunden glaubte? Zum ersten Mal stellte ich mir ernsthaft die Frage, wie lange ich diese Wechselbäder in meiner Partei eigentlich noch durchhalten würde. Ich spürte, dass ich begann, müde zu werden.

Doch der politische Kalender ließ weder Müdigkeit noch gar Selbstmitleid zu. In Kopenhagen wartete noch vor Weihnachten ein zweitägiger Europäischer Rat auf den Bundeskanzler und mich, und dort sollte wirklich europäische Geschichte gemacht werden, denn in der dänischen Hauptstadt sollte der Abschluss der Beitrittsverhandlungen für zehn Kandidatenländer und der Termin ihres Beitritts, der 1. Mai 2004, beschlossen werden. Würde dieser Europäische Rat, wie vorgesehen, den Beitritt beschließen, dann wäre nach der Osterweiterung der NATO der zweite entscheidende Schritt zur Überwindung der europäischen Teilung getan. Darüber hinaus sollte die weitere Beitrittsperspektive für Bulgarien, Rumänien und die Türkei beschlossen werden, und gerade in der Beitrittsfrage der Türkei verbarg sich jede Menge innereuropäischer Sprengstoff.

Denn jetzt wurde es ernst mit der Osterweiterung der EU, womit auch den Türken eine konkretere Antwort gegeben werden musste, als dies bisher der Fall war. Die EU hatte bisher die Türkei immer mit Versprechungen hingehalten, zumal sie angesichts des mangelnden Willens oder auch Vermögens auf der türkischen Seite nicht davon ausgehen musste, dass ihr doppeltes Spiel auffliegen würde: nämlich die Beitrittsperspektive offenzuhalten, obwohl die Mehrheit der Europäer die Türkei keineswegs in der EU haben wollte. Man konnte ja verlässlich davon ausgehen, dass die Türkei niemals »liefern« würde.

So hatte der Europäische Rat in Luxemburg vom 12. bis 13. Dezember 1997, als es um die Festlegung des Erweiterungsverfahrens der Union ging, mit voller Billigung der damaligen christdemokratischen Bundesregierung beschlossen, »daß die Türkei für einen Beitritt zur Europäischen Union in Frage kommt«, und dass es der Europäische Rat für wichtig hält, »eine Strategie zur Vorbereitung der Türkei auf den Beitritt festzulegen«, wie es in den Schlussfolgerungen dieses Europäischen Rates hieß. Zwar hatte Deutschland, gemeinsam mit einigen anderen Mitgliedern, die Gewährung des direkten Kandidatenstatus für die Türkei blockiert (woraufhin es zu heftigen öffentlichen Angriffen des damaligen türkischen Ministerpräsidenten Mesut Yilmaz auf die Bundesregierung gekommen war – Yilmaz war ein früherer Stipendiat der CDU-nahen Konrad-Adenauer-Stiftung und ein großer Bewunderer von Helmut Kohl), dennoch hielt auch die EU an ihrer doppelbödigen Politik gegenüber der Türkei fest. Einerseits verstand man nur zu gut die überragende geopolitische und strategische Bedeutung der Türkei für Europa, andererseits wollte man dieselbe Türkei aber nicht als Mitglied in der EU haben. Und so verfolgten die Europäer auch weiterhin eine Politik leerer Versprechungen gegenüber dem Land am Bosporus.

Gerhard Schröder hat diese verlogene Politik gegenüber der Türkei, die seitdem von der christdemokratischen Bundesregierung unter Helmut Kohl betrieben worden war, beendet, indem er sich klar für eine Mitgliedschaft der Türkei aussprach, sofern die Türkei eines Tages tatsächlich die politischen und ökonomischen Beitrittsbedingungen erfüllen würde. Ich teilte diese Position. Wir wurden dafür von der christdemokratischen Opposition heftig kritisiert, aber auch von manchen Sozialdemokraten wie Altbundeskanzler Helmut Schmidt und von namhaften Historikern wie Heinrich August Winkler.

Die Kontroverse verlief entlang der kulturell-religiösen Differenz: Die Türkei würde weder über die jüdisch-christliche Tradition noch über die Tradition der Aufklärung verfügen, auf die sich die europäische Identität begründe, so die Beitrittsgegner. Vor allem die Historiker argumentierten mit der These von der fehlenden europäischen Aufklärung. Die Befürworter hingegen argumentierten an erster Stelle mit den bekannten strategischen Gründen, dann aber auch mit dem Selbstverständnis der EU, nach dem es sich bei der Union um eine religiös neutrale Wertegemeinschaft handele, die sich ihrer jüdisch-christlichen Wurzeln zwar bewusst sei, dennoch aber kein bloßer »Christenklub« sein wolle.

Die Antwort auf all diese Argumente in der deutschen Türkei-Debatte war relativ einfach: Die Triftigkeit der Argumente von Befürwortern und Gegnern einer EU-Mitgliedschaft der

Türkei musste sich in der politischen Praxis zeigen. Würde die Türkei in ihrer inneren Verfasstheit, in ihren Gesetzen und Institutionen und in ihrem gesellschaftlichen Alltag eines Tages tatsächlich europakompatibel sein, so wäre es völlig egal, ob sie dies trotz fehlender Traditionen erreicht hätte oder nicht. Und sollten die Gegner recht behalten und das beanstandete Traditionshindernis tatsächlich für die erfolgreiche Modernisierung und Anpassung an Europa ein nicht überwindbares Hemmnis darstellen, dann würde es nichts werden mit der EU-Mitgliedschaft der Türkei.

Beide Lager innerhalb der EU stritten und streiten sich nicht über die geopolitische und strategische Bedeutung des Landes für Europa. Der Streit geht ausschließlich um die Form der Verbindung zwischen der EU und der Türkei – Vollmitgliedschaft oder irgendeine andere Art von enger Verbindung, die unterhalb der Schwelle der Vollmitgliedschaft bleibt. Auch diese Frage aber kann nur durch die Praxis entschieden werden. Gelingt es der Türkei, sich zu europäisieren, und zwar nicht nur im Westen des Landes, sondern vor allem im Osten und Südosten, oder nicht? Das war die entscheidende Frage. In Kopenhagen ging es nun um einen wichtigen Schritt in diese Richtung, nämlich der Türkei die Tür für den Beginn ihres Beitrittsprozesses tatsächlich zu öffnen.

Der erste Tag des Europäischen Rates stand überwiegend im Zeichen der Türkei-Frage. In Kopenhagen waren Recep Erdoğan, der immer noch kein Regierungsmandat ausüben durfte, gleichwohl aber der entscheidende Mann in der Führung der AKP war, und Abdullah Gül, der an seiner Stelle das Amt des Ministerpräsidenten übernommen hatte, anwesend. Der Bundeskanzler und der französische Staatspräsident trafen sich am Vormittag des ersten Tages mit dem türkischen Ministerpräsidenten und Recep Erdoğan zu einem separaten Gespräch im Konferenzzentrum, das allerdings keine Fortschritte brachte. Die türkische Delegation stand zu Hause unter einem gewaltigen innenpolitischen Druck, ein Ergebnis aus Kopenhagen mitbringen zu müssen, das nichts weniger war als der Beginn der konkreten Beitrittsverhandlungen. Selbstverständlich wäre ihr am liebsten der volle Kandidatenstatus gewesen, aber das war in der EU nicht durchsetzbar. Die diplomatische Aufgabe bestand also darin, eine Formel zu finden, die einerseits mehr war als nur ein weiteres Hinhalten, und andererseits aber eine konkrete Zusage an Bedingungen und einen Zeitplan knüpfte, der den türkeikritischen Mitgliedsstaaten die Zustimmung zu einem solchen Beschluss des Europäischen Rates ermöglichte. Solche Kompromisse bedürfen zudem immer auch eines gewissen Dramas, damit alle Seiten mit dem schließlich erreichten Kompromiss vor ihren nationalen Öffentlichkeiten bestehen können. Und so geschah dies auch in Kopenhagen bis hin zur drohenden Abreise der türkischen Delegation. Schließlich gelang eine Kompromissformel, die einerseits die Türkei an die Erfüllung der Kopenhagener Kriterien – ein politischer und ökonomischer Grundrechtekatalog der EU (Abschaffung der Todesstrafe etc.), den alle Kandidaten vor Eröffnung der Beitrittsverhandlungen erfüllen müssen – band, und andererseits die EU zur Aufnahme der Beitrittsverhandlungen nach der Überprüfung der Fortschritte der Türkei verpflichtete. Am Ende drohte der Kompromiss wegen eines kleinen Wortes zu platzen. Die Türkei wollte nach dem Überprüfungstermin das Wort »sofort« eingefügt haben, was jeden weiteren Spielraum der EU ausgeschlossen hätte, und dieses Verlangen stieß wiederum aufseiten der Europäer auf keine Zustimmung. Durch diese Ablehnung nahm das durchaus zu verstehende türkische Misstrauen gegenüber der EU massiv zu, denn die türkische Seite vermutete hinter der europäischen Weigerung einen erneuten Vertagungsversuch. Daraufhin drohten die Türken mit ihrer Abreise.

Während das Plenum des ER bereits mit den schwierigen Verhandlungen über die Zuweisung der jeweiligen Finanzmittel an die einzelnen neuen Mitgliedsstaaten begonnen hatte, machte ich mich, gemeinsam mit dem Sprecher des AA, Walter Lindner, der fließend Türkisch sprach, an einen letzten Vermittlungsversuch. Ich konnte mich mit Abdullah Gül auf Englisch verständigen und so schlug ich statt der Formulierung »sofort« die beiden Worte »ohne Verzug« – »without delay« – vor. Erdoğan und Gül stimmten zu, und so eilte ich mit meinem handschriftlichen Zettel zurück in den Europäischen Rat und holte mir dort die Zustimmung zuerst vom Bundeskanzler und dann vom französischen Staatspräsidenten Jacques Chirac, bevor ich schließlich den Text an die dänische Ratspräsidentschaft weiterreichte.

Und so wurde es dann in den Schlussfolgerungen beschlossen: »Die Union ruft die Türkei auf, ihren Reformprozess energisch voranzutreiben. Entscheidet der Europäische Rat im Dezember 2004 auf der Grundlage eines Berichts und einer Empfehlung der Kommission, dass die Türkei die politischen Kriterien von Kopenhagen erfüllt, so wird die Europäische Union die Beitrittsverhandlungen mit der Türkei *ohne Verzug* [Hervorhebung von mir, J. F.] eröffnen.«

Im Gegenzug beendete die türkische Regierung ihre Blockade als Mitglied der NATO gegen eine vertiefte Zusammenarbeit zwischen EU und NATO, sodass fortan die EU bei europäischen Militäreinsätzen auf Stäbe und Einrichtungen der NATO würde zurückgreifen können. Die Kopenhagener Verhandlungen mit der Türkei sollten allerdings Monate später noch ein Nachspiel haben, denn der dänische EU-Ratspräsident Anders Fogh Rasmussen hatte sich zum Zwecke einer Fernsehdokumentation seines segensreichen Wirkens als Ratspräsident heimlich verkabeln lassen, ohne allerdings seine Gesprächspartner und vor allem seinen Außenminister darüber zu unterrichten. In der dann später gesendeten Dokumentation plauderte er munter mit seinem Außenminister, ohne dass dieser auch nur den geringsten Schimmer von dem Lauschangriff seines Regierungschefs auf ihn gehabt hatte – und in diesem Gespräch berichtete Per Stig Møller seinem Ministerpräsidenten, dass ich ihm gegenüber innerhalb von zwölf Stunden drei unterschiedliche Positionen zum EU-Beitritt der Türkei vertreten hätte. Der dänische Außenminister irrte, weil er offensichtlich taktische Verhandlungsflexibilität – »das könnt ihr ruhig akzeptieren, denn wer weiß schon, ob die Türkei wirklich beitreten wird« etc. – mit meiner politischen Position verwechselt hatte, die schon lange vor dem Europäischen Rat in Kopenhagen feststand und breit dokumentiert ist – nämlich dass die EU der Türkei den Weg zur vollen Mitgliedschaft konkret eröffnen sollte. Zwei Jahre nach dem Kopenhagener Gipfel beschloss dann der Europäische Rat in Brüssel, nachdem in der Türkei die von der EU-Kommission geforderten gesetzlichen Reformen verabschiedet worden waren, dass die Türkei die politischen Kriterien von Kopenhagen erfüllt hätte und deswegen die Beitrittsverhandlungen mit der EU beginnen könnten.

Die wichtigste Aufgabe des Kopenhagener Gipfels, nämlich die brisante Frage der Finanzverteilung der um zehn neue Mitglieder erweiterten Europäischen Union zu beschließen und das definitive Beitrittsdatum festzulegen, erwies sich als das erwartete zähe Gefeilsche und endete in einem Kompromiss nach dem dafür notwendigen üblichen Drama in der EU, das die kommenden Mitgliedsstaaten allerdings schon sehr gut zu beherrschen schienen. Wie immer ging es bei diesen Verhandlungen nicht nur um die jeweiligen nationalen Interessen, sondern auch und vor allem um das nationale Prestige. Diesmal waren es die Polen, die meinten, um die Existenz ihres Landes kämpfen zu müssen, zumindest wenn man ihrer Rhetorik Glauben schenken wollte. Es war Gerhard Schröder, der schließlich, ganz im früher von ihm so heftig kritisierten Stil von Helmut Kohl, den Verhandlungsstillstand überwand, indem er erklärte, Deutschland wäre bereit, zusätzliche finanzielle Lasten zu schultern, wenn sich auch alle anderen bewegen würden. Als schließlich die polnischen Ansprüche befriedigt waren, stiegen dann, ermuntert durch das polnische Beispiel, noch weitere Kandidaten auf die Barrikaden. Die Devise lautete: Sie bräuchten sich zu Hause gar nicht mehr sehen zu lassen, wenn sie nicht ebenfalls mehr Geld bekämen, denn schließlich sei der Rat auch den Polen entgegengekommen. Nach langem, zähem Ringen stand dann am zweiten Tag der Kompromiss, als Beitrittsdatum wurde der 1. Mai 2004 festgelegt, also, wie versprochen, noch vor den Europawahlen, und damit war der Weg frei für die Erweiterung der Europäischen Union um zehn ost- und südeuropäische Mitgliedsstaaten. Es bedurfte jetzt nur noch des allerletzten Schritts, nämlich der Ratifikation durch die fünfzehn bisherigen Mitgliedsstaaten und die zehn Beitrittskandidaten, und Europa würde seine Teilung, die durch einen Weltkrieg und den über vier Jahrzehnte währenden Kalten Krieg verursacht worden war, endgültig hinter sich lassen. Zufrieden und auch ein wenig stolz reisten der Bundeskanzler und ich zurück ins vorweihnachtlich gestimmte Deutschland.

Es gab jedoch noch einiges zu erledigen, bevor ich mich in den wohlverdienten Weihnachtsurlaub in die Toskana verabschieden konnte. Ich musste zuvor noch zu einer Sitzung des europäischen Verfassungskonvents nach Brüssel, und auch die Irak-Krise ließ mich nicht los. Am 20. Dezember, einem Freitag, fand die letzte Plenarsitzung des Bundestages statt. Es ging um die Mandatsverlängerung für das ISAF-Mandat der Bundeswehr in Afghanistan und um die Zurückweisung von Bundesratseinsprüchen mit der Kanzlermehrheit. Noch wichtiger aber sollte eine Besprechung im Büro des Bundeskanzlers im Reichstagsgebäude sein, die unmittelbar nach der namentlichen Abstimmung zum ISAF-Mandat erfolgte und bei der wir im engsten Kreis unseren definitiven Kurs als Bündnispartner gegenüber den USA für den Fall eines Krieges im Irak festlegten. Bei dieser Besprechung im Kanzlerbüro des Reichstagsgebäudes waren der Bundeskanzler, der Verteidigungsminister, der Chef des Kanzleramtes, der BND-Präsident und ich selbst anwesend, und wir waren uns in der Sache schnell einig: Patriot-Flugabwehrraketen für die Türkei und Israel, AWACS-Überwachungsflugzeuge zum Schutz des Bündnisgebiets in der Türkei, Überflug-, Lande- und Transitrechte für die USA, das hieß die Benutzung der amerikanischen Stützpunkte in Deutschland als auch deren Schutz durch Bundeswehreinheiten im Falle eines Krieges im Irak. Zudem würden die Fuchs-Spürpanzer auch im Falle eines Krieges gegen den Irak in Kuwait verbleiben.

Eine letzte und zugleich äußerst wichtige Frage galt es dann noch für mich zu klären – und zwar allein und ohne Absprache mit dem Kanzler. In den vergangenen Wochen war immer mehr unsere am 1. Januar um Mitternacht beginnende, zweijährige Mitgliedschaft im VN-Sicherheitsrat in den Vordergrund gerückt, und dort tat sich für uns ein sehr gefährliches politisches Minenfeld auf. Denn die Zuspitzung der Irak-Krise und damit auch die mögliche Entscheidung im VN-Sicherheitsrat über Krieg und Frieden würden genau in die Anfangsphase unserer Mitgliedschaft fallen. Wir mussten uns also auf diese Entscheidung vorbereiten, und dies war, angesichts der eindeutigen öffentlichen Festlegungen des Bundeskanzlers und seines dramatischen innenpolitischen Ansehensverfalls im

Gefolge der missratenen Koalitionsverhandlungen, alles andere als einfach.

Die Frage des Abstimmungsverhaltens Deutschlands im VN-Sicherheitsrat erfüllte mich mit täglich wachsender Sorge. Die Haltung des Kanzlers war klar: Wir sagen Nein. Aber damit war die Sache mitnichten gelöst, denn eine außenpolitische Isolierung Deutschlands im Sicherheitsrat, getrennt von unseren Partnern, die möglicherweise zustimmten, würde zu einem außenpolitischen und dann auch innenpolitischen Maximalschaden für unser Land und die Koalition führen. Diese Möglichkeit war für mich nicht hinnehmbar, und folglich mussten wir einen Ausweg finden.

Ich hatte diese entscheidende Frage immer wieder mit meinem Büroleiter unter vier Augen diskutiert. Martin Kobler warf dabei die Frage auf, warum wir unsere Ablehnung des Irak-Krieges nicht von unserem Abstimmungsverhalten im VN-Sicherheitsrat trennen könnten. Wir würden keine Soldaten in den Irak schicken, und damit wäre die Glaubwürdigkeit von Kanzler und Regierung gesichert. Warum aber sollten wir am Ende, wenn alles schiefginge und die fünf ständigen Sicherheitsratsmitglieder (USA, Großbritannien, Frankreich, Russland, China) geschlossen für einen Krieg stimmen würden, das Risiko eingehen, dass wir mit unserem Nein oder einer Enthaltung völlig isoliert im Sicherheitsrat dastünden, vermutlich gemeinsam mit Syrien? Wir könnten uns doch in einem solchen Fall pragmatisch verhalten.

Martin Kobler hatte in der Sache völlig recht, denn eine solche Isolierung im Sicherheitsrat würden wir als Regierung weder innen- noch außenpolitisch durchstehen. Sollten Frankreich und Russland am Ende doch zustimmen, so würden die Mehrheitsverhältnisse im Sicherheitsrat zugunsten einer Zustimmung zum Krieg kippen, dessen war ich mir sicher, und Deutschland wäre in einem solchen Falle völlig isoliert. Es wäre dann aber in der Sache grundfalsch, sehenden Auges in diese Sackgasse hineinzulaufen, und innenpolitisch würden wir ein isoliertes, nur von Syrien unterstütztes Nein niemals durchhalten können. Ich war der festen Überzeugung, dass dies sogar zum Sturz des Kanzlers führen würde, denn ein isoliertes Nein Deutschlands liefe auf die Revision der seit 1949 gültigen außenpolitischen Grundlinien der Bundesrepublik Deutschland hinaus. Zudem wäre eine solche Revision mit mir niemals zu machen. So wichtig und richtig unser Nein zum drohenden Krieg gegen den Irak und so wichtig die Glaubwürdigkeit des Bundeskanzlers und der Fortbestand der Koalition auch immer waren, aber dieser Preis einer grundsätzlichen Revision der außenpolitischen Grundsätze Deutschlands wäre für mich ein zu hoher Preis gewesen. Diesen Weg konnte und wollte ich nicht mitgehen.

Sosehr mir der Vorschlag meines Büroleiters auch einleuchtete und sosehr ich mir gewünscht hätte, einen Ausgang aus unserem absehbaren Dilemma gefunden zu haben, sosehr hatte ich begründete Zweifel, dass Martin Koblers Vorschlag funktionieren könnte. Wir seien hier in Deutschland und leider nicht in Italien oder Frankreich, wo man solche Fragen pragmatisch zu lösen gewohnt sei. Die deutsche Öffentlichkeit verfüge kaum über Erfahrungen mit pragmatischen Lösungen realer außenpolitischer Interessengegensätze. Zudem seien wir das Land der Grundsätze, und eine pragmatische und keineswegs widerspruchsfreie Vorgehensweise würde wohl hierzulande als Verrat an eben diesen Grundsätzen angesehen werden. Der politische Schaden wäre dann enorm, und der Kanzler würde einen weiteren Vertrauensverlust im Amt kaum durchstehen können. Aber ich war bereit, praktisch zu testen, ob eine Trennung vom deutschen Nein zum Irak-Krieg (keine Truppen) und dem Abstimmungsverhalten im VN-Sicherheitsrat (mögliche Zustimmung) von der deutschen Öffentlichkeit akzeptiert werden würde.

Ich wusste, dass der Kanzler auf ein Nein festgelegt war und aufgrund des großen Vertrauensschadens, den er wegen der Koalitionsverhandlungen erlitten hatte, keine Möglichkeit sah, davon herunterzukommen. Ihn vorher erneut zu konsultieren, hätte deshalb keinen Sinn gemacht. Ich musste unsere etwaigen Spielräume in der deutschen Öffentlichkeit allein ausloten – und zwar noch vor dem Jahreswechsel. Dies geschah mittels eines Interviews.

Für den 23. Dezember verabredete ich mich mit zwei hocherfreuten Journalisten des SPIEGEL, die schon ahnten, worum es gehen sollte, zu einem Interview in einem Café in Berlin-Mitte und mein Test nahm seinen Lauf. Wie üblich bekam ich dann den Text zur Korrektur, wegen des Datums – ein Tag vor Heiligabend – noch am selben Tag. Ich ließ die entscheidende Passage unverändert im Text des Interviews:

»*Spiegel*: Können wir der Antwort entnehmen, dass Deutschland im Sicherheitsrat gegen einen Irak-Krieg stimmen wird?

Fischer: Das kann niemand vorhersagen, da keiner weiß, wie und unter welchen Begleitumständen der Sicherheitsrat sich hiermit befassen wird. Fest steht, dass wir uns militärisch an einer Intervention nicht beteiligen. [...]

Spiegel: Also wird Deutschland einem Krieg nicht zustimmen?

Fischer: Wir haben stets klargemacht, dass wir keine Soldaten schicken werden. Allerdings stehen wir an der Seite der USA im Bündnis gegen den Terror und haben ein essenzielles Interesse daran, dass dieses Bündnis fortbesteht.

Spiegel: Heißt das: Wir sagen Ja, sind aber nicht dabei?

Fischer: Nein. Die Antwort bleibt: Wir spekulieren nicht.

Spiegel: Warum schließen Sie ein Ja nicht genauso klar aus wie eine militärische Beteiligung?

Fischer: Weil es hier um eine konkrete Entscheidung im Sicherheitsrat geht, deren faktische Grundlage heute noch keiner kennt, und wir immer noch die Hoffnung auf eine friedliche Lösung haben.«

Ich wusste, was nach der Freigabe des Interviews kommen würde, nämlich eine Vorabmeldung mit der zugespitzten Überschrift, dass ich ein Ja im Sicherheitsrat nicht ausschließen würde. Und genau um diesen einen Satz in der Vorabmeldung ging es mir, er war mein Testballon. Ansonsten war der Text so gehalten, dass man weder dem SPIEGEL Vorhaltungen wegen einer unzulässigen Überinterpretation meiner Worte machen konnte, noch dass ich auf die Überschrift der Vorabmeldung festzulegen war, denn ich hatte implizit »nicht ausgeschlossen«, ohne explizit dergleichen zu sagen. Dies ist kein unübliches Verfahren in der Politik.

Am 27. Dezember, einem Freitag, flog ich dann nach Florenz. Kaum war ich an meinem Urlaubsort in der Toskana angekommen, brach am Telefon die Hölle los, denn die Vorabmeldung des SPIEGEL war auf dem Markt. Die Grünen waren in hellem Aufruhr, aber ich konnte den zahlreichen Anrufern erklären, dass sie nicht die Überschrift der Vorabmeldung mit dem Text meines Interviews verwechseln sollten. Dasselbe ließ ich gegenüber der SPD-Spitze und dem Kanzleramt verlauten, und die Gemüter beruhigten sich nach der Lektüre des Interviewtextes langsam wieder.

Der Kanzler trat in jenen Tagen gerade eine Reise nach China an, die über den Jahreswechsel dauern sollte und deren Hauptzweck die offizielle Inbetriebnahme des ersten kommerziellen Transrapid-Zuges in Schanghai war. Er wurde von einem großen Tross Journalisten begleitet, und selbstverständlich war im Regierungsflugzeug die Vorabmeldung des SPIEGEL das große Thema. Als Gerhard Schröder mit der Agenturmeldung des SPIEGEL konfrontiert wurde, machte er zwar gute Miene zum bösen Spiel und ließ verlauten, dass er die ganze Aufregung nicht verstehen würde, denn meine Worte wären schlicht überinterpretiert worden und in der Sache habe sich die Haltung der Bundesregierung mitnichten geändert, aber intern vernahm ich, dass er doch ziemlich angefressen war. Eines zumindest hatten mein medialer Testballon und die von ihm ausgelöste Aufregung zweifelsfrei klargemacht: dass eine Trennung von unserer Nichtteilnahme am Krieg und unserem Abstimmungsverhalten im VN-Sicherheitsrat von der deutschen Öffentlichkeit niemals akzeptiert werden würde. Und insofern konnte man diesen vermeintlichen Ausweg ad acta legen.

Am 21. Dezember hatte sich in Afghanistan eine große Tragödie für die Bundeswehr ereignet: Ein Hubschrauber war abgestürzt, und alle sieben Soldaten hatten dabei den Tod gefunden. Es stellte sich später heraus, dass der Absturz auf einen technischen Defekt und nicht auf feindlichen Beschuss zurückzuführen war. Am 29. Dezember fand die Trauerfeier für die getöteten Soldaten im Bonner Münster statt, an der ich gemeinsam mit Bundespräsident Johannes Rau und Verteidigungsminister Peter Struck teilnahm. Vor dem Trauergottesdienst kam es zu einem bewegenden Treffen mit den Angehörigen der toten Soldaten in einem Nebenraum des Münsters. Peter Struck und ich hatten an entscheidender Stelle die politischen Entscheidungen mitgetroffen und vorangetrieben, in deren Folge die sieben Soldaten ihr Leben verloren hatten, und wir mussten jetzt ihren Eltern, ihren Ehefrauen, Kindern und Geschwistern gegenübertreten. Es war einer der schwersten und traurigsten Augenblicke in meiner Amtszeit.

Besonders eingeprägt hat sich mir das Gespräch mit der Witwe eines der beiden Piloten des Hubschraubers. Sie sagte mir, dass man in den Soldatenfamilien an ihrem Standort den Einsatz ihrer Männer in Afghanistan verstehen und unterstützen würde, auch wenn es sehr schwerfiele und der Preis dafür furchtbar sein könne. Aber sie bat mich eindringlich, auf keinen Fall »unsere Männer« in den Irak zu schicken. Auf dem Rückflug nach Italien grübelte ich über diese Worte lange nach. Wenn selbst in den Familien der Soldaten an den Standorten der Bundeswehr der Krieg gegen den Irak so unpopulär war, dann zeigte dies erneut, wie riesig das Legitimationsdefizit dieses heraufziehenden Krieges tatsächlich war. An der Gefahr konnte es nicht liegen, denn auch der Einsatz unserer Soldaten in Afghanistan war mit großem Risiko verbunden, wie ich gerade am heutigen Tag besonders eindringlich erlebt hatte. Der Unterschied bestand darin, dass die Menschen spürten, dass der drohende Irak-Krieg ein gewollter und – anders als Afghanistan – kein aufgezwungener Krieg sein würde.

Ende Dezember hatte der militärische Aufmarsch der USA am Persischen Golf massiv begonnen. Auch dem letzten Träumer musste jetzt klar sein, dass ein Krieg unvermeidlich sein würde, denn der amerikanische Präsident konnte unmöglich eine solche Streitmacht am Boden, in der Luft und auf dem Wasser zusammenziehen, nur um am Ende zu erklären, dass die VN-Inspektoren alles untersucht und festgestellt hätten, dass Saddam Hussein über keine Massenvernichtungswaffen verfügen würde und deshalb die Soldaten jetzt wieder nach Hause gingen. Der militärische Aufmarsch machte einen Krieg für die amerikanische Regierung zwingend, denn sie würde alles andere innenpolitisch nicht mehr überleben. Die noch verbleibenden politischen Manöver der Regierung Bush bis zum Beginn des Krieges waren daher schlicht als Propaganda zu betrachten.

Am Dienstag, den 14. Januar, fand in Paris im Élysée-Palast ein weiteres »Blaesheim-Treffen« statt, bei dem die deutschen und französischen Positionen für die institutionellen Reformen des EU-Verfassungsvertrags abgestimmt und nach Möglichkeit harmonisiert werden sollten. Ich hatte das Treffen gemeinsam mit meinem Kollegen Dominique de Villepin vorbereitet, und ich favorisierte eine doppelte Personalunion an der Spitze der EU – Kommissions- und Ratspräsident sollten in einer Person zusammengefasst werden und ebenso der EU-Außenminister mit dem Außenkommissar der EU-Kommission. Zudem wäre es mir am liebsten gewesen, die Kompetenz des Rates, bestehend aus den Regierungsvertretern der Mitgliedsstaaten, in seiner Doppelfunktion als Teil der europäischen Exekutive und Legislative einzuschränken, denn de facto war und ist der Rat die mächtigste Institution in der EU und ein permanenter Verstoß gegen die Gewaltenteilung. Ich wollte zumindest versucht haben, die legislative Funktion des Rates auf eine zweite Kammer des Europäischen Parlaments zu übertragen, die sich aus Vertretern der nationalen Parlamente zusammensetzen sollte, auch wenn ich nicht sehr optimistisch war, dass dieser Versuch erfolgreich sein könnte, denn er rührte an den Kern der institutionellen Machtverteilung zulasten der Mitgliedsstaaten.

In der abendlichen Diskussion mit dem Präsidenten und dem Bundeskanzler zeigte es sich jedoch sehr schnell, dass Jacques Chirac überhaupt nicht daran dachte, eine Einschränkung der Macht des Rates zugunsten einer weiter gehenden Parlamentarisierung der EU zuzulassen, sondern ganz im Gegenteil dessen Macht durch die Installierung eines permanenten Ratspräsidenten, der von den Staats- und Regierungschefs ernannt werden sollte, sogar noch auszudehnen. Gerhard Schröder teilte Chiracs Auffassung, und damit war die Sache zu meinem großen Jammer in eine Richtung entschieden worden, die ich persönlich für falsch hielt, da sie die zentrale Rolle der nationalen Regierungen sogar noch ausbauen und damit die weitere Integration eher schwächen als stärken würde. Es blieb mir jedoch nichts anderes übrig, als in den sauren Apfel zu beißen und mich mit meiner Niederlage abzufinden.

An jenem Abend schlug der französische Staatspräsident dem

Bundeskanzler auch vor, gemeinsam daran zu arbeiten, das europäische Waffenembargo gegenüber der Volksrepublik China aufzuheben, das die EU im Jahr 1989 nach dem Massaker auf dem Platz des himmlischen Friedens verhängt hatte. China habe sich seitdem grundlegend geändert, so Jacques Chirac, und deshalb wäre es jetzt notwendig, das Waffenembargo aufzuheben. Gerhard Schröder stimmte sofort zu, wohingegen ich dem Kanzler auf dem Weg zum Flughafen sagte, dass ich diese Auffassung nicht teilen würde und schon gar nicht einsähe, warum wir Peking etwas einseitig gewähren sollten, ohne eine Gegenleistung dafür zu erhalten. China würde mit seinen anhaltenden Pressionen die EU nur diplomatisch gegen Washington benutzen wollen und uns ansonsten für jeden einseitigen Akt verachten, wenn wir nicht auf eine Gegenleistung bestünden. Zudem sähe ich innerhalb der Koalition in dieser Frage großen Ärger auf uns zukommen. Gerhard Schröder ließ sich von meinen Worten allerdings wenig beeindrucken, und das Thema sollte uns auch in Zukunft weiter beschäftigen, inklusive des absehbaren großen Ärgers in der Koalition.

In Niedersachsen, dem politischen Heimatland des Kanzlers, das nach wie vor von der SPD regiert wurde, würde am 2. Februar eine Landtagswahl stattfinden. Den Sozialdemokraten drohte, so zumindest signalisierten es alle Umfragen, der Absturz aus den Höhen einer absoluten Mehrheit der Mandate, die 1998 noch Gerhard Schröder persönlich geholt und die ihm den Weg zur Kanzlerkandidatur der SPD und damit ins Kanzleramt eröffnet hatte, und der Machtverlust. Es ging also für den Kanzler um sehr viel im niedersächsischen Wahlkampf, entsprechend stark engagierte er sich.

Am Sonntag, den 19. Januar 2003, flog ich nachmittags nach New York. Frankreich hatte im Januar turnusgemäß den Vorsitz des VN-Sicherheitsrats und in dieser Rolle zu einer Sitzung auf Ministerebene geladen, bei der es um den Kampf gegen den weltweiten Terrorismus gehen sollte. Colin Powell war zu Beginn von der Idee des französischen Außenministers Dominique de Villepin alles andere als begeistert gewesen, ließ sich dann aber von dem Argument überzeugen, dass es nicht um den Irak gehen würde, sondern gerade angesichts des drohenden Zerwürfnisses um das Thema, bei dem sich alle Mitglieder einig wären, den Kampf gegen den Terrorismus. Colin Powell willigte schließlich ein, und so flogen die Außenminister der Sicherheitsratsmitglieder zu der Sitzung nach New York.

Die Diskussion über den Stand der Terrorismusbekämpfung nahm im Sicherheitsrat ihren geordneten Verlauf, aber das eigentliche Interesse der Akteure wie auch der Öffentlichkeit galt angesichts der realen Entwicklung am Golf dann doch dem Irak. Ich war gemäß dem strengen Protokoll der Vereinten Nationen von den Außenministern als erster Redner an der Reihe, da ich nicht nur Außenminister, sondern darüber hinaus auch Vizekanzler war. Selbstverständlich sprach ich unsere Einwände gegen einen Krieg im Irak an, wenn auch auf eine mehr indirekte Art und Weise, ohne die USA dabei zu erwähnen. Den Konflikt mit dem Irak behandelten auch andere Außenminister, unter anderem die beiden Hauptbefürworter einer Militäraktion gegen den Irak, der britische Außenminister Jack Straw und Colin Powell. Darüber hinaus drehten sich alle Gespräche am Rande der Sitzung nur um dieses eine Thema, zumal alle entscheidenden internationalen Akteure auf Außenministerebene – vorneweg die fünf Außenminister der Vetomächte – anwesend waren.

Nach der Sitzung des Sicherheitsrates hatte der französische Vorsitz die Minister noch zu einem Mittagessen in die Residenz des französischen VN-Botschafters in der Park Avenue eingeladen. Mehrere Minister, einschließlich Colin Powell, waren anwesend und warteten, denn wer nicht kam, war der Gastgeber Dominique de Villepin. Er würde noch aufgehalten bei der Pressekonferenz des Vorsitzes, hieß es. Während wir also in der Botschaft warteten, nahm sich der französische Außenminister auf seiner sehr gut besuchten Pressekonferenz die amerikanische Irakpolitik vor und attackierte diese frontal.

Als Colin Powell später davon erfuhr, fühlte er sich hintergangen und war ziemlich wütend, denn er hatte mit seiner Teilnahme an der Sicherheitsratssitzung Frankreich ein prominentes öffentliches Forum in den USA für seine Kritik an der amerikanischen Irakpolitik verschafft. Zwar hatte sich Dominique de Villepin formal an seine Zusage gehalten, dass der Irak im

Sicherheitsrat keine Rolle spielen würde, aber ganz offensichtlich war es ihm weniger um den Sicherheitsrat gegangen als um die Pressekonferenz danach. Zumindest bestimmte diese die Schlagzeilen der amerikanischen Medien.

Ich flog noch am Abend zurück nach Brüssel, um dort am nächsten Morgen an einer Sitzung des Verfassungskonvents teilzunehmen. Anschließend sollte es dann mit dem TGV weiter nach Paris gehen, wo am nächsten Tag mit einer gemeinsamen Sitzung des deutschen und französischen Parlaments im Schloss von Versailles der vierzigste Jahrestag des Élysée-Vertrags gefeiert werden würde. Der deutsch-französische Freundschaftsvertrag war am 22. Januar 1963 von Konrad Adenauer und Charles de Gaulle im Amtssitz des französischen Präsidenten, im Élysée-Palast, unterzeichnet worden und gilt zu Recht als der Grundpfeiler der deutsch-französischen Freundschaft.

In Paris überraschte mich mein Pressesprecher Walter Lindner mit einer Agenturmeldung, die es in sich hatte: Am Abend zuvor hatte Gerhard Schröder auf einer Wahlveranstaltung der niedersächsischen SPD in Goslar erklärt, dass eine Zustimmung Deutschlands zu einer Kriegsresolution im Sicherheitsrat ausgeschlossen wäre: »Ich habe speziell unseren französischen Freunden gesagt und den anderen auch, und ich sag' das hier jetzt ein Stück weit weitergehend als das, was ich in dieser Frage sonst formuliert habe: Rechnet nicht damit, dass Deutschland einer den Krieg legitimierenden Resolution zustimmen wird. – Rechnet nicht damit.« Damit war unser Spielraum im Sicherheitsrat auf null reduziert worden!

Es war richtig, dass wir intern unseren Partnern gegenüber, vor allem in den zahlreichen Gesprächen mit Frankreich, immer wieder betont hatten, dass es für uns nahezu ausgeschlossen wäre, einer Kriegsresolution zuzustimmen, aber zwischen internen Gesprächen und einer öffentlichen Festlegung durch den Regierungschef – und dann auch noch auf einer Wahlveranstaltung – lagen in der Diplomatie Welten. Zudem hatte mein Misstrauen gegenüber der französischen Haltung keineswegs nachgelassen, trotz des Auftritts von Dominique de Villepin in New York und trotz einer zunehmend kritischer werdenden öffentlichen Haltung Frankreichs. Denn bisher hatte Präsident Chirac jede öffentliche Festlegung sorgfältig vermieden.

Würde Frankreich tatsächlich zur amerikanischen Irakpolitik im VN-Sicherheitsrat Nein sagen, wenn die entscheidende Resolution auf den Tisch käme, oder nicht? Das war nach Gerhard Schröders Goslarer Rede jetzt die für uns alles entscheidende Frage. Und ich zweifelte nach wie vor an der französischen Haltung. Der französische Präsident versicherte dem Kanzler zwar, Deutschland und Frankreich würden in dieser Krise untrennbar zusammenstehen, nur was hieß dies konkret? Chiracs interne Versicherungen ließen einfach einen viel zu großen Interpretationsspielraum, als dass ich mich hätte beruhigen können. Durch die Rede des Kanzlers befanden wir uns nun in einer Situation des »alles oder nichts«, und genau eine solche Lage hatte ich immer vermeiden wollen! Kurzum, ich war bedient, und zwar richtig.

Nach einer gemeinsamen Sitzung der beiden Kabinette im Élysée-Palast fand dann am Nachmittag im Schloss von Versailles eine gemeinsame Sitzung des Deutschen Bundestages und der französischen Assemblée nationale statt. Es war eine bewegende Sitzung, denn selbstverständlich konnte niemand, der die deutsch-französische Geschichte kannte, die historische Bedeutung dieses Ortes ausblenden. 1871 wurde im Spiegelsaal des Schlosses von Versailles unmittelbar vor der französischen Niederlage gegen Preußen und die süddeutschen Staaten das deutsche Kaiserreich ausgerufen und die deutschen Staaten (ohne Österreich) zum ersten Mal in der modernen Geschichte in einem deutschen Nationalstaat vereinigt. Auf Bismarcks Kaiserreich sollte, wie die Geschichte gezeigt hat, allerdings kein Segen liegen, und so führte sein Weg in den Ersten Weltkrieg und in die Niederlage des Deutschen Reiches von 1918. In Versailles wurde dann jener Frieden verhandelt und unterzeichnet, der Deutschlands Niederlage festschrieb. Und jetzt, zu Beginn des Jahres 2003, tagten das französische und das deutsche Parlament in eben diesem Schloss von Versailles in einer gemeinsamen feierlichen Sitzung, um den vierzigsten Jahrestag des deutsch-französischen Vertrages und damit auch die endgültige Aussöhnung unserer beiden Nationen zu begehen, die seit den fünfziger Jahren gemeinsam erfolgreich daran arbeiteten, ein Europa des Friedens zu bauen!

Allerdings sollte auch dieser geschichtsschwere Tag noch in die aktuelle Auseinandersetzung um den Irak hineinspielen, und zwar negativ. Denn weder die deutsche noch die französische Regierung hatte daran gedacht, unsere EU-Partner zu diesem denkwürdigen Tag von Versailles einzuladen. Der italienische Ministerpräsident hat mir gegenüber bei einem späteren Treffen eine regelrechte Eifersuchtsreaktion gezeigt und uns vorgeworfen, wir wollten die anderen Europäer ausschließen und eine Europa dominierende deutsch-französische Achse etablieren. Das alles war in der Sache selbstverständlich völliger Unfug, aber in diesem Fall zählte allein die Wahrnehmung, und insofern hat dieser denkwürdige Tag in Versailles leider zur weiteren Spaltung Europas in der Irak-Frage beigetragen. Diese Tatsache wurde an jenem Tag noch durch ganz besondere Jubiläumsgrüße an Deutsche und Franzosen aus Washington unterstrichen, wo Verteidigungsminister Donald Rumsfeld während einer Pressekonferenz erklärte, Deutschland und Frankreich wären das »alte Europa« und die neuen Mitgliedsstaaten der NATO das »neue Europa«, das die Irakpolitik der US-Regierung unterstützen würde.

Auch in den Gesprächen in Paris und Versailles war es jedoch zu keiner weiteren Festlegung des französischen Staatspräsidenten in der Frage von Frankreichs Haltung bei einer zukünftigen Entscheidung im Sicherheitsrat gekommen. In der Sache Irak verwandte Chirac intern starke Worte, und sein Außenminister tat dies sogar in aller Öffentlichkeit, aber in der für uns alles entscheidenden Frage, nämlich einer Festlegung Frankreichs darauf, im Sicherheitsrat einer Kriegsresolution nicht zuzustimmen, blieb er weiterhin unklar. Ich hatte dazu nur eine Interpretation, nämlich dass sich Frankreich, trotz all seiner starken Rhetorik, eben doch eine Hintertür für sein Abstimmungsverhalten im Sicherheitsrat offenhalten wollte.

In den Tagen nach Goslar und Versailles kam es zu mehreren längeren Vieraugengesprächen zwischen dem Bundeskanzler und mir, in denen wir immer wieder die verschiedenen Optionen zunehmend kontrovers durchdiskutierten. Für den Kanzler war klar, dass Deutschland einer Sicherheitsratsresolution, die den Krieg legitimieren würde, auf keinen Fall zustimmen könnte. Ich sagte dem Kanzler, dass ich mit seiner Haltung keinerlei Probleme hätte, solange wir im Sicherheitsrat nicht isoliert werden würden. Sollte Frankreich und vielleicht auch Russland und China auf unserer Seite sein, so hätten wir kein Problem. Was aber, wenn wir mit unserem Nein am Ende allein mit Syrien dastünden? Wenn Frankreich, Russland und China und die überwiegende Mehrheit der anderen Sicherheitsratsmitglieder einer Kriegsresolution zustimmen würden? Uns bliebe dann nur eine Enthaltung. Deutschland könne sich eine solche Isolierung nicht erlauben, denn das würde Jahrzehnte einer erfolgreichen Einbindung Deutschlands in den Westen und in Europa infrage stellen, und das wäre mit mir nicht zu machen. Die Fronten zwischen uns verhärteten sich in diesen Gesprächen zunehmend wegen mangelnder anderer Alternativen und gipfelten in gegenseitigen Rücktrittsdrohungen, deren einzige Wirkung ein wachsendes Misstrauen zwischen dem Kanzler und mir war. Gott sei Dank hielt das Vertrauen zwischen uns so weit, dass über unseren Disput kaum etwas nach draußen drang, denn für die Medien und die Opposition wären solcherlei Offenbarungen ein gefundenes Fressen gewesen.

Nach den deutsch-französischen Feierlichkeiten und einer gemeinsamen Sitzung der Auswärtigen Ausschüsse des deutschen und französischen Parlaments in Berlin am Vormittag machte ich mich am Nachmittag auf zu einer Reise durch den Nahen Osten, die mich in die Türkei, nach Ägypten und Jordanien führte. In Istanbul traf ich auch den syrischen Außenminister. Ich wollte mir in den Hauptstädten einen persönlichen Eindruck verschaffen, wie die Region den kommenden Krieg einschätzte und vor allem wie man dort die Perspektive nach einem Waffengang im Irak sah. Besonders der ägyptische Präsident war über die Konsequenzen einer amerikanischen Invasion extrem pessimistisch und sah viel Gewalt und Instabilität aus einer militärischen Besetzung des Irak entstehen. Er sollte leider nur zu recht behalten.

Zurück in Europa fand der monatliche Außenministerrat der EU in Brüssel statt, bei dem Außenminister George Papandreou für die griechische Ratspräsidentschaft versuchte, wissend um den tiefen Dissens innerhalb der Mitgliedsstaaten, eine gemeinsame Position der EU zum Irak herbeizuführen. In jenen Tagen war alles, was mit dem Irak zu tun hatte, von größter Bedeutung für die Medien. In Bezug auf Deutschland interessierte vor allem, ob wir im Außenministerrat isoliert sein würden oder nicht. Am Ende der Sitzung stand eine gemeinsame Erklärung aller EU-Außenminister, die vor allem dadurch möglich geworden war, dass man den entscheidenden Punkt, wie man es mit dem Einsatz militärischer Mittel hielt, einfach ausblendete und stattdessen die Notwendigkeit der völligen Abrüstung des Irak und der uneingeschränkten Kooperation mit den VN-Waffeninspektoren in den Vordergrund stellte. In diesen Punkten gab es keinerlei Differenzen. Auch die prekäre Frage eines Zeitlimits für die Inspektionen wurde durch Weglassung sorgsam umschifft. Von einer Isolation Deutschlands konnte daher nach der Sitzung der EU-Außenminister zum Leidwesen mancher Medien und der heimischen Opposition wahrlich nicht die Rede sein.

Am 28. Januar kündigte die US-Regierung für uns überraschend öffentlich an, dass Außenminister Powell am 5. Februar dem Sicherheitsrat »neue Beweise« für Saddam Husseins Massenvernichtungswaffen vorlegen würde. Im Kanzleramt und im AA läuteten nach dieser Nachricht sämtliche Alarmglocken, denn wir konnten uns kaum vorstellen, dass die US-Regierung ihren uns bekannten, mehr auf Unterstellungen und Vermutungen denn auf Beweisen gründenden Kenntnisstand der Öffentlichkeit präsentieren würde. Verfügten die USA tatsächlich über neue Erkenntnisse, von denen wir nichts wussten? Erneut wurde daraufhin mit dem BND unser Kenntnisstand überprüft, aber es lagen keine wirklich neuen Informationen vor. Selbstverständlich stand uns allen sofort der historische Auftritt des amerikanischen VN-Botschafters Adlai Stevenson während der Kuba-Krise am 25. Oktober 1962 vor Augen, als er in einer öffentlichen Sitzung des VN-Sicherheitsrats die entscheidenden Beweise für die russische Raketenstationierung auf Kuba vorlegte. Wir fragten uns daher voller Sorge, ob wir am 5. Februar durch Colin Powell eine ähnlich überzeugende Beweisführung über Saddam Husseins Massenvernichtungswaffen zu gewärtigen haben würden.

Schließlich entschloss ich mich, der Sache auf den Grund zu gehen und Colin Powell anzurufen. Nach diesem Telefonat konnte ich ein Stück weit Entwarnung geben, denn Colin Powell hatte von sich aus Stevensons historischen Auftritt angesprochen, mit dem der kommende Mittwoch nicht zu vergleichen sein würde. Er würde vielmehr den Stand der Erkenntnisse der US-Regierung über Saddams Massenvernichtungswaffen der Öffentlichkeit präsentieren, wobei mir das meiste davon wohl bekannt sein dürfte. Wir atmeten daraufhin erleichtert durch und warteten dennoch in angespannter Neugierde auf den kommenden Mittwoch, bei dem ich – heiliger Zufall! – zum ersten Mal persönlich den Vorsitz im Sicherheitsrat ausüben würde, denn mit dem 1. Februar würde Deutschland den Vorsitz für die Dauer eines Monats übernehmen.

Am übernächsten Morgen wartete bereits die nächste unangenehme Überraschung auf uns. Im Wall Street Journal fand sich ein offener Brief von acht Staats- und Regierungschefs von Mitgliedern oder Kandidaten der Europäischen Union: Tony Blair (Großbritannien), Silvio Berlusconi (Italien), José Maria Aznar (Spanien), José Manuel Barroso (Portugal), Václav Havel (Tschechien), Péter Medgyessy (Ungarn), Leszek Miller (Polen) und Anders Fogh Rasmussen (Dänemark). In dem Brief bekannten sich die Autoren zur Solidarität mit den USA und faktisch, ohne dies ausdrücklich zu erwähnen, zur Unterstützung eines Krieges gegen den Irak. Am 6. Februar folgte dann noch ein öffentlicher Brief der sogenannten Vilnius-Gruppe, bestehend aus zehn ost- und südosteuropäischen Staaten – Albanien, Estland, Lettland, Litauen, Bulgarien, Kroatien, Mazedonien, Rumänien, Slowakei, Slowenien –, die sich in dem Schreiben ebenfalls mit der Irakpolitik der USA solidarisierten. Mit diesen beiden offenen Briefen der Acht und der Vilnius-Gruppe war die tiefe Spaltung Europas in der Irak-Frage nunmehr sichtbar und somit auch offiziell geworden. Mehr denn je stellte sich jetzt die Frage, wie sich Frankreich verhalten würde. Aus Paris aber kam noch immer nichts Neues.

Am 2. Februar fanden in Niedersachsen und Hessen Landtagswahlen statt, und für die SPD (und damit auch für Rot-Grün) war dieser Sonntag im doppelten Sinne des Wortes ein rabenschwarzer Tag. Die SPD stürzte in Niedersachsen um 14,5 Prozentpunkte und in Hessen um 10,3 Prozentpunkte ab, und in beiden Ländern gewann vor allem die CDU, die fortan auch in Hannover mit der FDP die Regierung bilden konnte. In Hessen gewann die Union sogar die absolute Mehrheit der Sitze und konnte sogar allein regieren. Wir Grüne konnten uns in Niedersachsen stabil halten und in Hessen sogar wieder die zehn Prozent knapp übersteigen, aber für unseren Koalitionspartner im Bund drohte es gefährlich zu werden. In Hannover die Regierungsmehrheit verloren, in Wiesbaden im politischen Aus gelandet, die Umfragewerte für den Kanzler im freien Fall und eine drohende außenpolitische Isolation Deutschlands in der Irak-Krise – das waren die Ingredienzen, die durchaus zu einem Scheitern des Kanzlers und einem Ende der Koalition in jenem Spätwinter des Jahres 2003 hätten führen können. Die einzige positive Nachricht in diesen Tagen war, dass aus den Koalitionsparteien und vor allem aus der SPD heraus keinerlei Gefahr für den Kanzler drohte. Andererseits aber war die Position des Kanzlers so labil geworden, dass nichts mehr ausgeschlossen werden konnte. Und nun wartete in dieser Woche die vielleicht entscheidende Sicherheitsratssitzung in New York auf mich, bei der Colin Powell die »Beweise« der USA für Massenvernichtungswaffen im Irak vorlegen wollte.

Am Dienstagnachmittag, den 4. Februar 2003, machte ich mich erneut auf den Weg über den Atlantik. Diesmal hatten wir einen Vertreter des BND mit in unserer Delegation, der noch während der Rede von Colin Powell mit seiner Zentrale alle relevanten Fakten überprüfen und für uns einer ersten Bewertung unterziehen sollte. Wir hatten uns, trotz des Telefonats mit meinem amerikanischen Kollegen und seinen »beruhigenden« Ergebnissen, dennoch auf die Möglichkeit von neuen und damit uns überraschenden Informationen einzustellen, auch um innerhalb kürzester Zeit sowohl in New York als auch in Berlin reagieren zu können.

Am nächsten Morgen eröffnete ich dann als Vorsitzender um 10.30 Uhr die Sitzung des VN-Sicherheitsrates, die durch das

Fernsehen direkt in alle Welt übertragen wurde. Colin Powell hatte eine Videopräsentation vorbereitet, die äußerst geschickt aufgebaut war, den sachkundigen Zuhörer aber nicht überzeugen konnte, denn die Luftaufnahmen und abgehörten Gesprächsausschnitte gründeten ausschließlich auf Behauptungen und Interpretationen, die man glauben konnte oder auch nicht. Etwas Genaues wusste man auch nach Powells Vortrag nicht. Dies veränderte sich jedoch für uns, als der amerikanische Außenminister die Behauptungen über mobile Biowaffenlabore von »Curveball«, dem irakischen Überläufer, der sich an den BND gewandt hatte, als Tatsachen präsentierte, was sie aber keinesfalls waren!

Die amerikanische Regierung hatte über die Schiene der Geheimdienste zuvor angefragt, ob sie »Curveball« selbst vernehmen und gar der Öffentlichkeit präsentieren könnte. Wir hatten im Sicherheitskabinett darüber gesprochen und entschieden. Einerseits konnten und wollten wir unserem Bündnispartner keinerlei relevante Informationen über mögliche Massenvernichtungswaffen des Irak vorenthalten, über die wir verfügten. Andererseits aber durften wir uns auch an keiner propagandistischen Ausschlachtung von Informationen beteiligen, die alles andere als bewiesen waren, und so einem Krieg Vorschub leisten. Wir hatten daher entschieden, dass auf der Ebene der Dienste alle Informationen übermittelt würden, allerdings gemeinsam mit unserer Einschätzung, dass es sich dabei um bisher nicht zu erhärtende oder gar verifizierbare Behauptungen eines Überläufers handelte, die zutreffen oder auch völlig falsch sein konnten.

Im VN-Sicherheitsrat wurden die mobilen Labore nunmehr aber von Colin Powell als Faktum präsentiert und spielten in der Beweisführung des amerikanischen Außenministers eine zentrale Rolle. Für uns war damit klar, dass die amerikanische Seite über kein eigenes belastbares Material verfügte, dadurch war für uns die Glaubwürdigkeit des gesamten Berichts infrage gestellt. Dieser Eindruck wurde noch verstärkt, als Colin Powell demonstrativ ein Glasröhrchen hochhielt, gefüllt mit weißem Pulver, und damit Saddam Hussein mit den Brief- bzw. Paket-Anschlägen im Jahr 2001 auf den US-Senat mit dem hochgefährlichen Anthrax (Milzbranderreger) verband, das als Biowaffe in

Militärlabors hergestellt wird. Mitglieder der amerikanischen Regierung, angeführt von Vizepräsident Cheney, hatten schon zuvor in der Öffentlichkeit versucht, diese Anschläge, denen fünf Menschen zum Opfer gefallen waren und die zur vorübergehenden Schließung des amerikanischen Parlaments geführt hatten, mit Saddam Hussein in Verbindung zu bringen. Nichts sprach nach unseren Erkenntnissen für diese Verbindung, der begründete Verdacht richtete sich vielmehr auf einen oder mehrere Täter aus den USA.

Nachdem Colin Powell seine Präsentation beendet hatte, begann die Aussprache im Sicherheitsrat, und es zeigte sich, dass die klaren Befürworter eines Krieges – USA, Großbritannien, Spanien und Bulgarien – einer Mehrheit von skeptischen Ländern gegenüberstanden – China, Russland, Frankreich, Deutschland, Mexiko, Chile, Pakistan, Kamerun, Angola, Guinea, Syrien. Die USA würden in den kommenden Tagen daher wohl ihren großen Einfluss auf die Sicherheitsratsmitglieder geltend machen, um die Stimmen für eine Mehrheit zusammenzubringen. Hätten sie diese erst einmal, dann würden Frankreich, Russland und China kippen und für uns würde die befürchtete schwierige Lage eintreten. Aber so weit waren wir an diesem Tag noch nicht.

Die Aufmerksamkeit der internationalen Medien hatte nach Colin Powells Präsentation spürbar nachgelassen, und als ich als Vorsitzender als Letzter das Wort ergriff, war diese gleich null. Nach dem Ende der Sitzung begann aber vor der Tür des Sicherheitsrates mit den zahlreich anwesenden Medienvertretern die Schlacht um die öffentliche Meinung erneut. Zuvor bekam ich über meine Mitarbeiter noch die Nachricht aus Berlin, dass auch die Auswertung der Fakten durch die Experten unseres Dienstes keinen anderen Schluss zuließ, als dass es sich bei Colin Powells »Beweisführung« bestenfalls um Behauptungen gehandelt hätte oder um deren »neue Interpretation«, um es in milden Worten zu formulieren. Ironischerweise war der Vortrag von Colin Powell, nüchtern betrachtet, nichts anderes als ein Plädoyer für die Fortführung der Inspektionen, um sich am Boden im Irak Klarheit zu verschaffen, und genau in diese Richtung äußerte ich mich auch öffentlich. In der amerikanischen Öffentlichkeit aber hatte Colin Powells Auftritt die gewünschte Wirkung, denn die

Beliebtheit und Glaubwürdigkeit des Außenministers ließen alle Annahmen und Behauptungen als Fakten erscheinen, und so kippte die öffentliche Meinung in den USA endgültig zugunsten eines Krieges gegen den Irak. Das Weiße Haus konnte mit dem Ergebnis dieses Tages hochzufrieden sein.

Sehr viel später sollte Colin Powell sich von seinem Auftritt selbst öffentlich distanzieren: »Ich bin derjenige, der das der Welt im Namen der Vereinigten Staaten präsentiert hat, und das wird für immer mit meinem Namen verbunden bleiben. Es tat weh. Es tut immer noch weh«, sagte er in einem Interview mit dem amerikanischen Fernsehsender ABC im Jahr 2005.

Auf dem Rückflug nach Deutschland machte ich einen Zwischenstopp in Rom, um im Vatikan mit Papst Johannes Paul II. über die Irak-Krise zu sprechen. Der Vatikan hatte zwei große Sorgen: Erstens, dass es in der Folge einer amerikanischen Invasion im Irak zu einem Krieg der Zivilisationen kommen könnte, der die Christen im gesamten Nahen Osten gefährden würde; und zweitens die größere und spezifischere Sorge um die uralten christlichen Gemeinden im Zweistromland, denn der Vatikan befürchtete, dass eine amerikanische Invasion zu Anarchie und zur Radikalisierung der Muslime im Irak und in der Konsequenz zu einem islamischen Staat oder gar zu mehreren solcher Staaten führen könnte, falls der Irak auseinanderbrechen würde. Auf jeden Fall wären die dort existierenden christlichen Gemeinden in ihrer Existenz bedroht. Leider sollte der Vatikan mit seiner Befürchtung für die christlichen Gemeinden völlig richtigliegen. Da es nunmehr wohl faktisch entschieden war, dass die USA militärisch losschlagen würden, war es aus meiner Sicht wichtig, alles zu tun, um in der muslimisch-arabischen Welt nicht den Eindruck entstehen zu lassen, dass es sich bei dem Krieg gegen den Irak um einen »Kreuzzug des Westens« handeln würde, denn genau diese These würden die Radikalen um Osama bin Laden versuchen, massenwirksam zu verbreiten. Auch aus diesem Grunde war das Nein des Papstes zum Krieg gegen den Irak von großer Bedeutung.

Nach den Gesprächen im Vatikan und der Privataudienz bei Johannes Paul II. flogen wir weiter nach München, wo an diesem Wochenende die »Münchner Sicherheitskonferenz« stattfand. Ich würde dort am Samstagmorgen in einer öffentlichen Diskussion direkt auf Donald Rumsfeld treffen, der ebenfalls sein Kommen zugesagt hatte.

Einmal im Jahr versammeln sich die nordatlantischen Außen- und Sicherheitspolitiker zu dieser – früher in altfränkischem Deutsch durchaus zutreffend als »Wehrkundetagung« bezeichneten – Konferenz, um Bedrohungsszenarien zu beschwören, Sicherheitsanalysen auszutauschen, den Transatlantismus zu pflegen und ansonsten der arkanen Wissenschaft der Sicherheitspolitik zu huldigen. Politiker, Militärs, Journalisten, Vertreter der Rüstungsindustrie – überwiegend eine männliche Veranstaltung – gaben dem Treffen den Charakter eines Altherrenklubs, in dem man in wissend gedämpfter Tonlage einem harten politischen Realismus frönte und es den Idealisten, Gutmenschen und sonstigen Illusionisten ganz nebenbei besorgte. Diese alten Hasen des Nordatlantiks sprachen sich nach amerikanischer Sitte mit Vornamen an und taten im Übrigen gleichermaßen wichtig wie vertraut. Hätten diese Freunde der transatlantischen Sicherheit sich auf einen Säulenheiligen einigen müssen, die einstimmige Wahl wäre wohl auf Henry Kissinger gefallen.

Zwar hatte sich der Charakter dieser Konferenz durch den neuen Namen und auch angesichts der neuen Machtverhältnisse in Deutschland und in der Welt langsam verändert, aber im Jahr 2003 war angesichts der transatlantischen Konfrontation um den Irak nochmals heftige traditionelle Gruppenloyalität angesagt. Zwar waren auch Grüne und Sozialdemokraten im Raum, aber hätte man im Saal des Hotels »Bayerischer Hof« mit Ja oder Nein über den Krieg im Irak abgestimmt, Donald Rumsfeld hätte eine überwältigende Mehrheit bekommen. Ein italienischer Freund, den ich vor dem Betreten des Saales zufällig traf, schaute mich mit einem leicht fassungslosen Gesichtsausdruck an und sagte zu mir auf Englisch: »Joschka, you will not believe it, but this is a festival of warmongers!« Oh doch, ich glaubte meinem Freund Paolo aufs Wort.

Die Begrüßung mit Donald Rumsfeld war von beiderseitiger freundlicher Kälte. Es wäre in dieser politischen Lage auch völlig sinnlos gewesen, der Öffentlichkeit etwas vorzuspielen, das erwiesenermaßen nicht vorhanden war: Sympathie und Verständnis. Rumsfeld trat vor mir auf. Er war einer jener Redner, die vor allem gut, ja brillant sind, wenn sie ein Heimspiel haben, d.h. vor einem Publikum sprechen, das ihnen von vornherein zustimmt oder das sie nach Gusto, wie Journalisten auf einer Pressekonferenz, dominieren können, weil sie die Regeln bestimmen. Rumsfeld verzichtete in seiner Rede auf jede Schärfe, sprach nicht mehr vom »alten Europa«, sondern fragte leicht zynisch, wie man jemandem in seinem Alter unterstellen könnte, dass Alter etwas Negatives wäre. Ansonsten begründete er erneut, warum Saddam Hussein und dessen – als sicher vorausgesetzten – Massenvernichtungswaffen eine Gefahr darstellten und dieser deshalb endlich von der Macht entfernt werden müsste.

Ich hatte zwar eine Rede in Stichpunkten schriftlich vorbereitet, aber nachdem ich Rumsfeld zugehört hatte, entschloss ich mich, zumindest im ersten Teil der Rede frei zu sprechen und frontal und ohne den ansonsten gebotenen Rückgriff auf die Diplomatensprache zu antworten. Zudem war ich entschlossen, keine allzu großen Rücksichten auf den Saal zu nehmen, bei dem ich eh wenig Erfolg haben würde, und mich voll auf das Publikum an den Fernsehschirmen zu konzentrieren. Als ich schließlich auf dem Podium zu reden begann, saß direkt vor mir die versammelte Riege der zahlreich angereisten amerikanischen Senatoren und Kongressabgeordneten, die mich ziemlich verständnislos anstarrte. Mir war nicht ganz klar, ob dies an der Übersetzung lag, da ich schnell und emotional sprach, oder ob das dem Inhalt meiner Rede zu verdanken war. Auf jeden Fall veranlasste mich dieser Eindruck, bei der entscheidenden Passage ins Englische zu wechseln und ihnen klarzumachen, warum ich, anders als beim Kosovo, Mazedonien und Afghanistan, nicht für diesen Krieg eintreten konnte – weil ich von den vorgebrachten Gründen für diesen Krieg nicht überzeugt war: »Excuse me, I am not convinced!«

Der eigentliche Knaller erreichte mich aber erst nach dieser Kontroverse mit Donald Rumsfeld. In den Agenturen liefen Meldungen, denen zufolge DER SPIEGEL aus dem Kanzleramt berichtete, dass man dort an einem Plan arbeite, VN-Blauhelmsoldaten in den Irak zu schicken, um so dessen Entwaffnung herbeizuführen. Weder Verteidigungsminister Peter Struck, der ebenfalls auf der Konferenz anwesend war, noch ich hatten auch nur den blassesten Schimmer von einem deutschen Plan. Ich kannte zwar die abstrakten Überlegungen der außenpolitischen Abteilung des Kanzleramtes in diese Richtung, hatte sie aber angesichts der Tatsache, dass die Vetomacht USA zum Krieg entschlossen war und bereits über eine gewaltige Streitmacht in der Region verfügte, als nicht machbar ad acta gelegt. Von einem »Plan« war mir nichts bekannt, und offensichtlich auch nicht der Regierung in Paris, mit der man angeblich gemeinsam an diesem Plan arbeitete. Der Sprecher des französischen Außenministeriums dementierte auf Nachfrage kurz und deutlich. Hätte es tatsächlich einen solchen Plan gegeben, dann wäre er schon alleine durch seine Veröffentlichung jetzt tot, mausetot gewesen. Aber es gab überhaupt keinen Plan, geschweige denn einen »geheimen Schröder/Chirac-Plan«, wie es im SPIEGEL hieß.

Gerhard Schröder selbst hatte wohl mit Journalisten des Nachrichtenmagazins gegen Ende der Woche gesprochen und ihnen einige Überlegungen erläutert, und daraus war dann eine veritable Titelgeschichte entstanden! Ich war ziemlich fassungslos, und noch fassungsloser wurde ich, als ich am Flughafen dann das ganze Heft in die Hand bekam, denn an anderer Stelle fand sich noch ein zweiter Teil der Geschichte, der mich und mein Verhältnis zum Kanzler betraf. »Beziehung mit Knacks«, hieß es da – und diese Geschichte war sehr unschön, ja gefährlich, denn sie stellte die entscheidende Achse der Koalition infrage. Nach der Lektüre des Textes war mir klar, dass die Kanzlerschaft Gerhard Schröders und damit auch die rot-grüne Koalition den Rand des Abgrunds erreicht hatten. Jeder weitere Fehler, und sei er noch so klein, drohte, uns ernsthaft abstürzen zu lassen, denn es ging diesmal um nichts Geringeres als um den Kanzler selbst.

Das Chaos innerhalb der Regierung ließ sich selbstverständlich nicht vor der Öffentlichkeit verbergen, und insofern verwunderte es mich nicht, dass das Medienecho zu Beginn der Woche für uns verheerend war. Aber Gott sei Dank hatten wir zu diesem Zeitpunkt bereits das rettende Ufer erreicht: »Fischer und Schröder sind noch zu retten. Aber souverän sind sie nicht mehr«, bilanzierte Der Tagesspiegel aus Berlin und traf damit den Nagel auf den Kopf. Rettung konnte für Gerhard Schröder jetzt nur noch von außen kommen, und sie kam.

Das Kanzleramt und auch der Kanzler persönlich hatten mit den Präsidenten Chirac und Putin und ihren Mitarbeitern eine intensive Telefondiplomatie unterhalten. Für den Sonntag, den Tag nach dem großen Chaos, hatte sich Wladimir Putin in Berlin angesagt und wollte dann anschließend nach Paris weiterreisen. Die außenpolitischen Mitarbeiter in Kanzleramt und Kreml hatten eine gemeinsame Erklärung vorbereitet, die der russische Präsident mit nach Paris nehmen wollte. Am nächsten Abend stimmte dann Präsident Chirac der Erklärung ebenfalls zu, und das hieß im Klartext, Russland und Frankreich würden einer zum Krieg ermächtigenden Resolution des VN-Sicherheitsrats nicht zustimmen. Die Chaostage in der rot-grünen Bundesregierung waren vorbei, die Krise war zu Ende und auch die Gefahr einer außenpolitischen Isolierung Deutschlands im Sicherheitsrat bestand fortan nicht mehr.

In der »Gemeinsamen Erklärung von Russland, Deutschland und Frankreich« vom 10. Februar hieß es: »Es gibt noch eine Alternative zum Krieg. Der Einsatz von Gewalt kann nur ein letztes Mittel darstellen. Russland, Deutschland und Frankreich sind entschlossen, der friedlichen Entwaffnung des Irak alle Chancen zu geben. […] Russland, Deutschland und Frankreich stellen fest, dass die von ihnen vertretene Position sich mit derjenigen einer Vielzahl von Ländern deckt, insbesondere innerhalb des Sicherheitsrates.« Der letzte Satz machte klar, dass vor allem Russland und Frankreich als ständige Mitglieder des Sicherheitsrats um die Mehrheit in diesem Gremium zu kämpfen beabsichtigten.

Am Abend des so entscheidenden Sonntags traf ich mich noch mit dem Bundeskanzler im Kanzleramt zu einer langen und sehr offenen Aussprache, in der wir die in den vergangenen Wochen entstandenen persönlichen Verwerfungen und das zwischen uns entstandene Misstrauen ausräumten. Es war für uns beide eine extrem fordernde Zeit gewesen, in der wir beide nicht frei von Fehlern gewesen waren, aber jetzt galt es mehr als je zuvor, nach vorne zu blicken und die Koalition auch innenpolitisch in eine

Position der Stärke zurückzuführen. Wir waren uns, trotz aller jetzt hinter uns liegenden Schwierigkeiten, einig, dass es zur rotgrünen Koalition keine Alternative gab. Denn wäre die Union jetzt an der Regierung, so hätte es mit Sicherheit keinen Brief der Acht gegeben, sondern einen Brief der Neun oder überhaupt keinen Brief, weil dann die EU-Europäer wahrscheinlich unisono Bush in seiner Irakpolitik unterstützt hätten. Jenseits der Irak-Krise würden wir jetzt vor allem auch an eine innenpolitische Neuaufstellung der Koalition denken müssen, um aus der Defensive herauszukommen. Die Koalitionsverhandlungen waren ein öffentliches Desaster für uns gewesen, das wir hinter uns lassen mussten, und der Kanzler versprach, hier initiativ zu werden. Ansonsten gälte es jetzt, die Mehrheit im Sicherheitsrat zu erhalten und uns dann, nach einem vermutlich schnellen Krieg Ende März, auf eine Schadensbegrenzung in der Region und auf einen Neuanfang mit Washington vorzubereiten. Wir waren uns einig, dass dabei die verlässliche Zusammenarbeit mit Paris und Moskau von bleibender Bedeutung sein würde.

In der Tat baute die US-Regierung, die in solchen Fragen niemals zimperlich gewesen war, einen gewaltigen Druck auf die einzelnen Sicherheitsratsmitglieder auf (allerdings nicht auf uns, da wir ganz offensichtlich und zu Recht in Washington als ein hoffnungsloser Fall angesehen wurden), und dabei wurden alle Mittel eingesetzt – Freihandelsabkommen, Entwicklungshilfe etc. Umso bewundernswerter war die mutige Haltung der jeweiligen Regierungen etwa in Chile, Mexiko, Angola und Kamerun.

Der von der sozialdemokratischen Seite noch unter ganz anderen Vorzeichen anberaumte Koalitionsausschuss am Mittwochabend verlief nach unserer Aussprache unter vier Augen fast schon harmonisch, und am Donnerstagmorgen gab der Bundeskanzler im Plenum des Deutschen Bundestages eine Regierungserklärung zur aktuellen außenpolitischen Lage ab. Die Opposition machte in der Debatte zwar ihre Punkte angesichts der jüngsten Chaostage des Kanzlers, aber diese lagen bereits hinter uns, und zudem wurde in jener Debatte erneut der Schwachpunkt der christdemokratischen Oppositionsparteien schonungslos sichtbar: ihre Zustimmung zu Bushs Irakpolitik und zum Krieg. Zwar unternahm die Vorsitzende der CDU/CSU-Fraktion alles, um jede ausdrückliche Festlegung zu vermeiden, aber weder der Bundeskanzler noch ich ließen ihr dies in unseren Reden durchgehen. Dieser Vormittag im Bundestag zeigte, dass Kanzler und Koalition wieder »back on track« waren, und insofern konnte ich mich beruhigt erneut auf den Weg zum Flughafen machen.

Dort grüßte mich am späten Nachmittag wieder das tägliche Murmeltier des deutschen Außenministers in diesen Krisenzeiten, da ich ein weiteres Mal nach New York fliegen musste, wo am nächsten Vormittag Hans Blix und Mohammed el-Baradei ihre mit Spannung erwarteten Berichte über die Erkenntnisse der VN-Waffeninspektoren im Irak abgeben würden.

Am nächsten Tag empfing Dominique de Villepin und mich in New York die Boulevardzeitung New York Post des Medienunternehmers Rupert Murdoch mit einem Aufmacher, auf dem wir der »Axis of Weasels« (Achse der Feiglinge) zugeordnet wurden. Und in der Tat fand sich auf Seite 1 ein großes Foto einer Sicherheitsratssitzung, nur dass man Dominique und mir Wieselköpfe aufmontiert hatte. Ich fand das Foto und die Schlagzeile eine durchaus originelle Idee, auch wenn es sich in der Sache um nichts anderes handelte als finstere Kriegstreiberei.

Der Sicherheitsrat tagte in öffentlicher Sitzung, und erneut waren die Mitgliedsstaaten durch ihre Außenminister vertreten. Die Zuschauerplätze für Medienvertreter und Diplomaten waren bis auf den letzten Platz gefüllt, und vor und im Saal des Sicherheitsrats herrschte eine Atmosphäre, als würde Hans Blix innerhalb der nächsten Minuten sein finales Urteil verkünden, das über Krieg oder Frieden im Irak entscheiden würde. Dies war allerdings mitnichten der Fall.

Der Leiter der VN-Waffeninspektoren gab stattdessen einen sehr ausgewogenen Bericht ab, der bei der bisherigen Position von UNMOVIC blieb, nämlich dass man bisher, bis auf einige Kurzstreckenraketen, nichts gefunden habe. Man könne die Regierung in Bagdad weder freizeichnen, da zahlreiche Geheimdienste davon ausgingen, dass der Irak über Massenvernichtungswaffen verfügen würde, noch könne man aufgrund der bisherigen Arbeit behaupten, dass diese Waffen existierten.

Was die Frage der Kooperation des Irak mit UNMOVIC betraf, war Hans Blix durchaus weniger kritisch als in seinem Bericht vom Januar. Zu der schwierigen Frage des Zeitbedarfs bedauerte Blix, dass es seit 1991 nicht zu einer umfassenden Kooperation des Irak gekommen war, dass er aber, was die Überprüfung und Entwaffnung betraf, bei voller Kooperation des Irak von etwa drei Monaten ausginge. Die Überwachung hingegen müsste man als permanente Aufgabe betrachten. Angesichts des sehr großen Drucks, den die US-Regierung, namentlich Condi Rice, die Sicherheitsberaterin des Präsidenten, auf ihn persönlich ausübte, war diese Stellungnahme durchaus mutig, denn sie orientierte sich an den Tatsachen und nicht an den Wünschen aus Washington und London.

Mohammed el-Baradei hatte für die Internationale Atomenergie-Organisation die einfachere Aufgabe zu erledigen. Er erklärte, dass es im Bereich atomarer Waffen zwar noch einige technischen Fragen, ansonsten aber keine ungelösten Abrüstungsfragen mehr gäbe. Damit wischte er die Konstruktionen und Lügen der Bush-Regierung über die Aluminiumröhren und den gelben Urankuchen aus Niger zwar vom Tisch, aber in den amerikanischen oder internationalen Medien interessierte das kaum noch. In den USA war selbst das Flaggschiff des kritischen Journalismus, die New York Times, auf Kriegskurs umgeschwenkt, und die Regierung entfaltete mittels der Massenmedien und hier vor allem durch das Fernsehen eine unglaublich manipulative Kraft, die alle kritischen Einwände und Fakten schlicht überrollte, die der Formel Saddam Hussein = Massenvernichtungswaffen = Terrorismus widersprachen.

Im Anschluss an die beiden Berichte von Blix und El-Baradei kam es dann zur Aussprache unter den Außenministern. Die Positionen blieben unverändert. An diesem Tag hatte Dominique de Villepin seinen großen Auftritt. Er fasste in einer brillanten Rede noch einmal die wichtigsten Argumente dafür zusammen, mit den Inspektionen fortzufahren und keinen Krieg zu beginnen. Als er geendet hatte, brachen die zuhörenden Diplomaten und Journalisten in donnernden Applaus aus. Das hatte es so bisher im Sicherheitsrat nicht gegeben, und ich muss gestehen, ich hätte am liebsten mitgeklatscht, was mir als Vorsitzendem allerdings nicht möglich war. Ich ließ den Applaus eine kurze Zeit gewähren, bevor ich dann meiner Pflicht gemäß die Zuhörer verhalten zur Ordnung rief und darauf hinwies, dass Beifallsbekundungen nicht den Gepflogenheiten des Sicherheitsrates entsprechen würden. Ich sprach als Vorsitzender wiederum als Letzter und hielt eine staubtrockene Rede, da ich auch nur die geringste Gefahr von Beifall von vornherein ausschließen wollte. Wir hatten bereits genug Ärger am Hals.

Auch nach dieser Sitzung hielten die USA und Großbritannien weiterhin an dem Versuch fest, eine neue Resolution des Sicherheitsrates zustande zu bringen, aber seit jenem Beifallssturm für den französischen Außenminister war ihnen wohl klar geworden, dass die Kriegspartei echte Schwierigkeiten bekommen würde, im VN-Sicherheitsrat eine Mehrheit zu organisieren. Zwar gingen die Versuche weiter, massiven Druck auf einzelne Mitgliedsstaaten auszuüben, aber dieser schien nicht zu verfangen. Offensichtlich war die Friedenspartei im Sicherheitsrat in der Sache überzeugend und machtpolitisch stark genug, damit der von Washington ausgeübte Druck sich nicht durchsetzen konnte.

Die Waffeninspektoren verrichteten im Irak weiter ihre Arbeit. Sie überprüften alle Informationen vor Ort, die ihnen von westlichen Geheimdiensten weitergereicht wurden, und kamen in jedem einzelnen Fall nicht nur mit der Nachricht einer Fehlanzeige zurück, sondern konnten diese Fehlanzeige auch jeweils sachlich begründen. Da wurde aus einer angeblichen Biowaffenfabrik schon mal eine Hühnerfarm, ein landwirtschaftliches Labor oder ein leeres Waffendepot, wo sich nicht die geringsten Spuren von Giftstoffen oder gar von jüngsten Aktivitäten fanden, etc. Das Einzige, was die Inspektoren an ernst zu nehmenden Waffen fanden, waren Kurzstreckenraketen, die dann auch zerstört wurden, aber von chemischen, biologischen oder gar atomaren Waffen oder auch nur Spuren davon hatten die VN-Waffeninspektoren weiter nichts zu vermelden. Dies führte aber mitnichten zu einem Umdenken in Washington oder London. In dieser Phase der diplomatischen Auseinandersetzung ging es vor allem um zwei Dinge: die Mehrheit der Friedenspartei im Sicherheitsrat zusammenzuhalten und so weit es eben ging auf

Zeit zu spielen, denn wir wussten ja, dass die Entscheidung zum Krieg im Weißen Haus bereits gefallen war. Am nächsten Tag, am Samstag, den 15. Februar 2003, kam es weltweit dann zu den bisher wohl größten Anti-Kriegs-Demonstrationen, bei denen über sechs Millionen Menschen in über 600 Städten auf die Straße gingen.

Am 5. März fand in Paris ein Dreiertreffen der Außenminister von Frankreich, Russland und Deutschland zur Vorbereitung der Sicherheitsratssitzung in New York zwei Tage später statt, bei dem die gemeinsame Ablehnung eines Krieges gegen den Irak und das Festhalten an seiner Entwaffnung mittels Inspektionen erneut unterstrichen wurde. In New York selbst kam es zu einer weiteren Redeschlacht im Sicherheitsrat, die aber keinerlei Veränderungen brachte. Die USA und Großbritannien hatten bereits seit einiger Zeit einen Entwurf für eine zweite Resolution eingebracht, wagten es aber nicht, diesen zur Abstimmung zu stellen, da sie erstens nicht über die notwendigen neun Stimmen im Sicherheitsrat verfügten und zweitens immer ernsthafter mit einem Veto von Russland und Frankreich rechnen mussten. Die Lage wurde dadurch vor allem für den britischen Premierminister Tony Blair immer ungemütlicher, der wegen des Zusammenhalts seiner Labour-Fraktion im Unterhaus eine solche Resolution dringend brauchte, denn ein Krieg ohne eine dazu ermächtigende zweite Resolution würde die Zahl der Abtrünnigen in der Fraktion von Labour im britischen Unterhaus weiter nach oben treiben.

Blix und El-Baradei unterrichteten ein weiteres Mal den Sicherheitsrat, aber auch aus diesen Berichten ergab sich zum großen Bedauern Washingtons keine neue Lage. Man spürte während dieser Sitzung allerdings, dass die Zeit der Verhandlungen nun definitiv zu Ende gehen würde. Die militärische Streitmacht am Golf war aufmarschiert, und die Entscheidung würde sich wohl in naher Zukunft aus dem Sicherheitsrat zurück nach Washington verlagern.

Am 12. März war ich zu einem Besuch in Sloweniens Hauptstadt Ljubljana, als mich am frühen Nachmittag die Nachricht erreichte, dass kurz zuvor in Belgrad der serbische Ministerpräsident Zoran Djindjić ermordet worden war. Djindjić war ein mutiger und entschlossener Reformer, der Serbien nach Europa führen und modernisieren wollte. Er hatte nicht nur beim Sturz Miloševics eine entscheidende Rolle gespielt, sondern den Diktator später an das Kriegsverbrechertribunal in Den Haag ausliefern lassen. Djindjic hatte mir gegenüber bei seinem letzten Besuch in Berlin auch klargemacht, dass er eine Lostrennung des Kosovo von Serbien wollte. Serbien hätte der 90 Prozent umfassenden Mehrheit von Kosovo-Albanern in der Provinz einfach nichts anzubieten. Ganz im Gegenteil würde ein Festhalten Serbiens am Kosovo jegliche Modernisierungsperspektive für das durch Miloševic zerrüttete Land dauerhaft verunmöglichen. Djindjics Tod war deshalb nicht nur für seine Familie und Freunde, sondern auch für Serbien und für den westlichen Balkan eine große Tragödie, und genau deshalb hatten seine Mörder zugeschlagen.

Am Samstag, den 15. März 2003, flog ich zu den Beisetzungsfeierlichkeiten für Zoran Djindjić nach Belgrad. In der Kathedrale des Heiligen Sava, einem gewaltigen Gotteshaus, das allerdings nach vielen Jahrzehnten immer noch seiner endgültigen Fertigstellung harrte, versammelten sich am Sarge des ermordeten serbischen Ministerpräsidenten die Repräsentanten Serbiens und die Vertreter zahlreicher Regierungen. Ich stand während der Trauerfeier in der kalten Kirche neben dem früheren britischen Außenminister Robin Cook, einem Freund, der nur zwei Tage später das Kabinett Tony Blairs wegen dessen Irakpolitik mit einer beeindruckenden, ja grandiosen Rede im britischen Parlament verlassen sollte. Dabei arbeitete er vor allem den Unterschied zwischen dem Krieg im Kosovo und dem drohenden Krieg im Irak präzise heraus:

»Ich habe gehört, dass man eine Militärintervention unter solchen Umständen mit unserem militärischen Eingreifen im Kosovo verglichen hat. Damals konnte es keinen Zweifel geben, dass wir für unsere Militäraktionen breite multilaterale Unterstützung besaßen. Sie wurden von der NATO, von der Europäischen Union und von jedem einzelnen der sieben Nachbarstaaten der Region unterstützt. Frankreich und Deutschland waren unsere aktiven Verbündeten. Und gerade weil wir in diesem Fall auf keinerlei derartige Unterstützung bauen können, war es umso wichtiger, im Sicherheitsrat Einvernehmen zu erzielen, als letzte Hoffnung, internationale Einigkeit zu demonstrieren. Die rechtliche Grundlage für unser Eingreifen im Kosovo war die Notwendigkeit, auf eine dringende und zwingende humanitäre Krise zu reagieren. Unsere Probleme, diesmal Unterstützung zu finden, rühren daher, dass weder die internationale Gemeinschaft noch die britische Öffentlichkeit überzeugt ist, dass es einen dringenden und zwingenden Grund für die Militäraktion im Irak gibt.«

Während der Erzbischof Amfilohije am Sarge Djindjićs eine Predigt auf Serbisch hielt, die nicht übersetzt wurde, in der er aber wenig Freundliches über den Ermordeten zu sagen wusste, wie mir nachher berichtet wurde, nutzte ich die Gelegenheit, einige Worte flüsternd mit Robin Cook zu wechseln. Wir sprachen über seine Absicht zurückzutreten, und ich bat ihn, mir doch bitte die Haltung Tony Blairs zu erklären. »Ganz einfach«, sagte er zu mir, »Tony Blair denkt, George W. Bush ist ein etwas konservativerer Bill Clinton. Aber das ist er nicht!«

Robin Cook berührte in der Tat einen wichtigen Punkt, der weit über Tony Blair hinausreichte, nämlich das Bündnis von Teilen der Linken in Europa und Amerika mit den Neocons im Falle Irak. Das Lager der linken humanitären Interventionisten war in der Frage eines Krieges zum Sturz Saddam Husseins tief gespalten. Die einen, denen Robin Cook und ich angehörten, sahen die Bedingungen für eine humanitäre Intervention – vor allem eine aktuelle humanitäre Krise, die durch kein anderes Mittel gelöst werden und die sich deshalb auf eine breite politische und auch völkerrechtliche Unterstützung stützen konnte – nicht gegeben und misstrauten zudem zutiefst der neoimperialen Strategie der amerikanischen Neocons. Die anderen sahen die Möglichkeit, einen grausamen Diktator zu stürzen und ein unterdrücktes Volk zu befreien, und hegten gegenüber einem Bündnis mit den Neocons kein größeres Misstrauen. Sie sollten sich gründlich täuschen.

Für die Haltung Tony Blairs zum Krieg gegen den Irak waren meines Erachtens noch zwei weitere Faktoren entscheidend. Für ihn war die besondere Beziehung (»special relationship«) zwischen Großbritannien und den USA, wie sie seit dem Zweiten Weltkrieg und Winston Churchill und Franklin D. Roosevelt galt, das oberste nationale Interesse Großbritanniens in der Außenpolitik. Nur wenn es gelang, diese besondere Beziehung auch unter schwierigen Bedingungen aufrechtzuerhalten, konnte Großbritannien seinen außenpolitischen Einfluss wahren, und das galt für Tony Blair gerade in der aktuellen Irak-Krise. Und der zweite Faktor war das damals aktuelle, heftige Zerwürfnis zwischen Jacques Chirac und Tony Blair. Blair warf dem französischen Staatspräsidenten vor, aktiv seinen Sturz zu betreiben, und das führte zu einem bitteren, auch mit vielen persönlichen Emotionen aufgeladenen Zerwürfnis zwischen Blair und Chirac.

Es war überhaupt bemerkenswert, wie sich zwischen den ansonsten auf das Engste verbündeten Staats- und Regierungschefs im westlichen Bündnis die Irak-Krise emotional auflud und damit sehr persönlich wurde: Bush gegen Schröder und Chirac, Blair gegen Chirac, Schröder und Chirac gegen Blair und Aznar. Es ging in der Irak-Krise eben nicht nur um eine wichtige außenpolitische Entscheidung, sondern auch um die politische Zukunft der Beteiligten und – nicht zu unterschätzen! – um ihren Platz in der Geschichte. Es sollte sich in den folgenden Jahren zeigen, dass es für alle Mitglieder jener »Koalition der Willigen«, die sich damals anschickte, ihre Truppen ins Zweistromland zu schicken, eine unheilvolle Entscheidung war. Dies sollte sich ganz besonders für die beiden Hauptakteure, George W. Bush und Tony Blair, bewahrheiten. Nur Silvio Berlusconi bildete in Bezug auf seine weitere politische Karriere in seinem Heimatland eine Ausnahme, aber bei ihm handelte es sich auch aus vielen anderen Gründen um einen ganz speziellen Fall.

Ein Ereignis am Rande sei hier noch erwähnt, da es Jahre später eine Bedeutung erhalten sollte, die ich damals, angesichts der geringen Wichtigkeit, die ich dieser Entscheidung beigemessen hatte, niemals für möglich gehalten hätte. In jenen hektischen Monaten vor dem Beginn des Irak-Krieges kam eines Tages der damalige Präsident des BND, August Hanning, zu mir ins AA und unterrichtete mich, dass die Möglichkeit bestünde, zwei Mitarbeiter des Dienstes während des Krieges in der französischen Botschaft zu belassen, denn Deutschland würde ja alle

Mitarbeiter seiner Botschaft auf jeden Fall rechtzeitig aus dem Irak abziehen. Ich war sehr dafür, denn genau in der Anwesenheit dieser Mitarbeiter bestand ja unter anderem die Aufgabe eines Auslandsnachrichtendienstes. Die Gründe für diese Entscheidung lagen auf der Hand, denn die politischen Risiken für die Bundesregierung waren sehr groß: Sollte der Irak tatsächlich doch über Massenvernichtungswaffen verfügen und diese, vor allem alte Giftgasbestände aus der Zeit vor dem Golfkrieg von 1991, gegen die US-Truppen einzusetzen gedenken, so lag es in unserem Interesse, alles zu tun, damit es dazu nicht käme. Und zweitens hatten wir ein zwingendes Interesse, auch nach dem Krieg in der Frage der Massenvernichtungswaffen im Land genauestens und aus eigenen Quellen informiert zu bleiben, denn diese Frage würde auf jeden Fall eine entscheidende Rolle auch nach dem Krieg spielen.

Jahre später wurde dann ein parlamentarischer Untersuchungsausschuss gebildet, der sich auch mit diesen beiden Mitarbeitern des BND in Bagdad beschäftigte. So wurde gegenüber der rot-grünen Bundesregierung etwa der Vorwurf erhoben, wir hätten ein doppeltes Spiel gespielt und uns in Wirklichkeit an dem Krieg gegen den Irak beteiligt. Gespeist wurden diese Vorwürfe meistens aus amerikanischen Quellen, die offensichtlich ein Interesse daran hatten, uns irgendwie mit in das gescheiterte Irak-Abenteuer hineinzuziehen. So sollten diese beiden BND-Mitarbeiter angeblich Feuerleitfunktionen für die US-Luftwaffe bei deren gescheitertem »Enthauptungsschlag« gegen Saddam Hussein ausgeübt haben. Diese Behauptung erwies sich als schlichter Unfug.

Darüber hinaus wären angeblich Verteidigungspläne von Bagdad weitergereicht worden und, siehe da, es wurde in den Medien als Beweis für die Kriegskooperation ein Plan veröffentlicht, der dem Stadtplan des alten Bagdad aus der Zeit der Kalifen verdammt ähnelte und den man in jedem besseren deutschen Geschichtsatlas finden konnte. Nur dass es sich diesmal um die Verteidigungsstellungen der irakischen Armee und der Republikanischen Garde handeln sollte. Auch diese Behauptung erwies sich als völlig daneben, und dies galt auch für alle weiteren Vorwürfe, die im Laufe des Untersuchungsausschusses vorgebracht wurden. Es bestand zu keinem Zeitpunkt in der Bundesregierung die Absicht, intern anders zu handeln, als wir nach außen sprachen. Wenn man die rot-grüne Bundesregierung wegen ihrer Irakpolitik angreifen will, dann bedarf es keiner Fiktionen und Verschwörungstheorien, man kann dies tun, indem man uns für die Überflugrechte, die Benutzung und Bewachung der amerikanischen Stützpunkte etc. kritisiert. Hätten wir all diese Punkte verweigert, so wäre aus unserem Nein zum Irak-Krieg allerdings ein Nein zum NATO-Bündnis geworden, und genau dieses zweite Nein hielten wir für grundfalsch, weil es zentrale Interessen unseres Landes gefährdet hätte.

Nachdem am Freitag, den 14. März, der chilenische Präsident Ricardo Lagos im Sicherheitsrat einen eigenen Plan vorlegte, der dem Irak eine Frist von dreißig Tagen zur völligen Entwaffnung einräumte und der von der US-Regierung sofort zurückgewiesen wurde, ergriff Washington die Initiative und lud den britischen und spanischen Regierungschef zu einem Gipfeltreffen auf die Azoren ein. Der portugiesische Ministerpräsident würde ebenfalls anwesend sein. Damit war klar, dass Washington den Versuch endgültig aufgegeben hatte, eine Mehrheit im Sicherheitsrat zusammenzubringen, und nunmehr die Entscheidung zum Krieg außerhalb des Sicherheitsrats und ohne dessen Mandat getroffen werden würde, und zwar an diesem Sonntag auf den Azoren. So geschah es dann auch.

Frankreich und Russland schlugen gemeinsam eine weitere Sicherheitsratssitzung der Außenminister für die folgende Woche vor, aber ich war skeptisch, denn die Entscheidung war gefallen. In ihrer gemeinsamen Gipfelerklärung vom Sonntag auf den Azoren, die faktisch eine Kriegserklärung war, hatten sich die Kriegsbefürworter nur noch auf die Resolution 1441 und frühere Sicherheitsratsresolutionen bezogen. Der Sicherheitsrat war damit nicht mehr Teil des Entscheidungsprozesses. Genau deshalb aber, so die französische und russische Position, weil wir an der alleinigen Entscheidungskompetenz des Sicherheitsrats festhalten müssten, sollten wir noch einmal nach New York fahren. Dort waren dann aber nur noch fünf Außenminister anwesend, während die anderen Staaten durch ihre VN-Botschafter vertreten waren, und die Stimmung im Rat war deprimierend. Entsprechend gestaltete sich auch die Medienreaktion, sodass ich mich in meiner Skepsis bestätigt sah. Am 20. März 2003 begann der Krieg gegen den Irak, und das Unheil nahm seinen Lauf.

Wir befanden uns fortan in einer fast schizophrenen Situation, denn wir mussten jedes Interesse daran haben, dass unsere Befürchtungen durch den Gang der Ereignisse widerlegt werden würden, befürchteten aber zugleich genau eine solche Entwicklung, die unsere Ablehnung einer militärischen Invasion des Irak begründet hatte. Wir wünschten uns zudem, nachdem der erste Schuss gefallen war, einen schnellen Sieg unseres wichtigsten Verbündeten mit möglichst wenigen zivilen und militärischen Opfern.

AUSSENPOLITIK ZWISCHEN IRAK, ISRAEL UND PALÄSTINA

Nachdem die Krise des Kanzlers und der rot-grünen Koalition, die während der völlig missratenen Koalitionsverhandlungen nach unserer Wiederwahl begonnen und in den Chaostagen um den 8./9. Februar herum ihren einsamen Höhepunkt erreicht und Gerhard Schröder zum ersten Mal in seiner Amtszeit persönlich an den Rand des Scheiterns gebracht hatte, zog dieser daraus schnell und entschlossen die Konsequenzen. Die Koalition musste die vermurksten Koalitionsverhandlungen hinter sich lassen und in einem zweiten Anlauf versuchen, ihr Programm für die zweite Legislaturperiode von Rot-Grün neu zu definieren.

Für die Außenpolitik stellte sich diese Aufgabe weniger, denn dort bewegte sich die rot-grüne Linie im Spannungsbogen zwischen der deutschen Beteiligung an den Militäreinsätzen auf dem Balkan und in Afghanistan und unserem Nein zum Krieg im Irak. Daran gab es nichts zu ändern. In der Innenpolitik aber bedurfte es dringend einer Neuausrichtung, denn die wirtschaftliche Entwicklung bescherte uns immer höhere Arbeitslosenzahlen, und damit drohte der Staatshaushalt wegen der hohen Kosten der Arbeitslosigkeit in eine anhaltende Verschuldungskrise zu geraten. Diese wurde noch dadurch verschärft, dass wir zwar eine Steuerentlastung von über 50 Milliarden Euro jährlich beschlossen hatten, dann aber nicht den Mut fanden, zur Gegenfinanzierung die Mehrwertsteuer zu erhöhen. Die Steuerentlastung brachte nicht den gewünschten positiven Nachfrageeffekt auf dem Binnenmarkt, weil sie im internationalen Vergleich zu spät kam, und so vergrößerte sich lediglich das Haushaltsdefizit der öffentlichen Kassen.

Zu Beginn des Jahres 2003, mitten in der sich dramatisch zuspitzenden Irak-Krise und weitgehend von dieser überdeckt, standen wir innenpolitisch deshalb vor einer grimmigen Alternative: Entweder würden wir die Dinge weiter treiben lassen und so absehbar unter der Finanzlast der weiter steigenden Arbeitslosigkeit zuerst unsere Handlungsfähigkeit und irgendwann dann auch die Regierungsmacht verlieren. Auf jeden Fall würden wir mit einer solchen Strategie des Aussitzens das Ende der Wahlperiode nicht erreichen, darin waren sich der Kanzler und ich einig.

Oder aber wir brächten die Kraft und den Mut auf, die notwendigen Strukturreformen des Arbeitsmarktes und des Sozialstaats anzupacken und durchzusetzen. Ein solcher Schritt würde allerdings kaum ohne den Widerstand der Gewerkschaften und ohne die Enttäuschung eines Teils der Wählerschaft der SPD möglich sein, von den Auswirkungen innerhalb der SPD und in deren Bundestagsfraktion ganz zu schweigen. Auch bei dieser Option war also mit nur schwer kontrollierbaren Reaktionen zu rechnen. Zudem bräuchten wir für diese Reformen die Mitarbeit der Opposition, die im Bundesrat über die Mehrheit verfügte. Diese absehbaren Verhandlungen mit den Oppositionsparteien enthielten viele Unwägbarkeiten, die vorab kaum auszurechnen sein würden.

In einer solchen Situation, wo man nur zwischen zwei Übeln wählen kann, empfiehlt es sich immer, diejenige Alternative zu wählen, die einem als Regierung das Gesetz des Handelns lässt, zumal wir von der Notwendigkeit dieser Reformen zutiefst überzeugt waren. Sie hätten bereits in der ersten Hälfte der neunziger Jahre, unmittelbar nach der deutschen Einheit also, angepackt werden müssen, aber der damalige Bundeskanzler Helmut Kohl weigerte sich, dieses zu tun, weil er, wie sich in unserem Falle zeigen sollte zu Recht, um seine Wiederwahl fürchtete.

Die deutsche Einheit war ein großes Glück für Deutschland gewesen, aber auch für die Geschichte gilt das alte englische Sprichwort: »There is no such thing as a free lunch.« Deutschland hatte durch sein historisches Glück zugleich dramatisch an Wohlstand und Wettbewerbsfähigkeit verloren und musste deshalb schmerzhafte Sanierungsschritte einleiten, um international wieder wettbewerbsfähiger zu werden und so den zukünftigen

Wohlstand des Landes zu sichern. Diese Einsicht war zwar abstrakt vorhanden, hatte aber wegen der absehbaren politischen Negativfolgen in den neunziger Jahren nur zu halbherzigen und deswegen unzureichenden Reformschritten geführt. Wir waren jetzt aber, zu Beginn des Jahres 2003, am Ende dieser Politik des Vertagens und Verschiebens angekommen, zumal uns die wirtschaftliche Entwicklung einfach keinen Auftrieb verschaffte, sondern anhaltend schwach blieb. Jetzt musste also gehandelt werden, und Gerhard Schröder wusste dies seit seinem persönlichen Blick in den Abgrund nur zu gut. Und er handelte.

Am Freitag, den 14. März 2003, zwei Tage vor dem Gipfel der westlichen Kriegspartei auf den Azoren – Bush, Blair, Aznar und Barroso –, gab Gerhard Schröder vor dem Plenum des Deutschen Bundestages die wohl mit Abstand längste und innenpolitisch wichtigste Regierungserklärung seiner gesamten Amtszeit ab, in der er die sogenannte »Agenda 2010« ankündigte. Es handelte sich dabei um ein großes Reformpaket, dessen Kern in der Zusammenlegung von Arbeitslosenhilfe und Sozialhilfe und in einer Reform der Arbeitsverwaltung unter der Überschrift »Fördern und Fordern« bestand. Wir wollten dabei das Rad nicht neu erfinden, sondern endlich den Übergang von der bloßen Verwaltung von Arbeitslosigkeit hin zu einer aktiven Arbeitsvermittlung erreichen, wie dies schon Jahre zuvor in Skandinavien und in Großbritannien verwirklicht worden war. In Deutschland brauchten wir damals mindestens zwei Prozent Wirtschaftswachstum, bevor der Arbeitsmarkt mit Neueinstellungen positiv zu reagieren begann. Es galt, diese Schwelle deutlich Richtung ein Prozent zu drücken, wenn wir den Anstieg der Arbeitslosenzahlen (darunter immer mehr Langzeitarbeitslose) nicht nur stoppen, sondern sogar umdrehen wollten. Darin sahen wir eine der großen sozialpolitischen Herausforderungen, denn ein immer größerer Sockel von Arbeitslosen bedeutete nicht nur ein kaum beherrschbares Risiko für den Staatshaushalt, sondern darüber hinaus auch für den Sozialstaat als solchen, weil er dessen Finanzierbarkeit und damit auch Akzeptanz infrage zu stellen drohte. Zudem zeigte alle Erfahrung, dass die Reintegration von Langzeitarbeitslosen in den Arbeitsmarkt sehr viel schwerer und auch teurer war, von den bedrückenden Folgen für die betroffenen Menschen und ihre Familien ganz zu schweigen, als eine Umstellung auf eine aktive Arbeitsvermittlung.

Hinzu kam noch ein strukturelles Problem, das diese Reform unabweisbar machte, nämlich die grundsätzliche Veränderung des Arbeitsmarktes. Die deutsche Arbeitsverwaltung war noch weitgehend an der Realität der Vollbeschäftigung der Nachkriegszeit und an lebenslangen Beschäftigungsverhältnissen als Regelfall orientiert. Die Wirklichkeit des Arbeitsmarktes hatte sich jedoch fundamental verändert, und die Wahrscheinlichkeit, ein ganzes Leben in einem Beruf und bei einem Unternehmen zu verbringen, war zunehmend von der Regel zur Ausnahme geworden. Auch deswegen bedurfte es einer weitaus aktiveren und flexibleren Arbeitsverwaltung, die in Zukunft weniger »Verwaltung« als aktive »Vermittlung« sein musste.

Die Zusammenlegung von Arbeitslosen- und Sozialhilfe sollte nicht nur die Kommunen finanziell bei den arbeitsfähigen Sozialhilfeempfängern entlasten und die Kosten der Dauerarbeitslosigkeit begrenzen, sondern sie sollte all jene, die Sozialhilfe beziehen, obwohl sie arbeitsfähig sind, wieder in den Arbeitsmarkt integrieren, vor allem Jugendliche und Heranwachsende. Diese Reform hatte jedoch auch ihre Schattenseiten, denn die Arbeitslosenhilfebezieher würden schlechter gestellt werden. Die Arbeitslosenhilfe betraf vor allem die Dauerarbeitslosen aus den Mittelschichten, ältere Arbeitnehmer in den letzten Jahren vor ihrer Verrentung und Ostdeutschland, dessen Arbeitsmarkt unter ganz besonderen, aus der deutschen Teilung entstandenen Problemen zu leiden hatte.

Diese Reform war, gemeinsam mit der Kürzung des Arbeitslosengeldes auf die Bezugsdauer von einem Jahr, der neuen Offenlegungspflicht der privaten Vermögensverhältnisse und der überarbeiteten Anrechnungsregelungen für Bezieher öffentlicher Transferzahlungen, der politisch brisanteste Teil der Agenda 2010. Aber ohne diese Zusammenlegung von Arbeitslosen- und Sozialhilfe hätte sich die ganze Reform für den Haushalt nicht gerechnet, und somit wäre eines der entscheidenden Ziele der Reform – Entlastung der öffentlichen Haushalte – aufgegeben worden.

Die Regierungserklärung des Bundeskanzlers hatte die gewünschte Wirkung, nämlich die innenpolitische Initiative für die Regierung zurückzugewinnen. Allerdings sollte es sich im Verlauf der nächsten Monate zeigen, dass der Kanzler und die SPD-Führung über keinerlei nennenswerte Strategie für die Debatte und Konsensbildung innerhalb ihrer Partei verfügten. Statt des üblichen »Basta« des Kanzlers wäre nicht nur eine Einbindung des linken Flügels der Partei dringend nötig und, wie nicht nur ich meine, auch möglich gewesen, sondern diese Reform hätte durch eine umfassende öffentliche Debatte um den Begriff der sozialen Sicherheit und die zukünftige Gestaltung und Finanzierung des Sozialstaats im Zeitalter der Globalisierung und einer dramatischen Umkehrung der Alterspyramide in unserer Gesellschaft flankiert werden müssen. Gerade linke Parteien brauchen eine solche programmatische Unterfütterung ihrer Politik. Soziale Gerechtigkeit war eben nicht mehr nur eine Frage der Verteilungsgerechtigkeit innerhalb einer Gesellschaft, sondern darüber hinaus auch eine Frage der Generationengerechtigkeit und globalen Chancengerechtigkeit unter Einschluss der begrenzten Ressourcen unseres Ökosystems Erde. Der traditionelle Gerechtigkeitsbegriff war angesichts der neuen intergenerationellen und globalen Herausforderungen in wesentlichen Punkten sogar zutiefst ungerecht, weil er Besitzstände zulasten neu entstandener legitimer Gerechtigkeitsansprüche verteidigte.

Sollten die machtpolitisch negativen Folgen der Agenda 2010 für die SPD begrenzt werden, so war dies allein mit dem Hinweis auf die Finanzzwänge der öffentlichen Haushalte und anderen pragmatischen Argumenten wie dem Lohnabstandsgebot und dem Missbrauch des sozialen Netzes nicht zu leisten. Die Agenda 2010 warf nun nichts weniger als jene dringend notwendige Grundsatzdebatte um die Frage der sozialen Gerechtigkeit ganz praktisch auf, ohne allerdings eine sinnstiftende und damit die Partei und wesentliche Teile ihrer Wählerschaft vereinende Antwort zu formulieren. So wurde etwa kaum versucht, den Kern der Agenda 2010 als den Einstieg in das Modell einer sozialen Grundsicherung darzustellen (was sie tatsächlich aber war und ist) und die gesellschaftliche Auseinandersetzung um dieses neue Konzept von sozialer Sicherung aufzunehmen.

Der ganzen Reform konnte daher sehr leicht das Prädikat »neoliberal« und »sozial ungerecht« angeklebt werden, weil die Antwort ausschließlich eine technokratische blieb, und dadurch wurde aus der Agenda 2010 nur eine »halbe« Reform – praktische Veränderung Ja, neue Sinnstiftung und damit neuer Konsens Nein. Die Grünen waren durch die jahrelange programmatische Debatte in der Partei über einen neuen Gerechtigkeitsbegriff, der die ökologische und intergenerationelle Dimension mit einbezog, und über eine soziale Grundsicherung besser auf die Agenda 2010 vorbereitet als unser Koalitionspartner. Gerade die technokratische Verengung der Agenda sollte sich in der Folge für die Sozialdemokratie als brandgefährlich erweisen, denn es ging bei der Agenda 2010 auch um den Kernbestand ihrer Identität als Partei der sozialen Gerechtigkeit. Darauf aber gab Gerhard Schröder weder in seiner Funktion als Kanzler noch in seiner Funktion als Parteivorsitzender eine Antwort, und auch sein Arbeitsminister war dazu nicht in der Lage.

Dieses Schweigen der Parteiführung ließ innerhalb der SPD ein Sinnvakuum entstehen, in das mehr und mehr die Gewerkschaften, die PDS und vor allem der frühere SPD-Vorsitzende Oskar Lafontaine hineinstießen mit dem Schlachtruf: »Nein zum Sozialabbau! Nein zu Hartz IV!«. Damit begann aber eine Erosion der sozialdemokratischen Mitglieder- und Wählerschaft, die mit der Bildung der »Wahlalternative Arbeit und soziale Gerechtigkeit« (WASG) im Jahr 2004 zur offenen Spaltung der SPD und letztlich zum Ende der Kanzlerschaft Gerhard Schröders und von Rot-Grün führen sollte.

Solche Gedanken waren mir im März des Jahres 2003 allerdings sehr fern, denn ich war mit meinen persönlichen Kapazitäten völlig durch die Krise um den Irak und den unmittelbar bevorstehenden Krieg gebunden. Auch ich reagierte vor allem technokratisch: Klar war, es musste etwas geschehen – und mit der Agenda 2010 geschah endlich etwas! Alles andere später – und schon war ich wieder auf dem Weg nach New York oder in irgendeine Hauptstadt dieser Welt. Diese Beschreibung kommt dem alltäglichen Regierungshandeln in der Regel sehr viel näher als die Vermutung über fein ziselierte Strategien, die allzu oft im Nachhinein in eine Reaktion auf den Augenblick hineininterpretiert werden. So war dies auch bei der Agenda 2010 der Fall.

Ich selbst hatte aufgrund der zugespitzten außenpolitischen Lage mit der konkreten Ausarbeitung der Agenda nichts zu tun, sie wurde im Wesentlichen im Kanzleramt formuliert. Später lag dann seitens der Grünen die Hauptarbeit der detaillierten Ausarbeitung der gesetzgeberischen Umsetzung der Agenda 2010 in den Händen der Fachabgeordneten der grünen Bundestagsfraktion und unserer beiden neuen Fraktionsvorsitzenden, Katrin Göring-Eckardt und Krista Sager. Zwar hatte mich der Kanzler vorab informiert, und ich stimmte dem Projekt, das ich inhaltlich für richtig und politisch für dringend notwendig hielt, erleichtert zu, aber näher konnte ich mich mit dieser zentralen innenpolitischen Reform in der zweiten Legislaturperiode von Rot-Grün nicht beschäftigen. In jener Zeit hatte ich es mehr mit Bush, Cheney, Rumsfeld und den angeblichen Massenvernichtungswaffen im Irak zu tun als mit der Zusammenlegung von Arbeitslosen- und Sozialhilfe und deren machtpolitischen Konsequenzen für die Zukunft unserer Koalition.

Der Krieg im Irak war erwartungsgemäß nach wenigen Wochen mit der militärischen Niederlage von Saddam Hussein zu Ende gegangen, dessen schlecht organisierte Armee auf veraltetem technisch-militärischen Niveau der hochmodernen amerikanischen Streitmacht auf dem Niveau des 21. Jahrhunderts nichts entgegenzusetzen hatte. Als die amerikanischen Panzerspitzen sich Bagdad näherten, gab es nochmals innerhalb der Bundesregierung erhebliche Unruhe über einen möglichen Einsatz von Giftgaswaffen, aber nichts dergleichen geschah. Allerdings sollte sich bereits im Moment des Triumphs der US-Armee über den irakischen Diktator zeigen, dass die USA jenseits der militärischen Invasion über keinerlei Stabilisierungs- und Wiederaufbauplan für den Irak verfügten. Außer der Sicherung des Ölministeriums in Bagdad hatten sie nichts, was sie auf ihre Rolle als Besatzungs- und Ordnungsmacht vorbereitet hätte. Und so kam es nach dem militärischen Zusammenbruch des Regimes zu einer katastrophalen Plünderungsorgie von Museen, Ministerien und öffentlicher Infrastruktur, die das Land weit zurückwarf.

Der Irak war zwar durch die Diktatur Saddam Husseins, den achtjährigen Krieg gegen den Iran, durch die Niederlage in Kuwait und durch das über ein Jahrzehnt aufrechterhaltene VN-Embargo erheblich geschwächt worden, aber das Land war in seiner Entwicklung nicht mit Afghanistan zu vergleichen. Es war unter den arabischen Ländern durchaus ein partiell industrialisiertes Land mit einer entsprechenden Mittelklasse und Infrastruktur gewesen, und umso schlimmer wirkten die Plünderungen unmittelbar im Anschluss an die Niederlage des Regimes. Donald Rumsfelds öffentliche Reaktion auf das Chaos und die Plünderungen in Bagdad war lediglich ein zynisches »stuff happens«.

Zwar kam es auch zu den erwarteten symbolischen Bildern der Befreiung, als auf einem Platz in Bagdad die Statue des Diktators gestürzt wurde, aber auch diese Szene sollte sich als Inszenierung erweisen. Und dasselbe galt für die Landung des »Kriegshelden« und Präsidenten George W. Bush in einem Kampfflugzeug auf dem Flugzeugträger USS Abraham Lincoln, wo er mit dem riesigen Transparent »Mission accomplished!« empfangen wurde. Dieses Transparent sollte George Bush noch sehr leidtun, denn nur kurze Zeit später begann der eigentliche Krieg um den Irak, der länger als der Zweite Weltkrieg dauern sollte. Lüge und Inszenierung waren von Anfang an die Paten dieses Krieges des George W. Bush im Irak gewesen und das würde sich auch bis zum Ende seiner Amtszeit im Januar 2009 nicht mehr ändern.

Der amerikanische Verteidigungsminister, unter dessen Kontrolle sich nunmehr der Irak befand, sah die Frage der Stabilisierung und des Wiederaufbaus des Landes nicht als ein Problem der USA an, diese Aufgaben sollten die Iraker selbst lösen. Es wurde in den offiziellen Verlautbarungen in Washington zwar viel davon gesprochen, »die Herzen und Köpfe der Iraker zu gewinnen«, getan wurde allerdings das genaue Gegenteil. Zwar hielt die US-Regierung einen Stab unter dem ehemaligen Generalleutnant Jay Garner in Kuwait bereit, um die irakische Zivilverwaltung zu übernehmen, aber Garner wurde schon nach wenigen, chaotisch verlaufenden Wochen am 6. Mai 2003 durch L. Paul Bremer abgelöst.

Hatte Garner das Chaos im Irak nach dem Ende der Kampfhandlungen mit seinen völlig unzureichenden Mitteln nicht in den Griff bekommen, so bestand Bremers Strategie nachgerade darin, das Chaos perfekt zu machen und den eigentlichen Krieg im Irak zu beginnen, indem er sofort nicht nur Saddam Husseins Baath-Partei verbot und die meisten der bisherigen Staatsbediensteten entließ, sondern am 23. Mai auch die irakische Armee für aufgelöst erklärte. Deren Angehörige standen quasi über Nacht, durch einen Federstrich des amerikanischen Prokonsuls, ökonomisch vor dem Nichts, ohne Gehälter, ohne Pensionen und damit ohne jegliche Zukunft, und wandten sich konsequenterweise fortan dem zu, was sie gelernt hatten, nämlich zu kämpfen – und zwar aus dem Untergrund heraus.

Nachdem das Desaster in der Folge der Entscheidung zur Auflösung der irakischen Armee für jedermann sichtbar geworden war, versuchte man in Washington, die Schuld daran ausschließlich auf Bremer zu schieben, aber die Fakten wiesen erneut in die andere Richtung. Der Präsident wie auch der Verteidigungsminister hatten sehr wohl Bescheid gewusst und diese Entscheidung gebilligt, über deren weitreichende und fatale Konsequenzen sie sich offensichtlich nicht im Geringsten im Klaren gewesen waren. Sie waren in ein Land einmarschiert, über dessen Geschichte und Struktur sie offensichtlich nicht die elementarsten Grundkenntnisse hatten, zudem hatten sie bewusst darauf verzichtet, die zahlreichen Irak-Experten in den USA und ihre Expertisen zu nutzen, wenn diese nicht der neokonservativen Befreiungsideologie folgten.

Noch unverständlicher allerdings war in diesem Zusammenhang die Rolle des britischen Premierministers Tony Blair und seiner Regierung, denn im diplomatischen Dienst des Vereinigten Königreichs war alles Wissen zu einer realistischen Einschätzung des Irak institutionell vorhanden – es war Großbritannien gewesen, das dieses Land 1920 geschaffen hatte. Verantwortlich dafür war kein Geringerer als Winston Churchill. Der britische Autor Christopher Catherwood nannte die Schaffung des modernen Irak in einem lesenswerten Buch mit guten Gründen »Churchills Torheit« (»Churchill's Folly«). Der Irak war nach dem Ersten Weltkrieg von der britischen Kolonialverwaltung aus der Erbmasse des Osmanischen Reiches geschaffen worden. Dieser Staat entsprach weniger den Interessen der beteiligten Bevölkerungs- und Religionsgruppen im Zweistromland als vielmehr den Interessen der britischen Kolonialmacht. Drei frühere osmanische Provinzen wurden in diesem neuen Staat zusammengefasst, die nur bedingt zusammenpassten, und so erbte der neue Staat von Anfang an zwei strukturelle Konflikte bis auf den heutigen Tag: den kurdisch-arabischen und den sunnitisch-schiitischen Konflikt. Jack Straw, im Jahr 2003 britischer Außenminister, wies einmal während einer Diskussion über die Lage im Irak im Rat der EU-Außenminister in Brüssel völlig zu Recht darauf hin, dass die alte osmanische Provinz Mosul in den zwanziger Jahren von der britischen Regierung nur deswegen dem Irak zugeschlagen worden war, weil es dort reichlich Öl gab. Durch diese Entscheidung der britischen Regierung, die sich an ihrem Interesse für die Ölversorgung der Flotte des Vereinigten Königreichs orientierte, wurde der kurdisch-arabische Konflikt zu einem konstitutiven Teil des neuen Staates Irak. Ein zweiter konstitutiver Konflikt fand innerhalb der arabischen Bevölkerungsmehrheit statt, nämlich der zwischen Sunniten und Schiiten, den beiden wichtigsten Glaubensrichtungen des Islam. Diese beiden für das Verständnis des Irak zentralen inneren Konflikte hatten in Washington vor der Invasion aber kaum eine Rolle gespielt, wie ich selbst mehrfach zu meiner großen Überraschung erfahren durfte.

Nachdem im Frühsommer 2003 offensichtlich wurde, dass Planungen der USA für den Wiederaufbau faktisch nicht existierten und zudem die Anzahl der benötigten Truppen, um das Land militärisch sichern und stabilisieren zu können, von Donald Rumsfeld völlig unterschätzt worden war, begannen sich die Gespräche mit der amerikanischen Seite sehr schnell in Richtung möglicher Truppenverstärkungen durch die Alliierten der USA zu entwickeln. Ich machte diese Erfahrung während meines ersten Besuches in Washington seit dem Beginn des Irak-Kriegs am 16. Juli 2003. Dort traf ich mit Colin Powell, Condoleezza Rice und Dick Cheney zusammen. Das Gespräch mit dem Vizepräsidenten war ein weiteres Mal von einer gespenstischen Wortkargheit und Belanglosigkeit. Er redete nicht viel, und ich passte mich als freundlicher Gast den Usancen des Hauses einfach an.

Außenminister Colin Powell kam im Gespräch mit mir direkt auf die Notwendigkeit zusätzlicher Bodentruppen im Irak zu sprechen, um die immer gefährlicher werdende Lage zu stabilisieren. Meine Antwort war ebenso geradeheraus – wir würden unter keinen Umständen deutsche Soldaten in den Irak entsenden. In Deutschland wäre ein solches Ansinnen niemals durchsetzbar, und deshalb sollte man solche Gedanken schlicht vergessen. Nein, es ginge überhaupt nicht um deutsche Truppen, wurde mir entgegengehalten. Nur die Türkei verfüge über genügend Bodentruppen, um wirksam helfen zu können. Ich war über diese Antwort doch ziemlich erstaunt. Ob man denn nicht wüsste, dass eine Präsenz türkischer Truppen die Kurden im Irak sofort in den bewaffneten Widerstand treiben würde, da dadurch ihre kaum verborgene Agenda der nationalen Unabhängigkeit endgültig erledigt sein würde? Man wüsste das sehr wohl, wurde ich beruhigt, deshalb dächte man auch daran, die türkischen Truppen im Süden einzusetzen. Ich war entschieden der Meinung, dass auch dies nichts an der kurdischen Reaktion ändern würde, und in der Tat nahmen die USA dann auch einige Zeit später von diesen und ähnlichen Plänen Abstand.

Mein zweites Erlebnis während dieses Besuches in Washington, also zu der Zeit, als der bewaffnete Aufstand gegen die US-Präsenz im Irak voll ausgebrochen war, hatte ich mit der Sicherheitsberaterin des US-Präsidenten, Condi Rice. Wir saßen zu einem Gespräch in ihrem Büro im West Wing des Weißen Hauses zusammen, als sie mir mitteilte, dass die USA mit dem irakischen Widerstand genauso umzugehen gedächten, wie sie dies mit dem Naziwiderstand 1945 in Deutschland erfolgreich getan hätten. Ich staunte nicht schlecht, denn mir war dergleichen nicht bekannt. Ich fragte nach, ob damit etwa die Werwolf-Organisation gemeint wäre, und bekam die Antwort, dass es sich genau um diese handeln würde. Ich wies darauf hin, dass es sich dabei mehr um eine Fiktion als um Realität gehandelt hätte. Nach der Kapitulation Hitler-Deutschlands am 8. Mai 1945 wäre einfach kaum jemand mehr übrig geblieben, um militärischen Widerstand zu leisten. Die meisten Männer wären entweder tot, verwundet, in Kriegsgefangenschaft oder interniert gewesen, darunter selbst männliche Jugendliche und Greise. Wie man diese Situation denn allen Ernstes mit der Lage im Irak vergleichen könnte, fragte ich zurück. Ich bekam darauf keine Antwort.

Der zentrale Konflikt zwischen Sunniten und Schiiten, der jahrhundertealte Hass aufeinander, hinter dem sich im Irak zudem noch ein sozialer Konflikt zwischen Ober- und Unterschicht und regional ein Konflikt zwischen Persern und Arabern verbarg, spielte in den Monaten vor dem Krieg und auch in der unmittelbaren Nachkriegszeit im Frühsommer 2003 kaum eine Rolle in den Überlegungen Washingtons, entsprechend katastrophal gestalteten sich später dann die Ergebnisse der amerikanischen Präsenz im Zweistromland.

Die von den USA beabsichtigte schnelle Demokratisierung des Irak lief angesichts dieser beiden zentralen Konflikte zwischen Kurden und Arabern und Schiiten und Sunniten auf die Gefahr einer Auflösung des Irak entlang der religiösen und ethnischen Grenzen hinaus und barg darüber hinaus die Gefahr eines religiösen Bürgerkrieges zwischen Sunniten und Schiiten in sich, in den sich mit Sicherheit die Nachbarn entsprechend ihrer jeweiligen religiösen Ausrichtung einmischen würden. Und so geschah es dann auch spätestens nach dem 22. Februar 2006, jenem Tag, als eines der wichtigsten schiitischen Heiligtümer, die Goldene Moschee in Samarra, durch einen gewaltigen Bombenanschlag zerstört wurde.

Nach dem Ende der ersten Runde der Kampfhandlungen und der vollständigen Besetzung des Irak durch amerikanische und verbündete Truppen stellte sich selbstverständlich für jedermann die Frage nach der von der Regierung Bush immer wieder ins Zentrum ihrer Argumentation für den Krieg gerückten eigentlichen Gefahr – den Massenvernichtungswaffen! Wo waren die Massenvernichtungswaffen von Saddam Hussein? Die US-Regierung hatte zur Beantwortung dieser Frage eine eigene Expertengruppe – die »Iraq Survey Group« – eingerichtet, angeführt von einem ehemaligen VN-Waffeninspektor und Kriegsbefürworter, dem Amerikaner David Kay, die sich unverzüglich im Irak an die Arbeit machte – und nichts fand. Die Wochen gingen ins Land und die Antwort bei der Suche nach den verschwundenen Massenvernichtungswaffen blieb immer die gleiche: Nichts! Am 23. Januar 2004 trat schließlich David Kay von seinem Amt zurück und erklärte, dass der Irak über keine Massenvernichtungswaffen verfügen würde!

Saddam Hussein hatte in den neunziger Jahren also tatsächlich abgerüstet oder war von den VN-Waffeninspektoren zur Abrüstung gezwungen worden. Damit aber war Bushs Kriegsgrund endgültig als politisch gewolltes Konstrukt enttarnt worden, was allerdings an der Lage im Irak nichts mehr änderte, denn dort stieg der Blutzoll aufseiten der irakischen Bevölkerung wie auch aufseiten der US-Soldaten immer dramatischer an. Am 19. August 2003 erfolgte dann ein verheerender Terroranschlag auf das Gebäude der VN in Bagdad, dem 22 VN-Mitarbeiter und -besucher zum Opfer fielen, darunter der Leiter der Mission, Sérgio Vieira de Mello. Die Lage im Irak begann der Regierung Bush aufgrund ihrer Ignoranz gegenüber der Realität schneller und dramatischer zu entgleiten, als selbst die Pessimisten, zu denen ich mich immer gerechnet hatte, angenommen hatten.

Am 10. Juli, einem Donnerstag, nahm ich in Brüssel an der feierlichen Abschlusssitzung des Europäischen Konvents teil, bei dem der Verfassungsentwurf durch alle seine Mitglieder unterzeichnet wurde. Der Präsident des Konvents, Giscard d'Estaing, sprach einige Worte des Dankes an die Versammlung, die Europahymne wurde gespielt und die Konventsmitglieder stießen mit einem Glas Champagner auf ihren gemeinsamen Erfolg an. Dann war es auch schon vorbei. Und in der Tat konnte der Konvent zu Recht stolz sein auf seine Arbeit, denn es war ihm ein beeindruckender Interessenausgleich zwischen den mannigfaltigen und heftig miteinander im Streit liegenden europäischen Interessen und Traditionen gelungen. In etwas über einem Jahr hatte sich diese große Versammlung mittels zahlreicher Kommissionen und Plenarsitzungen und intensiver juristischer und politischer Sachdebatten auf einen großen Kompromiss zwischen »Föderalisten« (für ein vereintes Europa mit starken integrierten Institutionen) und »Intergouvernementalisten« (für ein Europa der Zusammenarbeit der nationalen Regierungen), zwischen großen und kleinen, alten und neuen, armen und reichen Mitgliedsstaaten geeinigt. Es gab weder Sieger noch Besiegte. Dieser Verfassungsentwurf war ein fein austarierter, wirklich gelungener Kompromiss, und d. h., dass niemand mit ihm ganz zufrieden war und doch alle mit ihm leben konnten.

Im Zentrum dieses Verfassungsvertrags standen die sogenannten »Überbleibsel« der Verhandlungen von Maastricht zu Beginn der neunziger Jahre, nämlich die notwendigen institutionellen Reformen, um eine durch die Osterweiterung der EU erheblich vergrößerte Union effizienter und handlungsfähiger zu machen: die Begrenzung der Größe der Kommission; einen permanenten Präsidenten des Europäischen Rates und damit eine Abschaffung der sechsmonatigen Rotationspräsidentschaft; einen EU-Außenminister, der zugleich Vizepräsident der Kommission ist und so die Trennung von Rat und Kommission in der Außenpolitik der EU überwindet; der Übergang von einer mehr oder weniger willkürlichen Stimmengewichtung für jedes Land hin zum Abstimmungsverfahren der doppelten Mehrheit, d. h. eine Mehrheit im Rat ist dann vorhanden, wenn sowohl eine Mehrheit der Mitgliedsstaaten (Vorteil kleine Mitgliedsstaaten) und 60 Prozent der Bürger (Vorteil große Mitgliedsstaaten) gegeben ist; eine Ausweitung der Mehrheitsentscheidungen im Rat; eine verstärkte Mitentscheidung des Europäischen Parlaments und eine stärkere Einbeziehung der nationalen Parlamente in das europäische Gesetzgebungsverfahren.

Ich war nach der Bundestagswahl auf eigenen Wunsch hin als Vertreter der Bundesregierung in den Verfassungskonvent der EU entsandt worden, und zwar aus mehreren, durchaus auch eigennützigen Gründen, denn ich wollte im Laufe der Legislaturperiode, sollte der Konvent erfolgreich sein, nach Brüssel in das zukünftige Amt des EU-Außenministers oder Außenbeauftragten wechseln. Ich hatte Gerhard Schröder von meinen Plänen unterrichtet. Angesichts der Irak-Krise war diese zusätzliche Aufgabe im Verfassungskonvent für mich alles andere als einfach zu bewältigen, aber es gelang mir trotzdem, regelmäßig an den Plenarsitzungen des Konvents teilzunehmen, auch dank der hervorragenden Vorbereitung dieser Sitzungen und der damit regelmäßig verbundenen Gespräche mit dem Präsidenten des

Konvents durch meine Mitarbeiterinnen und Mitarbeiter im Auswärtigen Amt und in Brüssel.

Folgende Gründe hatten mich zur Teilnahme am europäischen Verfassungskonvent bewogen: Erstens war dies eine historische Chance für Europa, neben der Erweiterung nunmehr auch die Vertiefung der europäischen Einigung durchzusetzen. Bei dem europäischen Verfassungskonvent ging es zudem darum, was von meiner Rede über die Zukunft Europas an der Berliner Humboldt-Universität umgesetzt werden konnte und was nicht. Vor allem aber als überzeugter Europäer, der in dem politischen Einigungsprozess Europas unser allerwichtigstes politisches Projekt sah und sieht, wollte ich bei dem Konvent einfach mit dabei sein und meinen Beitrag zum Gelingen leisten.

Zweitens war Deutschland im Präsidium des Konvents und vor allem in dessen Spitze nicht hochrangig vertreten. Der Konvent wurde von einem Präsidium geführt, das sich aus einem Vorsitzenden, seinen zwei Stellvertretern und weiteren neun Mitgliedern zusammensetzte. Deutschland war im erweiterten Präsidium durch den früheren Präsidenten des Europaparlaments, Klaus Hänsch, vertreten, nicht aber in der Präsidiumsspitze, welche de facto die Versammlung steuerte und in der die zentralen Entscheidungen des Konvents vorbereitet und damit auch maßgeblich beeinflusst wurden. Die Spitze des Präsidiums setzte sich aus dem Präsidenten des Konvents, dem früheren französischen Staatspräsidenten Giscard d'Estaing, und seinen beiden Stellvertretern, dem früheren belgischen Ministerpräsidenten Jean-Luc Dehaene und dem ehemaligen italienischen Ministerpräsidenten Giuliano Amato, zusammen. Hinzu kam noch unterstützend der Generalsekretär des Konvents, ein hoher Beamter aus Großbritannien, Sir John Kerr, der kraft seiner Funktion und Erfahrung über sehr großen Einfluss auf die Präsidiumsspitze und damit auf den Fortgang des Konvents verfügte. Paris und London saßen also quasi an den Schalthebeln des Konvents, und bei allem Respekt vor den europäischen Überzeugungen und Zielen dieser beiden Länder ging unser Vertrauen jedoch nicht so weit, dass wir meinten, mit einem prominenten Platz in der zweiten Reihe für Deutschland zufrieden sein zu können. Was wir an formalem Einfluss nicht hatten, mussten wir also versuchen, durch politisches Gewicht auszugleichen. Der Verlauf des Konvents zeigte uns, dass wir völlig richtig entschieden hatten.

Und drittens wollte ich ja, wie bereits gesagt, selbst an die Spitze der EU-Außenpolitik wechseln und engagierte mich daher, unterstützt von meinen Mitarbeitern, ganz besonders detailliert bei der Ausgestaltung und Ausformulierung der neuen Funktion des EU-Außenministers, seiner Macht, seines Einflusses, seiner Zuständigkeiten und Mittel. Gleichwohl hieß dies nicht, dass wir deshalb die anderen zentralen Themen des Konvents weniger ernst genommen oder gar vernachlässigt hätten, denn dazu war der Verfassungsvertrag einfach zu wichtig für die Zukunft der erweiterten EU.

Die inhaltlichen Fragen sind in solchen Verhandlungen immer von zentraler Bedeutung, aber in der Regel verbergen sich die eigentlichen machtpolitischen Kontroversen hinter Verfahrensfragen. Dies galt auch für den Verfassungskonvent, zumal vor allem die britische Regierung, angeführt von Premierminister Tony Blair, bereits in Laeken bei der Formulierung des Mandats energisch darauf gedrungen hatte, dass der Konvent als sein Ergebnis auch mehrere Optionen dem Europäischen Rat sollte vorlegen dürfen. Und so verwunderte es nicht, dass sich später im Verfassungskonvent diese »Optionenfrage« als eine der machtpolitisch entscheidenden Verfahrensfragen erwies.

Allen Beteiligten war von Anfang an klar, dass der gesamte Konvent nur dann erfolgreich sein würde, wenn er lediglich *einen* einzigen Entwurf einmütig verabschieden würde, denn sobald die Staats- und Regierungschefs zwischen mindestens zwei Varianten entscheiden könnten, würden sie das gesamte Paket erneut öffnen und in der Folge nie wieder zusammenbringen, d. h. der Verfassungsvertrag wäre gescheitert. Genau mit dieser Absicht im Hinterkopf gab es in den Beratungen des Konvents immer wieder Versuche von Mitgliedern, die von dem Projekt nicht gerade angetan waren, die »Optionenvariante« durchzusetzen. Sie scheiterten aber jedes Mal an dem entschlossenen Widerstand des Präsidiums und der Mehrheit des Konvents. So hatten die Staats- und Regierungschefs am Ende lediglich einen einzigen Vertragsentwurf vorliegen, über den sie entscheiden mussten. Und auch für die Regierungskonferenz galt, dass eine erneute Eröffnung der Detailverhandlungen das ganze Projekt Verfassungsvertrag gefährden würde.

Die tatsächlichen Verhandlungen im Konvent fanden weniger während der öffentlichen Plenarsitzungen statt als vielmehr in unzähligen Hintergrundgesprächen, informellen Treffen und Telefonaten, in denen die Kompromissmöglichkeiten ausgelotet und neue Formulierungen vereinbart wurden. Das Präsidium war dabei in einer sehr starken Stellung, vor allem der Präsident und seine beiden Vizepräsidenten und ihr wichtigster Zuarbeiter, der Generalsekretär, denn sie allein entschieden über die Tagesordnung und legten jeweils neue Entwürfe vor. Präsident Giscard d'Estaing, mit dem ich mich am Rande der Brüsseler Plenarsitzungen regelmäßig zu vertraulichen Gesprächen traf, führte die Verhandlungen entschlossen und, wenn notwendig, sogar mit harter Hand, was bisweilen bei einigen Delegierten für erheblichen Unmut sorgte, aber letztendlich war nur so ein erfolgreicher Abschluss erreichbar. Erfreulich war auch die Zusammenarbeit innerhalb der deutschen Gruppe, denn dort spielten parteipolitische Unterschiede eigentlich keine Rolle, hier wurde parteiübergreifend eine gemeinsame Position vertreten.

Nachdem der europäische Verfassungskonvent seine Arbeit erfolgreich abgeschlossen hatte, musste der Vertragsentwurf noch durch ein langwieriges Verfahren gebracht werden – Regierungskonferenz, nationale Ratifikation durch Parlamentsmehrheit oder Volksabstimmung, höchstrichterliche Überprüfung –, in dem viele Gefahren lauerten. Mich erinnerte die Wegstrecke, die unser Kind namens »Europäische Verfassung« noch zurückzulegen hatte, bevor es selbstständig würde gehen können, doch sehr stark an Goethes Ballade vom »Erlkönig«, die unsereins noch in der Schule auswendig lernen musste. Und dieses Gedicht ging ja bekanntermaßen böse aus. »Wird schon schiefgehen«, sagte ich mir daher, um mich etwas aufzumuntern. Leider sollte ich mit meinen Zweifeln recht bekommen, was aber in diesem Fall keineswegs meine Absicht gewesen war, und Jacques Chirac sollte sich dabei als der »Erlkönig« der europäischen Verfassung erweisen.

Die Ereignisse eskalierten im Frühjahr 2004. Der britische Premierminister Tony Blair verkündete am 20. April, dass er über den EU-Verfassungsvertrag in Großbritannien ein Referendum abhalten lassen würde, was auf eine Totalrevision seiner bisher öffentlich eingenommenen Haltung hinauslief. Daraufhin entschied kurze Zeit später auch der französische Staatspräsident ohne Not, ein Referendum über den europäischen Verfassungsvertrag anzuberaumen. Die offizielle Begründung lautete, dass dadurch die Legitimation der Verfassung in Frankreich gestärkt werden sollte, aber tatsächlich ging es Chirac und seinen Beratern um sehr viel kleinere innenpolitische Münze. Sie wollten mit einem Verfassungsreferendum das linke Lager in Frankreich erneut spalten und so die Regierungsmehrheit stärken, wie ihnen das bei den letzten Präsidentschaftswahlen gelungen war. Dabei übersah man im Élysée allerdings eine wichtige Kleinigkeit, nämlich dass es diesmal um den europäischen Verfassungsentwurf und nicht um die Abwehr eines Wahlsiegs des rechtsradikalen Präsidentschaftskandidaten Jean-Marie Le Pen ging. Anders als damals würde Chirac bei dem Referendum über den europäischen Verfassungsvertrag keine linken Stimmen für sich mobilisieren können, ja schlimmer noch, er eröffnete mit diesem Referendum vielen Wählern die Chance, ihre Frustrationen über die Regierungspolitik zu artikulieren und es dem Präsidenten mit ihrem Nein zur Verfassung richtig heimzuzahlen. Und so kam es, wie es kommen musste.

Am 11. April 2005, einen Tag vor meinem 57. Geburtstag, nahm ich auf Einladung meines französischen Kollegen Michel Barnier an einer gemeinsamen Veranstaltung in Rennes in der Bretagne teil, die für ein Ja zum europäischen Verfassungsvertrag werben sollte. Die Nachrichten aus Frankreich waren alles andere als gut, die Umfragen zeigten eine Mehrheit für ein Nein, und die Kampagne der Befürworter des Vertrages kam nicht wirklich in die Offensive. Mein Freund Dany Cohn-Bendit, der unermüdlich fast Tag und Nacht in der französischen Referendumskampagne für ein Ja unterwegs war, rief mich zwei Wochen vor dem Tag der Abstimmung an und berichtete mir von der negativen Stimmung in der französischen Wählerschaft. »Ich fürchte, wir schaffen es nicht!«, lautete die deprimierende

Zusammenfassung seiner Erfahrungen. Es war Schlimmstes zu befürchten. »Nur wenn Chirac verkünden würde, dass er am Morgen nach der Abstimmung über die europäische Verfassung als französischer Staatspräsident zurücktreten würde, wenn die Franzosen mit Ja stimmten, gäbe es noch eine Mehrheit.« Aber daran war ernsthaft nicht zu denken. Am 29. Mai stimmten die Franzosen ab und lehnten den europäischen Verfassungsvertrag mit 54,7 Prozent der Stimmen ab. Wenige Tage später, am 1. Juni, schlossen sich die Niederländer dem französischen Votum an und lehnten den Vertrag mit 61,6 Prozent Neinstimmen ebenfalls ab. Die Europäische Union wurde durch dieses doppelte Nein in zwei ihrer Gründungsstaaten in ihre bisher schwerste Krise gestürzt.

Danach wurde in Politik und Medien heftig nach den Ursachen dieser Niederlage geforscht und Schuldige gesucht, aber mir fiel es schwer, jenseits von Jacques Chirac und seinen Beratern »Schuldige« zu finden. Eine Ursache war sicherlich die große Erweiterung der EU vom 1. Mai 2004, die in den alten Mitgliedsstaaten wirtschaftliche Konkurrenzängste ausgelöst hatte. Diese ließen sich leicht gegen den Verfassungsvertrag mobilisieren, und es kam daher nicht von ungefähr, dass die Nein-Kampagne in Frankreich den »polnischen Klempner« in das Zentrum ihrer Agitation gerückt hatte. Zudem teilte ich mitnichten die in den Medien benannte Hauptursache, dass der Vertrag zu emotional, zu ambitioniert und zu weitgehend gewesen wäre. Wie es sich später zeigen sollte, waren es gerade jene »emotionalen« Teile wie der Begriff »Verfassung«, die »Hymne« etc., die für die Dynamik des europäischen Prozesses standen. Im späteren Lissabon-Vertrag wurde darauf völlig verzichtet, und übrig blieb ein europäisches Vertragswerk, das an Verständlichkeit für eine breitere Öffentlichkeit oder gar an politischer Bindungswirkung so gut wie nichts entfalten konnte. Auch ein solch staubtrockener, bürokratisch-juristischer Vertragstext wäre im Übrigen aus denselben Gründen wie der europäische Verfassungsvertrag abgelehnt worden, dessen bin ich mir sicher.

Mir war es bei einer Diskussion während der Referendumskampagne in Frankreich passiert, dass die Verfassung vor allem mit dem Hinweis auf die bürokratische Intransparenz, auf die mangelnde europäische Demokratie und auf die unterentwickelte Sozialstaatsdimension der EU scharf kritisiert wurde. Wir Befürworter konnten in der Diskussion anhand des Textes des Verfassungsvertrages Punkt für Punkt nachweisen, dass genau diese Defizite durch den Vertrag behoben oder zumindest verbessert würden, gleichwohl kam man mit dieser Argumentation nicht durch.

Für mich sind im Wesentlichen drei Gründe für die Niederlage im französischen Verfassungsreferendum verantwortlich: 1) die französische Innenpolitik und Jacques Chiracs fatale Fehlkalkulation; 2) die Osterweiterung der EU; 3) die EU wurde als Elitenprojekt begonnen und als solches über die Jahrzehnte hinweg fortentwickelt, aber dieser Prozess hatte sich jetzt erschöpft und war an dem Nein in zwei Volksabstimmungen gescheitert.

Als besonders fatal erwies es sich, dass der Verfassungsvertrag in Frankreich und den Niederlanden, zwei Gründungsmitgliedern der EWG, gescheitert war, denn damit hatte die EU faktisch einen Infarkt erlitten, und die Blockade der weiteren europäischen Integration war bis auf Weiteres eine Tatsache.

Wäre der Vertrag in Großbritannien gescheitert, womit ich fest rechnete, dann hätte sich die EU in eine Avantgarde, bestehend aus der großen Mehrheit der Mitgliedsstaaten, die dem Vertrag zugestimmt hatten, und in eine Nachhut, bestehend aus jenen wenigen, die mit Nein gestimmt hatten, aufgeteilt. Dann wären pragmatische Lösungen möglich gewesen, aber ohne Frankreich waren solche Optionen unmöglich. Die EU erstarrte nach den beiden verlorenen Referenden in einer bleiernen Stagnation. Die Briten frohlockten und verlangten ein Ende der institutionellen Reformen, und Kommissionspräsident Barroso gab später die Devise von einem »Europa der Ergebnisse« aus, woraus aber nicht allzu viel wurde, da sich schnell zeigen sollte, dass ohne den inneren Schwung der weiteren Integration dieses Europa nicht wirklich Ergebnisse zu produzieren in der Lage war. Die Ablehnung der europäischen Verfassung hatte zudem noch zu einem höchst ironischen Ergebnis geführt, denn aufgrund des Stillstandes der Politik – die Europäer hatten sich selbst eine »Reflexionsphase« verordnet – flog die EU fortan tatsächlich mit ihrem Autopilot namens EU-Bürokratie, und dies war so ziemlich das genaue Gegenteil von dem, was viele Bürger mit ihrem Nein erreichen wollten.

Meine persönlichen europäischen Ambitionen hatte ich allerdings schon lange vorher aufgegeben – aus anderen Gründen. Angesichts der innenpolitischen Entwicklungen im Gefolge der Agenda 2010 fürchtete der Kanzler zunehmend um die innere Geschlossenheit seiner Partei und auch der Koalition. Ein Weggang von mir nach Brüssel hätte eine nicht von der Hand zu weisende Gefahr von Nachfolgekämpfen bei den Grünen und damit das Risiko eines zusätzlichen Instabilitätsfaktors für die Koalition aufgeworfen. Zudem stellte sich Gerhard Schröder die Frage, ob eine neue Führung meiner Partei angesichts der zahlreichen schwierigen Entscheidungen, die vor der Koalition lagen, es überhaupt schaffen würde, die Mehrheiten in Partei und Fraktion noch hinter sich zu bringen. Ich war mir angesichts der innenpolitischen Lage daher mit dem Kanzler schnell einig, dass ich in der schweren See, in der sich das Koalitionsschiff befand, nicht abmustern konnte.

In der Öffentlichkeit war meine persönlich-politische Zukunft kein ernst zu nehmendes Thema. Gewiss wurde über den Fall der Fälle unter den möglichen Nachfolgekandidaten und ihren Hilfskräften mehr oder weniger vernehmlich nachgedacht, und manches davon schlug sich auch in der Presse nieder, aber all diese Meldungen verließen nicht die dünne Luft der Spekulation und waren insofern ohne jede praktische Bedeutung. Das sollte sich allerdings Ende August 2003 ändern, als der Kanzler in einem RTL-Interview nach meiner Zukunft gefragt wurde. Gerhard Schröder antwortete, dass er mich für den Posten des europäischen Außenministers für hervorragend qualifiziert hielte, aber die Entscheidung, ob ich wirklich nach Brüssel wollte, zuerst von mir mitgeteilt werden müsste. In den Medien wurde die Äußerung des Kanzlers prompt so verstanden, wie sie wohl auch gemeint war, nämlich als eine öffentliche Aufforderung an mich, jetzt eine Entscheidung zu treffen.

Ich war über Gerhard Schröders unabgesprochenes öffentliches Vorpreschen alles andere als erbaut, zumal der Kanzler ja meine Entscheidung kannte, gleichwohl konnte ich mir jetzt kein Zögern mehr erlauben. Und so bat ich einen Journalisten einer Nachrichtenagentur ins Amt und diktierte ihm persönlich einen einzigen Satz in seinen Block: »Schröder und Fischer einig, bei Wahl 2006 erneut anzutreten.« Als Quelle wurden zutreffend »Regierungskreise« angegeben. Damit war unsere interne Entscheidung endgültig öffentlich gemacht und die Fakten gesetzt worden. Mein Traum von Brüssel hatte sich mit diesem Schritt nun endgültig erledigt, und auch der eine oder die andere in der grünen Führung musste in der Folge dieser Veröffentlichung manch heimlich gehegte Hoffnung bis auf Weiteres wieder fahren lassen.

Während die Regierung Bush und ihre neokonservativen Hilfstruppen in den USA im Jahre 2002 nicht müde wurden, die Gefahr der Massenvernichtungswaffen unter Einschluss der Atombombe in den Händen des Diktators Saddam Hussein als zwingenden Kriegsgrund öffentlich aufzublasen, werkelten zu jener Zeit wenige Hundert Kilometer östlich der irakischen Grenze die Iraner exakt an einem Programm, das die Nuklearwaffe zum Ziel hatte. Es war damals eine ziemlich verrückte Verkehrung von Lügen und Tatsachen mit fatalen Folgen für die Welt bis auf den heutigen Tag!

Am 14. August 2002 behauptete eine iranische Exilgruppe, der den sogenannten »Volksmudschaheddin« nahestehende »Nationale Widerstandsrat Iran«, auf einer Pressekonferenz, dass der Iran in Natans eine Urananreicherungsanlage und in Arak einen Schwerwasserreaktor bauen würde. Beide Behauptungen sollten sich als richtig erweisen und stellten demnach einen schweren Verstoß gegen die Buchstaben und den Geist des Atomwaffensperrvertrages dar, den der Iran unterzeichnet hatte, denn die Regierung in Teheran wäre nach dem Vertrag verpflichtet gewesen, die Internationale Atomenergie-Organisation (IAEO) in Wien von ihren Aktivitäten zu unterrichten.

Sowohl die Urananreicherung als auch der Schwerwasserreaktor waren technisch zwingende Voraussetzungen für die beiden Pfade, die zum Bau einer Atombombe führen. Mittels der Urananreicherung durch Gaszentrifugen kann aus niedrigangereichertem Uran hochangereichertes Uran produziert werden, das den Stoff für eine Uranbombe darstellt. Und mittels des

Schwerwasserreaktors lässt sich bombenfähiges Plutonium für eine Plutoniumbombe gewinnen.

Zwar sind beide Technologien innerhalb des Atomwaffensperrvertrages nicht verboten, unterliegen aber angesichts ihrer Sensitivität einer ganz besonderen Informationspflicht und Kontrolle des Materialflusses durch die IAEO. Warum hatte die iranische Regierung ihre Aktivitäten nicht gemeldet und deren Überprüfung zugelassen, obwohl sie dem Atomwaffensperrvertrag entsprachen? Die Antwort lag auf der Hand: Offensichtlich wollte Teheran keine Kontrolle dieser Aktivitäten und des nuklearen Materials, weil damit letztendlich Zwecke verfolgt wurden, die nicht mit dem Vertrag übereinstimmten – und das konnte nach Lage der Dinge nur die Nutzung des Materials für militärische Zwecke sein.

Hinzu kamen noch die enormen Anstrengungen, die der Iran unternahm, um sein Raketenprogramm in puncto Reichweite und Zielgenauigkeit auszubauen – was militärisch ohne einen nuklearen Sprengkopf ziemlich sinnlos war. Die Fortschritte in diesem Raketenprogramm waren keineswegs geheim, sondern wurden immer wieder von der iranischen Regierung mit großem Stolz der eigenen sowie der Weltöffentlichkeit präsentiert.

Aber auch die später nachgeschobenen Behauptungen, die Urananreicherung diene ausschließlich zivilen Zwecken und der Schwerwasserreaktor nur der akademischen Forschung, sind nicht stichhaltig. Der Iran verfügt über keinen Bedarf an Brennelementen, da er noch keine Atomreaktoren besitzt, in denen er diese Brennelemente verwenden könnte. Das einzige Atomkraftwerk des Iran in Buschehr am Persischen Golf wird nach seiner Fertigstellung von Russland mit Brennelementen beliefert, und Russland wird die abgebrannten Brennstäbe auch wieder zurücknehmen. Wozu diente und dient also die Urananreicherung? Darauf vermochte die Regierung in Teheran zu keinem Zeitpunkt eine überzeugende Antwort zu geben, sodass als einzig mögliche Schlussfolgerung nur verblieb, dass der Iran eben doch zumindest die technischen Voraussetzungen für eine Atombombe so weit entwickeln wollte, dass es nur noch einer einzigen politischen Entscheidung seiner politischen Führung bedürfte, um tatsächlich auch Nuklearwaffen bauen und die vorhandenen Trägersysteme mit nuklearen Sprengköpfen ausrüsten zu können.

Damit aber würde in der gesamten Region des Nahen und Mittleren Ostens die Gefahr einer militärischen Konfrontation mit dem Iran entstehen, weil sich Israel und mehr noch Saudi-Arabien durch einen atomar aufrüstenden Iran existenziell bedroht fühlen würden. Zumindest aber würde ein sich nuklearisierender Iran einen nuklearen Rüstungswettlauf auslösen, der keineswegs erst mit einem konkreten iranischen Nuklearwaffenprogramm beginnen würde, denn bereits die Entwicklung der Fähigkeiten dazu mittels des benötigten hochangereicherten Urans oder waffenfähigen Plutoniums würde dazu ausreichen. Es war absehbar, dass keiner der machtpolitischen Rivalen Irans in der Region dazu bereit sein würde, die Entwertung seiner konventionellen »Machtwährung« durch eine Nuklearmacht Iran tatenlos hinzunehmen.

Selbst wenn es zu keinem israelischen Präventivschlag aus der Luft gegen die iranischen Nuklearanlagen käme, so würde dennoch ein atomarer Rüstungswettlauf beginnen: Die Atommacht Israel würde zu einer sichtbaren nuklearen Abschreckungspolitik gezwungen werden, während Saudi-Arabien, die Türkei und Ägypten mit Sicherheit damit beginnen würden, eigene nukleare Fähigkeiten aufzubauen. Saudi-Arabien etwa ist auf das Engste mit Pakistan verbunden, und niemand weiß, ob es am Ende nicht eine geheime Vereinbarung zwischen den beiden Staaten gibt, aufgrund derer saudisches Geld in die Finanzierung des pakistanischen Atomprogramms geflossen ist, um andererseits Saudi-Arabien im Fall der Fälle mit nuklearer Waffentechnologie zu versorgen. Zumindest entspringen solche Überlegungen keineswegs nur der Fantasie, sondern sind durchaus realistische Hypothesen. Und auch die Türkei, Ägypten und die kleineren Golfstaaten, die über riesige Finanzmittel aus dem Öl- und Gasexportgeschäft verfügen, würden in Richtung Nuklearisierung gehen, beginnend selbstverständlich mit »zivilen« Atomprogrammen, was mittlerweile übrigens tatsächlich bei all den hier erwähnten Staaten geschehen ist.

Ein nuklearer Rüstungswettlauf im Nahen und Mittleren Osten wäre aber ein Albtraum für die regionale und globale

Sicherheit, denn in dieser Region mangelt es nicht an Waffen, sondern vor allem an politischer und sozialer Stabilität und Modernität. Wenn dazu noch ein atomares Wettrüsten käme, neben religiösem Fundamentalismus, Terrorismus, zahlreichen Regionalkonflikten und einer umfassenden sozialen und ökonomischen Modernisierungsblockade, so würde sich dadurch auch die Sicherheitslage Europas dramatisch verschlechtern, denn Europa und nicht Nordamerika liegt in der direkten geopolitischen Nachbarschaft der nahöstlichen Krisenregion.

Sollte sich der Nahe Osten militärisch unter Einschluss der dazu benötigten Trägersysteme nuklearisieren, so würde dies eine neue strategische Bedrohung der EU und aller ihrer Mitgliedsstaaten nach sich ziehen, auf die Europa dann abschreckend und d. h. nichtkonventionell reagieren müsste. Wenn man deshalb von den gemeinsamen europäischen Sicherheitsinteressen ausging, dann war es dringend geboten, alle diplomatischen Möglichkeiten zu nutzen, dass eine solche nukleare Aufrüstung im Nahen Osten nach Möglichkeit verhindert werden würde. Deshalb spielten (und spielen) der Iran und dessen Atomprogramm für die zukünftige strategische Sicherheit Europas eine Schlüsselrolle.

Ich war im Jahr 2003 aus den oben angeführten Gründen von der Notwendigkeit einer europäischen Initiative überzeugt, zweifelte allerdings daran, dass unsere britischen Freunde mitmachen würden. Großbritannien war für eine solche Initiative unverzichtbar, aber ich konnte mir nicht vorstellen, dass sich die britische Regierung von dem harten Ablehnungskurs Washingtons lösen und an einer europäischen Iran-Initiative beteiligen würde. Ich sollte mich in diesem Fall jedoch irren, da die britische Regierung und ganz besonders Außenminister Jack Straw offensichtlich keinerlei Interesse daran hatten, nach dem sich im Spätsommer 2003 bereits abzeichnenden Desaster im Irak demnächst noch an einem zweiten, noch sehr viel größeren und gefährlicheren Abenteuer im Iran teilnehmen zu müssen.

Daraus entstand die Initiative der drei europäischen Regierungen – Großbritannien, Deutschland und Frankreich –, mittels derer dem Iran angeboten wurde, eine Verhandlungslösung über die Zukunft seines Atomprogramms zu suchen, nachdem die IAEO bereits zuvor entsprechend ihrem Überwachungsauftrag aus dem Atomwaffensperrvertrag tätig geworden war. Ganz offensichtlich fürchtete die iranische Führung damals eine Überweisung der Angelegenheit von der Wiener Atomenergiebehörde an den VN-Sicherheitsrat und dort eine Beschlussfassung, welche die USA, analog zum Fall Irak, völkerrechtlich so interpretieren könnten, dass auch im Iran ein militärisches Eingreifen gerechtfertigt wäre. Und genau an diesem Punkt konnte die Initiative der drei Europäer ansetzen, ohne damit ein allzu großes Risiko einzugehen, denn eine Überweisung des Themas »iranisches Atomprogramm« nach New York blieb jederzeit möglich, sollten sich die Gespräche als eine diplomatische Sackgasse erweisen.

Die drei Staats- und Regierungschefs – Präsident Chirac, Premierminister Blair und Kanzler Schröder – beauftragten ihre Außenminister damit, einen Brief an die iranische Regierung zu verfassen und damit eine gemeinsame Iran-Initiative der drei größten Mitgliedsstaaten der EU zu beginnen. Die drei Regierungen entschieden sich für dieses Format, weil eine gemeinsame Initiative der EU viel zu kompliziert und zu langsam in der Abstimmung, zu schwerfällig im Verhandlungsprozess und zu leicht durch Dritte zu blockieren gewesen wäre. Früher oder später aber, dessen waren wir uns von Beginn an bewusst, würden wir den außenpolitischen Beauftragten der EU, Javier Solana, in unser Dreierformat mit einbeziehen müssen, um eine Spaltung der Europäer zu verhindern.

Uns war klar, dass wir im Falle der Eröffnung von Verhandlungen mit dem Iran von Anfang an nach zwei Seiten würden verhandeln müssen, sollten diese Verhandlungen wenigstens theoretisch eine Aussicht auf Erfolg haben: einerseits mit dem Iran und andererseits mit den USA (und auch Israel). Mit der Teilnahme Großbritanniens würde die US-Regierung zumindest intern mit am Verhandlungstisch der drei Europäer sitzen, und diese Konstellation war sehr praktisch. Denn so würde es vor allem die Aufgabe der britischen Regierung sein, die USA im Boot zu halten. Dadurch blieb die interne Verhandlungssituation wesentlich überschaubarer und handhabbarer als im sehr viel größeren und weniger durchschaubaren Außenministerrat der EU.

Die De-facto-Teilnahme der USA an unseren internen Vorbereitungen wie auch deren zumindest schweigende Hinnahme unserer Vorgehensweise war unerlässlich, da jeder Schritt voran, der mit dem Iran möglicherweise zu erreichen war, auch der Zustimmung Washingtons bedurfte. Ansonsten würden wir es dem Iran erlauben, den Westen zu spalten, und ihm dadurch einen ersten großen Verhandlungserfolg ohne jegliche Gegenleistung ermöglichen. Wir gingen von Anfang an davon aus, dass eine Spaltung zwischen den USA und den drei Europäern eines der zentralen taktischen Ziele des Irans war. Der Iran zielte darauf, den Westen in den Gremien der Atomenergie-Organisation auseinanderzudividieren und so die Drohung mit dem Schritt in den Sicherheitsrat zu verringern. Denn sollten die Europäer das iranische Urananreicherungsprogramm, in welcher Form auch immer, anerkennen, dann dürfte es in der IAEO fast unmöglich werden, noch eine Mehrheit für eine Überweisung des iranischen Atomdossiers in den VN-Sicherheitsrat zu erreichen. Und vor allem hätte der Iran dann eines seiner entscheidenden politischen Ziele erreicht, nämlich die internationale Legitimation für sein Nuklearprogramm durchzusetzen.

Die deutsch-iranischen Beziehungen hatten sich seit dem Staatsbesuch von Präsident Khatami im Juli 2000 in Deutschland erheblich verbessert. In den neunziger Jahren hatten sie sich nach dem blutigen Mykonos-Attentat in Berlin im Jahre 1992, bei dem mehrere iranische Oppositionelle durch den iranischen Geheimdienst ermordet worden waren, dramatisch verschlechtert. Nachdem ein deutsches Gericht in seinem Urteil gegen die Haupttäter fünf Jahre später festgestellt hatte, dass diese Morde auf Geheiß der damaligen iranischen Staatsführung geschehen waren, verdüsterten sich die Beziehungen noch weiter. Erst unter der Regierung des »Reformpräsidenten« Khatami gelang es, diese wieder Schritt für Schritt bis hin zu dessen Besuch in Deutschland zu verbessern. Ich selbst hatte als deutscher Außenminister zuvor den Iran besucht und stand in einem kontinuierlichen Kontakt mit meinem iranischen Kollegen Kamal Kharazi.

In dem gemeinsamen Brief der drei europäischen Außenminister an die iranische Regierung wurde zweifelsfrei klargestellt, dass es das souveräne Recht eines jeden Landes wäre, im Rahmen seiner eingegangenen internationalen Verpflichtungen Elektrizität aus Nuklearenergie herzustellen. Diese Selbstverständlichkeit nochmals hervorzuheben war deswegen wichtig, weil der Iran sich gerade unter den blockfreien Staaten als Opfer westlicher Unterdrückungspolitik darzustellen versuchte, dem man sein Recht auf die zivile Nutzung der Atomenergie bestreiten würde.

Darüber hinaus wurden in diesem Brief die Bedingungen der drei europäischen Regierungen für kommende Verhandlungen definiert: die Unterzeichnung und Ratifizierung des Zusatzprotokolls zum Atomwaffensperrvertrag, welches der IAEO erweiterte Kontrollbefugnisse im Iran einräumen würde, und dessen sofortige Anwendung noch vor seiner Ratifizierung. Und schließlich – der wichtigste Punkt! – die Aussetzung der weiteren Entwicklung jener Einrichtungen, die für die Produktion von radioaktivem Material gebraucht wurden, einschließlich aller nuklearen Anreicherungs- und Wiederaufarbeitungsaktivitäten. Im Klartext hieß dies die vorübergehende oder dauerhafte Stilllegung der iranischen Atomanlagen.

Sollte der Iran diese Schritte unternehmen, so sähen die drei europäischen Regierungen die Möglichkeit zur Wiederherstellung des Vertrauens mit dem Iran. Und sollten die Befürchtungen der internationalen Gemeinschaft endgültig ausgeräumt werden, so würde dies für den Iran bedeuten, dass das Land dann einen vereinfachten Zugang zu ziviler Atomtechnologie haben würde, d.h. vor allem zu den neuesten Modellen von Leichtwasserreaktoren aus Europa, um damit elektrischen Strom zu produzieren. Allerdings hatten wir starke Zweifel, dass es der iranischen Regierung tatsächlich darum ging und nicht vielmehr um die Beherrschung der Anreicherungstechnologie, die für eine Uranbombe unverzichtbar war. Aber genau darüber sollten uns die vorgeschlagenen Verhandlungen Klarheit verschaffen.

Mit dem Datum vom 13. August 2003 erreichte den Bundeskanzler und parallel dazu den britischen Premierminister und den französischen Staatspräsidenten ein gleichlautendes Antwortschreiben des iranischen Präsidenten Khatami, in dem er nochmals die ausschließlich zivilen Absichten des iranischen Nuklearprogramms unterstrich, sich zu den Verpflichtungen des Iran aus dem Atomwaffensperrvertrag bekannte, die Zusammenarbeit mit der IAEO in den vergangen sechs Monaten hervorhob und sich für einen Dialog zur Lösung aller anstehenden Fragen aussprach, die sich aus dem iranischen Atomprogramm ergaben. Zugleich unterstrich Präsident Khatami das »unveräußerliche Recht« des Iran, zivile Nukleartechnologie zu erwerben oder zu entwickeln, und dass der Iran eine Schwächung seiner nationalen Sicherheit nicht zulassen würde. Unter diesen von dem iranischen Präsidenten in seinem Schreiben ausgeführten Rahmenbedingungen habe der Iran entschieden, die Zusammenarbeit mit der Wiener Atomenergiebehörde zu verstärken und volle Transparenz zu gewährleisten. Als Geste des guten Willens habe eine Delegation der Behörde im Iran Inspektionen vornehmen können, Proben genommen und mit den beteiligten iranischen Wissenschaftlern gezielte Diskussionen über die offenen Fragen geführt.

Präsident Khatami versicherte in seinem Schreiben, dass die iranische Regierung alles unternehmen werde, um die vorhandenen Zweifel am iranischen Atomprogramm auszuräumen. Zudem würden die Gespräche über einen Beitritt Irans zum Zusatzprotokoll sofort wieder aufgenommen, und der iranische Außenminister Kharazi habe den Auftrag erhalten, sich mit seinen drei europäischen Kollegen in Verbindung zu setzen, um unverzüglich mit ihnen die Bedingungen für mögliche Verhandlungen klären zu können.

Das Schreiben des iranischen Präsidenten war eine positive Antwort auf die Initiative der drei europäischen Regierungen, und so wurden hohe Beamte beider Seiten damit beauftragt, in Vorgesprächen die Möglichkeiten für Verhandlungen auszuloten und zugleich deren Rahmen und Substanzpunkte zu definieren. Diese vorbereitenden Gespräche auf der Ebene der politischen Direktoren der beteiligten Außenministerien – für Deutschland führte der Politische Direktor im Auswärtigen Amt Dr. Michael Schaefer die Verhandlungen – verliefen in den folgenden Wochen durchaus hoffnungsvoll, auch wenn es in dem für uns entscheidenden Punkt, nämlich der Unterbrechung des iranischen Programms zur Urananreicherung, weiterhin erheblich knirschte. Und auch von der Regierung in Washington, die laufend unterrichtet wurde, kamen keine grundsätzlichen Einwände oder gar ein brüskes Nein zu unserem Verhandlungsansatz, sodass die europäische Iran-Initiative konkrete Gestalt annahm.

Gegen Ende September, Anfang Oktober waren die Gespräche der politischen Direktoren so weit gediehen, dass sich nunmehr die konkrete Frage stellte, ob wir drei Außenminister zu den eigentlichen Verhandlungen nach Teheran fahren sollten oder nicht. Für uns kam nur Teheran und nicht ein anderer Ort infrage, weil wir davon ausgingen, dass am Ende die iranische Seite schwierige Entscheidungen zu treffen haben würde. Aus diesem Grund war allein die iranische Hauptstadt mit der dort garantierten Anwesenheit der gesamten iranischen Führung der einzig richtige Ort, wenn die Verhandlungen erfolgreich enden sollten.

Ohne jeden Zweifel würde die Reise der drei Außenminister der größten Mitgliedsstaaten der EU für die Islamische Republik einen hohen Prestigegewinn bringen, aber jenseits dieser Tatsache, die wir für nebensächlich hielten, war unser Risiko gering, denn wir waren nicht bereit, dem Iran den Triumph einer Spaltung des Westens zu gewähren noch sonst irgendwelche Zugeständnisse, die seine Position nicht mehr rückholbar verbessern würden. Was wir jenseits der Verhandlungen selbst zu gewähren bereit waren, war lediglich die Zusage, dass wir das Iran-Dossier innerhalb der Internationalen Atomenergie-Organisation weiter behandeln und nicht an den Sicherheitsrat überweisen würden, solange der Iran alle Fakten auf den Tisch legen und voll mit der IAEO kooperieren würde. Das Risiko lag aus unserer Sicht sehr viel mehr aufseiten des Irans, denn wenn wir in Teheran kein positives Ergebnis erreichen würden und unverrichteter Dinge wieder abreisen müssten, so würde dies die Position des Irans in der internationalen Gemeinschaft erheblich verschlechtern, zudem würde sich der Iran dann binnen Kurzem im Sicherheitsrat wiederfinden.

Wir drei Außenminister kamen deshalb, in enger Abstimmung mit unseren Staats- und Regierungschefs, zu der Auffassung, dass wir diese schwierige Reise terminieren sollten. Mit der iranischen Regierung wurde der 21. Oktober 2003 vereinbart, ein Dienstag, und als Ort die iranische Hauptstadt. Die deutsche Delegation machte sich am Nachmittag des 20. Oktober mit einem Flugzeug der Bundeswehr auf den Weg nach Teheran, wo wir gegen 23.00 Uhr auf dem Flughafen Mehrabad landeten. Jack Straws Ankunft war für 2.00 Uhr avisiert, während Dominique de Villepin erst sehr früh am nächsten Morgen ankommen würde. Zur letzten Vorbereitung der Verhandlungen mit der iranischen Regierung trafen sich die drei Delegationen dann am nächsten Tag um 8.00 Uhr in der Residenz des deutschen Botschafters zum gemeinsamen Arbeitsfrühstück.

Nach dem Frühstück kam es zu einem kurzen Höflichkeitsbesuch bei dem iranischen Außenminister Dr. Kharazi, der an den späteren Verhandlungen allerdings nicht mehr teilnahm. Die eigentlichen Verhandlungen mit der iranischen Seite fanden in einem Regierungsgebäude im Norden Teherans statt, und die iranische Delegation wurde von Dr. Hassan Rohani angeführt, dem Sekretär des »Obersten Nationalen Sicherheitsrates der Islamischen Republik Iran«, dem die Nuklearverhandlungen mit der IAEO und nunmehr auch mit den drei europäischen Regierungen unterstanden. Denn die Entscheidungskompetenz in allen Nuklearfragen lag nicht beim Präsidenten und der von ihm geführten Regierung, sondern beim Obersten Nationalen Sicherheitsrat. Dieser Sicherheitsrat wird vom obersten Religionsführer der Islamischen Republik, Ali Khamenei, einberufen, ihm gehören der Präsident als Chef der Staatsexekutive, der Parlamentspräsident, die Chefs der Justiz, der Armee und der Revolutionsgarde, der Außen-, der Innen-, der Informations-, der Verteidigungs-, der Energie- und der Minister für Forschung und Technologie an, sowie ein Vertreter der nationalen Atomenergiebehörde und der Botschafter des Iran bei den Vereinten Nationen. Wir verhandelten also direkt mit dem eigentlichen Macht- und Entscheidungszentrum der Islamischen Republik, und exakt aus diesem Grund waren wir dazu bereit gewesen, die Reise nach Teheran anzutreten.

Die Verhandlungen begannen in einer freundlichen und offenen Atmosphäre, in der Sache verhakten sie sich aber sehr schnell am entscheidenden Punkt, nämlich der Unterbrechung des iranischen Atomprogramms. In den Vorgesprächen der drei europäischen politischen Direktoren mit den iranischen Vertretern war von uns Europäern immer wieder darauf hingewiesen worden, dass es ohne eine Unterbrechung der Anreicherungsaktivitäten keine gemeinsame Vereinbarung geben werde, und ohne dass man uns diese im Vorfeld in Aussicht gestellt hätte, wären wir erst gar nicht zu unserer Reise nach Teheran aufgebrochen. Davon wollte die iranische Seite jedoch jetzt nichts mehr wissen, und so kam das Gespräch an einen Punkt, wo wir nach einer kurzen Verständigung unter uns drei Außenministern der iranischen Seite mitteilten, dass wir ohne eine befriedigende Lösung in dieser für uns zentralen Frage der Unterbrechung der Urananreicherung unverzüglich zum Flughafen fahren und nach Hause fliegen würden. Den Termin beim Präsidenten, der nach den Verhandlungen stattfinden sollte, könnte man dann absagen.

Unsere Ankündigung führte zu einer langen Unterbrechung der Sitzung und hektischen Telefonaktivitäten auf der iranischen Seite, bis schließlich eine Einigung auch an diesem äußerst kritischen Punkt gelang. In der »Gemeinsamen Erklärung« der Parteien am Ende unseres Besuches heißt es dazu: »Iran hat zwar das Recht, unter Einhaltung des Atomwaffensperrvertrags Kernenergie zur friedlichen Nutzung zu entwickeln, beschließt aber freiwillig, alle Arbeiten zur Urananreicherung und Wiederaufarbeitung, wie sie die IAEO definiert, auszusetzen.« Darüber hinaus sicherte der Iran noch zu, dass er das Zusatzprotokoll zum Atomwaffensperrvertrag unterzeichnen und ratifizieren und die sich daraus ergebenden erweiterten Kontrollbefugnisse der IAEO ab sofort zur Anwendung bringen würde.

Den iranischen Vertretern war es wichtig, dass sowohl ihr Recht auf friedliche Nutzung der Atomenergie im Rahmen des Atomwaffensperrvertrags bestätigt und die Freiwilligkeit bei der Unterbrechung der Anreicherungsaktivitäten herausgehoben wurde, während für uns sowohl die zeitlich unbefristete Unterbrechung als auch deren präzise Definition zentral waren. Letztere wurde in die Hände der Wiener Atomenergiebehörde gelegt, und beide Seiten verpflichteten sich, deren Definition anzuerkennen. Das Recht zur friedlichen Nutzung der Atomenergie war für mich als deutscher Außenminister kein Problem, da alle Staaten im Rahmen des internationalen Kontrollregimes zweifellos über dieses Recht verfügten. Als Grüner allerdings hatte ich damit ein Problem, und ich löste es dadurch, dass ich immer diese Differenz hervorhob, auch in verschiedenen öffentlichen Erklärungen.

Ich hatte, bevor wir zu dritt gemeinsam nach Teheran flogen, die Befürchtung, dass in der direkten Konfrontation mit der iranischen Seite Unterschiede oder zumindest Haarrisse zwischen den drei europäischen Delegationen sichtbar würden, die den Iranern die Gelegenheit eröffnen könnten, uns auseinanderzudividieren, diese Befürchtung aber erwies sich als völlig gegenstandslos. Wir kommunizierten untereinander auf Englisch und agierten so geschlossen, als wenn wir eine einzige nationale Delegation wären. Dies war keineswegs eine Selbstverständlichkeit, denn es saßen auf der europäischen Seite drei sehr prestigebewusste Diplomatien am Tisch, und auch wir drei Außenminister verfügten keineswegs über kleine Egos. Dennoch funktionierte unsere Zusammenarbeit ganz vorzüglich, und die iranische Seite fand nicht den kleinsten Riss zwischen uns, den sie hätte nutzen können.

Unter einem europäischen Gesichtspunkt waren die Teheraner Verhandlungen eine äußerst wichtige und gute Erfahrung, die zeigte, was Europa sein kann, wenn sich die drei großen Staaten einig sind und gemeinsam im europäischen Interesse handeln. Der einzige Schönheitsfehler bestand darin, dass die EU selbst nicht mit am Tisch saß, aber dieses Defizit ließe sich ja im Fortgang der Verhandlungen beheben.

In der Sache hatten wir in Teheran einen ersten Erfolg erzielt, auch wenn wir von einem tatsächlichen Durchbruch noch sehr weit entfernt waren. Beide Seiten hatten vereinbart, eine Brücke zu bauen, aber schon die Einigung auf den gemeinsamen Ort jenes Brückenbaus erwies sich als überaus schwierig. Der Iran wollte nach wie vor die Europäer von den USA trennen, und wir wollten den Iran dauerhaft von seinen Urananreicherungsaktivitäten abbringen. Alle wirklich entscheidenden Fragen blieben in Teheran deshalb ungelöst, aber ein Anfang war gemacht worden. Wir hatten mit den Iranern einen Verhandlungsprozess um ihr Atomprogramm begonnen, dessen Erfolg jedoch alles andere als garantiert war.

Unsererseits gab es die Zusage, das Iran-Dossier nicht an den Sicherheitsrat zu überweisen und entsprechend dem positiven Fortgang der kommenden Verhandlungen die wirtschaftliche und technologische Kooperation mit dem Iran auszuweiten. Die iranische Seite hatte zugesichert, gegenüber der Wiener Kontrollbehörde alle Fakten umfassend auf den Tisch zu legen und dadurch verloren gegangenes Vertrauen wieder aufzubauen, aber wir blieben dennoch skeptisch. Und wir sollten mit unserer Skepsis recht behalten, wie der Fortgang der Ereignisse zeigte.

Nach einem um Stunden verspäteten Besuch beim iranischen Staatspräsidenten und einer sich daran anschließenden überfüllten Pressekonferenz, in der die Einigung öffentlich verkündet wurde, machten wir uns wieder auf den Weg zum Flughafen. In Berlin warteten am nächsten Morgen das Bundeskabinett und der Auswärtige Ausschuss des Parlaments auf mich wegen einer aktuellen Unterrichtung über die Verhandlungen in Teheran.

Am 19. Dezember 2003 wurde die Welt von einer Nachricht überrascht. Libyen erklärte, dass es die Entwicklung von chemischen und biologischen Waffen beenden, sein Atomprogramm offenlegen und den Inspektoren zu allen Atomanlagen im Land Zutritt gewähren würde. Dieser Schritt war das Ergebnis monatelanger Geheimverhandlungen der libyschen Regierung mit London und Washington, die dazu führten, dass Libyen seine langjährigen Beschaffungsaktivitäten auf dem schwarzen Nuklearmarkt gegenüber der amerikanischen und britischen Regierung offenlegte. Heraus kam bei der Überprüfung der libyschen Unterlagen, dass der pakistanische Atomwissenschaftler Abdul Qadeer Khan, der sogenannte »Vater der pakistanischen Bombe«, zugleich der Kopf eines internationalen Netzwerkes war, das im großen Stil illegal Nukleartechnologie bis hin zum Design von Atomsprengköpfen, Anreicherungszentrifugen etc. in alle Welt verkaufte. Zu seinen Kunden gehörten nicht nur Libyen, sondern auch der Iran und Nordkorea!

Es sollte noch längere Zeit dauern, bis die zahlreichen Unterlagen, die Libyen den USA und Großbritannien überließ, ausgewertet worden waren. Teheran wusste jedoch seit der öffentlichen Erklärung des Kurswechsels von Libyen, dass der Westen nunmehr über Unterlagen verfügte, die den Iran in eine sehr missliche Situation bringen würden, denn die iranische Regierung hatte weder in den Verhandlungen mit uns noch in den Gesprächen mit der IAEO auch nur die leisesten Andeutungen darüber gemacht, dass sie mit dem illegalen Netzwerk von Abdul Qadeer Khan Geschäftsbeziehungen unterhielt, noch gar, was der Iran von diesem genau erhalten hatte. Es stellte sich heraus, dass der Iran gegen sehr viel Geld von Abdul Qadeer Khan im Wesentlichen dasselbe »Paket« wie Libyen erhalten hatte, d. h. es gehörten unter anderem eine erheblich verbesserte und modernere P-2-Zentrifuge zur Urananreicherung und militärische Unterlagen für ein atomares Sprengkopfdesign dazu. Die iranische Regierung hatte sich uns gegenüber zur rückhaltlosen und umfassenden Offenlegung ihrer gesamten Nuklearaktivitäten verpflichtet, und folglich stand sie jetzt als des Wortbruchs überführte Lügnerin vor der Weltöffentlichkeit da! Unser niemals überwundenes Misstrauen gegenüber den Versicherungen und Zusagen des iranischen Regimes hatte sich als nur zu berechtigt erwiesen.

Auf der Grundlage der Vereinbarung von Teheran gingen die Gespräche mit der iranischen Regierung zwar weiter, es kam jedoch zu keinen wirklichen Fortschritten oder gar Durchbrüchen in der Sache, denn beide Seiten verfolgten sich ausschließende Ziele: Spaltung des Westens versus Ende der Urananreicherung. Zwar wurden immer wieder neue Verhandlungspapiere produziert, aber an der Grundkonstellation änderte sich nichts, und so begannen die Gespräche zu stagnieren.

Der weitestgehende Vorschlag, der von der iranischen Seite kam, war eine begrenzte Form und Menge der Anreicherung von Uran im Iran unter internationaler Kontrolle, aber dieser Vorschlag war für uns nicht annehmbar, weil er auf eine Spaltung des westlichen Lagers hinauslief, denn die Bush-Regierung in Washington lehnte jegliche Zustimmung zu einer wie auch immer gearteten Form von Urananreicherung im Iran entschieden ab. Hätte Washington diesem Vorschlag gegenüber eine flexiblere Haltung eingenommen, so hätte man darüber durchaus ernsthaft nachdenken können, aber unter den damals obwaltenden Umständen blieb uns nur die Ablehnung des iranischen Vorschlags.

Innerhalb des Außenministerrates der EU war es vor allem Italien, das sich mit zunehmender Dauer der Verhandlungen mit dem Iran um eine Erweiterung des Formats auf europäischer Seite bemühte. Die italienische Diplomatie verfügte und verfügt über eine regelrechte Obsession, nämlich in den VN Deutschland keinerlei anderen Status zu erlauben, als ihn Italien selbst hatte. Selbst wenn Italien aus eigener Kraft heraus zu schwach war, um eigene Ansprüche erfolgreich stellen zu können, so würde es doch immer alles tun, um Deutschland an einer Aufwertung seines Status zu hindern. Aus diesem Grunde blockierte Italien auch grundsätzlich jegliche deutsche Ambition auf einen VN-Sicherheitsratssitz. Dieser Logik – Deutschland und Italien haben gemeinsam den Zweiten Weltkrieg verloren – folgend, verlangte Italien damals auch, die europäische Dreierformel in den Gesprächen mit dem Iran aufzubrechen. Denn aus italienischer Sicht handelte es sich bei diesem Format um nichts anderes als um ein geschicktes diplomatisches Manöver von uns Deutschen, die internationale Gemeinschaft an die Tatsache zu gewöhnen, dass Deutschland über denselben Status verfügen würde wie die beiden ständigen europäischen Sicherheitsratsmitglieder Frankreich und Großbritannien. Und genau diesen Eindruck wollte Italien verhindern. Die uns von italienischer Seite unterstellte Motivation hatte für uns bei den Nuklearverhandlungen mit dem Iran aber keinerlei Rolle gespielt.

Ich hatte in der Vergangenheit Italien mit seinen Ambitionen als viertgrößtes Land in der EU meistens unterstützt, etwa während der Kosovo-Krise, weil dies in der Sache richtig war und zugleich die Abstimmung innerhalb der EU sehr viel einfacher machte. In der Frage der Verhandlungen mit dem Iran hielt ich jedoch überhaupt nichts von dem Versuch Roms, sich in die Verhandlungen hineinzudrängen. Wenn es einer Veränderung bedurfte, dann musste dies die Hereinnahme von Javier Solana sein, des Hohen Vertreters für die Gemeinsame Außen- und

Sicherheitspolitik der EU, um diese als Ganzes in diesen Verhandlungen zu vertreten.

Die italienische Initiative war in der Sache leicht abzuwehren, zumal alle anderen Mitglieder des Rats der EU-Außenminister überhaupt kein Interesse daran hatten, die italienische Rolle aufzuwerten, wenn zukünftig Javier Solana an den Verhandlungen teilnehmen würde. Die iranische Seite stimmte der Erweiterung des Formats um Solana zu, und so nahm dieser zum ersten Mal im Dezember 2003 an einem Treffen der EU3/EU, wie die neue Formel fortan hieß, mit Dr. Rohani in der Residenz des britischen EU-Botschafters in Brüssel teil. In der Sache bewegte sich dort erneut nichts wirklich voran, allerdings wurde das offizielle Foto vor einem großen, festlich geschmückten Weihnachtsbaum im Foyer der Residenz gemacht, ohne dass dies zu weiteren diplomatischen Verwicklungen geführt hätte.

Die Nuklearverhandlungen mit dem Iran verloren, je länger sie dauerten, immer mehr an Dynamik. Mit dem zunehmenden Desaster der US-Truppen im Irak hatte Teheran zudem von den USA militärisch nichts mehr zu befürchten, was ebenfalls zu einer Verringerung der Kompromissbereitschaft auf der iranischen Seite beitrug. Nachdem Teheran seinen Vorschlag mit einer begrenzten Anreicherung vorgelegt hatte, den wir ablehnen mussten, hatten wir Europäer einen Gegenvorschlag versprochen, aber wir waren nicht in der Lage, den von uns beabsichtigten großen Vorschlag zu machen, der die Zusage der Lieferung von zivilen Leichtwasserreaktoren einer französisch-deutschen Nuklearfirma enthalten sollte. Die Überlegung war, von der wiederholten Erklärung des Iran auszugehen, nur ein ziviles Nuklearprogramm zu verfolgen, um seine Stromversorgung zu sichern. Wenn er es damit ernst meinte, dann brauchte der Iran Leichtwasserreaktoren und keine Urananreicherung für Brennelemente von Reaktoren, die es überhaupt nicht gab und – jenseits der von Russland gebauten Reaktoren in Buschehr – auf viele Jahre hinaus auch nicht geben würde. Wir wollten Teheran also explizit Leichtwasserreaktoren bei seinem völligen Verzicht auf die Urananreicherung anbieten und so eine neue Lage in den Verhandlungen herbeiführen.

Dieser Vorschlag scheiterte bereits in der internen Vorbereitung daran, dass die Firma, die dieses Angebot hätte realisieren müssen, ohne die ausdrückliche Zustimmung Washingtons dazu nicht bereit war, da sie erhebliche Schwierigkeiten auf dem amerikanischen Markt befürchtete. Die Zustimmung Washingtons war damals aber nicht zu bekommen. So blieb der europäische Gegenvorschlag an den Iran in dem entscheidenden Punkt im Vagen und wurde folglich ohne größere Schwierigkeiten von der anderen Seite als zu wenig konkret zurückgewiesen.

Seit der Veröffentlichung der Informationen über das iranische Atomprogramm hatte in den USA und in Israel die Debatte um eine »militärische Option« begonnen. Gemeint war damit die militärische Zerstörung der iranischen Nuklearanlagen durch Angriffe aus der Luft. Aufgrund meiner Erfahrungen mit dem Irak-Krieg und seiner Vorbereitung hatte ich recht früh und diskret mit meinem amerikanischen Kollegen Colin Powell die Diskussion über diese »militärische Option« begonnen, denn unter der Regierung Bush war ja nichts unmöglich. Ich hielt gar nichts von jener ominösen »militärischen Option«, denn erstens waren die USA im Irak und Afghanistan militärisch viel zu exponiert und verwundbar für iranische Gegenschläge; zweitens wäre ein solcher Krieg in seinen Konsequenzen regional kaum mehr zu kontrollieren; drittens gab es keinerlei Garantie, dass das iranische Nuklearpotenzial aus der Luft tatsächlich zerstört werden könnte, sodass ein in den Augen der Weltöffentlichkeit als Opfer einer weiteren amerikanischen Aggression dastehender Iran voll legitimiert wäre, aus dem Atomwaffensperrvertrag auszutreten und zum Zwecke der nationalen Selbstverteidigung Atomwaffen zu entwickeln.

Die »militärische Option« versprach Chaos in der Region und eine Beschleunigung der Nuklearbewaffnung des Iran mit starker internationaler Unterstützung. Zudem würde im Falle von Luftangriffen die innere demokratische Opposition im Iran vom Regime als Erstes physisch ausgelöscht werden. Mein amerikanischer Kollege sah die Dinge sehr ähnlich, und ich hörte zu keiner Zeit zu diesem Thema, weder in Washington noch in Jerusalem noch sonst wo, Argumente, die meine ablehnende Haltung erschüttert hätten.

In den USA hatten 2004 Neuwahlen stattgefunden. George

W. Bush war im Amt des Präsidenten bestätigt worden, und das hieß, von Colin Powell Abschied zu nehmen, was wir in einem österreichischen Lokal in Brüssel bei Wiener Schnitzel und Apfelstrudel im kleinen Kreise der wichtigsten europäischen Außenminister und gemeinsam mit Javier Solana dann auch taten. Condoleezza Rice, die bisherige Sicherheitsberaterin, würde das State Department übernehmen.

Ich besuchte sie wenige Tage vor ihrer offiziellen Amtseinführung im Weißen Haus und erhielt gleich zu Beginn unseres Gesprächs einen umwerfenden Eindruck von der neuen amerikanischen Außenministerin. Sie eröffnete das Gespräch mit den Worten: »Joschka, eine Sache muss klar sein. Diese Regierung kann mit dem gegenwärtigen Regime in Teheran nicht leben, wir wollen eine Änderung des Regimes im Iran.« Ich war bedient, denn das hieße ja, dass wir schnurgerade auf eine militärische Konfrontation mit dem Iran zulaufen würden. Das hielt ich, angesichts der Lage im Irak und in Afghanistan und angesichts der mit dem militärischen Regime Change der Neocons gemachten deprimierenden internationalen Erfahrungen, für nicht zu verantworten.

Ich entgegnete ihr, dass wir auf eine längerfristige »transformation« setzen sollten, nicht aber auf Regime Change. Schließlich habe die Strategie der Transformation auch im Kalten Krieg zum Erfolg geführt. Wir konnten in dieser Frage erwartungsgemäß kein Einverständnis erzielen, und voller Sarkasmus dachte ich mir, dass die vor uns liegenden Jahre der Regierung Bush noch heiterer zu werden versprachen als die hinter uns liegenden. Was musste denn noch alles passieren, bis die Neocons in Washington die Realität endlich wahrnehmen würden? Meine Befürchtungen sollten sich in diesem Fall jedoch als falsch erweisen, denn die Regierung Bush mäßigte in den kommenden Jahren ihren Kurs gegenüber dem Iran, und Condoleezza Rice sollte daran einen erheblichen Anteil haben.

Am 23. Februar 2005 traf Präsident Bush zu einem Besuch in Deutschland ein, der ihn nach Mainz führte. »Bestrafe Frankreich, ignoriere Deutschland und vergib Russland«, hatte im Frühjahr 2003 Condoleezza Rice als Parole für die amerikanische Politik gegenüber den wichtigsten Protagonisten der

Opposition gegen den Irak-Krieg im VN-Sicherheitsrat ausgegeben. Ein weiteres Mal sollte sie sich irren, denn weder wurde Frankreich bestraft, noch ließ sich Deutschland einfach ignorieren, dazu war es zu groß und zu wichtig für die amerikanischen Interessen in Europa. Es musste also irgendwie wieder eine Normalisierung der Beziehungen zwischen Präsident und Bundeskanzler erreicht werden.

Die erste Post-Irak-Begegnung der beiden hatte in New York in der Residenz des amerikanischen VN-Botschafters in den obersten Stockwerken des Waldorf-Astoria-Hotels stattgefunden. Es war eine bizarre Zusammenkunft, und dem Kanzler konnte man anmerken, wie unwohl er sich dabei fühlte, aber die Begegnung verlief atmosphärisch gut, auch wenn das Gespräch weder lange gedauert hatte noch besonders substanzreich war. Nun kam also Präsident Bush nach Mainz zu einem offiziellen Besuch Deutschlands, und damit hatte es sich auch ganz offiziell mit dem »Ignorieren« Deutschlands durch die US-Regierung.

Die Fahrtroute vom Frankfurter Flughafen nach Mainz über die Autobahn war gespenstisch leer, es standen nur alle zweihundert Meter Polizisten am Wegesrand, ansonsten war der öffentliche Verkehr aus Sicherheitsgründen völlig ferngehalten worden, auch die Gegenfahrbahn war abgesperrt. Dasselbe Bild bot sich in Mainz, auch dort war keine Menschenseele zu sehen, bis uns endlich am Eingang des Mainzer Schlosses, der durch ein Zelt über der Vorfahrt ebenfalls abgesichert war, ein aufgeräumter Kurt Beck empfing, der sozialdemokratische Ministerpräsident des Landes Rheinland-Pfalz. Der amerikanische Präsident muss einen merkwürdig leeren Eindruck von Deutschland nach Hause mitgenommen haben.

Bei den bilateralen Gesprächen zwischen den beiden Delegationen im Leibnizsaal des Mainzer Schlosses, angeführt jeweils vom Präsidenten und dem Bundeskanzler, ging es überwiegend um den Iran. Dabei zeigte es sich, dass George W. Bush in Mainz eine wesentlich flexiblere Haltung zu den Atomverhandlungen mit Teheran an den Tag legte, als dies in der Vergangenheit der Fall war. Gewiss hatte diese neue Flexibilität des amerikanischen Präsidenten sehr viel mit der extrem schlechten militärischen Lage im Irak zu tun, wo die Verluste der US-Truppen fast täglich anstiegen und dem Land ein Bürgerkrieg zwischen Sunniten und Schiiten mit grauenhaften Folgen für die irakische Zivilbevölkerung drohte. Der amerikanische Präsident schloss zwar eine direkte Beteiligung der USA an den Nukleargesprächen mit Teheran aus, war aber durchaus bereit, die Lieferung von Ersatzteilen für Zivilflugzeuge, die auf der Embargoliste standen, konstruktiv zu prüfen. Zumindest wies er ein solches Ansinnen und weitere Schritte in diese Richtung nicht mehr schlicht zurück. Die konkreten Gespräche sollten im Kreis der drei EU-Außenminister mit ihrer amerikanischen Kollegin weitergeführt werden.

Ein zweiter Schwerpunkt der Mainzer Gespräche war Russland. Bush fragte Schröder nach dessen Einschätzung zu Putin und der russischen Politik, da er zu dem russischen Präsidenten ja sehr enge und vertrauensvolle persönliche Beziehungen unterhalte. Der Kanzler unterstrich seine Auffassung, dass Putin die strategische Westöffnung Russland nicht nur wolle, sondern auch aktiv betreibe, und sprach minutenlang in solch hohen Tönen von dem russischen Präsidenten und seiner Politik, dass die amerikanischen Gäste zunehmend irritierter dreinschauten. Dennoch blieb die Atmosphäre freundlich. Das sich anschließende Mittagessen nebst obligatorischen Reden wie auch die Pressekonferenz von Präsident und Kanzler machten das Treffen im Mainzer Schloss zu einem Erfolg. Die Zeit der Irritationen zwischen Washington und Berlin war mit diesem Besuch beendet worden, auch wenn allen Beteiligten klar war, dass Präsident und Kanzler in diesem Leben keine Busenfreunde mehr werden würden.

Die Bereitschaft der US-Regierung zu Konzessionen gegenüber dem Iran reichte aber für eine positive Wende in den Atomverhandlungen mit dem Iran nicht aus und kam auch zu spät, da in dem Land im Sommer 2005 Präsidentschaftswahlen anstanden. Die Nuklearfrage war ganz offensichtlich zu einem zentralen Thema der iranischen Innenpolitik und damit zur Geisel des Wahlkampfs geworden, d. h. es bewegte sich so gut wie nichts mehr. Die regierenden Reformer um Präsident Khatami hatten wegen ihrer weichen Haltung gegenüber den autoritären Teilen des Regimes nahezu jeglichen Kredit bei ihren Wählern verspielt, und Khatamis Wähler und vor allem Wählerinnen wandten sich in Scharen von dem Reformlager ab und bewegten sich im Jahr 2005 in Richtung Wahlboykott.

Es wäre ja völlig egal, wer regieren würde, denn die Regierung habe eh keinen Einfluss auf den Sicherheitsapparat oder werde durch den Revolutionsführer und den Wächterrat ausgehebelt, hieß es im Lager der Reformanhänger. Schlimmer könne es nicht kommen. Diese Haltung sollte sich als ein großer Fehler erweisen, denn es konnte noch schlimmer kommen, sehr viel schlimmer sogar! Und es kam schlimmer.

Mit Mahmud Ahmadinedschad wurde der Kandidat des Revolutionsführers Ali Khamenei, der Revolutionswächter und des Sicherheitsapparates gewählt, ein Veteran des irakisch-iranischen Krieges und ein islamistischer Radikaler. Unmittelbar nach der Wahl des neuen Präsidenten verlor Dr. Rohani seinen Posten als Sekretär des Obersten Nationalen Sicherheitsrates und wurde durch Ali Laridschani ersetzt, einem Konservativen und erklärten Gegner der Reformer um den früheren Präsidenten Khatami. Ich begegnete sowohl Laridschani als auch Ahmadinedschad noch einmal persönlich im September 2005 in New York, und schon diese erste Begegnung führte mich zu der pessimistischen Schlussfolgerung, dass sich in den Atomgesprächen mit dem Iran nichts Positives mehr tun würde. Der Fortgang der Atomverhandlungen mit dem Iran in den kommenden Jahren sollte zeigen, dass mein Pessimismus leider berechtigt gewesen war.

Die beiden Treffen mit Laridschani und Ahmadinedschad fanden am Rande der Generalversammlung der Vereinten Nationen im VN-Gebäude am East River in New York statt. Zuerst trafen sich die drei europäischen Außenminister und Javier Solana mit dem neuen iranischen Chefunterhändler in Sachen Atomprogramm, Ali Laridschani. Dieser legte, kaum dass wir uns begrüßt und Platz genommen hatten, sofort los und verglich das iranische Nuklearprogramm mit der Nationalisierung der iranischen Ölindustrie in den fünfziger Jahren unter dem damaligen Premierminister Mossadegh. Dementsprechend würden all jene Mächte, die den Iran an der Entwicklung seiner nuklearen Kapazitäten hindern wollten, sich in der Rolle Großbritanniens und der USA zu jener Zeit wiederfinden, die Mossadegh unter dem Vorwand, er sei ein Komplize der Kommunisten und Moskaus, schließlich durch einen Militärcoup gestürzt und den Schah zurück an die Macht gebracht hatten.

Ich beobachtete Laridschani während seiner Ausführungen sehr genau, und ich bekam den Eindruck, dass diese Argumentation gewiss sehr viel Taktik enthielt, um den Iran, der in der Vergangenheit schwere Verstöße gegen seine Verpflichtungen aus dem Atomwaffensperrvertrag zu verantworten hatte, aus der Rolle eines Täters in diejenige eines Opfers zu bugsieren. Aber letztendlich schien er den Kern dieses historischen Vergleichs selbst zu glauben. Wenn dem aber so war, dann würde die neue iranische Regierung über keinerlei echte Kompromissmöglichkeiten verfügen, denn jedes Nachgeben hieße dann, Mossadegh und die iranische Nation in ihren »unveräußerlichen Rechten« ein zweites Mal an die Westmächte zu verraten und sich auf den Weg des Schahs zu begeben! Die neuen Akteure in Teheran konnten daher, wenn sie ernsthaft so dachten, niemals nachgeben und sich in Richtung eines Kompromisses bewegen.

Ich wies den Vergleich mit der Verstaatlichung der iranischen Ölindustrie und mit Mossadegh zurück. Niemand würde die Rechte des Iran auf eine zivile nukleare Entwicklung infrage stellen. Es ginge vielmehr um schwere Verstöße des Iran gegen seine Verpflichtungen aus dem Atomwaffensperrvertrag und um das konkrete Design seines Atomprogramms, das für zivile Zwecke überhaupt keinen Sinn machte, wohl aber sehr großen für militärische. Diese Zweifel auszuräumen wäre die Bringschuld des Iran, und wir Europäer wären bereit, dabei hilfreich zu sein.

Im Anschluss an das Treffen mit Laridschani kam es dann zu einer Begegnung der Europäer mit dem neuen iranischen Präsidenten auf Einladung des VN-Generalsekretärs Kofi Annan in dessen Büro. Ahmadinedschad erzählte mehr oder weniger nochmals in Kurzfassung, was wir zuvor lang und ausführlich von Laridschani gehört hatten, nur dass es aus seinem Munde noch härter und radikaler klang. Er erinnerte mich durch seine Kleidung, seine ideologische Gewissheit und seinen radikalen Gestus an einen Maoisten der siebziger Jahre. Diese persönliche Begegnung mit dem neuen iranischen Präsidenten verstärkte noch meine Skepsis, die sich bereits zuvor im Gespräch mit Laridschani entwickelt hatte. Das Treffen in New York war zugleich das letzte Mal gewesen, dass ich als deutscher Außenminister an den europäisch-iranischen Atomverhandlungen teilgenommen hatte.

Welchen Weg der Iran einschlagen wird – Öffnung oder Isolation, regionaler Stabilitätsfaktor oder prestigegetriebene Hegemonialpolitik, Demokratie oder Diktatur –, ist eine der strategisch entscheidenden Fragen für den Nahen und Mittleren Osten. Denn das Schicksal jenes weiten Krisenbogens zwischen der östlichen Küste des Mittelmeeres und dem Tal des Indus wird ganz wesentlich von den drei großen nördlichen Staaten dieser Region entschieden werden, die alle drei nicht der arabischen Welt angehören – der Türkei, Iran und Pakistan. Nur diese drei Länder verfügen über die notwendige Größe, über das strategische Gewicht und Potenzial, um diese Region zum Guten oder zum Schlechten hin beeinflussen zu können. Dies gilt weder für Saudi-Arabien, noch Ägypten und Syrien und auch nicht für Israel. Gewiss, all diese Staaten und die von ihnen verursachten Konflikte und Spannungen wie der Nahostkonflikt oder der saudische Revolutionsexport in Gestalt von al-Qaida haben massive Auswirkungen auf die Lage im Nahen und Mittleren Osten. Und auch die Frage, ob der Irak nach dem Abzug der USA zum Ersatzkriegsschauplatz zwischen dem Iran und der von Saudi-Arabien angeführten antiiranischen Koalition in der Region werden wird und daran sogar auseinanderbricht, ist von überragender Bedeutung für Frieden und Sicherheit in dieser Region. Aber keine der beteiligten kleineren Mächte verfügt über genügend Gewicht, um eine strategische Veränderung herbeiführen zu können.

Auch die großen Drei sind nicht stark genug, um eine neue regionale Ordnung jeweils allein durchsetzen zu können, wohl aber verfügen sie über ein so großes Potenzial, dass von den dreien faktisch jeder für sich über eine Blockademacht verfügt, so sie diese denn nutzen wollen. Diese Blockademacht ist im Falle Irans und Pakistans mit einem großen und sehr gefährlichen Chaospotenzial verbunden, das im Falle Pakistans bereits heute nuklear gestützt ist.

Und auch die Weltmächte des beginnenden 21. Jahrhunderts sind nicht mehr oder noch nicht in der Lage, eine Neuordnung des Nahen und Mittleren Ostens gemeinsam mit ihren jeweiligen regionalen Alliierten durchzusetzen. Die USA haben ihr Potenzial unter der Regierung des zweiten Präsidenten Bush im Irak vertan, und Russland ist keine Weltmacht mehr, wohingegen China und Indien noch lange nicht so weit sind, um im Nahen und Mittleren Osten oder selbst nur in den östlichen Randzonen des Krisengürtels wirksam eingreifen zu können. Und Europa befindet sich in einem selbst verschuldeten Zustand anhaltender strategischer Unmündigkeit, der ihm lediglich eine marginale und keine gestaltende Rolle erlaubt.

Am ehesten noch ist der Türkei eine »sanfte« Hegemonie in dieser Region zuzutrauen. Die Geschichte spielt dabei keine unwesentliche Rolle, denn die osmanischen Sultane hatten den Nahen Osten über vier Jahrhunderte hinweg erfolgreich beherrscht. Mehr noch aber sind das Gewicht und die strategische Orientierung der modernen Türkei von Bedeutung. Sie verfolgt im Innern eine breite, demokratisch angelegte Modernisierung mit einer umfassenden Integration des Landes in den Weltmarkt und in die euroatlantischen Strukturen. Ihre wirtschaftliche Dynamik mit ihrer großen, sehr jungen und gut ausgebildeten Bevölkerung, wettbewerbsfähigen Unternehmen und ihrer perfekten geopolitischen Zentrallage wird das strategische Gewicht und auch die Möglichkeiten des Landes im 21. Jahrhundert noch erheblich verstärken und seine Rolle in seiner regionalen Nachbarschaft definieren, zu der neben dem östlichen Mittelmeer, dem Balkan, dem kaspischen Raum, dem Kaukasus auch Zentralasien und der Nahe und Mittlere Osten gehören.

Die Türkei strebt nach Europa, aber die Europäer stoßen sie zurück, je mehr sie mit den dafür notwendigen inneren Reformen Ernst macht. Dabei müsste eigentlich ein Blick auf die Landkarte und auf die europäischen Sicherheits- und Energieinteressen ausreichen, um den Europäern die überragende Bedeutung der Türkei im 21. Jahrhundert für die EU klarzumachen. Leider gilt für die Politik der EU das gerade Gegenteil, und ironischerweise erweist sich im Falle der europäischen Perspektive der Türkei die EU (und in der EU ganz besonders Frankreich und

Deutschland) als das eigentliche Integrationshemmnis. Dies ist eine außenpolitische Torheit der Europäer sondergleichen, denn angesichts des großen strategischen Potenzials und der herausragenden geopolitischen Situation des Landes wird diese Blockade der Türkei auf ihrem Weg nach Europa die EU in ihren strategischen Möglichkeiten dauerhaft und entscheidend schwächen.

Eine Türkei, die sich von Europa zurückgestoßen sieht, wird sich, wie es gegenwärtig schon schleichend geschieht, mehr und mehr Russland zuwenden, und eines Tages wird die wachsende Energieabhängigkeit des Landes von seinem nördlichen Nachbarn und die immer größer werdende wirtschaftliche Verflechtung auch politische Konsequenzen nach sich ziehen. Gewiss wird die Türkei keinen strategischen Koalitionswechsel vornehmen, d. h. in der NATO bleiben, aber der Einfluss Europas und damit auch des Westens wird abnehmen und derjenige Russlands zunehmen. Dass eine solche Entwicklung im europäischen Interesse ist, kann wohl nicht ernsthaft behauptet werden. Allerdings wird sich die EU dann nicht über die russische oder gar türkische Politik beschweren dürfen, denn sie allein hat durch ihre kurzsichtige und die eigenen geostrategischen Interessen gegenüber der Türkei missachtende Politik diese Entwicklung herbeigeführt.

Der Iran verfügt ebenfalls über ein großes strategisches Potenzial und eine zentrale geopolitische Lage, denn er nimmt die Mitte jenes weiten Krisenbogens ein. Kaum ein Konflikt zwischen Libanon und Afghanistan, zwischen Zentralasien und dem Persischen Golf wird ohne oder gar gegen den Iran zu lösen sein. Der Iran ist dabei aber alles andere als eine Supermacht, auch wenn Teile der iranischen Eliten gerne Traum und Wirklichkeit verwechseln. Aber dank der amerikanischen Hilfe durch den Krieg im Irak, der das Land faktisch zur iranischen Einflusszone machte, erlangte der Iran eine geopolitische Dominanz in der gesamten Region, die er aus eigener Kraft niemals hätte erreichen können. Allerdings setzt der Iran, anders als die Türkei, nicht auf eine breite Modernisierung, auf Öffnung und eine weitgehende Integration in die Weltwirtschaft, sondern hält in der Innenpolitik nach wie vor an autoritären bis diktatorischen

Strukturen der Islamischen Republik und in der Außenpolitik an einer selbst gewählten Isolation und einer Erschütterung des regionalen Status quo fest. Damit verfolgt die iranische Führung eine die Region destabilisierende, hegemoniale Außenpolitik, und genau so wird diese von den iranischen Nachbarn auch verstanden.

Zugleich aber ist der Iran ökonomisch, gesellschaftlich und politisch zu schwach, um wirklich seine regionale Hegemonie ausüben zu können. So verfügt der Iran z. B. weltweit über die zweitgrößten Erdgasvorräte und ist dennoch zugleich auf Erdgasimporte angewiesen! Seine Ölindustrie produziert weit unter ihren Möglichkeiten, die iranische Wirtschaft liegt darnieder, und die Signale einer voranschreitenden sozialen Desintegration, wie Armut, Drogen, Kriminalität, verstärken sich dramatisch. Die iranische Regierung führt das Land auf den pakistanischen Weg einer verarmten Nuklearmacht plus faktischer Militärdiktatur und verspielt dadurch eine einmalige historische Chance für das eigene Land.

Die militärische Nuklearisierung des Iran wird dem Land zwar das Prestige einer Atommacht, aber keineswegs mehr Sicherheit bringen, denn der Iran wird durch diesen Schritt im Nahen und Mittleren Osten einen atomaren Rüstungswettlauf auslösen, der die Sicherheitslage des Landes eher verschlechtern als verbessern wird. Zudem wird sich gegenüber der hegemonialen Politik des Iran eine antiiranische Koalition in der Region formieren – angeführt von Saudi-Arabien und unterstützt von Israel und den USA und auch einer sich nach allen Seiten hin offen zeigenden Türkei –, die immer stärker sein wird als ein nuklearisierter Iran, zumal dieser durch die Unterdrückung der inneren Reformbewegung und durch die Öffnungspolitik Syriens gegenüber dem Westen seine außenpolitische Isolation noch verstärken wird.

Man muss sich nur für einen Augenblick vorstellen, wo der Iran heute stehen könnte mit seinen großen Energieressourcen, seinem großen menschlichen und kulturellen Potenzial, seiner geopolitischen Lage und seiner großen zivilisatorischen Geschichte, wenn die iranische Führung dieses Potenzial konstruktiv und eingebettet in die Interessen der Region entwickeln und nutzen würde. Alle Träume vom Wiederaufstieg des Iran als eine der großen Mächte des 21. Jahrhunderts, die das iranische Volk seit langer Zeit träumt, könnten wahr werden, wenn die iranische Führung nach innen und nach außen einen Weg des Friedens und der Integration einschlagen würde. Leider geschieht unter Khamenei und Ahmadinedschad das genaue Gegenteil.

Anstatt zum Ordnungsfaktor zu werden, hält die Islamische Republik an der Rolle eines regionalen Unruhefaktors mit hegemonialen Absichten fest und setzt mittels ihres Nuklearprogramms auf klassische Prestigepolitik. Im relativen Verhältnis zur Türkei fällt das Land immer weiter zurück, obwohl an Öl und Gas wesentlich reicher als sein westlicher Nachbar, und so bedarf es keiner großen prognostischen Kraft, um festzustellen, dass sich in dem Wettlauf um die dominante Rolle im Nahen und Mittleren Osten die Türkei gegenüber dem Iran durchsetzen wird.

Parallel zu dem Krieg im Irak und den europäisch-iranischen Atomverhandlungen hatte sich, wie weiter oben bereits angeführt, die Lage in Palästina erneut zugespitzt. Der israelische Premierminister Ari Scharon glaubte sich in einer perfekten Ausgangslage gegenüber den Palästinensern: Erstens hatte Arafat die Chance des 11. September ungenutzt verstreichen lassen, sich glaubhaft an die Seite der USA zu stellen, er hatte sich durch den anhaltenden palästinensischen Terror gegenüber der israelischen Zivilbevölkerung sogar immer weiter isoliert. Zweitens verfolgte die US-Regierung die eindeutige Priorität des »Kriegs gegen den Terror« und hatte keinerlei Interesse an einer wie auch immer gearteten Friedensinitiative im Nahostkonflikt. Und drittens war es Premierminister Scharon gelungen, sich im Umgang mit der sogenannten »Mitchell-Initiative« in eine Position zu bringen, wo er allein den Schlüssel für den Beginn von Verhandlungen mit den Palästinensern in der Hand hielt, da nur er und sonst niemand über das entscheidende Kriterium »Ende des Terrors« entschied.

Der israelische Premierminister befand sich also scheinbar in einer idealen Blockadeposition. Tatsächlich aber war seine Position sehr viel schwächer, da er jenseits des Stillstandes im Friedensprozess keinerlei strategische Alternative für den israelisch-palästinensischen Konflikt anzubieten hatte. Nach den langen Jahrzehnten der Kriege, der Konfrontation und der Tragödien zwischen den Palästinensern und den Israelis reichte eine ausschließlich auf die Blockade von Verhandlungen mit der palästinensischen Verwaltung ausgerichtete Politik einfach nicht mehr aus. Sie schuf, wie sich sehr schnell zeigen sollte, ein strategisches Vakuum in der israelischen Innenpolitik, das andere politische Kräfte auszufüllen begannen.

Unter der Obhut der Schweizer Regierung hatten sich namhafte Vertreter aus den Zivilgesellschaften beider Seiten zusammengefunden, um einen Entwurf für einen israelisch-palästinensischen Friedensvertrag auszuarbeiten, unter ihnen Jossi Beilin, einer der Architekten der Friedensvereinbarung von Oslo, und Jassir Abed Rabbo, ein früherer Minister der Palästinensischen Autonomiebehörde. Der Entwurf wurde am 1. Dezember 2003 in Genf der Öffentlichkeit vorgestellt. Die Initiative beinhaltete eine Vereinbarung über den Endstatus zur Lösung des israelisch-palästinensischen Konflikts mit vereinbarten Grenzen (fast das gesamte Westjordanland, Gaza und ein geteiltes Jerusalem sollten das Territorium des Staates Palästina bilden). Im Gegenzug dazu gaben die Palästinenser fast vollständig ihr Rückkehrrecht nach Israel auf und verzichteten gegenüber Israel auch auf alle sonstigen Ansprüche.

Die Genfer Initiative war so ziemlich das genaue Gegenteil der Politik der Regierung Scharon, unter normalen Umständen wäre sie auch nichts weiter als eine diplomatische Trockenschwimmübung einiger verdienter Ehemaliger und Friedensbewegter von beiden Seiten gewesen, die kaum große öffentliche Aufmerksamkeit gefunden hätte. Die Zeiten waren aber alles andere als normal, und so füllte die Genfer Initiative das strategische Vakuum aus, das durch Scharons Blockadepolitik entstanden war. Damit aber bekam diese Initiative eine Bedeutung, die sie eigentlich gar nicht hatte. Ari Scharon verstand sofort die Herausforderung, die sich aus der Genfer Initiative für ihn ergab, und er reagierte schnell. Er wusste, dass er eine eigene strategische Antwort entwickeln musste, wobei er sein Mantra »Keine Verhandlungen unter Terror« dabei nicht infrage stellen durfte. Als Alternative blieb ihm demnach nur der Schritt hin zu einem einseitigen, »unilateralen« Vorgehen, denn direkte Verhandlungen mit Arafat durfte es für ihn auf keinen Fall geben. Und so geschah es.

Der von Premierminister Scharon und seinen engsten Mitarbeitern erarbeitete Plan griff auf den nach dem Scheitern von Taba Anfang 2001 entwickelten Vorschlag des früheren israelischen Premierministers Ehud Barak zurück, die beiden Völker durch den Bau eines Grenzzauns oder einer Mauer zu trennen. Er verzichtete jedoch ganz bewusst auf den zweiten Teil von Baraks Vorschlag, nämlich diese Trennung für direkte Friedensgespräche mit den Palästinensern zu nutzen. Stattdessen dachte Scharon an einen einseitigen Schritt Israels, nämlich an den einseitigen Rückzug des israelischen Militärs aus Gaza. Der Gaza-Rückzug war aber nicht von Anfang an ein Bestandteil des Scharon-Plans, sondern kam erst später hinzu. Der Plan als solcher war bereits ohne den unilateralen Rückzug aus Gaza nicht ohne Tücken, denn der Bau einer Grenzsperre würde sofort die Frage nach ihrem Verlauf aufwerfen. Wir waren als Bundesregierung, gemeinsam mit unseren Partnern in der EU, immer der Auffassung, dass jede Regierung die Pflicht habe, ihre Bevölkerung vor Terrorakten zu schützen, wenn es sein musste, auch mit dem Bau von Grenzbarrieren. Dies hatte aber auf dem eigenen Territorium zu geschehen und durfte nicht zur De-facto-Annexion von fremdem Territorium führen.

Die israelische Regierung sah dies anders. Premierminister Scharon hatte mir bei einem meiner Besuche jene Karte gezeigt, in welcher der Grenzverlauf im Westjordanland so eingezeichnet war, wie er sich diesen vorstellte. Die großen israelischen Siedlungsblöcke im Westjordanland und um Jerusalem herum lagen dabei diesseits der Grenze, hinzu kamen noch territoriale Korrekturen gegenüber dem israelischen Staatsgebiet und die Grenze zu Jordanien im Jordantal. Ich sagte damals dem Premierminister ganz offen, dass ich weder in der Gegenwart noch in der Zukunft den palästinensischen Führer sehen würde, der diese Grenzziehung jemals akzeptieren könnte, denn so sähe kein zusammenhängendes, lebensfähiges Staatsgebiet eines zukünftigen Staates Palästina aus.

Der Verlauf der Grenzsperre richtete sich ziemlich genau

nach diesen Plänen. Gemeinsam mit unseren Partnern in der EU konnten wir diesen Verlauf nicht akzeptieren, denn das hieße Abschied zu nehmen von der Perspektive einer Zwei-Staaten-Lösung. Der oberste israelische Gerichtshof korrigierte später in einer Entscheidung den Verlauf der Grenzsperren. Bestandteil des Scharon-Plans war auch, von den USA eine einseitige Erklärung über die zukünftigen Grenzen Israels zu erhalten, die faktisch auf eine einseitige Revision der bisher gültigen VN-Sicherheitsratsresolutionen 242 und 338 hinauslaufen würde.

Während eines Besuches von Premierminister Scharon am 14. April 2004 in Washington kam es zu einem Austausch von Briefen zwischen den beiden Regierungen. Die israelische Regierung erläuterte der amerikanischen Seite unter anderem den beabsichtigten Rückzug aus Gaza. Im Gegenzug fand sich in dem Brief von Präsident Bush eine Passage, die in der Tat auf eine Abkehr von dem bisherigen, auch von den USA immer geteilten Rechtsstandpunkt der Gültigkeit der Waffenstillstandslinie von 1949 als Grenze zwischen Israel und dem palästinensischen Westjordanland hinauslief.

»Im Lichte neuer Realitäten vor Ort, darunter auch bereits bestehende größere israelische Bevölkerungszentren, ist es unrealistisch anzunehmen, das Ergebnis von Verhandlungen über den endgültigen Status könne eine Rückkehr zu den Waffenstillstandslinien von 1949 sein, und alle bisherigen Verhandlungsversuche mit dem Ziel einer Zwei-Staaten-Lösung sind zu demselben Schluss gelangt. Realistisch ist vielmehr zu erwarten, eine Einigung über den endgültigen Status könne nur auf der Grundlage von im gegenseitigen Einvernehmen vorgenommenen Veränderungen erreicht werden, die diesen Realitäten Rechnung tragen«, lautete die entscheidende Stelle in dem Brief des US-Präsidenten an den israelischen Regierungschef. Allerdings blieb die Wirkung dieses Briefes international wie auch in Israel und in der arabischen Welt eher marginal.

Die Außenminister der EU verfassten als Reaktion darauf am 16. und 17. April 2004 bei ihrem informellen Treffen in Tullamore/Irland eine Erklärung, die unzweideutig an der Gültigkeit der Waffenstillstandslinie von 1949 und an der Roadmap als Position des Quartetts, dem auch die USA angehörten, festhielt, denn wenn man diese Position vor den Verhandlungen der Konfliktparteien über den Endstatus international aufgeben würde, dann konnte man die Zwei-Staaten-Lösung vergessen. Die Palästinenser und die arabischen Staaten würden darin zu Recht eine Aufgabe ihrer fundamentalsten Verhandlungspositionen und Rechte begreifen, die sie niemals zu akzeptieren bereit wären. Der Nahostfriedensprozess steckte schon in genügend Schwierigkeiten, es bedurfte daher weiß Gott keiner zusätzlichen Stolpersteine. Auch deswegen hatte ich mich während der Beratungen in Tullamore intensiv für die Verabschiedung einer Erklärung eingesetzt, obwohl dies bei den informellen Außenministertreffen der EU eigentlich nicht üblich war.

Den Abzug aus Gaza sah ich als einen positiven Schritt nach vorn an, allerdings nur, wenn er mit der palästinensischen Verwaltung wirksam koordiniert werden würde. Ein einseitiger Schritt hingegen beinhaltete das sehr große Risiko, dass die radikalislamische Hamas als Gewinner aus dem israelischen Abzug hervorgehen würde. Das hieße in der Konsequenz dann aber ein Mehr an Konfrontation und nicht ein Schritt in Richtung Frieden.

Als Ari Scharon mir gegenüber zum ersten Mal von einem einseitigen Rückzug aus Gaza sprach, war ich ziemlich überrascht, denn noch wenige Wochen zuvor hatte er meine direkte Frage danach aus Gründen der militärischen Sicherheit Israels klar verneint. Ich blieb lange skeptisch, ob er diesen Schritt wirklich realisieren oder ob es sich nur um ein Scheinmanöver handeln würde, denn die innenpolitischen Widerstände dagegen würden auch und gerade in seiner Partei sehr stark sein. Auf meine immer wieder aufgeworfene Frage, wie sich denn Israel im Falle eines einseitigen Abzugs aus Gaza verhalten würde, wenn dort die Hamas die Macht übernehmen und Israel mit Raketen beschießen würde, reagierte der Premierminister immer äußerst heftig, ja richtiggehend ungehalten.

Das wäre nicht mehr Israels Problem, und Israel behalte sich vor, auf jede Form der Bedrohung seiner Sicherheit entsprechend zu reagieren, lautete seine zornige Antwort. Freilich lag genau hier der entscheidende Schwachpunkt in Scharons Gaza-Plan, nämlich das Fehlen einer politischen Perspektive, die eine Radikalisierung in Gaza hätte verhindern und somit die Konfrontation zwischen Israelis und Palästinensern verringern können. Dazu hätte es einer Verhandlungsinitiative gegenüber den Palästinensern bedurft, aber genau diese lehnte Ari Scharon ja ab, da er nicht daran glaubte, dass die Palästinenser zu ernsthaften Verhandlungen bereit wären. Die Wahrheit lag hier nicht in der Mitte, sondern bestand meines Erachtens darin, dass beide Seiten zu wirklichen Friedensverhandlungen nicht bereit waren und bis in die Gegenwart hinein nicht sind.

Die Regierung Scharon setzte die Räumung der Siedlungen in Gaza und den einseitigen militärischen Abzug innenpolitisch zwar durch, und dieser Schritt galt damals als der größte politische Erfolg von Ari Scharon, der sich vom »Krieger«, wie der Titel seiner Autobiografie lautete, zum Staatsmann verändert zu haben schien. Diese Einschätzung war aufgrund meiner persönlichen Erfahrungen auch alles andere als falsch. Es sollte sich jedoch sehr schnell zeigen, dass sowohl Israelis als auch Palästinenser für das Fehlen einer politischen Friedens- und Verhandlungsperspektive als Bestandteil des Abzugs aus Gaza einen sehr hohen Preis zu entrichten hatten. Scharons Unilateralismus muss aus heutiger Sicht als gescheitert angesehen werden, denn wir wissen, wie die Geschichte sich weiter zugetragen hat: Die Hamas gewann die nächsten Parlamentswahlen, später dann den Bürgerkrieg in Gaza gegen die Fatah, und schließlich kam es, nach einem monatelangen Raketenbeschuss israelischer Dörfer und Städte, zu einem verheerenden Krieg in Gaza mit zahlreichen Opfern unter der palästinensischen Zivilbevölkerung und zu einer fortdauernden Isolation des Gebiets mit anhaltend schlimmen humanitären Folgen.

Während diese Entwicklungen im Jahr 2004 ihren Lauf nahmen, lebte Jassir Arafat, völlig isoliert und weitgehend von der Außenwelt abgeschlossen, in den Trümmern seines Amtssitzes in Ramallah. Nach weiteren schweren Terroranschlägen, die zahlreiche Opfer unter der israelischen Zivilbevölkerung gefordert hatten, hatte sich die israelische Regierung zu einer erneuten militärischen Offensive in den palästinensischen Gebieten und gegen Arafats Regierungssitz in Ramallah, die Mukata, entschlossen. Von dieser blieb danach endgültig nur eine

Ruine übrig, in welcher der palästinensische Präsident unter der Belagerung des israelischen Militärs ausharrte. Ich besuchte dort Jassir Arafat einige Wochen, nachdem die diplomatischen Bemühungen um eine erneute Lockerung der Belagerung durch die israelische Armee Erfolg gehabt hatten. Präsident Arafats Gesundheitszustand war in den vergangenen Jahren immer schlechter geworden, aber als ich ihn in der zertrümmerten Mukata traf, schien er sich regelrecht erholt zu haben, als wenn ihm die militärische Belagerung und die widrigen Lebensumstände wieder neue Lebenskraft verliehen hätten. Der Besuch brachte keinerlei diplomatische Fortschritte, außer dass sich Arafat entschlossen zeigte, Scharon niemals nachzugeben. Es sollte unsere letzte Begegnung gewesen sein. In der Folgezeit verschlimmerte sich die Krankheit des palästinensischen Präsidenten, sodass sich die israelische Regierung gezwungen sah, das über Jassir Arafat verhängte Reiseverbot aufzuheben, damit der Todkranke zur Behandlung nach Paris gebracht werden konnte. Am 11. November 2004 starb Jassir Arafat nach langer schwerer Krankheit in einem Krankenhaus in der französischen Hauptstadt.

Die Trauer- und Beisetzungsfeierlichkeiten in Kairo und Ramallah verliefen chaotisch. Wir waren mit einer großen Delegation sehr früh am Morgen von Berlin aus nach Kairo aufgebrochen, aber die ägyptische Luftsicherung ließ uns stundenlang über Kairo kreisen, sodass wir gerade bei der Trauerfeier ankamen, als diese zu Ende war. Es war mir nur ein schwacher Trost, dass wir dabei nicht die Einzigen waren, die stundenlang im Luftraum über der Wüste auf ihre Landung warten mussten. Und nachdem wir gelandet waren, dauerte es nochmals endlos lange, bis wir unsere Parkposition erreichen und aussteigen konnten, dann ging das Chaos auf den Straßen weiter. Es kamen noch viele andere nach uns, etwa der türkische Ministerpräsident Erdoğan, begleitet von seinem Außenminister Gül. Dennoch war es wichtig, dass wir in Kairo anwesend waren, denn niemand auf palästinensischer oder arabischer Seite nahm uns angesichts der Verhältnisse unser Zuspätkommen übel. Allein der mitgereiste und ganz offensichtlich frustrierte Vertreter der Unionsfraktion maulte noch einige Zeit vor sich hin.

Jassir Arafats Tod setzte vor allem in der westlichen Politik

Erwartungen frei, dass es nun eine ernsthafte Möglichkeit für den Neustart des Friedensprozesses geben könnte, denn der palästinensische Präsident hatte sich, spätestens seit dem Scheitern der Verhandlungen von Camp David am 25. Juli 2000, für das er in den westlichen Hauptstädten verantwortlich gemacht wurde, zunehmend als ein Haupthemmnis des Friedensprozesses im Nahen Osten erwiesen. Allerdings sollten sich diese Hoffnungen nicht erfüllen, da sie auf einer teilweise falschen Annahme beruhten, denn Jassir Arafat war mehr Getriebener als Treibender der innerpalästinensischen Verhältnisse. Dies machten die Jahre seit seinem Tod zweifelsfrei klar, denn die Verhältnisse wurden ohne ihn eher schlimmer als besser. Der weitere Verlauf der Geschichte zeigte, dass sich die damaligen Friedenshoffnungen in ihr gerades Gegenteil verkehren sollten.

Jassir Arafat war ohne jeden Zweifel über viele Jahrzehnte hinweg die zentrale Figur der palästinensischen Nationalbewegung. Er verkörperte den Kampf des palästinensischen Volkes um einen eigenen Staat. Sein Durchhaltevermögen war phänomenal gewesen, ebenso aber auch seine Fehler, er war der Meister des Überlebens wie der verpassten Gelegenheiten. Über viele Jahrzehnte hinweg war er ein unbeugsamer Feind Israels, und dennoch war es derselbe Jassir Arafat gewesen, der in Oslo und Washington zum Frieden mit eben diesem Israel bereit war. Allerdings gehörte Jassir Arafat nicht in die Reihe der großen Staatsgründer vom Schlage eines David Ben Gurion oder Nelson Mandela, denn es mangelte ihm dafür an Weitsicht und Weisheit, er war als politische Persönlichkeit irgendwo auf halbem Weg zwischen Revolutionär und Staatsgründer stecken geblieben. Er machte mit Oslo den ersten Schritt hin zu einem Staat namens Palästina, war aber dann nicht in der Lage, einen palästinensischen Staat und die dafür notwendigen Institutionen aufzubauen. Allein die Geheimdienste und die Korruption gediehen unter seiner Regierung. Freilich waren die Verhältnisse, unter denen er agieren musste, extrem gegen ihn, vor allem auch und gerade innerhalb der arabischen Welt und innerhalb der Palästinenser. Mit dem Abstand einiger Jahre und mit dem Wissen um den Fortgang der Geschichte des Nahostkonflikts würde daher meine Einschätzung von Jassir Arafat milder. Vermutlich hatten wir alle, die in seinen letzten Jahren mit ihm zu tun hatten, seine Spielräume für Kompromisse doch überschätzt.

Es kam nicht von ungefähr, dass nach seinem Tod das System Arafat unter seinen schwachen Erben in den palästinensischen Gebieten rasch zerfiel und Arafats politische Partei, die Fatah, zuerst in freien und geheimen Wahlen und dann in einem kurzen und blutigen Bürgerkrieg 2007 von den radikalen Islamisten der Hamas besiegt wurde, obwohl sie den Kämpfern der Hamas zahlenmäßig weit überlegen war. Seitdem sind die Palästinenser in drei Teile zerfallen: Westjordanland, Gaza und die Diaspora, eine Lage, die Jassir Arafat immer zu verhindern gewusst hatte. Denn ohne die Einheit der Palästinenser kann es keine Zwei-Staaten-Lösung, keinen Staat Palästina und daher auch keinen Frieden geben. Der palästinensische Bürgerkrieg zeigte im Nachhinein, welcher enormen Anstrengungen es bedurft hatte, um die Widersprüche innerhalb der Palästinenser und auch innerhalb der arabischen Staatenwelt zu kontrollieren und am Explodieren zu hindern. Dafür hatte die Kraft von Jassir Arafat über die Jahrzehnte hinweg nicht immer, aber meistens gereicht, allein zur Erfüllung des palästinensischen Traums von einem eigenen Staat war dies nicht genug. Die internen Konflikte und Widersprüche zu überwinden oder zumindest zu neutralisieren und ihre Energien in den Aufbau eines Staates Palästina und in dessen massive internationale Unterstützung umzulenken, war Jassir Arafat nicht gelungen.

DIE LETZTEN JAHRE

Im Jahr 2003 verschlechterte sich das Klima in der Koalition, nicht nur wegen der Agenda 2010 und ihrer Folgen in der sozialdemokratischen Fraktion und Partei und in den gewerkschaftlichen und sozialdemokratischen Milieus in der Gesellschaft, sondern vor allem auch deshalb, weil der wiedergewählte Bundeskanzler anfing, ein zunehmend präsidiales Amtsverständnis zu entwickeln. Dies galt vor allem auch für die Außenpolitik, wo Gerhard Schröder die Regierungsfraktionen und das Parlament zunehmend als Hemmschuh zu empfinden schien. Das enge und vertrauensvolle Verhältnis mit dem französischen und dem russischen Staatspräsidenten seit den Tagen des heraufziehenden Irak-Krieges tat dem Kanzler ganz offensichtlich nicht gut, denn Jacques Chirac und Wladimir Putin verfügten über eine ganz andere Machtfülle und Entscheidungskompetenz in der Außenpolitik, als dies für einen deutschen Bundeskanzler galt. Aber die deutsche Verfassungslage war in der Frage der außenpolitischen Kompetenzverteilung klar und eindeutig. Das Parlament hatte darin eine starke Stellung und bei bewaffneten Auslandseinsätzen der Bundeswehr sogar das alleinige und letzte Wort.

Einige Zeit später, als die Wirtschaft weiterhin lahmte und die Haushaltszwänge immer drückender auf der Koalition lasteten, griff der Kanzler sogar allen Ernstes einen kuriosen, ja bizarren Vorschlag von Finanzminister Hans Eichel auf, nämlich den 3. Oktober als deutschen Nationalfeiertag auf den jeweils ersten Sonntag im Oktober zu verlegen, um so einen zusätzlichen Arbeitstag mit mehr Wachstum und höheren Steuereinnahmen zu erhalten. Wir Grüne teilten unserem Koalitionspartner von Beginn an mit, dass wir dies für eine Schnapsidee hielten und er damit nicht durchkommen würde, aber der Kanzler, angefeuert von seinem Finanzminister, ging mit diesem Vorschlag an die Öffentlichkeit. Es kam dann, wie es kommen musste – die gloriose Idee ging im empörten Sperrfeuer der Opposition, der Öffentlichkeit und schließlich auch innerhalb der SPD unter. Allerdings war dieser Vorgang damals typisch für die Stimmung in Regierung und Koalition.

Im Dezember 2003 trat Gerhard Schröder seine mittlerweile üblich gewordene jährliche Chinareise an, bei der der Kanzler zwei innerhalb der Koalition höchst strittige Themen mit im Gepäck hatte: erstens den Export der niemals gebrauchten und daher auch nicht radioaktiv kontaminierten MOX-Brennelemente-Anlage aus Hanau nach China. Diese Anlage schien mich über die Jahrzehnte hinweg, seit meinen ersten Anfängen als hessischer Umweltminister 1985, ganz persönlich zu verfolgen. Das zweite Thema war die Aufhebung des EU-Waffenembargos gegenüber der Volksrepublik China, das seit der blutigen Niederschlagung der chinesischen Demokratiebewegung im Frühsommer 1989 unverändert fortbestand. Beides waren für meine Partei sehr sensible Themen, weil sie eng mit der Glaubwürdigkeitsfrage der Grünen verbunden waren.

Über die MOX-Brennelemente-Anlage hatten der Kanzler und ich unter vier Augen intensiv gesprochen. Ursprünglich sollte diese Anlage nach Russland verkauft werden, um dort das Waffenplutonium aus alten Nuklearsprengköpfen, die zerstört werden mussten, in Brennelemente für zivile Atomreaktoren zu verarbeiten. Gegen diese auf nukleare Abrüstung und Sicherheit zielende Zweckbestimmung ließen sich keine überzeugenden Einwände vorbringen, denn das aus den alten Sprengköpfen gewonnene Plutonium war ein enormes Sicherheitsrisiko, wenn man es einfach nur lagerte und nicht irgendwie weiterverarbeitete. Dazu bot sich die Technologie zur Herstellung von sogenannten Mischoxid-Brennelementen (MOX-BE) für Leichtwasserreaktoren an. Aus den russischen Plänen wurde jedoch nichts, da die internationale Finanzierung nicht zusammenzubringen war.

Als dann die chinesische Regierung Interesse an der Anlage zeigte und Gerhard Schröder mich darauf ansprach, signalisierte ich dem Kanzler gegenüber meine grundsätzliche Zustimmung.

Warum sollte eine Anlage, die für die Nuklearmacht Russland zu Abrüstungszwecken sinnvoll gewesen wäre, bei der anderen Nuklearmacht China nicht sinnvoll sein, lautete meine Antwort auf die Frage des Kanzlers. Ich wüsste nicht, was dagegen spräche, würde mich aber noch genauer schlaumachen und auf diese Frage zurückkommen. Ich hatte mit dieser Antwort einen folgenschweren Fehler gemacht, denn andersherum – erst schlaumachen und dann antworten – wäre die richtige Reihenfolge gewesen. Entsprechend gab es meinerseits auch kaum eine vorbereitende Kommunikation gegenüber Fraktion und Partei.

Es sollte sich zudem sehr schnell zeigen, dass die Lage in China eine völlig andere war. Dort wäre die Anlage nicht zu Abrüstungszwecken und zur Verringerung des Weiterverbreitungsrisikos eingesetzt worden, sondern hätte im Gegenteil im militärischen Atomprogramm der VR China eine bestehende Technologielücke geschlossen. Dass es sich dabei nicht nur um grüne Hirngespinste handelte, zeigte die massive Intervention der US-Regierung in Berlin, um einen Export der MOX-BE-Anlage nach China zu verhindern.

Der Kanzler war von diesem Projekt jedoch nicht mehr abzubringen, auch wenn ich ihm nun die völlig andere sachliche und politische Lage erklärte. Ich sagte ihm auch, dass ich für den Export der Anlage keine Mehrheit in der Fraktion sähe, aber der Kanzler war nicht mehr bereit, seine Haltung zu ändern. Ganz offensichtlich hatte er bereits gegenüber der chinesischen Seite Zusagen gemacht. In der Sache lag die Exportgenehmigung beim Auswärtigen Amt, das hieß in meinen Händen. Kanzler und Vizekanzler standen also erneut bei einer prekären Exportentscheidung auf entgegengesetzten Seiten, und das verhieß wenig Gutes, wie der Zusammenprall bei den Panzerexporten in die Türkei uns gelehrt hatte. Jetzt fuhren also erneut zwei Züge frontal aufeinander zu.

In diesem heiklen politischen Umfeld trat der Kanzler mit einer großen Delegation und begleitet von zahlreichen Vorständen der deutschen Wirtschaft seine Reise nach China an. Aufgrund des Zeitunterschiedes erreichten uns in Berlin die Nachrichten aus dem fernen Reich der Mitte bereits am frühen Morgen, und dieser Zeitfaktor war politisch nicht unerheblich, denn die

Nachrichten von der Kanzlerreise sollten es in sich haben, es waren richtige Volltreffer, die den grünen Teil der Koalition in helle Aufregung versetzten. Die grüne Erregungskurve begann also schon mit den ersten Frühnachrichten und konnte so den ganzen Tag über weiter steil ansteigen. Sehr schnell setzte sich in den Medien der völlig zutreffende Begriff »China-Kracher« für die Nachrichten von der deutschen Regierungsdelegation durch.

Kracher Nummer 1: Taiwan. Zur Zeit des Besuchs von Bundeskanzler Schröder stand es erneut schlecht um die Beziehungen zwischen Taiwan und der VR China. Taiwan hatte angekündigt, die formelle Trennung von der Volksrepublik zu beschließen, und Peking hatte daraufhin mit der Anwendung von Gewalt gedroht. Es war ein unnötiger und rein am Prestige orientierter, gleichwohl aber hochgefährlicher Konflikt. Taiwan war faktisch unabhängig, und es bedurfte keiner weiteren Beschlüsse, die zudem an seiner Lage und an seinem Status nichts ändern würden. Für die Volksrepublik aber war eine formelle Unabhängigkeitserklärung der Inselrepublik der Gipfel der Provokation, denn die Wahrung der territorialen Integrität Chinas war eines der zentralen Ziele des Landes nach beinahe zwei Jahrhunderten der Demütigungen durch ausländische Mächte. Einen solch maximalen Gesichtsverlust konnte das Politbüro in Peking nicht tatenlos hinnehmen.

Unsere Bundesregierung, wie die Vorgängerregierungen auch, verfolgte eine Ein-China-Politik, d.h. Deutschland unterhielt, wie auch die überwiegende Mehrheit der internationalen Staatengemeinschaft, nur mit der Volksrepublik auf dem Festland diplomatische Beziehungen. Gleichwohl war bei allem Verständnis für die Position Pekings die Androhung von Gewalt nicht hinnehmbar und durfte nicht unwidersprochen bleiben. Genau an dieser feinen und dennoch sehr wichtigen Differenzierung schien es bei der Äußerung des Kanzlers vor den Medien im fernen Reich der Mitte jedoch gemangelt zu haben. Er könne die Sorgen und Gefühle Pekings verstehen, wurde da der Kanzler in den Medien aus einer Diskussion mit Studenten in Kanton zitiert. Aber am Ende werde sich schon die Vernunft durchsetzen. Die Worte des Kanzlers wurden so interpretiert und berichtet, als habe sich Gerhard Schröder auf die Seite Pekings gestellt, ohne explizit die Androhung von Gewalt zurückzuweisen.

Kracher Nummer 2: der Export der MOX-BE-Anlage. Gerhard Schröder erklärte, dass er für den Export der MOX-BE-Anlage wäre, der sich zudem rechtlich kaum noch verhindern ließe.

Kracher Nummer 3: Aufhebung des EU-Waffenembargos. Der Bundeskanzler sprach sich für die Aufhebung des EU-Waffenembargos aus, was in Verbindung mit Kracher Nummer 1 natürlich einen ganz besonderen Hautgout entwickelte.

Die deutschen Medien waren voll mit der Berichterstattung über die »China-Kracher-Reise«, und für die Journalisten war es ein Einfaches, empörte Stellungnahmen grüner Fraktions- und Parteivorstandsmitglieder einzusammeln und diese zu veröffentlichen, denn die Grünen waren in heller Aufregung und der Dachstuhl der Koalition stand in Flammen. Ich versuchte noch, die Wogen zu glätten, indem ich etwas von »bitteren Entscheidungen« in die mir hingehaltenen Mikrophone murmelte, denen man sich zu stellen habe. Aber meine Worte vermochten die Aufregung nicht zu beruhigen, die diesmal nicht nur von den »üblichen Verdächtigen« aus Fraktion und Partei kam, sondern auch und gerade aus dem Lager der grünen Realos, den getreuesten Stützen der Koalition. Die Lage war daher ernst!

Es dauerte einige Zeit, bis die Reisenden in China das Ausmaß der Aufregung zu Hause mitbekamen, denn aus ihrer Sicht war dies ein sehr erfolgreich verlaufender Besuch. So konnte man sich irren! Nach der Rückkehr des Kanzlers setzten wir uns zu einem längeren Gespräch zusammen und erzielten eine Einigung: Beim Thema Taiwan galt unverändert die Haltung der Bundesregierung, nämlich Ein-China-Politik und Ablehnung von Gewalt; bei der MOX-BE-Anlage würde nach Recht und Gesetz entschieden, und dazu musste das Auswärtige Amt sorgfältig prüfen, ob wesentliche Belange der Bundesrepublik Deutschland von diesem Export negativ berührt würden, sodass der Export untersagt werden müsste; und die Aufhebung des EU-Waffenembargos war eine Angelegenheit des Europäischen Rates. Damit hatten wir uns entschieden, gemeinsam den Rückwärtsgang einzulegen und uns vorsichtig aus der Sackgasse herauszumanövrieren, in die wir durch eigene Schuld hineingeraten waren. Selbstkritisch muss ich eingestehen, dass ich meinen Anteil daran hatte.

Die Formel von der Prüfung des Exportantrags war eine Vertagungsentscheidung, denn eine solche Prüfung würde lange dauern. Und bei dem EU-Waffenembargo war, wie auch bei der MOX-BE-Anlage, schließlich die US-Regierung aufgewacht, und diese nutzte fortan ihren Einfluss auf einige der EU-Mitgliedsstaaten. Damit aber wurde eine positive Entscheidung im Rat blockiert. Das Vorgehen der US-Regierung war nur konsequent, denn tatsächlich war es Peking mit der Frage des Waffenembargos nur darum gegangen, die Europäer zu benutzen, um die USA vorzuführen. Selten war ich über ein Eingreifen der Regierung Bush so erleichtert wie in der Causa Waffenembargo gegenüber der VR China.

Diese denkwürdige Chinareise des Bundeskanzlers im Dezember 2003 hatte aber eine Entwicklung sichtbar werden lassen, um die wir intern schon sehr viel länger wussten, nämlich dass Gerhard Schröder die deutsche Außenpolitik zunehmend unter dem alleinigen Gesichtspunkt der Außenwirtschaftspolitik sah. Nun ist diese alles andere als ein unwichtiger Teil der deutschen Außenpolitik, aber sie darf erstens nicht der bestimmende Faktor sein und muss zweitens mit den anderen Interessen unseres Landes ausbalanciert werden, wenn man außenpolitisch nicht in gefährliche Untiefen geraten will. Die Exportabhängigkeit der deutschen Wirtschaft ist gewiss ein zentrales Faktum bei der Definition deutscher Interessen, aber ebenso sind es die Sicherheitsinteressen, Werte und normative Interessen wie Menschenrechte und internationales Recht, aber auch Bündnisloyalitäten und Tugenden wie die Verlässlichkeit und Berechenbarkeit der deutschen Außenpolitik.

Deutsche Außenpolitik darf niemals vergessen, dass die Außenabhängigkeit unseres Landes politisch und wirtschaftlich sehr viel größer ist als unsere tatsächliche Macht. Diese Differenz gilt es durch die Kunst der Balance zwischen unseren Interessen und denen der verschiedenen internationalen Partner zu überbrücken. Damit diese Balance nicht zu einer unberechenbaren Schaukelpolitik wird, die an die Stelle von Berechenbarkeit und

Verlässlichkeit Misstrauen setzen würde, bedarf es jedoch einer festen Verankerung in den transatlantischen und europäischen Fundamenten der deutschen Außenpolitik. Gerhard Schröder stellte nicht diese Fundamente infrage, wohl aber schien er eine Gewichtsverlagerung zugunsten der Dominanz der Außenwirtschaftspolitik vornehmen zu wollen, der ich mich nicht anschließen konnte. Es war daher abzusehen, dass für Rot-Grün die kommenden Jahre auch in der Außenpolitik mühseliger und konfliktträchtiger werden würden.

Kofi Annan, der Generalsekretär der Vereinten Nationen, wollte seine Amtszeit mit einer ambitionierten Reformagenda für die Vereinten Nationen krönen. Objektiv war eine weitreichende Reform der Vereinten Nationen dringend geboten, denn die Welt war seit dem Ende des Kalten Krieges in einem massiven Umbruchprozess begriffen, der besonders die Legitimation und Handlungsfähigkeit der Weltorganisation betraf. Der Kalte Krieg zwischen den beiden Supermächten USA und Sowjetunion hatte auch die VN eingefroren. Sie konnten lediglich in Randbereichen der internationalen Politik agieren, denn im Kernbereich der globalen Friedenssicherung dominierte der Ost-West-Gegensatz und das mit ihm verbundene Wettrüsten. Die USA und die Sowjetunion waren beides Vetomächte im Sicherheitsrat, und mittels dieses Vetos wurden die Vereinten Nationen in den fünf Jahrzehnten des Kalten Krieges blockiert.

Mit dessen Ende 1989/90 und dem Wegfall des Gegensatzes zwischen Ost und West entwickelte sich auf der internationalen Bühne die Bedrohung von Frieden und Sicherheit in eine andere Richtung: zerfallende Staaten, ethnische Säuberung, Terrorismus, drohende illegale Proliferation von Massenvernichtungswaffen auf der nichtstaatlichen Ebene und ähnliche Gefahren hatten die Blockkonfrontation und das Wettrüsten mit seiner Gefahr eines globalen Atomkriegs abgelöst. Die Bedrohungen für die globale und regionale Sicherheit waren kleiner, diffuser und zugleich unberechenbarer geworden, auf die sich weder die Staaten und ihre Militärbündnisse noch internationale Organisationen wie die VN oder auch das Völkerrecht eingestellt hatten.

Endlose Bürgerkriege in vielen Staaten des afrikanischen Kontinents, die zu grauenhaften Menschenrechtsverletzungen und Verbrechen führten, deren Höhepunkt der Völkermord an den Tutsi in Ruanda war; die Kriege und Greueltaten auf dem Balkan bis hin zu dem Massenmord in Srebrenica und das Versagen der VN beim Schutz ihrer Schutzzonen; der Krieg im Kosovo und die Debatte um humanitäre Interventionen und um »die Verantwortung zu beschützen«; die Bedrohung durch den internationalen Terrorismus; neue globale Herausforderungen wie AIDS/HIV, globale Armutsbekämpfung und die Gefährdung der globalen Umwelt – so lautete die Agenda der Vereinten Nationen im letzten Jahrzehnt des alten und in den ersten Jahren des neuen Jahrtausends. Darauf war die Weltorganisation nicht vorbereitet, und je größer die Last der Verantwortung der regionalen und internationalen Friedenssicherung für die Vereinten Nationen wurde, desto deutlicher war zu erkennen, dass diese wichtigste globale Organisation nicht über die Struktur und nicht über die Mittel verfügte, um diesen Herausforderungen wirksam begegnen zu können. Eine grundsätzliche Reform drängte sich daher auf. Generalsekretär Kofi Annan gedachte, dieses fast unmögliche Unterfangen ernsthaft anzupacken.

Die Vereinten Nationen waren 1945 von 50 Staaten ins Leben gerufen worden, heute umfasst die Organisation 192 Mitglieder! Mit der Dekolonisierung seit den späten vierziger Jahren und mit dem Ende des Ost-West-Konflikts haben die Vereinten Nationen dramatische Veränderungen erlebt, ohne sich dabei jemals den notwendigen Anpassungen mittels grundsätzlicher Reformen gestellt zu haben. Vor allem in ihrem wichtigsten Gremium, im Sicherheitsrat, hatte es keinerlei substanzielle Veränderungen gegeben. Dieses mächtigste Organ der Vereinten Nationen bildete auch sechzig Jahre nach der Gründung der VN in seiner Zusammensetzung nach wie vor jene Welt ab, wie sie 1945 als Ergebnis des Zweiten Weltkriegs entstanden war, nicht die Welt des beginnenden 21. Jahrhunderts. Angesichts der Herausforderungen, vor denen die Vereinten Nationen zu Beginn des neuen Jahrtausends standen, drohte nun wegen der Reformunfähigkeit oder besser Reformunwilligkeit seitens zahlreicher Mitgliedsstaaten, darunter vor allem die Vetomächte des Sicherheitsrats, die VN in eine durch mangelnde Effizienz und Handlungsfähigkeit verursachte Legitimationskrise zu geraten.

Die beiden deutschen Staaten waren erst 1973, im Zuge der Ostpolitik Willy Brandts, gleichzeitig zu Mitgliedern der Vereinten Nationen geworden. Ein früherer einseitiger Beitritt von Bundesrepublik oder DDR wäre jeweils am Widerstand der Sowjetunion oder der USA gescheitert und war daher nicht möglich gewesen. In den Jahren unmittelbar nach der deutschen Einheit 1990 hatte die Regierung Kohl dann zum ersten Mal die Frage eines ständigen Sitzes des wiedervereinigten Deutschlands im Sicherheitsrat aufgeworfen, allerdings in einer mehr als bizarren und daher wenig Erfolg versprechenden Form, denn der Chef dieser Bundesregierung stand der damaligen deutschen Initiative mehr als skeptisch gegenüber. Im Klartext: Kohl hielt nichts von der Initiative. Sein liberaler Außenminister Klaus Kinkel und das AA betrieben diese zwar mit großem Nachdruck, aber unter anderem aus dem oben genannten Grund ging diese Initiative nicht wirklich voran, sondern verlief sich im Treibsand der VN und ruhte dann über die Jahre hinweg in einem sanften politischen Dornröschenschlaf. Dieser Zustand sollte sich mit Kofi Annans Initiative aber grundlegend ändern.

Ich selbst hatte in den Jahren der Opposition immer eine ablehnende Haltung gegenüber dem deutschen Streben nach einem ständigen Sitz im Sicherheitsrat eingenommen, da ich damals die Gefahr wieder entstehender deutscher Großmachtambitionen fürchtete und mich zudem, sollte es zu einer von mir für wenig wahrscheinlich gehaltenen Reform des Sicherheitsrates kommen, für einen europäischen Sitz einsetzte. Meine Furcht vor möglichen, nach der wiedergewonnenen staatlichen Einheit Deutschlands erneut aufkommenden Großmachtambitionen hatte sich aber als Hirngespinst erwiesen, und in der Frage des europäischen Sitzes hatte ich als Oppositionsabgeordneter in den neunziger Jahren die europapolitische Brisanz dieser Forderung unterschätzt, denn Frankreich und Großbritannien würden Himmel und Hölle in Bewegung setzen, um ihre permanenten Sitze zu behalten, und deshalb einen europäischen Sitz verhindern.

Auch in meinen ersten Jahren als Außenminister unternahm ich nichts, um den Dornröschenschlaf der deutschen Sicherheitsratsinitiative zu beenden. Kofi Annans Reformvorstoß im

September 2003 brachte mich aber in eine Zwickmühle, denn an uns wurde sofort die Frage gerichtet, ob wir nach wie vor zu unseren Ansprüchen auf einen ständigen Sitz im Sicherheitsrat stünden. Nach Kosovo, Afghanistan und Irak war der Kanzler entschieden dafür, zudem war Deutschland nach den USA und Japan der drittgrößte Beitragszahler der Weltorganisation. Für mich war aber die Frage nach der Zukunft der VN-Reform, die ich für dringend geboten hielt, entscheidend für meine Zustimmung. Ein europäischer Sitz hatte nicht den Hauch einer Chance, und eine solche von Deutschland betriebene Initiative würde Europa sofort zerreißen. Die Chance für eine VN-Reform könnte man dann aber vergessen. Dasselbe würde für den Fall gelten, dass sich Deutschland von seinem Anspruch zurückzöge, denn ein solcher Schritt würde von den zahlreichen Reformgegnern dazu genutzt werden, um die Reforminitiative des Generalsekretärs politisch zu erledigen, getreu der Devise: »Nicht einmal Deutschland glaubt an diese Reforminitiative, also was soll's!«

Man darf bei der Bewertung der damaligen Lage nicht vergessen, dass es nicht nur die ständigen Sicherheitsratsmitglieder waren, die – trotz gegenteiliger Lippenbekenntnisse des einen oder anderen – überhaupt kein Interesse an einer Neuverteilung der Macht im Sicherheitsrat hatten, sondern dass dies auch für die jeweiligen regionalen »zweiten Plätze« galt: Pakistan tat alles, um die indischen Ambitionen zu verhindern, und dasselbe galt für Argentinien gegenüber Brasilien und für Italien gegenüber Deutschland. Südafrika war eigentlich der geborene afrikanische Kandidat, wurde aber blockiert durch Nigeria, und hinzu kam noch Ägypten als diplomatischer Verhinderungsfaktor, das unbedingt meinte, ein islamisches Land müsse ebenfalls berücksichtigt werden, und das könne nur Ägypten sein. Freilich sahen sowohl Saudi-Arabien als auch der Iran dies völlig anders.

Schließlich hatte Japan ein ganz besonderes Problem, und das hieß China. Japan hatte in den dreißiger Jahren China militärisch überfallen und dort schreckliche Kriegsverbrechen bis zum Ende des Zweiten Weltkriegs begangen. Zudem stand Japan danach auf der Seite der USA und nicht Chinas. Solange diese beiden Nationen nicht zu einer Versöhnung über die Vergangenheit gefunden und ihre Interessen einigermaßen ausbalanciert hatten – und die Regierung Koizumi tat damals das genaue Gegenteil! –, würde China einen ständigen Sitz Japans im Sicherheitsrat immer zu verhindern suchen.

Für uns zählte noch eine weitere Überlegung: Der Erfolg von Kofi Annans Reforminitiative war nicht sehr wahrscheinlich, aber es bestand dennoch eine kleine Restchance, dass zumindest teilweise etwas daraus werden könnte. Käme es zu einer wie auch immer gearteten Vermehrung der Sitze im Sicherheitsrat – zum Beispiel sogenannte »semi-permanente«, d. h. nichtständige Sitze mit Wiederwahlmöglichkeit ohne erzwungene Unterbrechung – und hätten wir zuvor unseren Anspruch aufgegeben, so würde Europas Gewicht und Einfluss im Sicherheitsrat abnehmen, ohne dass es dafür im Gegenzug einen gemeinsamen ständigen europäischen Sitz geben würde. Aus all diesen Gründen war ich also der Meinung, dass Deutschland seine Kandidatur für einen ständigen Sitz im Sicherheitsrat als Teil der VN-Reforminitiative aktiv betreiben sollte.

Gemeinsam mit Japan, Indien und Brasilien, die alle ebenfalls mit sehr guten Gründen einen ständigen Sitz im Sicherheitsrat beanspruchten, bildeten wir eine Vierergruppe, da wir der Ansicht waren, dass wir gemeinsam mehr erreichen konnten, als wenn jeder dieser vier Staaten allein agieren würde. Der japanische Ministerpräsident Koizumi lud die Regierungschefs der drei anderen Staaten zu einem Gipfeltreffen am Rande der VN-Vollversammlung nach New York ein. Da der Bundeskanzler verhindert war, vertrat ich ihn bei diesem Treffen der sogenannten »G 4« (auch »Viererbande« genannt) am 21. September 2004, an dem neben dem gastgebenden japanischen Ministerpräsidenten der indische Premierminister Manmohan Singh, der brasilianische Staatspräsident Lula da Silva und ich selbst teilnahmen. In einer gemeinsamen Erklärung bezeichneten sich alle vier Staaten als »legitime Kandidaten« bei einer möglichen Erweiterung des VN-Sicherheitsrates.

Um die Initiative der G 4 innerhalb der Vollversammlung der Vereinten Nationen bis zur Abstimmungsfähigkeit voranzubringen, bedurfte es aber unbedingt eines afrikanischen Mitglieds, und die afrikanischen Staaten waren sich alles andere als einig. Südafrika galt zwar kraft der Größe des Landes und seiner Bevölkerung, aber auch wegen seines strategischen, politischen und wirtschaftlichen Potenzials allgemein als Kandidat für den permanenten Sitz des afrikanischen Kontinents, aber diese Meinung teilten keineswegs alle afrikanischen Staaten. Die Opposition wurde von Nigeria angeführt, das sich als das bevölkerungsreichste Land des Kontinents selbst als den ersten Kandidaten Afrikas für einen ständigen Sicherheitsratssitz sah. In New York fanden dann in der Folgezeit verschiedene Verhandlungsrunden mit den afrikanischen Außenministern statt, zu denen ich immer wieder anreiste, die aber alle letztendlich an der Unmöglichkeit scheiterten, sich unter den afrikanischen Staaten auf einen gemeinsamen Kandidaten zu einigen.

Zudem war recht bald nach dem New Yorker Treffen der »Viererbande« und den stagnierenden Gesprächen mit den Afrikanern zu spüren, dass wir innerhalb der G 4 unseren Konsens verloren hatten, da Japan angesichts der Uneinigkeit innerhalb der Gruppe der afrikanischen Staaten keine Abstimmung im Plenum der Generalversammlung mehr wollte. Dahinter, so legten zahlreiche Indizien und Hintergrundinformationen nahe, stand aber etwas ganz anderes als die afrikanische Uneinigkeit. Die USA hatten der japanischen Regierung offensichtlich die Zusage gemacht, dass sie den japanischen Sitz durchsetzen würden, wenn Japan eine Abstimmung der G-4-Initiative nicht zulassen würde. Ein solches Versprechen der Supermacht war zwar angesichts der Realitäten in den VN nicht allzu viel wert, aber die japanische Regierung schien dies anders zu sehen, denn es kam zu keiner Abstimmung in der VN-Generalversammlung, und damit war auch dieser Reformversuch des VN-Sicherheitsrats gescheitert.

Kofi Annans Initiative verlief in der Folge deshalb ebenfalls im Sande. Es kam lediglich noch zu einer leichten Veränderung und Umbenennung der »VN-Menschenrechtskommission« in »VN-Menschenrechtsrat« – was das eigentliche Problem, dass die Menschenrechtsverletzer in beiden Gremien über die Mehrheit verfügten und sich gegenseitig ihre jeweiligen Blockademehrheiten sicherten, nicht löste. Außerdem entstand eine »Peace Building Commission«, die sich vor allem um den Wiederaufbau von Staaten in der sogenannten »Postkonfliktphase« nach Kriegen und Bürgerkriegen kümmern sollte. Ernsthafte Antworten auf die großen Probleme, vor denen die Weltorganisation im 21. Jahrhundert stand und steht, konnte diese Minireform der Vereinten Nationen nicht liefern, und so muss man leider feststellen, dass der Bedeutungsverlust der VN weiter voranschreitet. Einerseits wird der Bedarf nach einer die Welt zusammenführenden Organisation, wie es die Vereinten Nationen sind, im Zeitalter der Globalisierung und neuer globaler Herausforderungen zunehmen, andererseits aber nimmt deren Handlungsfähigkeit und damit auch Legitimation dramatisch ab. Daraus werden sich über kurz oder lang entweder effizientere Alternativen zu den VN entwickeln, was sich auf der globalen Ebene allerdings nur sehr schwer vorstellen lässt, oder der Reformdruck wird wachsen und irgendwann in der Zukunft einen neuen Anlauf erzwingen.

Neben all den zahlreichen Blockaden, die früher oder später überwunden werden – z. B. wird China Indien, Argentinien und Brasilien nicht auf Dauer als ständiges Sicherheitsratsmitglied blockieren können –, werden sich bei einer zukünftigen Reforminitiative der VN die Europäer als das eigentliche Hindernis erweisen. Dass Europa im 21. Jahrhundert ein ständiger Sitz im Sicherheitsrat zusteht, wird wohl von niemandem angezweifelt werden. Warum Europa aber, anders als die USA, China, Russland, Indien oder wer auch immer, weiterhin über zwei ständige und drei nichtständige Sicherheitsratssitze verfügen soll, wird jenseits des europäischen Kontinents ebenfalls niemand mehr einsehen. Und so wird der Rest der Welt eines Tages den Europäern wohl klarmachen müssen, dass das 19. Jahrhundert und auch die erste Hälfte des 20. Jahrhunderts längst Geschichte sind und die globale Machtverteilung der Gegenwart nicht mehr, wie in der Vergangenheit, von europäischen Mittelmächten bestimmt werden kann.

Allerdings spricht wenig dafür, dass die Europäer aus eigener politischer Vernunft heraus zu einem solch gleichermaßen revolutionären wie notwendigen Schritt in der Lage sein werden, denn sie verfügen zwar nicht mehr über die Macht, die sie dereinst hatten, wollen aber zugleich vom lieb gewordenen Prestige, das daran immer noch hängt, nicht lassen. Dabei könnte Europa mittels eines solchen Anfalls von politischer Vernunft mit all seinen schönen Reden über eine multilaterale Politik und einen globalen Multilateralismus Ernst machen, aber das nationale Hemd ist den Europäern eben immer noch sehr viel näher – auch wenn es mittlerweile mit all seinen Löchern und Rissen global nur noch ein Bild des Jammers oder des höhnischen Gelächters abgibt – als der europäische Rock.

Im Herbst 2004 standen in der Ukraine Präsidentschaftswahlen an. Der bisherige Präsident Leonid Kutschma hatte bereits zwei Amtsperioden hinter sich gebracht und durfte gemäß der Verfassung des Landes kein drittes Mal antreten. An sich wäre dies kein außergewöhnlicher Vorgang gewesen, wenn es in der Zwischenzeit nicht in Moskau unter Präsident Wladimir Putin zu einer weitreichenden Revision der bisherigen Politik gegenüber dem sogenannten »nahen Ausland« gekommen wäre – darunter verstand man in Russland jene ehemaligen Sowjetrepubliken, die nach dem Ende der Sowjetunion unabhängig geworden und nicht in der Zwischenzeit der EU beigetreten waren. Bei dieser Revision der russischen Außenpolitik spielte weniger die Ostausdehnung der EU, sondern vor allem die der NATO eine nicht zu unterschätzende Rolle, auch wenn dabei noch einige andere Faktoren von Bedeutung waren: Die Öl- und Gaspreise hatten sich auf dem Weltmarkt rasant nach oben entwickelt, Russland sich deshalb wirtschaftlich erholt und dadurch neue politische Stärke gewonnen. In Moskau regierten jetzt Leute, die, anders als noch Präsident Jelzin, die neunziger Jahre als eine Zeit der nationalen Katastrophe Russlands ansahen und deren Ergebnisse unbedingt revidieren wollten.

Präsident Putin machte diese Kehrtwende der russischen Außenpolitik in einer Rede am 25. April 2005 vor dem russischen Parlament mit einem historischen Vergleich in einer Weise klar, die Russlands Nachbarn und den Westen alarmieren musste: »Vor allem gilt es anzuerkennen, dass der Zusammenbruch der Sowjetunion die größte geopolitische Katastrophe des Jahrhunderts war. Für das russische Volk aber wurde er zum wirklichen Drama. Zehn Millionen unserer Mitbürger und Landsleute fanden sich außerhalb der Grenzen des russischen Territoriums. Die Epidemie des Zerfalls breitete sich auf Russland selbst aus.«

Erst vor dem Hintergrund dieser damals stattgefundenen Neudefinition der russischen »Nachbarschaftspolitik« sollten die Präsidentschaftswahlen in der Ukraine eine vorher nicht absehbare Bedeutung bekommen, denn ganz offensichtlich plante Moskau, diese Wahlen für einen strategischen Kurswechsel des Landes hin zu Russland zu nutzen. Und das hieß ganz praktisch, dass die russische Regierung entschlossen war, von außen die ukrainische Demokratie in die gewünschte Richtung zu »lenken« und mittels der Unterstützung einer Wahlfälschung im großen Stil für den Sieg des von Moskau »gewünschten« Kandidaten, des amtierenden Ministerpräsidenten Wiktor Janukowitsch, zu sorgen. Außenpolitisch schien die Gelegenheit für ein solches Vorhaben damals sehr günstig zu sein, denn der Westen war wegen des Irak-Krieges tief gespalten, und die amerikanische Politik war abgelenkt, weil im November 2004 in den USA selbst Präsidentschaftswahlen stattfanden.

Im ersten Wahlgang am 31. Oktober 2004 lag der prowestliche Kandidat Wiktor Juschtschenko mit einem hauchdünnen Vorsprung vor Wiktor Janukowitsch. Schon bei diesem Wahlgang wurde von nationalen und internationalen Beobachtern – etwa 600 Beobachter der Organisation für Sicherheit und Zusammenarbeit in Europa (OSZE) waren im Lande anwesend – von massiven Wahlfälschungen berichtet. Im zweiten Wahlgang am 21. November 2004 sahen unabhängige Umfragen Wiktor Juschtschenko mit einem Vorsprung von mehreren Prozent als Sieger, das amtliche Endergebnis erklärte jedoch Wiktor Janukowitsch mit mehr als 49 Prozent zum Gewinner. Juschtschenko sollte es nur auf etwas mehr als 46 Prozent gebracht haben. Noch in der Nacht begann eine Massenbewegung gegen die Anerkennung der »gestohlenen Wahlen«, die sogenannte »Orangene Revolution«. Die Möglichkeit einer gewaltsamen Unterdrückung dieser Bewegung war alles andere als ausgeschlossen, mit dann fatalen Folgen für die Ukraine, aber auch für die gesamte Region und die westlich-russischen Beziehungen. Deshalb versuchten internationale Vermittler recht früh, einen Ausweg aus dieser Lage zu finden, der weder den Wahlbetrug legitimierte noch zu einer bewaffneten Konfrontation führen würde. An erster Stelle engagierten sich dabei die beiden Präsidenten der neuen EU-Mitgliedsstaaten Polen und Litauen, Aleksander Kwaśniewski und Valdas Adamkus, aber auch der Hohe Vertreter für die EU-Außenpolitik Javier Solana sollte sich an den Vermittlungsbemühungen in Kiew beteiligen. Zumindest war dies die Meinung der Bundesregierung, da es in der Ukraine um eine zentrale Frage der zukünftigen europäischen Außen- und Sicherheitspolitik ging. Und genau dafür war das Amt des Hohen Vertreters geschaffen und Javier Solana in dieses Amt berufen worden.

Umso erstaunter war ich deshalb, als ich von Javier Solana die Nachricht erhielt, dass die niederländische Ratspräsidentschaft der Meinung war, dass er nicht nach Kiew reisen sollte, sondern die Ratspräsidentschaft diese Aufgabe selbst wahrnehmen wollte. Ich fand dies überhaupt keine gute Idee, weil hier die EU als Ganzes gefragt war (und zwar mit hoher Wahrscheinlichkeit über das Ende der niederländischen Ratspräsidentschaft hinaus, die in wenigen Wochen auslaufen würde). Deshalb versprach ich meinem Brüsseler Kollegen, dass ich den niederländischen Außenminister Bernard Bot anrufen und mich für ihn verwenden würde. Es gelang mir, meinen niederländischen Kollegen in einem längeren Telefonat am Abend des 25. November davon zu überzeugen, dass der Außenbeauftragte der EU unbedingt nach Kiew reisen müsste, und Javier Solana leistete, gemeinsam mit den beiden Präsidenten, einen wertvollen Beitrag zu einer friedlichen Lösung der Krise.

Noch wichtiger aber war der Beitrag von Präsident Adamkus und vor allem der des polnischen Präsidenten Aleksander Kwaśniewski, und so zeigte sich bereits wenige Monate nach der großen Osterweiterung der EU deren Bedeutung für die Europäische Union, da sie deren außenpolitische Möglichkeiten vergrößert und dadurch ganz entscheidend zur Stabilisierung unserer östlichen Nachbarschaft beigetragen hatte. Die Ukraine-Krise bewies, dass die EU keineswegs zu außenpolitischer Impotenz verdammt war, sofern die Europäer geschlossen und entschlossen und mit einem klaren Ziel reagierten.

Von Anfang an war klar, dass die Krise in der Ukraine nur

dann friedlich gelöst werden konnte, wenn sich beide Seiten zu einer Wiederholung der Präsidentschaftswahl unter freien und fairen Bedingungen und unter wirksamer internationaler Kontrolle verpflichten würden, und dazu bedurfte es nicht nur des innerukrainischen Konsenses, sondern auch und vor allem der Zustimmung Präsident Putins in Moskau. Putin war der Meinung, dass die Wahl in der Ukraine alles in allem fair verlaufen wäre, zumindest hätten mögliche Unregelmäßigkeiten keinen Einfluss auf das Ergebnis gehabt. Außenminister Lawrow war sogar noch härter, wie Bernard Bot mir von dem EU-Russland-Gipfel berichtete, der am Tag unseres Telefonats stattgefunden hatte. Die EU, so Lawrow ohne jegliche diplomatische Zurückhaltung, habe kein Recht, sich in der Ukraine einzumischen. Wladimir Putin hatte zudem den Vorwurf erhoben, die Europäer würden die Straße aufhetzen.

Der Vorwurf der Aufhetzung war abwegig, weil er nicht den Tatsachen entsprach und nur von der Wahlfälschung ablenken sollte. Die EU hatte keinerlei Interesse an einer Destabilisierung der Ukraine, geschweige denn an einer bewaffneten Auseinandersetzung zwischen Regierung und Opposition, die lediglich zu einer großen Tragödie für das Land und seine Menschen führen musste. Andererseits aber waren wir nicht bereit, ein so offensichtlich gefälschtes Wahlergebnis anzuerkennen und dadurch der auf die Revision der postsowjetischen Ordnung in Osteuropa abzielenden neuen russischen Außenpolitik unseren Segen zu erteilen.

Sergej Lawrow sollte etwas später mir gegenüber diesen Vorwurf nochmals wiederholen, und zwar vor allem auf die USA gerichtet. Die US-Regierung hätte die Demonstranten auf der Straße und die Orangene Revolution massiv mit Geldmitteln unterstützt. Ich antwortete ihm, dass mir nichts dergleichen bekannt wäre, aber er möge mir doch bitte konkret sagen, wen oder was er meinen würde. Seine Antwort lautete: George Soros! Auf Lawrows Antwort hin musste ich herzhaft lachen, und ich sagte meinem russischen Kollegen, dass George Soros wohl kaum mit der amerikanischen Regierung gleichgesetzt werden könnte. Schlimmer noch, ich wäre mir sicher, dass George Soros – leider vergeblich! – mehr Geld in den USA zur Verhinderung der Wiederwahl von George W. Bush ausgegeben habe, als zur Unterstützung der Orangenen Revolution in der Ukraine. Damit war das Thema zwischen uns erledigt.

Angesichts der sich in Kiew Ende November zuspitzenden Situation war es notwendig, alle Möglichkeiten der Kommunikation mit Präsident Putin zu nutzen, und dazu bot sich vor allem Bundeskanzler Gerhard Schröder an, der zu dem russischen Präsidenten ein sehr persönliches, ja freundschaftliches Verhältnis entwickelt hatte. Es war für Frank-Walter Steinmeier, den Kanzleramtsminister, und mich alles andere als einfach gewesen, den Bundeskanzler von der Notwendigkeit eines Telefonats mit Präsident Putin zu überzeugen, aber als Gerhard Schröder schließlich mit dem russischen Präsidenten telefonierte und ihm unzweideutig klarmachte, wie ernst seiner Meinung nach die Lage war und dass allein eine Wiederholung der Wahlen unter internationaler Aufsicht einen Ausweg für alle Beteiligten eröffnen würde, da sollte sich dieser Anruf, gerade wegen der persönlichen Beziehung zwischen Schröder und Putin, als sehr wichtig erweisen, um die Krise zu entspannen und einen Kompromiss zu erreichen.

Zur friedlichen Lösung der Krise war in Kiew ein sogenannter »Runder Tisch« mit der Teilnahme aller Konfliktparteien eingerichtet worden, an dessen Verhandlungen am 1. Dezember sich Solana, Kwaśniewski und Adamkus beteiligten. Die Sitzung führte zu einem Papier, das von den beiden Kandidaten Juschtschenko und Janukowitsch und dem scheidenden Präsidenten Kutschma unterzeichnet worden war, das eine Regierungsumbildung und eine Reihe politischer Reformen vorsah. Im Gegenzug sollte die Opposition die Blockade der Regierungsgebäude in der ukrainischen Hauptstadt aufgeben.

Nachdem am 3. Dezember das oberste Gericht der Ukraine den zweiten Wahlgang wegen schwerer Wahlfälschungen für ungültig erklärt und für den 26. Dezember seine Wiederholung angeordnet hatte, erklärte Wiktor Janukowitsch am nächsten Tag, dass er diese Entscheidung akzeptieren würde. Damit war die Krise fast überwunden. Am 26. Dezember kam es dann zur Wiederholung des zweiten Wahlgangs. Über zehntausend internationale Wahlbeobachter waren in der Ukraine anwesend und erklärten übereinstimmend die Wahl für regulär und fair. Wiktor Juschtschenko ging an diesem Tag mit 51,99 Prozent gegenüber seinem Gegenkandidaten, der 44,20 Prozent der Stimmen erhalten hatte, als eindeutiger Sieger hervor. Am 23. Januar 2005 übernahm Wiktor Juschtschenko das Amt des ukrainischen Staatspräsidenten. Die Orangene Revolution hatte gesiegt und die Grundsätze des neuen Europa – Demokratie, freie und faire Wahlen, nationales Selbstbestimmungsrecht – hatten sich gegenüber Wahlfälschung, Macht und Einflusszonen von imperialen Großmächten durchgesetzt. Europa hatte dazu einen ganz wesentlichen Beitrag geleistet.

Wie üblich war ich unmittelbar vor der Weihnachtspause angesichts der Fülle von multilateralen Konferenzen, die im Spätherbst und frühen Winter stattfanden, und der parallelen innen- wie außenpolitischen Arbeitsbelastung ziemlich erschöpft. Ich hatte die Erholung während der Weihnachts- und Neujahrstage dringend nötig und freute mich auf die ruhigen Tage bis Anfang Januar. Am zweiten Weihnachtsfeiertag, dem 26. Dezember 2004, weckte mich um 9.00 Uhr der Radiowecker mit den Nachrichten. An erster Stelle kam die Meldung, dass sich im Indischen Ozean, vor der Nordwestküste der indonesischen Insel Sumatra, ein schweres Seebeben der Stärke 8,9 (tatsächlich 9,1) ereignet und im Indischen Ozean einen Tsunami ausgelöst habe. Die Opfer von Erdbeben und Flutwelle wurden in dieser ersten Nachricht mit mehreren Hundert angegeben.

Die Magnitude zeigte ein sehr schweres Beben an, bei dem in Indonesien wohl sehr viel mehr menschliche Opfer zu beklagen sein würden, als den ersten Nachrichten zu entnehmen war. Deutschlands Engagement würde, gemeinsam mit dem vieler anderer Staaten, bei der humanitären Hilfe und später auch beim Wiederaufbau erforderlich sein. Ich hatte zum damaligen Zeitpunkt noch nicht die geringste Ahnung, dass dieses Beben um 7.58 Uhr Ortszeit und der sich daran anschließende Tsunami nicht nur eine riesige humanitäre Katastrophe in den Ländern rund um den Indischen Ozean verursacht hatte, sondern dass diese Katastrophe auch uns hier im fernen Europa und in Deutschland direkt betreffen würde, weil Tausende Europäer, darunter sehr viele Deutsche, zahlreiche Familien mit Kindern, während des Jahreswechsels in dieser weit entfernten Region ihren Weihnachtsurlaub verbrachten und viele von ihnen unter den Opfern waren.

Stattdessen erinnerte ich mich nach dieser Nachricht sofort daran, dass genau ein Jahr zuvor, am 26. Dezember 2003, ebenfalls die Erde gebebt hatte und die alte südostiranische Stadt Bam zerstört worden war. Zwischen 30000 und 60000 Opfer waren damals zu beklagen gewesen. Gegen 9.30 Uhr klingelte das Amtstelefon in meiner Wohnung. Am Apparat war Clemens von Goetze, mein stellvertretender Büroleiter und während der Weihnachtsfeiertage für den Bereitschaftsdienst des Ministerbüros eingeteilt, der mir von dem Seebeben und dem Tsunami im Indischen Ozean berichtete. Der Krisenstab des AA wäre sofort nach Eingang der Meldung zusammengetreten und hätte seine Arbeit aufgenommen. Nach unseren ersten Erkenntnissen wären vor allem Indonesien, Thailand und Sri Lanka schwer getroffen worden. In den beiden letzten Ländern wären Touristenregionen von dem Tsunami erreicht worden, wir müssten auch von deutschen Opfern ausgehen. Der Krisenstab habe Kontakt zu unseren Botschaften und erwarte genauere Informationen. Aus dem Norden Sumatras, der dem Seebeben am nächsten lag, gäbe es aber zur Stunde keine Informationen, da diese Region recht weit entfernt von der indonesischen Hauptstadt Jakarta läge und es zudem wegen des dortigen Bürgerkriegs zwischen der indonesischen Armee und separatistischen Aufständischen massive Zugangsbeschränkungen gäbe.

Als sich im Laufe des Vormittags die Nachrichtenlage immer weiter verdüsterte und klar wurde, dass in Sri Lanka und im Süden Thailands die Tourismuszentren schwer getroffen worden waren, entschloss ich mich, am frühen Nachmittag selbst ins Amt zu fahren und mich vor Ort in die Arbeit des Krisenstabes einzuschalten. Eine laufende telefonische Unterrichtung reichte mir angesichts der sich vor unseren Augen entwickelnden großen Katastrophe nicht mehr aus.

Am ersten und zweiten Tag stand vor allem der Süden von Sri Lanka im Mittelpunkt unserer Anstrengungen, denn dort war der Zugang durch die deutsche Botschaft in Colombo, der Hauptstadt des Landes, aufgrund der geografischen Nähe zu dem Krisengebiet sehr schnell möglich. Im Vordergrund stand dabei der Versuch, so schnell wie möglich den Rücktransport der deutschen Staatsangehörigen zu organisieren. Dazu war die Zusammenarbeit mit den deutschen Touristikunternehmen und Fluggesellschaften prioritär, denn diese hatten einen genauen Überblick über ihre Kunden und deren Hotelaufenthalte. Die Zusammenarbeit mit der Reise- und Flugbranche funktionierte im Krisenstab vom ersten Augenblick an reibungslos.

Wir wussten auch, dass der südthailändische Badeort Phuket von dem Tsunami getroffen worden war. Allerdings verfügten wir dort nur über ein Honorarkonsulat, faktisch der Honorarkonsul und ein Büroraum mit einer Sekretärin. Bis die personelle Verstärkung von der Botschaft in Bangkok Phuket erreichen könnte, würde es einige Stunden dauern. Zudem standen wir, das Auswärtige Amt und die deutschen Botschaften und Konsulate in den Krisengebieten, vor einer bisher nie da gewesenen Herausforderung. Wir befanden uns mitten in der Weihnachtszeit, und das hieß, dass auch viele unserer Mitarbeiter vor Ort im Urlaub und die Auslandsvertretungen deshalb personell sehr ausgedünnt waren.

Wir mussten quasi aus dem Stand über 8000 Kilometer hinweg mit einer Großkatastrophe fertigwerden, die eine große, damals aber noch unbekannte Zahl von Bundesbürgern betraf. Ich hätte noch am 25. Dezember auf die Frage, ob ein Tsunami für die Bundesrepublik Deutschland eine Herausforderung darstellen könnte, ziemlich verständnislos reagiert. Ich hätte gesagt, dies wäre wohl eher eine Gefahr im pazifischen Raum oder rund um den Indischen Ozean, nicht aber für uns. So kann man sich täuschen! Der Massenferntourismus war ein Teil der Globalisierung, und mit diesem hatte sich auch der Anspruch der Bürger an »ihren Staat« im Falle einer großen Katastrophe verändert. Sie erwarteten selbst über eine solche große Entfernung und mehrere Zeitzonen hinweg unmittelbar und effizient Hilfe. Allerdings war auf eine solche Katastrophe fernab der eigenen Grenzen kein europäischer Staat vorbereitet und konnte dies auch nicht sein. Und so war es nicht verwunderlich, dass wir in den kommenden Tagen und Wochen in den Medien und durch die unmittelbar Betroffenen heftig kritisiert wurden, obwohl wir alles taten, was in unseren Kräften stand. Wir waren durch die Dimension der Katastrophe schlicht überfordert. Dennoch oder gerade deshalb war die Leistung des Amtes und seiner Mitarbeiterinnen und Mitarbeiter im Krisenzentrum und in den Vertretungen herausragend.

Ging es in den ersten beiden Tagen vor allem um den schnellen Rücktransport der deutschen Touristen, so wurde ich am Abend des zweiten Tages zum ersten Mal mit dem Ortsnamen Khao Lak konfrontiert, den ich zuvor noch niemals gehört hatte, eine thailändische Urlaubsregion nördlich von Phuket, in deren Hotels vor allem Familien, auch sehr viele deutsche, ihre Weihnachtsferien verbrachten. Die Medien meldeten, dass dort besonders viele Tote zu beklagen wären. Allerdings erreichte uns die Nachricht erst am Abend, und für eine Überprüfung vor Ort war es aufgrund der ost-westlichen Zeitverschiebung bereits viel zu spät.

Am nächsten Morgen erhielten wir Gewissheit. Einem unserer Botschaftsmitarbeiter aus Bangkok, der mittlerweile in Phuket eingetroffen war, war es gelungen, mit einem thailändischen Militärhubschrauber nach Khao Lak mitzufliegen, und sein telefonischer Bericht war furchtbar und machte uns das ganze Ausmaß der Katastrophe erst so richtig klar. Der Strand wäre mit Leichen übersät, und es wären große Verluste an Menschenleben zu befürchten.

Der Bericht war leider alles andere als übertrieben. Überall in dem weiten Katastrophengebiet um den Indischen Ozean herum hatten sich grausame Tragödien abgespielt. Familien waren auseinandergerissen worden, Eltern suchten ihre Kinder, Kinder ihre Eltern, Männer ihre Frauen und umgekehrt. Für uns war das ganze Grauen und das Ausmaß der zahlreichen menschlichen Tragödien in dieser Naturkatastrophe in Khao Lak konkret geworden.

Im Rückblick wirft dies die Frage auf, warum es über zwei Tage dauerte, bis uns auch emotional das ganze Ausmaß dieser Katastrophe erreicht hatte, aber dafür gibt es eine Erklärung. Bei jeder Krise gibt es zu Beginn einen gewissen zeitlichen Verzögerungseffekt, eine Schockphase, bis die Informationen in ihrem ganzen Ausmaß aufgenommen und auch emotional verarbeitet werden können. Diese Phase dauert erfahrungsgemäß umso länger, je ungewöhnlicher eine Krise und je größer die räumliche Distanz zu der Krise ist. Keine politische Führung und kein noch so perfekt eingeübter Krisenstab kommt an diesem Verzögerungseffekt in den Köpfen und Emotionen der Akteure vorbei, denn letztendlich agieren auch in diesen Institutionen nur Menschen, die denselben Reaktionsmustern unterworfen sind wie alle anderen auch.

Wir richteten Krisentelefone ein, die sich binnen kürzester Zeit als hoffnungslos überlastet erwiesen angesichts der täglich Tausenden von Anrufen. Wir versuchten, die einlaufenden Informationen so schnell wie möglich zusammenzuführen, aber eine Qualitätskontrolle war dabei kaum möglich. Die alles entscheidende Frage war immer: »Wo sind meine Angehörigen? Wie geht es ihnen? Sind sie noch am Leben?«. Allzu oft konnte darauf keine Antwort gegeben werden, was der Anlass für große Frustrationen und viel Kritik war. Aber wir mussten improvisieren, so gut es eben ging.

Unsere Mitarbeiter wurden aus den Weihnachtsferien im In- und Ausland zurückgeholt, nicht wenige von ihnen hatten sich von selbst bei ihren Referaten und Dienststellen gemeldet und gefragt, ob sie gebraucht würden. Alle betroffenen Bundesbehörden wie auch die Privatwirtschaft arbeiteten im Krisenstab des AA reibungslos, unermüdlich und unbürokratisch zusammen. Zudem unterrichteten wir eine zunehmend schockierte deutsche Öffentlichkeit mittels einer täglichen Pressekonferenz durch den Leiter des Krisenstabes, Staatssekretär Klaus Scharioth. In den ersten Tagen hatte ich noch selbst die Presse unterrichtet, aber ich war der Meinung, dass angesichts der Größe der Tragödie auch nicht der geringste Verdacht einer innenpolitischen Profilierung durch den Minister entstehen durfte. Der beamtete Staatssekretär ließ einen solchen Verdacht erst gar nicht aufkommen.

Die Opferzahlen nahmen täglich zu, und wir hatten schon die Befürchtung, dass allein die Zahl der deutschen Opfer die Zahl Tausend weit übersteigen könnte. Tatsächlich sollten wir erst sehr viel später wissen, dass 537 Deutsche Opfer des Tsunamis geworden waren, 15 weitere werden bis heute vermisst.

Insgesamt hat der Tsunami vom 26. Dezember 2004 mindestens 230000 Menschen rund um den Indischen Ozean das Leben gekostet. Besonders schwer hatte es den Norden der indonesischen Insel Sumatra getroffen mit mindestens 130000 Toten. Allein in der Provinzhauptstadt Banda Aceh waren mehr als 30000 Tote zu beklagen, in einer weiteren Stadt der Provinz sogar bis zu 40000. Viele Opfer hätten mit Sicherheit noch leben können, wenn es rund um den Indischen Ozean ein ähnliches Warnsystem gegeben hätte, wie dies in den Anrainerstaaten des Pazifiks der Fall ist. Die Bundesregierung zog daraus die Konsequenz, die Errichtung eines Warnsystems zu unterstützen. Vor allem unsere Forschungsministerin Edelgard Bulmahn engagierte sich dafür sehr.

Am 7. Januar machte ich mich mit wenigen Begleitern, darunter dem Präsidenten des BKA, Jörg Ziercke, auf den Weg in die Krisenregion, nach Thailand, Indonesien und Sri Lanka. Es ging jetzt vor allem um den Wiederaufbau und die Identifizierung der Opfer. In Khao Lak hatte sich dazu ein großes internationales Team von Experten unter der Führung einer thailändischen Pathologin zusammengefunden, die in einem buddhistischen Tempel die anonymen Opfer zu identifizieren versuchten, was ihnen auch weitestgehend gelang. Das BKA trug dort für uns die Hauptlast bei dieser gleichermaßen schweren wie notwendigen Arbeit. Die Bundesregierung hatte den Angehörigen zugesagt, alles in ihrer Macht Stehende zu tun, um wenigstens den Angehörigen ihre Toten zurückzugeben, und dieses Versprechen konnte nur mit der Hilfe der Pathologen, Gerichtsmediziner und Kriminalbeamten eingehalten werden.

Während ich nahezu Tag und Nacht mit dem Krisenmanagement der Tsunami-Katastrophe zu tun hatte, baute sich gleichzeitig für mich eine ganz andere, politische Gefahr auf, um die ich mich zu dem damaligen Zeitpunkt nicht kümmern konnte und – wie ich meinte – auch nicht zu kümmern brauchte, denn vor März würde diese Angelegenheit eh nicht aktuell werden. Dies war ein Irrtum mit Folgen!

Am 10. Dezember berichteten die Medien, dass der in Nordrhein-Westfalen beheimatete CDU-Generalsekretär Laurenz Meyer von einem großen Energieunternehmen weiter verbilligten Strom erhalten habe, obwohl er für das Unternehmen schon länger nicht mehr tätig war. Später wurden auch noch Geldzahlungen bekannt. Am 22. Dezember musste der Generalsekretär deshalb seinen Hut nehmen. Allerdings hatte der Fall Meyer die Jagd eröffnet, und findige Berliner Journalisten machten sich an die Arbeit, um weitere Missetäter in Regierung und Parlament aufzuspüren. Und siehe da, der Stern wurde fündig und veröffentlichte seine Recherche am 20. Januar: Meinem früheren Staatsminister im Auswärtigen Amt, Ludger Volmer, wurde vorgeworfen, in Geschäftsbeziehungen mit einem Unternehmen zu stehen, für das er sein Bundestagsmandat genutzt habe. Und zudem arbeite er dabei für ein Unternehmen, das Ausweise, Visa etc. drucken würde. Die Unionsparteien, die allen Grund hatten, von ihrem Laurenz Meyer abzulenken, schossen aus allen Rohren auf Volmer und verspürten bereits den ihnen offensichtlich nur zu vertrauten »Modergeruch der Korruption«.

Ludger Volmer hatte nichts Unerlaubtes getan. Ob er sich gegenüber den Angriffen immer geschickt verhalten hatte, mag man diskutieren, aber die Medien und die Opposition attackierten ihn, als wenn er ein zweiter Laurenz Meyer wäre, was definitiv nicht der Fall war. Und die Kausalkette – Staatsminister, Bundesdruckerei, Visa – war einfach zu schön, um von der Beute abzulassen. Damit aber war mein schöner Zeitplan perdu, denn es ging fortan um Fischer und Visa, und zwar jetzt und nicht irgendwann nach Ostern. Die sogenannte »Visa-Affäre« nahm ihren Lauf.

Was war geschehen? In der Botschaft in Kiew (Ukraine) hatte es über die vergangenen Jahre hinweg in großer Zahl Unregelmäßigkeiten bei der Erteilung von Visa gegeben. Es wurden Touristenvisa ohne weitere Überprüfung erteilt, was nicht hätte geschehen dürfen. Dieses Fehlverhalten musste ich mir eindeutig zurechnen lassen, da es in meinem Verantwortungsbereich geschehen war. Ich hatte zwar anlässlich eines Besuches in Kiew die Visastelle persönlich besucht, um mir einen direkten Eindruck von der Lage vor Ort zu verschaffen, und es wurden danach auch personelle Verstärkungen und andere Maßnahmen angeordnet, aber all dies hatte offensichtlich nicht wirklich zu Verbesserungen beigetragen. Allerdings wäre dieses Fehlverhalten zwar genügend Anlass für schärfste Kritik am Minister gewesen, nicht aber ein zureichender Grund für einen Untersuchungsausschuss. Dazu bedurfte es noch eines weiteren, sehr viel politischeren Grundes.

Mit dem Koalitionsvertrag 1998 war vereinbart worden, die Visa-Regelungen mit dem Ziel einer verbesserten Freizügigkeit zu überprüfen. Klar war aber auch, dass mit Innenminister Schily und den Länderinnenministern keine Änderung der bestehenden Gesetzes- und Erlasslage zu machen war. Und so blieb uns lediglich ein sehr kleiner Änderungsspielraum, nämlich dort, wo es innerhalb der geltenden Gesetze und Erlassregelungen einen letzten Ermessensspielraum für den Entscheider vor Ort gab – dort sollte dieser im Zweifel für die Reisefreiheit genutzt werden. Exakt dies hatte der sogenannte »Volmer-Erlass« zum Gegenstand, nicht mehr und nicht weniger. Die Namensgebung entstand, weil der Staatsminister diese Initiative angeschoben, betreut und schließlich auch der Öffentlichkeit und dem Parlament vorgestellt hatte. Tatsächlich war es mein Erlass, den allein ich zu verantworten hatte.

Im Februar 2005 wurde der Anführer einer Schleuserbande, die zahlreiche Ukrainer gegen Bezahlung in die Bundesrepublik gebracht hatte, vor dem Kölner Landgericht verurteilt, und der Vorsitzende Richter attackierte uns in seiner mündlichen Urteilsverkündung frontal. Ohne den Volmer-Erlass wäre das Unwesen der Schleuser, die in zahlreichen Fällen Kriminelle und Zwangsprostituierte ins Land gebracht hätten, so nicht möglich gewesen, und bei diesem Erlass – so der Richter – handele es sich um einen »kalten Putsch« gegen die deutsche Gesetzeslage! Offensichtlich bezog sich das Gericht dabei auf einen Bericht des Bundeskriminalamtes, der in der Frage illegaler Zuwanderung, Kriminalität und Zwangsprostitution so reißerisch war, wie er in den konkreten Auswirkungen der in Kiew erteilten Visa vage blieb. Tatsächlich wies keine Kriminalstatistik einen wie auch immer gearteten Anstieg von Kriminalität oder Zwangsprostitution aus der Ukraine nach, auch Einzelfälle waren nicht bekannt. Ich hatte den Bericht später gelesen und war über dessen mangelnde Konkretisierung doch ziemlich verwundert. Im Übrigen stellte eine andere Kammer des Kölner Landgerichts das

Verfahren gegen einen weiteren Angeklagten nach der Zahlung einer Geldbuße ein und sah keine Mitschuld des AA, da das Amt durchaus auf die bekannt gewordenen Missstände reagiert hätte. Aber all dies ereignete sich erst am Ende des Visa-Skandals und interessierte dann tatsächlich niemanden mehr. Damals aber, im Februar 2005, ging es weiter Schlag auf Schlag.

Der für Innen- und Rechtsfragen zuständige EU-Kommissar Franco Frattini, ein früherer italienischer Kollege von mir in Berlusconis Regierung, erklärte zur Freude seiner deutschen christdemokratischen Parteifreunde den Volmer-Erlass, der im Frühjahr 2000 im Menschenrechtsausschuss des Bundestages für die humanere Handhabe der Einreisebedingungen sogar gelobt worden war, für einen Verstoß gegen EU-Recht. Mittlerweile schrieben wir das Jahr 2005! Und auch die unvermeidliche Alice Schwarzer erhob ihre zornbebende Stimme und klagte mich und meine Partei der Förderung von Zwangsprostitution an. Der damalige Landesgruppenchef der CSU im Deutschen Bundestag, Michael Glos, nannte mich daher konsequenterweise im Plenum einen »Zuhälter«. Mir lag eine deftige Antwort auf der Zunge, aber ich schluckte sie richtigerweise einfach runter und schwieg.

Für die Mehrzahl der Berliner Journalisten war die Visa-Affäre in der Tat die lang erwartete Gelegenheit, mir meine, wie sie sagten, »Arroganz« endlich heimzuzahlen. Das taten sie dann auch reichlich, und ich konnte mich nicht darüber beschweren, denn ich hatte viele der Medienvertreter in der Tat so behandelt, wie sie es mir vorwarfen. Ich wollte partout nicht einsehen, warum ich jeden Simpel wie ein Gottesgeschenk zu behandeln hatte, nur weil er über einen Presseausweis verfügte. Das mediale Purgatorium war nicht schön, gleichwohl aber verdient, und so nahm ich die Sache professionell – wer austeilt, muss auch einstecken können. Am erstaunlichsten aber war in diesen Tagen die Reaktion des Nachrichtenmagazins DER SPIEGEL. Dass das Blatt mehrere Breitseiten auf mich und die Grünen wegen der Visa-Affäre abfeuerte, weil es uns aus der Regierung haben wollte, fand ich zwar nicht nett, gleichwohl gehörte dies zur normalen Härte des politischen Geschäfts. Was mich allerdings sehr verwunderte, war die inhaltliche Darstellung meiner angeblichen Motivation für diese »Politik der offenen Grenzen«. Ich war in den Augen des ehrenwerten Magazins ganz offensichtlich nach all den Jahren, ja Jahrzehnten der Auseinandersetzung mit den Fundis zu einem ebensolchen geworden! Ich wollte offene Grenzen aus ideologisch linken Gründen, in der Art jener schwachsinnigen Nie-wieder-Deutschland!-Parolen von ganz links außen. Wie konnten die nur auf eine so abgefahrene Idee kommen? Jeder, der mich auch nur aus der Ferne beobachtete, musste doch wissen, dass diese Unterstellung völliger Nonsens war.

Ich bat meinen Pressesprecher Walter Lindner, doch mal mit dem zuständigen Redakteur im Berliner SPIEGEL-Büro zu sprechen und ihm ganz sachlich unsere Sicht der Dinge darzustellen, aber er kam ziemlich resigniert zurück. Sachargumente zählten bei dem jungen Mann nicht, er hätte seine Lesart und damit Schluss. Viele Jahre später, ich war schon längst nicht mehr Außenminister, bekam ich ein Buch von ebenjenem Journalisten unaufgefordert zugeschickt, in dem er sein konservatives Erweckungserlebnis als Kind von 68er-Eltern ausführlich schildert. Es war vor allem ein Abrechnungsbuch mit seiner 68er-Mutter – und plötzlich verstand ich! Es war für diesen Knaben in seiner Berichterstattung über die Visa-Affäre nur am Rande um mich gegangen. In Wirklichkeit war es eine Abrechnung mit den 68ern als solchen und vor allem mit seiner eigenen Mutter gewesen. So schön kann eben nur Politik sein! Und da ich persönlich nur zu gut wusste, wie schwer und ausdauernd Mütter auf uns Männern lasten können, kam sogar so etwas wie ein verspätetes Verständnis für eine gleichwohl danebengeratene Berichterstattung auf.

Die Sache namens Visa-Affäre schien eigentlich klar zu sein: Der Volmer-Erlass hatte die deutschen Grenzen aufgemacht, zahllose Kriminelle und Zwangsprostituierte reisten nach Deutschland und in die EU ein, und Fischer trug dafür die Verantwortung. So sahen das zumindest die Opposition, eine Kammer des Landgerichts Köln, Alice Schwarzer und die meisten Medien. Ich bekam das alles allerdings im Kopf nicht zusammen, denn die Fakten wollten einfach nicht zueinanderpassen. Gewiss hatte es in einigen Auslandsvertretungen – in Kiew sogar erhebliche – Versäumnisse bei der Visa-Erteilung gegeben, die ich mir als oberster Dienstherr zurechnen lassen musste. Aber dass diese Versäumnisse auf den Volmer-Erlass zurückgehen sollten, konnte ich nicht nachvollziehen. Zwar konnte auch ich eine gewisse Ursächlichkeit dieses Erlasses nicht ausschließen, aber irgendwie passten die einzelnen Teile nicht zusammen. Ich hatte mich bis dahin vor allem wegen der Folgen der Tsunami-Katastrophe kaum mit den Akten beschäftigen können.

Am 27. Januar 2005 startete ich von Berlin-Tegel aus nach Saloniki, um dort an einer Gedenkfeier für die jüdischen Opfer des Holocaust teilzunehmen. Am 27. Januar 1945 hatte die Rote Armee das Vernichtungslager Auschwitz erreicht und die wenigen Überlebenden dort befreit. Saloniki war bis 1943 eine große Stadt der sephardischen Judenheit gewesen, die über eine blühende jüdische Kultur verfügt hatte – das »Jerusalem des Balkans«. Die deutschen Besatzer hatten im Jahr 1943 diese Menschen zu ihrer Ermordung nach Auschwitz deportiert – von 50000 lebten 1945 nur noch etwa 2000 in Saloniki – und ihre Kultur nahezu völlig zerstört. Ihrer wie aller anderer Opfer der Schoah sollte an diesem Abend in Saloniki gedacht werden, und ich wollte als deutscher Außenminister dort anwesend sein.

Kaum hatten wir den Flughafen Tegel mit der Challenger der Luftwaffe verlassen, wir befanden uns bereits über Brandenburg im Steigflug, als plötzlich dicker, beißender Qualm die Kabine füllte. Die Tür zum Cockpit stand offen, und ich hörte die Piloten das Notsignal »Mayday! Mayday!« absetzen. Zudem hatten sie sich bereits die Atemgeräte übergezogen, es war offensichtlich ernst. Ich schaute aus dem Fenster hinunter auf einen verschneiten, traurigen brandenburgischen Acker und sagte mir, dass dies kein guter Platz für meine Himmelfahrt wäre. Nach wenigen Minuten kehrten wir zum Flughafen Tegel zurück, aber es waren wohl nicht nur für mich, sondern für alle Mitreisenden die längsten Minuten unseres Lebens.

Am Boden wieder sicher gelandet, erfuhren wir, dass lediglich verbrannte Enteisungsflüssigkeit über die Klimaanlage in den Innenraum des Flugzeugs gelangt war, die Maschine und die Crew aber nicht mehr flugbereit waren und auch keine Ersatzmaschine bereitstand. Ich musste aber nach Saloniki. Hans-Joachim Weber, der Alleskönner aus dem Protokoll, organisierte innerhalb kürzester Zeit eine noch kleinere private Cessna, die allerdings von Tempelhof abging. Durch das mittlerweile begonnene Schneegestöber schlugen wir uns mit den Autos dorthin durch und starteten schließlich mit fast zweistündiger Verspätung Richtung Nordgriechenland. Ein voller Saal in der jüdischen Gemeinde in Saloniki wartete dort stundenlang auf mich, aber ich war doch sehr froh, dass ich es schließlich noch geschafft hatte.

Es war eine bewegende Gedenkveranstaltung. So lernte ich dort u.a. einen älteren Herrn kennen, einen Überlebenden von Auschwitz, der sehr gut Deutsch sprach. Er erzählte mir seine Geschichte: Seine beiden Eltern waren Deutschlehrer, er und seine Schwester sprachen ebenfalls fließend Deutsch. Nachdem sie in Auschwitz angekommen waren, suchte die SS Übersetzer, die Deutsch sprachen. Alle vier meldeten sich. Im Vernichtungslager selbst verloren sich die Familienmitglieder aus den Augen, und er wusste nicht, ob jemand und, wenn ja, wer von seiner Familie noch am Leben war. Alle vier hatten dann wie durch ein Wunder überlebt und trafen sich nach dem Krieg in Saloniki wieder. Mir fehlten angesichts solcher Schicksale schlicht die Worte, und die Kehle schnürte sich mir zu. Es war ein Tag der Erinnerung und des Schmerzes, nicht aber der großen Worte.

Am nächsten Tag flogen wir, wieder mit einer Challenger der Bundeswehr, weiter nach Córdoba zu einem Treffen mit meinem spanischen Kollegen Miguel Moratinos. Auf dem Rückflug nach Berlin verging uns die Zeit sprichwörtlich wie im Fluge, denn wir – Helga Schmid, meine Büroleiterin, und ich – stritten uns fast die ganze Zeit, während Walter Lindner, mein Pressesprecher, zu vermitteln suchte. Es ging, wie konnte es auch anders sein, um die Visa-Affäre. Ich hatte auf dem Flug eine Analyse der für den inzwischen eingesetzten Untersuchungsausschuss zuständigen Mitarbeiterin des grünen Bundestagsabgeordneten Jerzy Montag gelesen, bei der es mir zum ersten Mal in der Sache zu dämmern begann. In dieser Analyse wurde herausgearbeitet, dass das entscheidende Instrument – die sogenannte »Reiseschutzversicherung«, die für die Lage in Kiew eine wesentliche Rolle gespielt hatte – nicht auf den Volmer-Erlass und auch nicht auf die rot-grüne Regierung zurückging, sondern dass die Entscheidungen dazu noch zur Zeit der Vorgängerregierung getroffen worden waren. Ich konnte damals, auf dem Rückflug nach Berlin, allerdings Helga Schmid nicht überzeugen – noch nicht. Denn als Ergebnis dieses Streits setzte sich meine Büroleiterin ein ganzes Wochenende lang hin und ging alle wichtigen Akten durch. Am nächsten Montag teilte sie mir dann mit: »Ich weiß jetzt, was geschehen ist.«

Die Vorgängerregierung, die 16 lange Jahre im Amt gewesen war, hatte offiziell zwar die Einreisebedingungen immer wieder verschärft, tatsächlich aber gerade gegenüber den Staaten Osteuropas eine ganz andere, nämlich auf Reisefreiheit setzende Politik verfolgt. Bei der Durchsicht der Akten fand sich später dann sogar ein Schreiben aus der Zeit der Vorgängerregierung, in der verlangt wurde, im Zweifel für die Antragsteller zu entscheiden, was ziemlich wortwörtlich der Formulierung aus dem so heftig gescholtenen Volmer-Erlass entsprach. Die damalige christdemokratisch-liberale Regierung ging davon aus, dass in den kommunistischen und später postkommunistischen Gesellschaften nichts subversiver und prowestlicher wirken würde als der massenhafte Kontakt der dortigen Bürger mit der westlichen Realität. Und recht hatte sie damit! Die Zustände in Kiew, so lernte ich damals, entsprachen ziemlich genau der Lage in Warschau in den achtziger Jahren. Allerdings mussten die Regierungen Kohl/Genscher und Kohl/Kinkel keine Kritik an ihrer Vorgehensweise fürchten, da sie in Reise- und Zuwanderungsfragen eher als zu hart und nicht als zu weich von den linken Parteien kritisiert wurden.

Mit einer erneuten Änderung der gesetzlichen Bestimmungen zu Zeiten der Vorgängerregierung tauchte bei der Visa-Erteilung ein neues Problem auf: Die Länder wurden für die Überprüfung der Bonität der Einlader zuständig – und deren Ausländerbehörden sahen sich meistens nicht in der Lage, diese Bonitätsprüfung vorzunehmen. Die zuständigen Referate im Bundesinnen- wie im Außenministerium nahmen sich dieses Problems an, und heraus kam die Reiseschutzversicherung. Völlig unabhängig vom Regierungswechsel hatte die Bürokratie in den beiden Ministerien dann an diesem Thema weitergearbeitet.

Wir Grüne hatten ein diametral entgegengesetztes Bild von

der Visa-Politik der schwarz-gelben Vorgängerregierung. Diese hatte unserer Meinung nach Deutschland nach außen vor allem abgeschottet, und das wollten wir revidieren, unter anderem mittels des Volmer-Erlasses. Dieser Erlass wurde daher in der Sicht der breiten Öffentlichkeit, aber auch in unseren eigenen Köpfen zur Ursache einer Entwicklung, mit der er eigentlich gar nichts zu tun hatte. So etwas nennt man ein Missverständnis mit Folgen! Als wir diese Klärung schließlich mit vereinten Kräften im Ministerbüro herbeigeführt hatten, war mir doch wesentlich wohler, denn es machte einen großen Unterschied aus, ob der Volmer-Erlass für die Visa-Affäre ursächlich war oder nicht. Zwar würde ich mir dennoch völlig zu Recht die Verantwortung für die Missstände in Kiew anrechnen lassen müssen, aber der eigentliche politische Vorwurf des kommenden Untersuchungsausschusses war damit erledigt.

Wir waren damals, im Januar/Februar 2005, wieder in Vorwahlzeiten für wichtige Landtagswahlen in diesem Frühjahr, nämlich in Schleswig-Holstein und Nordrhein-Westfalen. In beiden Ländern regierten rot-grüne Koalitionen. Sollten sie verloren gehen, so würde es für die Koalition in Berlin sehr eng werden, denn dann stünde uns im Bundesrat eine Zweidrittelmehrheit gegenüber, die alle Gesetzesvorhaben blockieren könnte. Zudem war es angesichts der Erschütterungen innerhalb der SPD, die durch die Agenda 2010 ausgelöst worden waren, mehr als zweifelhaft, ob die Partei einen Verlust von zwei Hochburgen einfach so wegstecken könnte oder ob Gerhard Schröder nicht vielmehr mit einem Aufstand in seiner eigenen Partei zu rechnen haben würde.

In den Reihen der SPD, vor allem aus Nordrhein-Westfalen, wurde nun versucht, die Visa-Affäre zur vorgreifenden Schuldzuweisung für eine drohende Wahlniederlage zu gebrauchen. Angesichts der hohen Arbeitslosigkeit würde diese Affäre vor allem in der Arbeiterwählerschaft der SPD verheerende Folgen haben. Und damit war klar, wer die Schuld am aktuellen Elend der SPD hätte. Gerhard Schröder ließ aber niemals den geringsten Zweifel daran aufkommen, dass er uneingeschränkt zu mir stand.

Das galt leider weniger für manche Mitglieder der grünen

Führung. Dort wurde bereits, nur mühselig verhüllt, eine mögliche Nachfolgedebatte geführt, die durchaus auch bizarre Formen annahm. So trat z. B. ein gewichtiger Herr aus dem Bundesvorstand plötzlich überwiegend im Dreiteiler und Krawatte auf, und jeder verstand sofort die Botschaft. Ganz anders hingegen, nämlich solidarisch, reagierte die grüne Parteibasis und hier vor allem der wahlkämpfende Landesverband Nordrhein-Westfalen, mit dem mich eigentlich über die Jahrzehnte hinweg eher eine tiefe Abneigung, die auf Gegenseitigkeit beruhte, verband. Auf dem Landesparteitag der nordrhein-westfälischen Grünen am 26. Februar 2005 im Kölner Gürzenich gab ich dann zum ersten Mal eine umfassende Stellungnahme zur Sache ab, an der ich in der Folge nichts mehr zu korrigieren hatte, auch im Untersuchungsausschuss nicht. Ich hatte an dieser Rede bis weit in die Nacht hinein gearbeitet, denn ich wusste, worum es am nächsten Tag ging. Ich würde mich öffentlich festlegen und jeder spätere Korrekturbedarf an dieser meiner öffentlichen Festlegung würde mit hoher Wahrscheinlichkeit für mich verderbliche Folgen haben.

Nach langem Hin und Her, wann ich aussagen sollte und ob die Aussagen vor dem Untersuchungsausschuss fernsehöffentlich – ein Novum in der deutschen Parlamentsgeschichte – sein sollten oder nicht (ich war von Anfang an für die Zulassung der Fernsehöffentlichkeit, da mir alles andere als Kneifen ausgelegt worden wäre), wurde für den 25. April 2005, einen Montag, meine Aussage vor dem Ausschuss terminiert.

Am Sonntag zuvor coachten mich Fritz Kuhn, Helga Schmid und Walter Lindner über Stunden hinweg in einer Art vorweggenommener Vernehmung, und dann saß ich noch weitere Stunden bis in den frühen Morgen hinein allein an der Ausarbeitung meiner Eingangserklärung und der Vorbereitung der wichtigsten Akten. An Schlaf war eh nicht zu denken, denn ich stand bereits heftig unter Adrenalin, und so arbeitete ich fast die ganze Nacht hindurch. Ludger Volmer war vier Tage zuvor ebenfalls fernsehöffentlich mehr als neun Stunden hinweg durch den Ausschuss vernommen worden, und so wusste ich, dass es bei mir ebenfalls sehr lang werden würde, vermutlich sogar noch länger als bei Ludger Volmer.

Vor allem die Unionsparteien schienen sich viel vorgenommen zu haben, denn ich hörte, deren Fraktion hätte unter der Leitung des ehemaligen Verfassungsschutzpräsidenten Werthebach eine zweistellige Zahl von Anwälten an die Akten gesetzt, um mich an diesem Montag zu zerlegen. Es würde also eine harte und lange Hatz werden, und ich gedachte, meine Haut so teuer wie möglich zu verkaufen. Dazu bedurfte es nicht nur einer genauen Aktenkenntnis, sondern auch einer entsprechenden physischen Vorbereitung. Denn ich würde es mit einem Vernehmungsmarathon zu tun bekommen und deshalb würde ich mich auch entsprechend wie beim Marathon ernähren, um länger als die Jäger physisch und psychisch fit zu bleiben: trockenes Vollkornbrot, Bananen zwischendrin und Wasser, reichlich Wasser. Ich wusste, wie die Ausschussmitglieder sich in der Regel ernährten – Kaffee, Kartoffelsuppe mit Würstchen, Nikotin etc., und das war nicht gerade eine Diät für die Langstrecke. Meine Rechnung ging auf, und zwar nicht nur, weil die Opposition schlecht vorbereitet war, sondern auch, weil die Frager in der Tat wesentlich schneller abbauten als ich und mit jeder weiteren Stunde mehr und mehr in ihren Sitzen hingen.

Ich übernahm die politische Verantwortung für alle gemachten Fehler, wies die Kausalität zwischen den Problemen bei der Visa-Erteilung und dem Volmer-Erlass (der eigentlich mein Erlass, also der »Fischer-Erlass« war) zurück, schloss meinen Rücktritt aus, zeichnete die Entstehungsgeschichte des Visa-Problems entlang der Erlassgeschichte und unter dem Einschluss der Vorgängerregierung nach und attackierte auf dieser Grundlage die Heuchelei vor allem der Unionsparteien. Nach 12,5 Stunden ging meine Befragung aus wie das Hornberger Schießen, d.h. es war nichts Neues zutage gefördert worden. Die Vertreter der Regierungskoalition und ich selbst waren zufrieden, die Opposition schimpfte, aber die Visa-Affäre war damit politisch so gut wie erledigt. Otto Schily folgte noch auf mich, und er erreichte mit über 15 Stunden öffentlicher Befragung (davon mehr als fünf Stunden allein für sein Eingangsstatement!) den absoluten Befragungsrekord. Vermutlich wird er diesen lange halten, denn seit der Erfahrung mit den öffentlichen Zeugenvernehmungen im Visa-Untersuchungsausschuss verzichtet die

Opposition lieber auf deren Fernsehöffentlichkeit. Und in der Tat, wann hat ein deutscher Politiker schon mal die Gelegenheit, zwischen 12 und 15 Stunden live im Fernsehen aufzutreten?!

Untersuchungsausschüsse gelten nach herkömmlicher Meinung als das »schärfste Schwert der Opposition«, aber ich halte diese Behauptung angesichts meiner eigenen Erfahrungen für Unsinn. Zwar stehen die Zeugen vor einem Untersuchungsausschuss *sub poena*, d. h. sie sind unter Strafandrohung zur Wahrheit verpflichtet, damit aber endet jeder Vergleich mit einem ordentlichen Gericht, das der Wahrheitsfindung verpflichtet ist. Ein parlamentarischer Untersuchungsausschuss hingegen ist ein rein politisches Kampfinstrument.

Jeder erfahrene Richter weiß z. B. um die fragwürdige Belastbarkeit des Gedächtnisses und kann in der Regel sehr gut zwischen »nicht mehr erinnern wollen« und »nicht mehr erinnern können« unterscheiden. So sind etwa Fragen danach, was man am Vormittag des Tages X vor vier Jahren um 11.15 Uhr gemacht und dann was zu wem gesagt hat, und zwar in einer Sache, der man keine oder nur mäßige Bedeutung beigemessen hat, und in einer Zeit, in der man von sehr viel wichtigeren Entscheidungen voll in Anspruch genommen war, einfach lächerlich und tragen nichts zur Wahrheitsfindung bei. Sie sollen lediglich die Glaubwürdigkeit des Zeugen in der Öffentlichkeit erschüttern, und deswegen werden diese Fragen nach dem lange zurückliegenden Klein-Klein von der Opposition in Untersuchungsausschüssen immer wieder gestellt. Man will damit nicht eruieren, was tatsächlich war, sondern lediglich die ewig gleiche Antwort hören: »Weiß ich nicht mehr, kann mich nicht mehr daran erinnern.«

Die im Saale anwesenden Medienvertreter nehmen das gerne gegen den Zeugen auf (»erstaunliche Erinnerungslücken!«), aber eine breitere Öffentlichkeit interessiert das kaum. Deshalb ist dieses leicht durchschaubare Spiel, das dennoch immer wieder wiederholt wird, politisch irrelevant. Der zweite Zweck ist es, einen Zeugen in Widersprüche zu verwickeln und schließlich zu einem nachweisbaren Widerspruch zu verleiten. Prompt findet sich dann irgendwo in Deutschland ein Rechtsanwalt, der Strafanzeige stellt (erste Schlagzeile!). Eine Staatsanwaltschaft muss dann Ermittlungen einleiten (zweite Schlagzeile!). Monate später werden die Ermittlungen erwartungsgemäß wieder eingestellt (lediglich eine kurze Nachricht unter Vermischtes). Denn es ist nicht das eigentliche politische Ziel von parlamentarischen Untersuchungsausschüssen, festzustellen, was war und geschehen ist, sondern einen politisch hochrangigen Zeugen (in der Regel ist das eigentliche Ziel ein Mitglied der Bundesregierung) hier und heute in einen Widerspruch zu verstricken. Gelingt dies, dann schnappt die Sub-poena-Falle zu, und es drohen entweder öffentliche Korrektur und schwere Beschädigung der Glaubwürdigkeit eines Zeugen (mildeste Form), Einleitung eines Strafverfahrens wegen des Verdachts der uneidlichen Falschaussage (großes Aufsehen – mittelschwer) oder gar Rücktritt (schwerste Form – Triumph der Opposition. Trophäe hängt an der Wand!).

Und da allen Beteiligten dieses Rollenspiel klar ist, kommt in der Regel bei parlamentarischen Untersuchungsausschüssen nicht allzu viel heraus. Dies galt auch für den Visa-Untersuchungsausschuss: Nichts, was man nicht vorher bereits gewusst hatte, wusste man an seinem stillen Ende, und alle beteiligten Mitglieder der Bundesregierung blieben im Amt. Auch eine negative Auswirkung auf die laufenden Landtagswahlkämpfe in Schleswig-Holstein und Nordrhein-Westfalen ließ sich entlang der Umfragen beim besten Willen nicht nachweisen, obwohl es händeringend versucht wurde.

Gleichzeitig mit der Visa-Affäre entwickelte sich noch eine ganz andere Affäre, die mich zwar betraf, recht eigentlich besehen aber eine hoch blamable Affäre für Teile des Auswärtigen Amtes und ganz besonders für die hochmögenden Pensionäre dieses Dienstes war. Noch heute, bei der Durchsicht der Aufzeichnungen, Zeitungsartikel und Kommentare, kann ich es eigentlich immer noch nicht fassen, wie sich diese »Creme der deutschen Diplomatie i. R.« (im Ruhestand) im Jahr 2005 – und nicht etwa 1965 – angesichts der historischen Faktenlage meinte verhalten zu müssen. Im Amtsjargon wurden diese ehemaligen Botschafter, Staatssekretäre und sonstigen Exzellenzen »Mumien« genannt – und zwar völlig zu Recht, wie die Ereignisse zeigen sollten. »Mitten in der Visa-Affäre rebellieren Diplomaten gegen eine Gedenkanordnung von Joschka Fischer«, brachte die Berliner Zeitung die Sache auf den Punkt.

Monate zuvor, irgendwann im Jahr 2003, erreichte ein Anschreiben des Bundeskanzlers meinen Schreibtisch, in dem er mich um Aufklärung und Bereinigung der beigelegten Angelegenheit bat. Nach der Lektüre der Anlage war ich ziemlich schockiert. Marga Henseler, eine alte Dame und frühere Mitarbeiterin des Amtes, beschwerte sich darin gegenüber dem Bundeskanzler bitter über mich, und dies offensichtlich zu Recht. Im Auswärtigen Amt erschien eine Hauszeitung, »internAA«, die lediglich für den inneren Gebrauch bestimmt war und in der nicht nur über allfällige Personalien und Angelegenheiten des Dienstes, sondern auch über das Dahinscheiden ehemaliger Angehöriger des Amtes berichtet wurde. Die Dahingegangenen wurden dabei jeweils mit der Formel des »ehrenden Andenkens« durch das Amt geehrt, ohne dass der Minister darüber im Einzelnen unterrichtet wurde. So weit, so gut, denn in der Tat hatten ehemalige Kollegen und Mitarbeiter ein berechtigtes Interesse, vom Ableben früherer Kollegen oder Vorgesetzter zu erfahren. Leider ist in Deutschland das Einfache bisweilen furchtbar kompliziert – und das hängt mit unserer Geschichte zusammen.

Ich hatte ganz offensichtlich, wie die Akten bestätigten, einem Nazitäter, der Blut an den Händen hatte, ein »ehrendes Andenken« aussprechen lassen! Sein Name: Franz Nüßlein, früherer Oberstaatsanwalt im Reichsprotektorat Böhmen und Mähren, wie damals der von Nazideutschland besetzte westliche Teil der Tschechoslowakei genannt wurde. Dort war er unter anderem für Gnadenangelegenheiten und d. h. vor allem für die Bestätigung von Todesurteilen zuständig. Er soll an etwa 900 solcher Urteile beteiligt gewesen sein, bei denen die Verurteilten hingerichtet worden waren, weil sie etwa jüdische Menschen vor ihrer Deportation in den sicheren Tod bewahren wollten. Nüßleins »Leistungen« wurden sowohl von dem damaligen stellvertretenden Reichsprotektor und Leiter des Reichssicherheitshauptamtes Reinhard Heydrich als auch von Martin Bormann, dem Leiter der Parteikanzlei und späteren Sekretär Hitlers, gewürdigt. Von den Amerikanern 1947 als gesuchter Kriegsverbrecher an die Tschechoslowakei ausgeliefert, wurde er dort 1948 als ebensolcher zu 20 Jahren Zuchthaus verurteilt und 1955 in die Bundesrepublik Deutschland abgeschoben. Anschließend gelangte Nüßlein in den Auswärtigen Dienst der jungen Bundesrepublik Deutschland und wurde unter anderem im Personalbereich des Amtes eingesetzt. Von 1962 bis 1974 war er dann für eine im Auswärtigen Dienst ungewöhnlich lange Zeit Generalkonsul in Barcelona unter der Diktatur Francos. Man kann sich angesichts dieser langen Verweildauer und auch des Gastlandes des Eindrucks nicht erwehren, man hätte seitens der Zentrale des AA Nüßlein damals nach Spanien abgeschoben, um kein größeres Aufsehen im Inland zu erregen, wo sich seit Mitte der sechziger Jahre der Zeitgeist zu ändern begann. Allerdings handelte es sich bei der braunen Biografie Nüßleins keineswegs um ein Geheimnis, sie war damals im Amt durchaus bekannt, wie mir der Brief jener früheren Mitarbeiterin zeigte.

Was also sollte ich tun? Würde ich es demnächst mit weiteren Nüßleins zu tun bekommen? Und das im Jahr 2005, dem sechzigsten Gedenkjahr des Endes des Zweiten Weltkriegs und der Befreiung Europas vom Nationalsozialismus? Fast die gesamte Welt würde in diesem Jahr der Opfer des deutschen Nationalsozialismus gedenken, und ausgerechnet ich sollte Tätern und Mitläufern der Nazibarbarei im Auswärtigen Amt der Bundesrepublik Deutschland weiter ein »ehrendes Andenken« aussprechen? Dies kam für mich auf keinen Fall infrage. Zudem bestand durchaus das Risiko, dass in diesem vor uns liegenden Gedenkjahr solche »Nachrufe« national und international eine heftige und berechtigte Kritik am Auswärtigen Amt auslösen könnten. Die Bundesrepublik Deutschland war ohne jeden Zweifel zu einer großen Erfolgsgeschichte der deutschen Demokratie geworden, und dazu gehörte auch die Integration von Millionen von Mitläufern und ehemals begeisterten Anhängern der Nazidiktatur. Menschen ändern sich im Laufe eines langen Lebens, ich wusste das nur zu gut aus eigener Erfahrung. Und in der Gesamtbetrachtung eines Lebens müssen alle Teile einer Biografie mit einbezogen werden. Nüßlein war aber zweifelsfrei mehr als ein Mitläufer gewesen, sein Nachruf hätte deshalb niemals erscheinen dürfen, und ein ähnlicher Fall durfte sich im

Interesse unseres Landes im Auswärtigen Amt des demokratischen Deutschland nicht wiederholen.

Ich saß mit Helga Schmid und Staatssekretär Scharioth, der sich in die Personalakten vertieft hatte, immer wieder zusammen, und wir drehten und wendeten die Problematik hin und her. Einzelfallentscheidung? Wir konnten unmöglich entlang der Aktenlage in jedem Einzelfall die notwendige Abgrenzung leisten. Nicht jeder Fall war so eindeutig wie der vorliegende. Überhaupt keine Nachrufe mehr? Das hieße, auch die Mehrheit derjenigen zu bestrafen, die zu Recht einen Nachruf verdient hatten. Bei meiner Entscheidung spielte zudem eine große Rolle, dass sich die Selbstwahrnehmung der Bundesrepublik Deutschland seit der historischen Rede von Bundespräsident Richard von Weizsäcker am 8. Mai 1985 auch im konservativ denkenden Teil der Gesellschaft verändert hatte. Deutschland hatte sich seiner historischen und moralischen Verantwortung für die Verbrechen des Nationalsozialismus gestellt, und das hatte den Blick auf das demokratische wiedervereinigte Deutschland weltweit positiv beeinflusst. Gerade als Außenminister konnte ich dies immer wieder erleben. Zudem hatte ich vor nicht allzu langer Zeit die Benennung eines Saales nach Fritz Kolbe, einem Diplomaten und Widerstandskämpfer gegen die Nazis, veranlasst, dem man nach dem Krieg die Wiedereinstellung ins Amt verwehrt hatte. Auch hierbei war es zu keinerlei Negativgeräuschen gekommen.

Ich dachte also, dass das Thema im Jahr 2003 positiv und gesellschaftsübergreifend durch einen neuen »Befreiungskonsens« beantwortet wäre. Und so entschied ich mich dafür, ehemaligen SS-, SA- und NSDAP-Mitgliedern zukünftig das »ehrende Andenken« zu verweigern, nicht wissend, welchen Mumiensturm ich damit auslösen sollte. Im Auswärtigen Amt galt offensichtlich eine andere Zeitrechnung.

Es kam, wie es kommen musste. Am 23. Oktober 2004 war in Bonn der frühere Botschafter Franz Krapf gestorben. Er hatte über die Jahre hinweg wichtigste Positionen im Auswärtigen Dienst eingenommen – Gesandter in Washington, Leiter der II. Politischen (Ost-West-)Abteilung im AA, dann Botschafter in Tokio und schließlich Ständiger Vertreter (Botschafter) der

Bundesrepublik bei der NATO. Krapf gehörte somit in die zweite Reihe der Beamtenhierarchie des Amtes, wenn man von den beamteten Staatssekretären als der obersten beamteten Hierarchiestufe ausgeht. Und ausgerechnet Franz Krapf sollte jetzt der geänderte Erlass als Ersten treffen, denn seine Vergangenheit hatte ebenfalls tiefbraune Flecken, wie nicht nur die Personalakte zeigte. Hans-Jürgen Döscher, der Historiker der Geschichte des AA in der Nazizeit und in der frühen Bundesrepublik, hat in seinem Standardwerk »Verschworene Gesellschaft – Das Auswärtige Amt unter Adenauer zwischen Neubeginn und Kontinuität« dem Verstorbenen sogar ein eigenes Kapitel unter der Überschrift »Der Fall Franz Krapf« gewidmet. Nach Döscher war Krapf Mitglied der NSDAP gewesen, ab Mai 1933 unter der Nummer 102 283 Mitglied der Allgemeinen SS und ab dem 1. Februar 1938 SS-Untersturmführer im SD-Hauptamt. Zudem hatte es Krapf bei seiner Wiederverwendung im neu gegründeten Bonner AA mit der Wahrheit bei seinen biografischen Angaben nicht sehr genau genommen. Er musste deshalb mehrmals substanziell nachbessern, wie sich der Personalakte entnehmen ließ. Auch bei einer Einzelfallprüfung hätte ich Franz Krapf kein »ehrendes Andenken« gewähren können.

Gerade der Fall Krapf machte klar, dass es meinen Kritikern überhaupt nicht darum ging, ob die NSDAP-Parteimitgliedschaft ein hinreichendes Kriterium in dieser Frage sei. Dies war offensichtlich nur ein Vorwand, denn Franz Krapf war sehr viel mehr als nur ein einfaches Parteimitglied gewesen. Gerade sein Fall aber sollte zum Auslöser für den »Aufstand der Diplomaten« werden, wie es in manchen Zeitungen hieß. Ganz offensichtlich passte den Mumien und all jenen, die sie unterstützten, die ganze Richtung nicht. Ein Zweites fällt auf. Zwischen dem Todestag von Franz Krapf im Oktober 2004 und dem Beginn des »Aufstands« im Januar 2005 verstrich sehr viel Zeit. Mit der losbrechenden Visa-Affäre allerdings bot sich Ende Januar eine mehr als günstige Gelegenheit zur öffentlichen Attacke. Am 9. Februar 2005 (ausgerechnet einem Aschermittwoch!) erschien in der FAZ eine große Anzeige unter der Überschrift »In memoriam Franz Krapf« mit den Unterschriften von fast allem, was im deutschen Auswärtigen Dienst Rang und Namen hatte und nicht mehr aktiv war. Das war ein frontaler Angriff auf mich, aber ich dachte auch nicht eine Sekunde daran, klein beizugeben. Die wollten die Auseinandersetzung, sagte ich mir, also sollten sie diese auch bekommen. Im Übrigen fiel mir immer wieder der schlichte Satz des Helden aus dem Film »Die Mumie kehrt zurück« ein, als dieser vor ebenjenen flüchtete: »Ich hasse Mumien!« Fortan galt dies auch für mich.

Und wie von Geisterhand gesteuert ging es nunmehr auch im Haus selbst los. Unterschriftenlisten kursierten gegen mich und gegen die Änderung der Nachrufpraxis, während wiederum andere Mitarbeiter sich für die Beibehaltung der geänderten Nachrufpraxis aussprachen. Wolfgang Gerhardt, der mich 2002 ja allzu gerne im Amt beerbt hätte und von dem man berichtete, dass er sich damals bereits die Möbel für das Ministerbüro ausgesucht hätte, rief die Diplomaten zum Widerstand gegen mich auf (eine Radikalität, die ich diesem eher betulichen Kollegen gar nicht zugetraut hätte!), die Oppositionsseilschaften und Parteibuchkarrieristen erhoben im Amt und in der Presse ihr Haupt, und das alles mitten in der Visa-Affäre! Der Personalrat bat mich, einen Schritt auf das Haus zuzugehen, und so einigten wir uns darauf, dass es in Zukunft bei der bloßen Todesnachricht ohne »ehrendes Andenken« blieb. Und im Übrigen war ich wild entschlossen, die Gelegenheit zu nutzen und mittels einer internationalen Historikerkommission die Geschichte des Auswärtigen Amtes im Dritten Reich und im Übergang zur Bundesrepublik Deutschland aufarbeiten zu lassen. Ganz offensichtlich bedurfte die Geschichte des Amtes und mancher seiner Diplomaten einer gründlichen historischen Aufarbeitung.

Denn was in dieser ganzen Auseinandersetzung um die Nachrufe im Jahre 2005 zum Vorschein kam, war die erschreckende Tatsache, dass bei einem großen Teil der ehemaligen Diplomaten nach wie vor ein Kastendenken, eine Gruppenloyalität und eine Geschichtsvergessenheit herrschten, die ich bis dato nur aus Büchern kannte. Plötzlich realisierte ich, wie abgrundtief fremd mir dieser elitäre Standesdünkel war, und dass ich vielleicht doch einen großen Fehler gemacht hatte, als ich darauf verzichtete, die Strukturen und die Mentalität des Amtes anzugehen.

Der einsame intellektuelle Höhepunkt dieser Debatte war

jedes Mal dann erreicht, wenn sich die Herren mit der braunen Vergangenheit oder deren Verteidiger hinter dem Kommunistischen Bund Westdeutschland (KBW) zu verschanzen suchten. Dieser habe den Massenmörder Pol Pot verherrlicht – was zutrifft und auf das Schärfste kritisiert werden musste und muss. Genau diese Kritik haben Dany Cohn-Bendit und ich damals, in den siebziger Jahren, in Frankfurt/M. auch vehement geäußert, weshalb der KBW Dany nach dem Sieg der Revolution in die Fischmehlfabrik zwecks Umerziehung schicken wollte. Mich hätten sie vermutlich gleich dazugepackt. Dem KBW würde ich ein Recht auf Änderung zubilligen, nicht aber den ehemaligen Nazis im Auswärtigen Dienst! – so der Vorwurf. Erstens aber billige ich jedermann und -frau das Recht der Einsicht und der Änderung zu. Deswegen musste ich diesen Leuten dennoch kein »ehrendes Andenken« gewähren. Und zweitens kann und muss man am KBW vieles kritisieren, diesen aber mit der Hitler-Partei oder gar einer verbrecherischen Organisation wie der SS, die direkt am Massen- und Völkermord beteiligt war, zu vergleichen, ist einfach nur bodenlos daneben. Sich mit einer Nazi- oder SS-Vergangenheit hinter dem KBW zu verschanzen, zeigte aber auch, um welche Sorte »Helden« es sich bei den braunen Mumien handelte. Ich hatte für diese Feigheit nur noch Verachtung übrig.

Wer im Übrigen das Geheimnis von 1968 in Deutschland zu ergründen sucht, der kann in dieser Kontroverse um die Nachrufe im Jahre 2005 rasch fündig werden. Es war dies nun das zweite Mal, dass mich meine 68er-Vergangenheit im Auswärtigen Amt eingeholt hatte, nur dass ich in dieser Konfrontation mit den Mumien wieder daran erinnert wurde, warum ich dereinst, obwohl aus einem streng katholisch-konservativen Milieu von Heimatvertriebenen stammend, zum 68er geworden und warum ich sogar stolz darauf war.

Die Mumien wollten es wissen! Daran hatte ich nicht mehr den geringsten Zweifel, und die Opposition wollte die günstige Gelegenheit nutzen, was mich nicht weiter grämte, da ich an deren Stelle wohl ähnlich gehandelt hätte. Aber die sollten mich kennenlernen! Mir war dabei allerdings immer noch nicht klar, was diese alten Leute mit ihrer braunen Vergangenheit tatsächlich antrieb. Dass die mich nicht sympathisch fanden, konnte ich nachvollziehen, und diese Antipathie beruhte auf Gegenseitigkeit. Warum aber legten sie einen solchen Wert auf einen Nachruf in einem internen Amtsblättchen? Die kannten doch die Fakten in ihrer Biografie. Warum hielten sie den Kopf nicht besser unten, denn sie mussten doch wissen, dass sie diese Auseinandersetzung angesichts der Faktenlage niemals gewinnen konnten? Ich vermochte damals diese Fragen nicht zu beantworten, sagte mir aber, dass es darauf schließlich nicht ankäme. Die Mumien wollten mit mir Schlitten fahren, und also fuhren wir Schlitten. Jetzt war ich zur Aufarbeitung der Vergangenheit des Auswärtigen Amtes in der Zeit von 1933–45 und auch während der Nachkriegszeit und in den Jahrzehnten der Bundesrepublik entschlossen.

Im Juli 2005 wurde schließlich eine unabhängige, überparteiliche und international zusammengesetzte Historikerkommission berufen, die sowohl die Rolle des AA im Dritten Reich als auch in den ersten Jahren der Bundesrepublik Deutschland untersuchen sollte. Der Kommission sollten unangefochtene Experten der Zeitgeschichte angehören, die sich durch ihre bisherige Forschungsarbeit zweifelsfrei dafür qualifiziert hatten. Unabhängig hieß, das amtseigene Archiv und auch sonstige Angehörige des Amtes sollten daran nicht aktiv teilnehmen; überparteilich hieß, dass die unterschiedlichen politischen Tendenzen in der zeitgeschichtlichen Forschung repräsentiert sein sollten; international sollte die Kommission zusammengesetzt sein, damit ihre Ergebnisse auch nicht dem geringsten Verdacht ausgesetzt werden könnten, hier habe es sich um ein rein deutsches Unterfangen gehandelt. Denn in der Tat, eine solche Historikerkommission mit einem solchen Untersuchungsauftrag gegenüber einem der wichtigsten deutschen Ministerien hatte es in der Geschichte der Bundesrepublik Deutschland noch nicht gegeben. Der Kommission gehörten zunächst unter der Leitung von Prof. Dr. Eckart Conze (Marburg) Prof. Dr. Klaus Hildebrand (Bonn), Prof. Dr. Norbert Frei (Jena), Prof. Dr. Moshe Zimmermann (Jerusalem) und Prof. Dr. Henry A. Turner (New Haven, USA) an. Professor Turner starb im Laufe der Arbeit der Kommission und wurde durch Prof. Dr. Peter Hayes (Evanston/

USA) ersetzt. Professor Hildebrand musste sich aus gesundheitlichen Gründen vor dem Abschluss der Arbeit der Historikerkommission aus dieser zurückziehen. Mit der Einsetzung der unabhängigen Historikerkommission hatte die Nachruf-Affäre ihr vorläufiges Ende gefunden.

Tatsächlich zu Ende ging sie aber erst am 28. Oktober 2010, also mehr als fünf Jahre später. An diesem Tag legte die Historikerkommission ihren Bericht vor, der zu erschütternden Befunden kam: Das Amt war mitnichten ein Hort des Widerstandes gewesen, sondern ein integraler Bestandteil des nationalsozialistischen Regimes und der NS-Vernichtungsmaschinerie gegenüber den deutschen und europäischen Juden. Diese Mittäterschaft war keineswegs nur auf das berüchtigte »Judenreferat« und dessen Mitarbeiter begrenzt gewesen. Der Holocaust wurde gerade auch durch die Botschaften und Generalkonsulate vor allem in den mit dem nationalsozialistischen Deutschland verbündeten oder von diesem besetzten Staaten Südost- und Westeuropas aktiv betrieben. Die Grenzen zum Reichssicherheitshauptamt, der Mordzentrale der SS, waren fließend geworden, wie die Historikerkommission feststellte.

Und auch für die Zeit nach 1951, dem Jahr der Neugründung des Auswärtigen Amtes der Bundesrepublik Deutschland, waren die Befunde niederschmetternd. Eine selbst ernannte, durch die Mittäterschaft in der NS-Diktatur und am Holocaust zutiefst schuldig gewordene diplomatische »Elite« versuchte, die Geschichte zu ihren Gunsten umzudeuten und umzuschreiben. Dies war die Zeit der Legendenbildung über das AA als Hort des Widerstandes gewesen. Die wenigen wirklichen Widerstandskämpfer im Amt, die fast alle mit ihrem Leben für ihre moralische Aufrichtigkeit und ihren Mut bezahlen mussten, wurden zu dieser Legendenbildung benutzt, und ansonsten schrieben sich die Herren im AA munter gegenseitig sogenannte »Persilscheine«, um ihre Biografien zu schönen und als unbelastet zu gelten. Dabei hatten die zurückkehrenden Emigranten nur gestört, deswegen sind sie im neuen AA in der Regel immer Fremdkörper geblieben und wurden schnell wieder weggebissen.

Das Archiv des AA spielte dabei eine wichtige Rolle. Das

Auswärtige Amt war und ist das einzige Bundesministerium, das seine Akten selbst archiviert, alle anderen geben ihre Akten an das Bundesarchiv ab. Die erfolgreiche Umschreibung der Geschichte und damit auch und gerade der einzelnen Biografien setzte vor allem die Herrschaft über die Akten als der entscheidenden objektiven Wissensquelle voraus, und die war mit der Sonderregelung für das AA gegeben. Die Zentrale Rechtsschutzstelle (ZRS) des Amtes, die dafür eingerichtet worden war, nach dem Krieg im Ausland angeklagte und verurteilte Deutsche zu betreuen, verwandelte sich in den fünfziger Jahren unter der Hand zu einer Täterwarnstelle, die unter Zuhilfenahme des Roten Kreuzes mutmaßliche Kriegsverbrecher vor Reisen ins Ausland warnte, wo ihnen Festnahme und Verurteilung drohten. Konrad Adenauer wusste wohl nur zu gut, mit was für einer Sorte von »Elite« er es zu tun hatte, als er in den fünfziger Jahren davon sprach, dass man eben schmutziges Wasser nehmen müsse, wenn man kein sauberes habe. Der Schmutz, der einem bei der Lektüre der knapp 900 Seiten des Berichts der unabhängigen Historikerkommission entgegenkam, war in der Tat deprimierend.

Nach der Lektüre des Berichts verstand ich jetzt auch, warum den Mumien der Nachruf so wichtig gewesen war. Es sollte der letzte, über den Tod hinausreichende »Persilschein« sein, der die Legende vom AA als Hort des Widerstandes aufrechterhalten sollte. Damit aber war jetzt Schluss, denn diesen historischen Felsbrocken, den der Bericht der Kommission darstellte, würde niemand mehr aus dem Weg räumen können. Und die Mumien hatten so den Nachruf erhalten, den sie gewollt und – vor allem! – den sie verdient hatten.

DAS FINALE

Visa- und Nachruf-Affäre verursachten zwar zu Beginn des Jahres 2005 einen großen medialen Wirbel und hatten eine hohe öffentliche Aufmerksamkeit, waren aber machtpolitisch weitgehend irrelevant. Die sehr viel wichtigeren Dinge taten sich vor allem innerhalb der SPD, denn dort drohte dem Kanzler wegen der Ablehnung der Agenda 2010 durch den linken Parteiflügel, die Gewerkschaften und Teile der sozialdemokratischen Wählerschaft die Kontrolle zu entgleiten.

Bereits im Februar 2004 sah sich Gerhard Schröder angesichts dieser Entwicklung genötigt, den Parteivorsitz aufzugeben und Franz Müntefering, den damaligen Vorsitzenden der SPD-Bundestagsfraktion, für dieses Amt vorzuschlagen. Die offizielle Begründung für diesen Schritt war die notwendige Konzentration des Kanzlers auf die großen innenpolitischen Reformen und die Arbeit der Bundesregierung, aber tatsächlich schien Gerhard Schröder das Risiko zu fürchten, als Parteivorsitzender auf einem der nächsten Parteitage über keine Mehrheit mehr zu verfügen oder, um dieses abzuwenden, vom linken Flügel zu ungewollten Kompromissen bei seiner Agendapolitik gezwungen zu werden. Beide Optionen schienen Gerhard Schröder gleichermaßen zu grausen, und so begradigte er eben diese Front durch seinen Rücktritt als Parteivorsitzender.

Die von Schröder und Müntefering erhoffte Ruhe in der aufgewühlten Partei hat dieser Schritt allerdings nicht gebracht. Ich war von Gerhard Schröder vorab nicht informiert worden, aber wozu auch? Dies war eine rein sozialdemokratische Angelegenheit, und zudem hätte ich ihm nur gesagt, dass ich diesen Schritt für falsch hielte. Ein partieller Machtverzicht würde die Lage nicht beruhigen, ihn aber innerparteilich schwächen. Und in der Tat spitzte sich im Laufe des Jahres 2004 die Auseinandersetzung innerhalb der SPD immer weiter zu. Die Frühjahrswahlen 2005 in den beiden rot-grün regierten Ländern Schleswig-Holstein und Nordrhein-Westfalen würden also erneut, wie bereits vor fünf Jahren, für die Zukunft von Rot-Grün in Berlin eine schicksalhafte Bedeutung bekommen.

In Schleswig-Holstein wurde am 20. Februar 2005 der neue Landtag gewählt. Die SPD war mit minus 4,4 Prozentpunkten die große Verliererin, die CDU mit plus 5 Prozentpunkten die ebenso eindeutige Gewinnerin dieser Wahl, die Grünen blieben unverändert und die FDP verlor einen Prozentpunkt. Dennoch hatte Rot-Grün dank der zwei Mandate für den SSW, die Partei der dänischen Minderheit, ein Mandat Vorsprung im neuen Landtag an der Förde in Kiel. Am 17. März stellte sich die bisherige Ministerpräsidentin Heide Simonis (SPD) zur Wiederwahl und vermochte es in vier Wahlgängen nicht, die notwendige Mehrheit auf sich zu vereinigen. Es fehlte ihr in allen Wahlgängen immer eine Stimme, sodass sie nach dem vierten Wahlgang entnervt aufgab. Damit war Rot-Grün in Schleswig-Holstein gescheitert. Am 27. April 2005 wurde der Christdemokrat Peter Harry Carstensen zum neuen Ministerpräsidenten einer Großen Koalition im Kieler Landtag gewählt.

Ich war an jenem Morgen des 17. März, einem Donnerstag, im Plenum des Deutschen Bundestages, denn Gerhard Schröder gab dort eine weitere Regierungserklärung zur Agenda 2010 ab, was ganz gut zu dem sich parallel abspielenden Drama in Kiel passte. Als ich von der fehlenden Stimme für Heide Simonis im ersten Wahlgang unterrichtet wurde, beschlich mich ein ungutes Gefühl, und nach ihrem endgültigen Scheitern im vierten Wahlgang und dem Aus für Rot-Grün wusste ich, dass dies mit fast hundertprozentiger Sicherheit auch das Ende von Rot-Grün in Berlin bedeuten würde. Niemand ging im Übrigen davon aus, dass die fehlende Stimme bei den Grünen oder beim SSW zu suchen wäre, sondern selbst die Sozialdemokraten tippten auf ihre eigenen Reihen. Die SPD kam mit ihrer Rolle als Regierungspartei nicht mehr klar. Das war jedoch eine schlechte Nachricht vor allem für uns Grüne, denn die SPD hatte ja immer noch ihre zweite Option namens Große Koalition, wir nicht. Uns blieb nur die Rückkehr in die Opposition. Ich behielt meine pessimistische Einschätzung an jenem Tag jedoch für mich, denn wir konnten jetzt alles brauchen, nur nicht eine weitere Verunsicherung der rot-grünen Reihen in Berlin.

Am 2. April war Papst Johannes Paul II. nach schwerer Krankheit gestorben. Die Beisetzungsfeierlichkeiten für den toten Papst fanden am 8. April 2005 auf dem Petersplatz statt, an denen sowohl der Bundeskanzler als auch ich selbst teilnahmen. Am Abend zuvor, es war der 7. April und damit der 61. Geburtstag von Gerhard Schröder, hatten wir uns zu einem Abendessen in unserem gemeinsamen Hotel in Rom verabredet. Es sollte das denkwürdigste Geburtstagsessen werden, an dem ich jemals teilgenommen hatte. Wir saßen zu zweit bei Steak und einer guten Flasche Rotwein, als mich Gerhard Schröder zum ersten Mal in seine Überlegungen einweihte, unter Umständen nach einer verlorenen Landtagswahl in Nordrhein-Westfalen vorgezogene Neuwahlen zum Bundestag anzustreben. Es könne gut sein, dass die SPD die Zeit bis zum regulären Wahltag im Herbst nächsten Jahres nicht durchhalten würde. Er würde sich auf jeden Fall nicht vom Hof jagen lassen, nicht von den Schreiners und wie sie alle hießen. Vorher würde er lieber selbst die Entscheidung suchen. Er habe bisher nur mit seiner Frau darüber geredet, und die sähe es ähnlich. Aber nichts wäre entschieden, »nur so mal zum Nachdenken«, wie der Kanzler das nannte. Ich wusste sofort, dass es Gerhard Schröder mit dem Projekt »vorgezogene Neuwahlen« ernst war, sehr ernst sogar. Denn dazu kannte ich ihn mittlerweile viel zu gut, um nicht zu wissen, dass Gerhard Schröder über eine Frage von Sein oder Nichtsein für seine Kanzlerschaft nicht eben mal so halblaut vor sich hin dachte.

Ich holte einmal tief Luft und legte ihm dann die Gründe für meine Ablehnung dar: Wenn wir bis zum regulären Wahltag durchhielten – »es kann gut sein, dass die SPD nicht durchhält«, kam die sofortige Entgegnung –, dann würde er mit an Sicherheit grenzender Wahrscheinlichkeit nochmals wiedergewählt werden, ein letztes Mal, dessen wäre ich mir sicher. Zudem werde die Wirtschaft im kommenden Jahr anspringen, und das würde ihm sehr helfen. Würde er hingegen in Richtung vorgezogene Neuwahlen gehen, so würde er selbst das Handtuch werfen und sich von vornherein selbst zum Verlierer erklären. Warum sollten die Leute eigentlich einen Kanzler nochmals wählen, der vorgezogene Neuwahlen herbeigeführt hatte, weil ihm seine Partei von der Fahne ging? Dann doch lieber gleich die Alternative wählen. Das Risiko, dass er, Gerhard Schröder, durch einen solchen Schritt Mehrheit, Macht und Kanzlerschaft verlieren würde, wäre verdammt hoch.

Im Übrigen solle er nicht darum herumreden. Mir wäre völlig klar, was er anstrebe: einen durch Neuwahlen legitimierten Koalitionswechsel, um dann als Kanzler einer Großen Koalition weiterregieren zu können. Ich verstünde diese Haltung aus seiner Sicht, wir Grüne und auch ich hätten einfach eine andere Interessenlage. Allerdings könne ich ihm nichts anbieten, was seine innerparteilichen Schwierigkeiten ausgleichen könne, und auch die Zusammensetzung des Bundesrates würde sich kurzfristig eher verschlechtern als verbessern. Zudem bräuchte er für die Auflösung des Bundestages den Bundespräsidenten, und ob dieser bei einer bewusst herbeigeführten Niederlage bei einer Vertrauensabstimmung den Schritt zur Auflösung des Bundestages mitmachen würde, wäre ebenfalls alles andere als sicher. Ich verstünde einfach nicht, warum er der Opposition mit ihrer Mehrheit im Bundesrat nicht ein großes Defensivspiel liefern und sie von der Grundlinie aus ermüden würde. Er solle sich an den Beispielen von Bill Clinton oder Ariel Scharon orientieren, die beide in noch weitaus aussichtsloserer Lage überlebt hätten. Er wäre der Kanzler, noch hätte er die meisten Trümpfe in seiner Hand. Warum also einen so hochriskanten, ja törichten Schritt unternehmen?

Ich konnte Gerhard Schröder an jenem Abend in Rom nicht überzeugen, das war zu spüren, und so drehte sich die Diskussion noch einige Zeit im Kreise, bevor wir zu anderen, tagespolitischen Themen übergingen. Zurück in Berlin sprach ich lange mit Frank-Walter Steinmeier, und wir waren uns in der negativen Einschätzung der Neuwahlidee einig. Innerhalb der grünen Führung informierte ich nur sehr zurückhaltend, da es erstens keinen akuten Entscheidungsbedarf gab und ich zweitens auf keinen Fall dieses Thema in den Medien wiederfinden wollte.

Der Wahlkampf in Nordrhein-Westfalen lief nicht gut für die Koalition, die Umfragen verhießen nichts Gutes für Rot-Grün in Düsseldorf. Am Wahlsonntag, dem 22. Mai 2005, telefonierte ich um die Mittagszeit und nochmals am frühen Nachmittag mit Frank-Walter Steinmeier, der mir mitteilte, dass der Kanzler nicht mehr in Richtung Neuwahlen dächte, und ich war erleichtert. Gegen 16 Uhr herum erhielt ich die ersten Prognosen, und es sah nach einem Debakel aus. Die CDU schoss hoch, die SPD brach ein, Schwarz-Gelb hätte demnach eine Mehrheit und die Sozialdemokraten ihr Stammland an Rhein und Ruhr verloren. Kurze Zeit danach rief mich Gerhard Schröder an. Schon seinem Tonfall entnahm ich, dass er sich für Neuwahlen entschieden hatte. Franz Müntefering würde dies nachher gegenüber den Medien verkünden. Ich bedankte mich für die Vorabinformation, und damit war das Gespräch auch schon zu Ende, denn es gab nichts Weiteres zu sagen, es war vorbei. Ab sofort kämpfte jeder wieder nur noch auf seine eigene Rechnung.

Die Atmosphäre in Regierung und Koalition veränderte sich nach diesem Sonntag spürbar. Zwar blieben sowohl die Zusammenarbeit als auch die menschlichen Beziehungen zwischen den wichtigsten Akteuren intakt, ja sogar gut, aber die Berliner Koalition lebte innerlich nicht mehr, sie war fortan nur noch eine leere Hülle, ohne politische Zukunft. Tisch und Bett waren getrennt, und die Zeit bis zu den Neuwahlen galt es, mit Anstand hinter sich zu bringen.

Die Stimmung in der grünen Partei und Fraktion war seit jenem Sonntagabend und Münteferings Ankündigung von vorgezogenen Neuwahlen auf Krawall gebürstet. Man empfand dort mehrheitlich das Verhalten der sozialdemokratischen Führung als Fahnenflucht. Jetzt gehe es nur noch um »Grün pur«, Rot-Grün könne man vergessen, das war die überwiegende Mehrheitsmeinung in unserem Lager. Ich versuchte, diese Stimmung zu dämpfen, denn ich verstand zwar die Empörung in unserer Partei, hielt sie aber unter der Perspektive schnell nahender Neuwahlen für nicht ungefährlich. Denn die für uns entscheidende Wählerschaft bestand nicht allein aus »Grün pur«, sondern überwiegend aus rot-grünen Wählern, die wir auf keinen Fall der SPD überlassen durften. Wenn wir auf »Grün pur« machten, würde die SPD die Mehrheit der rot-grünen Wähler durch uns frei Haus geliefert bekommen. Wir hatten keine Machtperspektive in dem kommenden Bundestagswahlkampf außer Rot-Grün, die SPD aber schon. Die Sozialdemokraten konnten auch mit dem Aufruf: »Gerhard Schröder muss Kanzler bleiben! Jede Stimme für die SPD!« einen sehr wirksamen Wahlkampf machen. Und in der Tat haben nicht wenige unserer Wählerinnen und Wähler exakt diese Überlegung geteilt, wie ich selbst allzu oft in Gesprächen erlebt habe. »Diesmal wähle ich mit meiner Zweitstimme nicht euch, sondern die SPD, damit Schröder auch in einer Großen Koalition Kanzler bleibt.« So oder ähnlich lauteten deren Begründungen, und selbst mein Verleger, ein notorischer Rot-Grün-Wähler, vertrat diese Auffassung. Mit der Parole »Jede Stimme für die Grünen in der Opposition!« würde das weniger gut funktionieren.

Zudem traute ich Gerhard Schröder und Franz Müntefering durchaus zu, im entscheidenden Moment auch gegen die Grünen Wahlkampf zu machen, wenn wir aktiv Rot-Grün infrage stellten. Ich hatte in all den Monaten zwischen der Neuwahlankündigung und dem Wahltag immer die Kampagne der SPD unter Noch-Bundeskanzler Helmut Schmidt gegen Genscher und die FDP im hessischen Landtagswahlkampf 1982 im Hinterkopf, die damals Holger Börner und der hessischen SPD die Staatskanzlei gerettet hatte. Uns durfte dies auf keinen Fall passieren. Deswegen war ich gegen einen »Grün pur«-Wahlkampf und hielt gegen allen Widerspruch eisern an Rot-Grün fest.

Dies war auch der Grund, warum ich der festen Überzeugung war, nochmals als alleiniger Spitzenkandidat antreten zu müssen, obwohl ich damals bereits wusste, dass ich auf jeden Fall innerhalb eines Jahres, egal wie die Wahlen ausgehen würden, aufhören und die Politik verlassen würde. Mit mir als grünem Spitzenkandidaten wäre ein SPD-Wahlkampf gegen die Grünen mit dem Zweck, die Mehrheit der rot-grünen Wähler zur Sozialdemokratie herüberzuziehen, aussichtslos, denn dazu stand ich als Person zu sehr für das rot-grüne Projekt. Und während des gesamten Bundestagswahlkampfes 2005 war ich, ohne darüber groß in der Parteiführung gesprochen zu haben, auf einen aggressiven Konter vorbereitet, sollte die SPD tatsächlich einen solchen Versuch unternehmen. Entsprechend hatte ich auch meine Rede zur Debatte um die Vertrauensabstimmung im Bundestag ausgerichtet. Aggressiv griff ich die Opposition an und hielt eine Rede, die sich an die Koalition als Ganzes richtete, das rotgrüne Vermächtnis beschwor und dieses zugleich für uns Grüne reklamierte. In den Medien wurde diese Rede als eine Übung für die kommende Oppositionsrolle gewürdigt, aber ich wusste es besser. Sie war der Probelauf für den Fall der Fälle gewesen.

Am 1. Juli 2005 kam es dann im Deutschen Bundestag zur Entscheidung über die Vertrauensfrage des Bundeskanzlers. Gerhard Schröder eröffnete die Debatte:

»Herr Präsident! Meine Damen und Herren! Am Montag dieser Woche habe ich dem Herrn Bundestagspräsidenten mitgeteilt, dass ich es in der gegebenen Situation als meine Pflicht ansehe, im Deutschen Bundestag die Vertrauensfrage zu stellen. Mein Antrag hat ein einziges, ganz unmissverständliches Ziel: Ich möchte dem Herrn Bundespräsidenten die Auflösung des 15. Deutschen Bundestages und die Anordnung von Neuwahlen vorschlagen können.

Der für meine Partei und für mich selber bittere Ausgang der Landtagswahlen in Nordrhein-Westfalen war das letzte Glied in einer Kette zum Teil empfindlicher und schmerzlicher Wahlniederlagen. In der Folge dessen wurde deutlich, dass es die sichtbar gewordenen Kräfteverhältnisse ohne eine neue Legitimation durch den Souverän, das deutsche Volk, nicht erlauben, meine Politik erfolgreich fortzusetzen.«

Damit hatte Gerhard Schröder gleich zu Beginn der Debatte den zentralen Punkt seiner Begründung für die Auflösung des Bundestages und für Neuwahlen benannt, die »neue Legitimation durch den Souverän«. Die Debatte verlief schon voller Wahlkampfgetöse, bis der grüne Abgeordnete Werner Schulz als letzter Debattenredner eine gleichermaßen brillante wie demagogische Rede hielt, in der er den Bundeskanzler frontal angriff. Dieser würde die Unwahrheit sagen, die Verfassung beugen, aus der Verantwortung fliehen etc. Den demagogischen Höhepunkt seiner Rede erreichte Schulz, als er den frei gewählten Deutschen Bundestag mit der DDR-Volkskammer verglich, in der die Abgeordneten ebenfalls der Partei- und Staatsführung und nicht ihrer Überzeugung gefolgt wären. Gerhard Schröder verstand die Wut, die Unversöhnlichkeit dieses Angriffs aus den eigenen Reihen überhaupt nicht. Ich saß wie gewöhnlich neben dem Bundeskanzler auf der Regierungsbank und legte beruhigend meine Hand auf seinen Unterarm, während ich ihm zuflüsterte: »Nimm es gelassen, er meint dich überhaupt nicht.« Ich wusste nur zu gut, woher diese Wut und Unversöhnlichkeit bei dem grünen Abgeordneten Schulz kam und wer wirklich gemeint war. Nach dieser Rede wurde dann abgestimmt, und die Vertrauensfrage des Bundeskanzlers fand erwartungsgemäß keine Mehrheit. Am 21. Juli 2005 löste Bundespräsident Horst Köhler den 15. Deutschen Bundestag auf und beraumte für den 18. September Neuwahlen an.

Eigentlich wäre jetzt alles klar gewesen: Ich würde ein letztes Mal den Spitzenkandidaten machen, anschließend würden wir uns mit allen Kräften und geschlossen auf den Wahlkampf konzentrieren, um ein möglichst gutes Wahlergebnis zu erreichen, und am 18. September, nach 18.00 Uhr, würden wir dann weiterschauen. Aber so einfach waren die Grünen eben nicht gestrickt. Stattdessen begann eine Debatte um eine Wahlkampfdoppelspitze, die dann auf dem Parteitag in Berlin zu einer Kampfabstimmung führte. Ich hatte in der grünen Führung eindeutig erklärt, dass ich für eine Doppelspitze nicht zur Verfügung stünde. Ein letztes Mal befand ich mich also in der von mir bis zum Überdruss gekannten Situation, dass wenn der Parteitag anders entscheiden würde, ich dann aufstehen, ans Mikrophon treten und meinen Verzicht als Spitzenkandidat erklären würde. Und ein letztes, wirklich allerletztes Mal blieb mir diese Situation erspart, denn die Mehrheit stand auch diesmal. Es sollte mein letzter Bundesparteitag bei den Grünen gewesen sein.

Und dann begann der Wahlkampf, und plötzlich regnete es Manna aus unverhofften christlichen Himmelshöhen. Die Christdemokraten und Liberalen hatten sich, gemeinsam mit ihren publizistischen Stichwortgebern und Hilfstruppen, an ihrer eigenen Reformrhetorik in zahllosen Talkshows so besoffen geredet, dass sie die Wirklichkeit im Land nur noch eingeschränkt wahrnahmen. Die Opposition begriff nicht, dass der Mehrheit im Lande bereits die rot-grünen Reformen der Agenda 2010 viel zu weit gingen. Hätte sie uns von links angegriffen, dann wäre der Wahlkampf für Gerhard Schröder vermutlich desaströs verlaufen. Aber erneut erwies sich der Kanzler als »Gerhard im Glück«, denn die Oppositionsführerin machte Wahlkampf mit einem radikal wirtschaftsliberalen Programm, für das es in Deutschland zwar lautstarke Medien-Zustimmung, aber keine Mehrheiten gab. Und so schob der Wahlkampf Angela Merkels Gerhard Schröder, den Erfinder der Agenda 2010, in die Position des Verteidigers des Sozialstaates und der sozialen Gerechtigkeit!

Und als die Kanzlerkandidatin der Union dann noch die politisch suizidale Idee ausbrütete, den früheren Verfassungsrichter Kirchhof – »diesen Professor aus Heidelberg« (Originalton Gerhard Schröder) – mit seinen radikalen Steuervereinfachungsideen und -konzepten zu ihrem Schattenfinanzminister zu ernennen, ein Mann, der sehr leicht zum wirtschaftsliberalen Schreckgespenst taugte und durch die Wahlkampfleitung der Union kaum ruhigzustellen war – da kam Gerhard Schröder in die Offensive und sein Wahlkampf ins Rollen. Der Vorsprung der Union in den Umfragen begann sicht- und spürbar mit jedem weiteren Tag, den der Wahlkampf anhielt, dahinzuschmelzen.

Gerhard Schröders »Aktion Neuwahlen« hatte jedoch einen Nebeneffekt, den er nicht bedacht hatte und der der SPD in den folgenden Jahren noch schwer zu schaffen machen sollte, während er zugleich der Union die Kanzlerschaft garantierte: Die vorgezogene Bundestagswahl zwang die PDS im Osten und die Westlinke, angeführt von dem früheren SPD-Parteivorsitzenden Oskar Lafontaine, im Schnelldurchgang in ein Wahlbündnis unter dem Namen »Linkspartei«. Der Druck der Neuwahlen ließ alle Widersprüche und Unverträglichkeiten nebensächlich erscheinen. Lafontaines Wahlziel war die Abrechnung mit Schröder und Rot-Grün. Er wollte den Sieg von Merkel und die Große Koalition, nicht mehr und nicht weniger. In einer Fernsehdiskussion mit Guido Westerwelle und mir hatte er dies offen zugegeben. Er griff die SPD und die Grünen von links an, das wirkte in den klassischen SPD- und Gewerkschaftsmilieus, und er hatte damit Erfolg.

Ich zog im Bus wieder Tausende von Kilometer durch das

Land und war ein weiteres Mal erstaunt, denn die Plätze waren voller denn je und von Untergangsstimmung für uns Grüne fand sich nicht die geringste Spur. Manche Medien versuchten dies auf den Effekt der »Joschka-Abschiedstour« zurückzuführen (was gewiss auch eine Rolle spielte), aber was ich erneut, nach 2002, in diesem Wahlkampf erlebte, ging in eine ganz andere Richtung: Tausende und Abertausende Besucher unserer Wahlkampfveranstaltungen machten vielmehr eines klar – für sie war Rot-Grün mitnichten zu Ende. Ganz anders sahen das leider manche Mitglieder der Parteiführung, die nichts Besseres zu tun hatten, als in Berlin unter den Hauptstadtjournalisten grüne Untergangsstimmung zu verbreiten. Das hatte mit der tatsächlichen Stimmung im Land nicht das Geringste zu tun und war einfach nur unverantwortlich. Entsprechend zornig war ich auf die Dame und den Herrn.

Aber selbstverständlich war dieser Wahlkampf *auch* meine Abschiedstournee, mein »last waltz«. Ich hatte mich schon länger entschieden, nach der Bundestagswahl aufzuhören und die Politik zu verlassen. Sollten wir, wovon ich nicht ausging, nochmals eine rot-grüne Mehrheit bekommen, dann würde ich maximal noch ein Jahr als Außenminister weitermachen und anschließend zurücktreten. Und sollten wir in der Opposition landen, wovon ich ausging, dann würde ich sofort aufhören. (Dass aus dem »Sofort« nichts wurde, lag ausschließlich daran, dass ich mich während des Wahlkampfes festlegen musste, mein Bundestagsmandat anzunehmen. Also nahm ich noch für ein knappes Jahr schweigend auf der Hinterbank des Parlaments Platz.) Aber wie gesagt: Eine wie auch immer geartete Abschiedsstimmung in unserem Bus und vor allem auf den Marktplätzen spielte überhaupt keine Rolle. Ganz im Gegenteil gab ich noch mal alles, was als Wahlkämpfer in mir steckte. Und auch im Bus wirkte sie noch einmal, die alte Magie von früheren Wahlkampftouren, dass Glaube, Herz und Leidenschaft Berge versetzen können. Man sagt zu Recht, dass jedem Anfang ein Zauber innewohnt, aber nach dieser letzten Tour ließ sich dieses Sprichwort erweitern: Auch manchem Abschied wohnt ein Zauber inne. Auf dem Frankfurter Römerberg kamen am 14. September abends fast 10000 Menschen zusammen, es war der Höhepunkt dieses

Bundestagswahlkampfes 2005 für mich und zugleich der politische Abschied von meiner Heimatstadt. Am Ende, nach meiner Rede und während des langen Schlussbeifalls, war ich innerlich tief gerührt und bewegt, als ich über den abendlichen Römerberg blickte. Hier, in meinem geliebten Frankfurt, hatte alles für mich angefangen, und hier ging es jetzt zu Ende. Nach außen ließ ich mir allerdings nichts anmerken.

Am 18. September, dem Wahlsonntag, erhielt ich, wie üblich, so gegen 16.00 Uhr die ersten Prognosen, die in der Regel das spätere Ergebnis mit geringen Abweichungen zutreffend wiedergaben. Wir würden die 8 vor dem Komma halten, Rot-Grün aber hatte eindeutig keine Mehrheit mehr. Allerdings bahnte sich bei den Unionsparteien eine Sensation an, denn diese waren binnen weniger Monate von über 40 Prozent offensichtlich auf 35 Prozent abgestürzt. Angela Merkel drohte nicht nur ein grottenschlechtes Wahlergebnis, sondern sogar ein Kopf-an-Kopf-Rennen mit der SPD. Wenn Gerhard Schröder am Ende, und sei es nur hauchdünn, die Nase vorne haben würde, dann wäre sein »Alles-oder-Nichts«-Spiel ein weiteres Mal aufgegangen, und um die CDU-Vorsitzende wäre es dann geschehen gewesen. Schröders Risikospiel ging an diesem Abend aber knapp daneben.

Das Ergebnis stand relativ schnell fest: CDU/CSU 35,2 Prozent (–3,3 Prozentpunkte), SPD 34,2 Prozent (–4,3), FDP 9,8 Prozent (+2,4), Linkspartei 8,7 Prozent (+4,7), Bündnis 90/Grüne 8,1 Prozent (-0,5). Rot-Grün hatte keine Mehrheit mehr, Schwarz-Gelb ebenfalls nicht, und demnach blieb, bei realistischer und nicht bloß mathematischer Betrachtung des Wahlergebnisses, nur eine Große Koalition. Denn die FDP würde nicht in eine Ampel (Rot-Gelb-Grün) eintreten und die Grünen nicht die Reise nach »Jamaika« antreten (Schwarz-Gelb-Grün). Der eigentliche Wahlsieger an diesem Abend aber hieß Oskar Lafontaine. Er hatte seine Große Koalition bekommen, Rot-Grün abgestraft, Schröder als Kanzler gestürzt und die Linkspartei aus dem Stand auf 8,7 Prozent und 54 Mandate gebracht. Den Preis für dieses Manöver unter dem Deckmantel von viel linker Rhetorik galt es aber an der rechten Kasse zu entrichten, denn Oskar Lafontaine war der eigentliche Garant der Kanzlerschaft Angela Merkels. Eine linke Partei zu gründen und linke Phrasen zu dreschen, um der Union die Kanzlerschaft zu ermöglichen – diese fein gesponnene dialektische Logik hatte ich noch nie verstanden, weder bei Frau Ditfurth noch bei Oskar Lafontaine. Und auch an diesem Wahlabend wuchsen mir in dieser Causa keine neuen Erkenntnisse zu.

Freilich hatte auch Gerhard Schröder seinen nicht unerheblichen Anteil an der Kanzlerschaft Merkels, und zwar an jenem Abend, lange nach der Schließung der Wahllokale. Wie jedes Mal an solchen Wahlabenden lautete die Frage: Wer geht in die »Elefantenrunde« der Parteivorsitzenden und Spitzenkandidaten? Normalerweise war diese Frage immer vorab entschieden worden, nicht aber an diesem Abend, weil unklar war, ob der Bundeskanzler selbst oder der Parteivorsitzende Müntefering für die SPD an der Runde teilnehmen würde. Ich versuchte in der Regel, mich aus dem Trubel des Wahlabends weitgehend herauszuhalten, weil es der unwichtigste Auftritt eines Wahlkampfes war und normalerweise eh nur leeres Stroh gedroschen wurde. Die Messe war gelesen, das Ergebnis stand fest, und bis zu den nächsten Wahlen würde sich niemand mehr für die erlauchten Weisheiten der Politiker aus der längst vergangenen letzten Wahlnacht interessieren, geschweige denn erinnern. Ich freute mich schon auf das Abendessen mit meiner Frau und auch auf ein schönes Glas Wein. Aber an diesem Abend war man in der grünen Führung der Meinung: Wenn Gerhard Schröder an der Elefantenrunde teilnehmen würde, dann hätte auch ich dort präsent zu sein. Ich stimmte dieser Auffassung zu, leider.

Gerhard Schröder hatte sich mit einer großen Disziplin während des ganzen Wahlkampfes an die Vorgabe gehalten, Angela Merkel niemals so anzugreifen, dass sein Angriff als unfair oder gar ungehörig gegenüber einer Frau verstanden werden konnte – bis zu dieser letzten Fernsehrunde. Was den Kanzler dabei geritten hat, weiß der Teufel oder nur er allein, auf jeden Fall attackierte er wutschnaubend und triumphierend zugleich die beiden Journalisten, die die Runde moderierten, und eine Angela Merkel, die angesichts ihres Wahldebakels wie benommen wirkte. Mit diesem tobenden Machoauftritt hat Gerhard Schröder ihr wahrscheinlich die Kanzlerschaft gerettet. Hätte

Gerhard Schröder sich darauf beschränkt zu erklären, dass die SPD mit der Union um die Bildung einer Koalition verhandeln würde, egal wer Parteivorsitzender wäre, denn Frau Merkel habe ja morgen ihr Debakel erst einmal ihren Parteigremien zu erläutern, dann bin ich mir nicht sicher, ob Angela Merkel die nächsten Tage nach der Bundestagswahl 2005 unbeschadet überstanden hätte. Ich war von dem Spektakel im Fernsehstudio alles andere als angetan und rutschte immer weiter weg von dem tobenden Gerhard Schröder in Richtung des auf der anderen Seite neben mir sitzenden Parteivorsitzenden der Linken, Lothar Bisky, sodass der sich über die unverhoffte Annäherung bereits zu wundern begann, wie seinem Gesichtsausdruck unschwer zu entnehmen war. Ich war heilfroh, als diese Peinlichkeit schließlich ein Ende fand.

Am Dienstag nach der Bundestagswahl stand die Fraktionssitzung an, auf der über den Fraktionsvorsitz entschieden werden sollte. In Fraktion und Öffentlichkeit erwartete man, dass ich meine Kandidatur erklären würde. Ich war jedoch schon länger zum Abschied entschieden. Ich wollte raus aus der Politik, war wund gerieben an den ewig gleichen Debatten in der Partei mit wechselndem Personal über die Jahre hinweg, konnte auch die Parteitage nicht mehr ertragen und war ermüdet von dem Leben unter permanenter öffentlicher Kontrolle, das die persönliche Präsenz in den Hauptnachrichten und in den Aufmachern der Zeitungen und Magazine mit sich brachte. Ich hielt auch nichts von dem ganzen Gesumse von Journalisten, dass Politik eine Sucht sei, von der man nicht lassen könne. Alles Quatsch! Für mich war Politik immer meine große Leidenschaft gewesen, und daran wird sich bis an mein seliges Ende auch nichts ändern, niemals aber Sucht. Außerdem stand ich für Rot-Grün und hatte zwei Jahrzehnte um dieses Projekt gekämpft, das jetzt sein vorläufiges Ende gefunden hatte. Zudem wollte ich vom ersten Augenblick meiner Mitgliedschaft bei den Grünen an diese Partei an die Regierung und damit auch in die Bundesregierung führen. Durch zahllose Niederlagen hindurch und gegen härteste Widerstände hatte ich dieses Ziel erreicht. Und schließlich wollte ich auch noch sicherstellen, dass die Grünen nicht im Gefängnis einer Ein-Generationen-Partei verenden würden. Auch dieses Ziel hatten wir spätestens mit dem Wahlsieg 2002 erreicht. Ich war müde, erschöpft, zu alt auch, um nochmals ein neues Projekt zu beginnen, und deswegen war jetzt der Augenblick gekommen, einen Schnitt zu machen und aufzuhören. Zudem hatte ich dies meiner Frau schon seit Längerem versprochen.

Am Dienstagmorgen, gegen 11.00 Uhr, rief ich Fritz Kuhn an, um ihn über meine Entscheidung zu unterrichten. Ich bat ihn, auch Renate Künast zu informieren, ansonsten aber die Verschwiegenheit bis zur Fraktionssitzung zu wahren. Ich hatte, mit Ausnahme meiner Frau, mit niemandem sonst über meine Entscheidung gesprochen, nicht mit dem Bundeskanzler und auch nicht mit anderen Mitgliedern der grünen Führung. In der Fraktionssitzung bat ich um das Wort und teilte der Fraktion meinen Entschluss aufzuhören mit. Ich erläuterte meine Gründe und schloss damit ab, dass ich 1983, als ich mich zur Kandidatur für die Grünen zum Deutschen Bundestag entschloss, meine Freiheit gegen Macht eingetauscht hätte und dass ich nun meine Freiheit zurückhaben wolle. Die Stimmung im Saal war sehr bewegt, weil alle wussten, dass der heutige Tag eine Zäsur für Fraktion und Partei sein würde. Ich dankte nochmals allen, entschuldigte mich bei den vielen, die ich schlecht behandelt hatte, und verließ dann die Fraktion. Vor der Tür warteten die Medien, denen ich ebenfalls meine Entscheidung und deren Gründe mitteilte, und dann fuhr ich nach Hause.

PS:

Am 22. November 2005 schied ich als Außenminister der geschäftsführenden Bundesregierung aus. Mein Nachfolger wurde Frank-Walter Steinmeier (SPD). Zum 1. September 2006 legte ich mein Bundestagsmandat nieder.

FÜNF JAHRE SPÄTER – EIN AKTUELLES NACHWORT

Die geschichtliche Bewertung der Leistungen und Fehlentscheidungen einer Regierung braucht ihre Zeit, da sie in den Händen von Historikern liegt, die selbst alles andere als frei sind von ihren jeweils individuellen politischen Überzeugungen, Vorlieben und Abneigungen. Daher bedarf es für ein einigermaßen objektives historisches Urteil unverzichtbar vor allem eines: Abstand von den Ereignissen und Akteuren, ein Abstand, den allein der Ablauf der Zeit zu schaffen vermag. Je mehr Zeit seit den historisch zu bewertenden und einzuordnenden Ereignissen und Akteuren vergangen ist, je distanzierter sich also ein Historiker zu dem Objekt seiner Forschung verhalten kann, desto höher ist die Wahrscheinlichkeit, dass er zu einem einigermaßen objektiven Urteil finden wird.

Akteure taugen nicht zur Geschichtsschreibung in eigener Sache, da es ihnen in der Regel an dem wissenschaftlichen Rüstzeug und mehr noch an der notwendigen Objektivität sich selbst gegenüber mangelt. »Erinnerungen« sind daher keine Geschichtsschreibung, sondern der subjektive Rückblick eines Akteurs auf einen von ihm mitgestalteten Zeitabschnitt der Geschichte. Erinnerungen eben. Fünf Jahre seit dem Ende von Rot-Grün haben daher noch keine wirkliche Distanz geschaffen, auch wenn wir, bedingt durch einen technisch immer schneller eskalierenden Informationsfluss, in einem Zeitalter der Beschleunigung und des Distanzverlustes leben. Wir sind heute überall in Echtzeit dabei und genauso schnell auch wieder woanders. Am Rätsel der Allgegenwart Gottes, das in früheren Zeiten eine knifflige theologische Frage war, ist heute, in den Zeiten des Internets und der lichtschnellen Echtzeitinformation, zumindest das Rätsel der Allgegenwart fast gelöst. Und diese technisch ermöglichte Ubiquität von Milliarden von

Menschen hat die Politik und ihre Wahrnehmung tief greifend verändert.

Politik hat recht eigentlich mit dem Machen von Geschichte zu tun. Ihre Entscheidungen von heute sind die Geschichte von morgen. Die permanente Informationsbeschleunigung und die damit einhergehende Überflutung mit Informationen führt aber mehr und mehr zu einer Verkürzung der Perspektive von Politik, weg von den langen Linien der strategischen Interessen der Staaten und Gesellschaften hin zu den Bits und Bytes des Tagesgeschehens, die in ihrer umfassenden Alltagspräsenz alles andere an den Rand drängen. Die Kluft zwischen den langen Linien der strategischen Interessen und dem Wirbel der alltäglichen Informationsflut wird immer größer, und die Handlungskompetenz der gewählten Akteure droht darin zu versinken und wird infolgedessen von einem wachsenden Publikum als immer alltäglicher und damit auch erbärmlicher eingeschätzt. Achtung transformiert sich so allzu leicht in Verachtung. *Zeit*, auf der letztendlich alle Geschichte beruht, wird zu einem immer knapper werdenden Gut, für das bei einer breiteren Öffentlichkeit das Verständnis verloren zu gehen droht. Das Vergessen beginnt heute daher schneller als früher.

Die Bundesrepublik hatte von Konrad Adenauer bis Angela Merkel nur acht Bundeskanzler. Das waren und sind nicht allzu viele, und allein diese Tatsache spricht für die Stabilität der politischen Verhältnisse der Bundesrepublik vor und nach der Wiedervereinigung. Gewiss, unmittelbar nach dem Zweiten Weltkrieg und während des Kalten Krieges, als Deutschland zuerst besiegt und dann geteilt war, waren die Zeiten und ihre Herausforderungen andere. Damals zählten noch die langen Linien der Geschichte.

Im Gegensatz dazu lässt sich an den heute noch lebenden Kanzlern die Beschleunigung des Vergessens in der Politik sehr gut illustrieren. Gerhard Schröder ist nach fünf Jahren fast nur noch vage Erinnerung, Helmut Kohl bereits tiefe Geschichte, und Helmut Schmidt umgibt zu Lebzeiten schon etwas von der Aura jenes Kaiser Rotbart Lobesam aus dem Kyffhäuser. Er ragt aus einer scheinbar fernen Zeit, an die sich kaum noch jemand konkret erinnern kann, in die Gegenwart herüber.

Fünf Jahre sind fast nichts für den Historiker, für den zurückblickenden ehemaligen Akteur aber sind sie bereits eine beträchtliche Zeitspanne, in der sich vieles verändert hat. Denn für ihn gilt der treffliche Satz von Wilhelm Busch aus der »Knoppiade«: »Eins, zwei, drei! Im Sauseschritt / läuft die Zeit; wir laufen mit.«

Die Zeit läuft und doch gilt gerade in der deutschen Politik vieles unverändert fort. In der Innenpolitik geht es nach wie vor um die Rente, Hartz IV, Zuwanderung, Steuern und Abgaben, Staatsschulden – kaum etwas scheint sich geändert zu haben, und die ewig gleichen Debatten drehen sich trotz anderen Personals in einem niemals enden wollenden Kreislauf. Und doch gibt es auch bedeutende Unterschiede, ja Neues – das Sinken der Arbeitslosigkeit, die wiedergewonnene wirtschaftliche Stärke Deutschlands, die Bewältigung der inneren Einheit und eine wachsende innere Distanz der Deutschen zu Europa, wie man sie bis dato nicht kannte.

Dieselbe Beobachtung trifft auch auf die Außenpolitik zu – Afghanistan, Israel, der Nahe und Mittlere Osten, Terrorismus, Putins Russland, die Türkei, all diese Fragen haben bereits die Außenpolitik von Rot-Grün bestimmt. Aber gerade in den auswärtigen Beziehungen haben sich sehr große, ja historisch zu nennende Veränderungen zugetragen.

War die Kanzlerschaft von Helmut Kohl durch das Ende des Kalten Krieges und die deutsche Einheit bestimmt worden, so die Kanzlerschaft Gerhard Schröders durch den 11. September 2001. Und für Angela Merkels Kanzlerschaft wiederum war und ist es der 15. September 2008, jener Tag, an dem die Investmentbank Lehman Brothers die Insolvenz beantragen musste und die Weltfinanzkrise begann. In der Folge dieser Krise wurde der relative Abstieg der USA ebenso offensichtlich wie der Aufstieg der großen Schwellenländer China, Indien und Brasilien. Das seit 1989 anhaltende Reden über eine neue Weltordnung materialisierte sich seitdem für jedermann sicht- und greifbar in dem massiven Transfer von wirtschaftlicher und politischer Macht von West nach Ost.

Die im Sommer 2007 durch die deutschen Medien anlässlich der deutschen Präsidentschaft noch stürmisch gefeierte G 8 der wichtigsten westlichen Industriestaaten war zwar bereits damals mehr als scheintot, aber ein Jahr später zertrümmerte die Weltfinanzkrise die Illusion endgültig, dass die wichtigsten G 8-Staaten des Westens noch das alleinige Sagen in der neuen Weltordnung hätten. Die G 8 wurde, den veränderten globalen Realitäten Rechnung tragend, durch die G 20 abgelöst. Und der Weltklimagipfel in Kopenhagen im Dezember 2009 machte dann die neue Machtverteilung des 21. Jahrhunderts für jeden offensichtlich: Der amerikanische Präsident klopfte dort an eine verschlossene Tür und bat laut um Einlass, hinter der sich, unter dem Vorsitz Chinas, die wichtigsten Schwellenländer ohne die westlichen Mächte versammelt hatten. Der zahlreich anwesende gemischte Chor der europäischen Mittelmächte interessierte zu diesem Zeitpunkt der Konferenz bereits niemanden mehr.

Die vergangenen zweiundzwanzig Jahre seit dem Fall der Berliner Mauer waren im wahrsten Sinne des Wortes geschichtsgesättigt, d. h. voller historischer Ereignisse und Zäsuren. Der 9. November 1989, der 11. September 2001 und der 15. September 2008 – an diesen drei Tagen hat die Weltgeschichte jeweils ihren Kurs geändert und diese drei Tage haben die Amtszeiten der letzten drei Kanzler der Bundesrepublik Deutschland entscheidend geprägt bzw. sind gerade dabei, sie zu prägen.

Geschichte begegnet uns heute, in den reichen und saturierten Gesellschaften des Westens, kaum noch in ihrer klassischen Form, d. h. als Krieg, Revolution, Konterrevolution oder wie auch immer ihre Zerstörungskraft sonst bezeichnet wurde. Die thermonukleare gegenseitige Abschreckung hat den Krieg als Mittel der Politik zwischen den großen Mächten weitgehend ausgeschaltet. Heute dominiert daher die postmoderne Form der Geschichte, d. h. historische Zäsuren und Brüche nehmen keine gewaltsame Form mehr an (oder lediglich noch in den Ländern der globalen Peripherie) und können daher in der Tagespolitik alltagstauglich verdrängt werden. Ihre Wirkung hat einen eher erosiven als gewaltsamen Charakter. Auf mittlere Sicht aber werden die politischen und wirtschaftlichen Folgen dieser postmodernen historischen Zäsuren und Erschütterungen nicht wesentlich anders sein als die in ihrer klassischen Form.

Wir leben in den letzten zwei Jahrzehnten in wahrhaft »historischen« Zeiten, nur scheint diese Tatsache an Politik und Gesellschaft folgenlos vorbeizuziehen, denn in der deutschen Politik wird jeder historische oder strategische Bezug zunehmend durch kleine und kleinste Schritte eines umfrageorientierten Machtpragmatismus abgelöst. Dieser Befund gilt für alle relevanten Parteien. Die deutsche Politik steht dabei allerdings nicht nur vor einem subjektiven, sondern auch vor einem objektiven Problem, denn ihr traditionelles Vertrauen auf die Fortführung der strategischen Interessenkontinuitäten des Landes funktioniert nicht mehr oder nur noch sehr eingeschränkt.

Hierzulande wird es immer schwieriger, einer vorgegebenen langen Linie zu folgen. Dabei steht die Politik vor der Herausforderung, angesichts der sich dramatisch ändernden internationalen Verhältnisse neue Ideen zu entwickeln und neue Wege einzuschlagen, die sich als dauerhaft erweisen, befindet sich also gewissermaßen objektiv in einer neuen politischen Gründerzeit, ohne dass sich die wesentlichen Akteure oder eine breitere Öffentlichkeit dessen bewusst sind. Und sie kann dies nicht mehr nur in dem engen überkommenen nationalen Rahmen tun, sondern steht zunehmend ganz vorne mit in europäischer Verantwortung.

In diesem Sinne hatte es Helmut Kohl noch am einfachsten, denn er war der Vollender einer langen Linie, der Wiedergewinnung der deutschen Einheit, die sich aus der Tatsache der Teilung Deutschlands durch die vier Siegermächte des Zweiten Weltkriegs heraus entwickelt hatte. Als sich ihm dann 1989/90 unverhofft diese nicht mehr für möglich gehaltene Chance bot, griff er mit großem Geschick zu und realisierte die deutsche Einheit. Aber bereits bei der Bewältigung der Folgen dieser neuen historischen Lage im Innern und in der Außenpolitik zeigte die Regierung Kohl erstaunliche Schwächen. Die notwendigen innenpolitischen Reformen wurden während seiner Kanzlerschaft weitgehend vertagt, und seine Balkanpolitik verstärkte die dortige gefährliche Krise, anstatt sie einzudämmen.

Gerhard Schröder trat zwar noch unter dem Banner der Kontinuität deutscher Außenpolitik an, aber die Kriege auf dem Balkan, der 11. September 2001 und der Irak-Krieg 2003 erzwangen von ihm das gerade Gegenteil, nämlich Diskontinuität und Neuanfang. Zwar war auch bereits Helmut Kohl mit der Wiederkehr des Krieges nach Europa anfangs der neunziger Jahre und daher mit völlig neuen Herausforderungen für die deutsche Außenpolitik konfrontiert worden, aber deren volle Last musste erst sein Nachfolger und dessen rot-grüne Koalition schultern.

Im Rückblick fällt auf, wie unterschiedlich doch die Ergebnisse der Balkanpolitik dieser beiden unmittelbar aufeinander folgenden deutschen Regierungen ausfielen. Die Regierung Kohl/Genscher hatte durch ihre unselige, verfrühte und bedingungslose Anerkennungspolitik gegenüber Kroatien ganz erheblich zur Konfliktverschärfung dort und in Bosnien beigetragen, während die Regierung Schröder sich zwar einerseits an dem Krieg gegen Serbien um das Kosovo beteiligt, zugleich aber entscheidende Beiträge für eine Beendigung des militärischen Konflikts und vor allem für eine stabile Ordnung in diesem Teil Europas geleistet hat. Diese Ordnung ist bis heute von Bestand und bedarf zu ihrer Vollendung des Beitritts der Staaten des westlichen Balkans zu NATO und EU. Insofern ist auch diese Frage aus den frühen neunziger Jahren noch nicht abgeschlossen. Allein in der Europapolitik bewies Helmut Kohl nach dem Erreichen der deutschen Einheit wirklichen Wagemut. Mit der Einführung des Euro riskierte er innenpolitisch sehr viel, brachte aber zugleich Europa einen gewaltigen Schritt voran.

Die Regierung Schröder musste schließlich die Herausforderungen des Epochenbruchs nach 1989/90 und dann ein weiteres Mal nach dem 11. September 2001 innen- wie außenpolitisch voll annehmen. Die Kontinuitätsthese half jenseits der Kohlschen Europapolitik kaum noch weiter. In der Europapolitik allerdings galt diese These uneingeschränkt fort, und konsequenterweise schlug Gerhard Schröder hier diese Richtung ein, was ihm allerdings nicht leicht gefallen ist. Er hatte quasi als Euroskeptiker begonnen und entwickelte sich mehr und mehr in Richtung der klassischen deutschen Europapolitik, nämlich Deutschland, gemeinsam mit Frankreich, als den Motor der immer weiter voranschreitenden Integration der EU zu begreifen und dafür auch die notwendigen materiellen Leistungen zu erbringen.

Die Kriege auf dem Balkan, der 11. September, Afghanistan und dann Irak erzwangen aber eine Neudefinition der Rolle

Deutschlands im Rahmen des westlichen Militärbündnisses, bei bewaffneten Friedensmissionen der Vereinten Nationen und auch im Verhältnis zu Deutschlands wichtigstem Bündnispartner außerhalb Europas, den USA. Die rot-grüne Bundesregierung hat dabei immer versucht, entsprechend ihrer Möglichkeiten und eingebunden in die westlich-europäischen Bündnisse, eine aktive, ja gestaltende Außenpolitik zu betreiben. Denn da sich Deutschland nicht aus der militärischen Bündnissolidarität auf dem Balkan und nach dem 11. September auch in Afghanistan verabschieden konnte und durfte, ohne nicht einen unvernünftig hohen Preis bei seinen elementarsten europäischen und transatlantischen Sicherheitsinteressen zu entrichten, stellte sich für Rot-Grün die Frage, ob man angesichts dieser militärischen Risiken nicht besser dazu eine aktive und ambitionierte Außenpolitik betreiben sollte. Diese Frage wurde eindeutig bejaht. Dies galt für den Balkan, Afghanistan, Nahost, Iran und andere Krisengebiete. Und dies galt ebenso für die Europapolitik und deren Kern, für die deutsch-französischen Beziehungen.

Dabei wurden neue Gleisstrecken verlegt, die durch die deutsche Politik auch gegenwärtig noch weiter gebaut werden müssen und von denen man sich nicht ohne ernste Konsequenzen wird verabschieden können. Gewiss, eine neue Regierung kann der Meinung sein, dass die Vorgänger einer Fehleinschätzung unterlegen sind und deshalb die Politik geändert werden muss, nobody is perfect. Aber eine grundsätzlich für richtig erkannte und begonnene Politik nach Außen nur aus Angst vor innenpolitischen Problemen oder einer möglichen Wahlniederlage aufzugeben, birgt erhebliche Risiken.

Angela Merkel hat es unter dem weiter oben angeführten Maßstab von Kontinuität und Diskontinuität wohl am schwersten, weil sie sich mehr denn je auf ihre eigene Kreativität verlassen muss, da einerseits der Vorrat an Kontinuitäten nicht mehr allzu groß ist, und sie andererseits mit einem rasenden strategischen Wandel konfrontiert wird. Strategische Kreativität scheint aber nicht ihre Stärke zu sein. Angela Merkel muss die Antworten auf die Herausforderungen durch die globale Wirtschafts- und Finanzkrise finden, und dabei geht es nicht mehr nur um Deutschland, sondern um die EU als solche, zumindest um die Eurozone. Und es geht um die Rolle Europas in einer von den Europäern nicht mehr entscheidend bestimmten neuen Weltordnung. Seit dem Vertrag von Maastricht und der Einführung der Gemeinschaftswährung ist, wie unzulänglich auch immer, ein neuer europäischer Interessenzusammenhang geschaffen worden, der sich nur noch zu unvertretbar hohen politischen und wirtschaftlichen Preisen rückabwickeln ließe und der gerade den wirtschaftlich stärksten und davon am meisten profitierenden Mitgliedsstaat ganz besonders in die Pflicht der Führung nimmt.

Die aktuelle Bundeskanzlerin tut sich mit dieser Führungsaufgabe offensichtlich schwer, was bei einer Kanzlerin der CDU erstaunt, da diese Partei im Spektrum der deutschen Politik über die stärkste europapolitische Tradition von Adenauer bis Kohl verfügt. Die Bundeskanzlerin machte schon seit dem Herbst 2008 den Eindruck, mehr Getriebene als Treibende in dieser Krise zu sein, und dieser Eindruck hat sich seit der Bildung der schwarz-gelben Koalition noch dramatisch verstärkt. Dass die deutsche Europapolitik unter ihr der Devise des »zu wenig und zu spät« folgte, hat schließlich aus einer Schuldenkrise eine politische Existenzkrise der EU werden lassen, die das Potential hat, der europäischen Integration schwersten Schaden zuzufügen.

Deutschland ist heute wirtschaftlich und politisch stärker als jemals zuvor seit 1949 und zugleich steht es vor einer historischen Entscheidung, ob es seiner europäischen Berufung treu bleiben oder sich mit besten Absichten im Morast der Renationalisierung Europas verlieren wird. Es ist heute offensichtlich, dass die europäische Finanzkrise im Kern eine politische Vertrauenskrise ist, die nicht durch zögerliches Verhalten oder gar europäischen Stillstand überwunden werden kann. Nur wenn die europäische Währungsunion jetzt einen entscheidenden Schritt hinein in die politische Integration einer wirklichen Wirtschaftsunion macht, wird sie diese Vertrauenskrise lösen können. Und dabei kommt es auf Deutschland und damit vor allem auf die Kanzlerin an. Für Deutschland und die EU ist dies die wichtigste Frage, die in den kommenden zwei Jahren entschieden werden muss, auch und gerade in Berlin.

Jede Bundesregierung steht in der Pflicht, die strategischen

Interessen des Landes zu sichern, und dies sagt sich leichter, als es in der Wirklichkeit bisweilen ist. Zumal deutsche außenpolitische Interessen mehr und mehr mit den europäischen Interessen verwoben sind und überwiegend nur noch durch diese hindurch erfolgreich vertreten werden können, so man sie nicht nur mit außenwirtschaftlichen Interessen gleichsetzt.

Nehmen wir zwei nach wie vor aktuelle Beispiele: der westliche Balkan und Afghanistan. Die Deutschen sind gegenwärtig EU-erweiterungsmüde und sie sind ganz gewiss kriegsmüde. Wenn Bundesregierung und Bundestag heute meinen, man müsse die EU-Erweiterung zumindest auf die lange Bank schieben, dann sind beide Verfassungsorgane in der Pflicht, einige drängende Fragen zu beantworten und Alternativen zu einer voranschreitenden EU-Erweiterung vorzulegen. Kann sich die EU (und Deutschland) mit einem Nachbarn Russland, der sich nach seinem Imperium zurücksehnt, ein nur lose eingebundenes Zwischeneuropa auf dem westlichen Balkan erlauben? Welche Sicherheitsrisiken würden dadurch eingegangen und wie sollte diesen begegnet werden? Mit einem Griechenland in der Krise im Süden dieser Region? Mit einer durch Europa (und Deutschland) zurückgestoßenen Türkei als aufstrebender Regionalmacht? Mit wachsenden, durch die Weltwirtschaftskrise verschärften innenpolitischen Instabilitäten in den neuen EU-Mitgliedsstaaten? Mit einem Amerika, das sich mehr und mehr auf sich selbst und auf den pazifischen Raum konzentrieren wird? All diese Fragen richten sich nicht zuerst und vor allem an Brüssel, sondern mindestens ebenso sehr an Berlin.

Zweites Beispiel: Afghanistan. Warum kämpft die Bundeswehr heute, zu Beginn des Jahres 2011, immer noch in Afghanistan? Die Antwort ist gleichermaßen einfach wie lehrreich: Weil sich die USA von dort schon einmal übereilt und ohne ein Minimum an regionaler Ordnung zu hinterlassen zurückgezogen haben. Dies war 1989, nach dem Abzug der Sowjetarmee aus dem Land am Hindukusch. Regionale und nationale Interessen füllten das entstandene Machtvakuum, das die beiden Supermächte hinterlassen hatten, durch einen blutigen afghanischen Bürgerkrieg aus, und in dessen Folge wurde das Land unter der Herrschaft der Taliban zu einer Basis des internationalen Terrorismus. Nach dem 11. September 2001 ging es dann wieder in die Gegenrichtung, diesmal aber auch mit deutscher Beteiligung. In Afghanistan wurde und wird nicht für den Export der westlichen Demokratie gekämpft, sondern nach dem 11. September um westliche Sicherheit und wegen der westlichen Bündnissolidarität. Dass dabei ein Minimum an Legitimation durch demokratische Verfahren und ebenso ein Minimum an Menschenrechten, vor allem für Frauen und Mädchen und Minderheiten, gesichert werden musste, versteht sich für einen westlichen Militäreinsatz wohl von selbst.

Gewiss, man kann in Demokratien Kriege nicht auf Dauer gegen die Mehrheit der Bevölkerung führen. Aber kann man aus Afghanistan in absehbarer Zeit einfach abziehen, ohne die Lehren dieser Geschichte zu beherzigen? Denselben Fehler sehenden Auges also zweimal machen? Ohne eine einigermaßen belastbare regionale Ordnung und einen innerafghanischen Machtausgleich würde ein Abzug zu einem politischen und moralischen Vabanquespiel der NATO werden. Was, wenn Afghanistan wieder zur Terrorbasis würde? Und wie viele verstümmelte Frauen und Mädchen nach der erneuten Machtübernahme durch die Taliban würde die westliche Öffentlichkeit wohl aushalten, bevor erneut der Schrei nach Intervention ertönen würde? Was wird mit der Nuklearmacht Pakistan? Was mit der Möchtegern-Nuklearmacht Iran? All diese Fragen und noch viele mehr würden durch eine solche, im Wesentlichen innenpolitisch motivierte Entscheidung aufgeworfen, auf die es bis heute keine Antworten gibt. Die USA verfügen in Afghanistan zwar über eine Militär-, nicht aber über eine politische und regionale Strategie. Darin liegt Präsident Obamas bisher größter Fehler in Afghanistan. Wer abziehen will, wird diese aber unverzichtbar brauchen, so er nicht ein Desaster hinterlassen will. Warum die Petersberg-Garantiemacht Deutschland (durchaus im höchsteigenen Interesse, denn Deutschland möchte militärisch raus aus Afghanistan) nicht bereits seit Jahren die Entwicklung einer solchen politisch-regionalen Strategie im westlichen Bündnis aktiv betreibt, bleibt bis heute ein Rätsel.

Die wichtigsten und dramatischsten Veränderungen der Gegenwart finden aber auf der globalen West-Ost-Achse statt:

Allein Chinas industrieller Aufstieg, das Streben von 1,3 Milliarden Menschen nach dem westlichen Lebensstandard wird die grüne Revolution der Weltwirtschaft erzwingen, weil die globalen Ressourcen ansonsten nicht ausreichen werden und das globale Ökosystem seine durch Menschen geschaffene Überlastung nicht mehr ohne dramatische Krisen wird absorbieren können. Und alle historische Erfahrung lehrt, dass der Aufstieg großer Mächte und die damit verbundene Transformation der Weltordnung alles andere als erschütterungsfrei und frei von gefährlichen Krisen verlaufen wird. Und die Erschütterungen werden diesmal aufgrund der Größe der beteiligten Mächte, ihrer globalen Vernetzung und der säkularen Dimension dieses Umbruchs wohl ganz erheblich sein. Denn diese in der Gegenwart stattfindende große Transformation der globalen Verteilung von Macht und Reichtum bedeutet nichts Geringeres, als dass die vierhundertjährige westlich-europäische Vorherrschaft in unseren Tagen ihrem Ende entgegengeht. Was wird dann aber die zukünftige Rolle Europas und der Europäer sein? Eine kleinere Weltmacht im Konzert mit anderen? Oder wird Europa stagnieren und dann in unterschiedliche Klientelstaaten der neuen und alten Weltmächte zerfallen?

Gegenwärtig meint man ja in Deutschland insgeheim, dass man es aufgrund der wiedergewonnenen wirtschaftlichen Stärke durchaus auch allein schaffen könnte, sich in dieser neuen Weltordnung zu behaupten, und dass Europa, zumindest die europäische Peripherie im Süden, letztendlich doch nur ein Klotz am Bein wäre. Welch ein Irrtum! Ohne ein starkes Europa wird es auch mit der deutschen Stärke binnen Kurzem nicht mehr weit her sein. Und was heißt da schon Stärke? Was ist das für eine Stärke, die zum großen Zittern in der deutschen Wirtschaft führt, wenn die Stadt Peking Zulassungsbeschränkungen für Neuwagen ankündigt und daraufhin die Aktien der deutschen Automobilunternehmen einbrechen?

Man kann es drehen und wenden, wie man will, Deutschlands Schicksal wird im 21. Jahrhundert in Europa entschieden und nirgendwo sonst. Hier beißt sich die Katze der deutschen Politik eben wieder in ihren europäischen Schwanz. Ohne eine starke und das heißt integrierte EU mit dem Ziel der *Vereinigten Staa-*

ten von Europa und einem erneuerten Transatlantismus werden europäische Mittelmächte wie Frankreich, Großbritannien und Deutschland kaum noch Subjekt, sondern lediglich zum Objekt der globalen Entwicklungen im 21. Jahrhundert werden, und das wird keine schöne Perspektive sein. Zudem wird früher oder später diese neue globale Konkurrenz auch zu einer Auseinandersetzung um gesellschaftliche Werte und Normen führen und dann wird es für den Westen um sein innerstes Wesen gehen. Ein schwacher Westen, ein zersplittertes und gespaltenes Europa werden den normativen Kanon von Freiheit, Demokratie und Rechtsstaat, wenn überhaupt, nur unter Mühen global verteidigen können. Gerade auch deshalb müssen in der gegenwärtigen Krise Europas die Voraussetzungen für seine zukünftige Stärke und d. h. seine Einheit geschaffen werden.

Wir Zeitgenossen leben eben in interessanten, herausfordernden und zugleich faszinierenden Zeiten. Und gewiss sind dies keine Zeiten für eine Politik der kleinen Schritte. Eine kleine Dosis historischer Perspektive täte der deutschen Politik sicher mehr als gut.

ABKÜRZUNGEN

AA	Auswärtiges Amt
ABC	American Broadcasting Company
AIDS	acquired immune deficiency syndrome
AKP	Adalet ve Kalkinma Partisi (Partei für Gerechtigkeit und Aufschwung)
AWACS	Airborne Early Warning and Control System
BKA	Bundeskriminalamt
BND	Bundesnachrichtendienst
BSR	Bundessicherheitsrat
CIA	Central Intelligence Agency
CNN	Cable News Network
COMEP	Ad hoc Committee on the Middle East Peace Process
DDR	Deutsche Demokratische Republik
ER	Europäischer Rat
EU	Europäische Union
EWG	Europäische Wirtschaftsgemeinschaft
FAZ	Frankfurter Allgemeine Zeitung
GG	Grundgesetz
HIV	human immunodeficiency virus
IAEO	Internationale Atomenergie-Organisation
ICE	InterCityExpress
ISAF	International Security Assistance Force
ISI	Inter-Services Intelligence
KBW	Kommunistischer Bund Westdeutschland
KSK	Kommando Spezialkräfte
LoC	Line of Control
LVZ	Leipziger Volkszeitung
MI6	Military Intelligence, Section 6
MOX-BE	Mischoxid-Brennelemente
MVW	Massenvernichtungswaffen
NATO	North Atlantic Treaty Organization
NS	Nationalsozialismus / nationalsozialistisch
NSDAP	Nationalsozialistische Deutsche Arbeiterpartei
NSS	National Security Strategy / Nationale Sicherheitsstrategie
OSZE	Organisation für Sicherheit und Zusammenarbeit in Europa
PA	Palästinensische Autonomiebehörde / Palestinian National Authority
PFLP	Popular Front für the Liberation of Palestine
PLO	Palestine Liberation Organization
PRT	Provincial Reconstruction Team

RTL	Radio-Télé-Luxembourg
SA	Sturmabteilung (der NSDAP)
SD	Sicherheitsdienst (der SS)
SS	Schutzstaffel (der NSDAP)
SSW	Südschleswigscher Wählerverband
TGV	Train à grande vitesse (Zug mit hoher Geschwindigkeit / Hochgeschwindigkeitszug)
UA	United Airlines
UNMOVIC	United Nations Monitoring, Verification and Inspection Commission
USS	United States Ship
VN	Vereinte Nationen
VR	Volksrepublik
WASG	Wahlalternative Arbeit und soziale Gerechtigkeit
ZRS	Zentrale Rechtsschutzstelle

PERSONENREGISTER

Joschka Fischer. Die Rückkehr der Geschichte. Die Welt nach dem 11. September und die Erneuerung des Westens. Gebunden

Mit dem Ende des Kalten Kriegs, spätestens aber nach den Terroranschlägen am 11. September 2001 hat definitiv eine neue Epoche der Weltpolitik begonnen. Joschka Fischer fragt nach den Risiken und Chancen für friedliche Kooperation und Gerechtigkeit in den internationalen Beziehungen, für eine Erneuerung des Westens und eine Reform der Vereinten Nationen.